全国高等院校物流专业“十四五”精品规划系列教材

物流经济学

霍 红 李 腾 刘 莉 主编

中国财富出版社

图书在版编目（CIP）数据

物流经济学/霍红，李腾，刘莉主编．—北京：中国财富出版社，2022.5（2024.1重印）

（全国高等院校物流专业“十四五”精品规划系列教材）

ISBN 978-7-5047-6618-2

Ⅰ.①物…　Ⅱ.①霍…②李…③刘…　Ⅲ.①物流经济学—高等学校—教材

Ⅳ.①F250

中国版本图书馆CIP数据核字（2018）第054335号

策划编辑　水源宋　　**责任编辑**　白　昕　水源宋　　**版权编辑**　李　洋

责任印制　尚立业　　**责任校对**　杨小静　　**责任发行**　敬　东

出版发行　中国财富出版社

社　　址　北京市丰台区南四环西路188号5区20楼　　**邮政编码**　100070

电　　话　010-52227588转2098（发行部）　　010-52227588转321（总编室）

010-52227566（24小时读者服务）　　010-52227588转305（质检部）

网　　址　http://www.cfpress.com.cn　　**排　　版**　义春秋

经　　销　新华书店　　**印　　刷**　北京九州迅驰传媒文化有限公司

书　　号　ISBN 978-7-5047-6618-2/F·2892

开　　本　787mm×1092mm　1/16　　**版　　次**　2022年5月第1版

印　　张　19　　**印　　次**　2024年1月第2次印刷

字　　数　462千字　　**定　　价**　57.00元

前 言

随着国际化进程的不断深入，国际贸易的日益繁荣，物流的发展备受关注，物流业发展水平已经成为反映国家综合实力和市场竞争能力的重要指标。2014 年国务院发布《物流业发展中长期规划（2014—2020 年）》，为物流业的发展创造了巨大的空间。自从加入世界贸易组织（WTO）后，我国融入世界经济，参与世界市场竞争，与各个国家、地区的经济往来越来越频繁，社会对物流专业人才的需求越来越强烈，而物流专业人才匮乏的现实严重阻碍了我国物流业的发展。因此，加强物流专业人才的培养与培训迫在眉睫。《物流经济学》正是为了配合高校物流人才培养的趋势，满足社会对物流人才的需求而特别推出的。

物流经济学作为一门具有综合性与交叉性的应用经济学，综合了物流学、经济学、管理学、运筹学等多个学科知识，有助于物流企业进行自身定位，实现资源的最佳配置，以最低的成本为客户提供更好的服务，同时获取更多的经济利润。本教材从经济学的基本原理出发，与物流学理论相结合，并吸收了国外先进的物流理念、物流技术和物流管理思想，为高校物流管理、物流工程、经济管理、对外贸易等相关专业的教学提供了理论基础。

本教材共分十一章，每章后均附有相应的复习思考题供学生练习，并且摘录了相关案例供学生自学。本教材内容涵盖了物流经济概论，物流的供需理论、市场理论、生产理论、成本及价格理论，物流系统的经济评价理论，物流产业理论，现代物流与经济增长的相关理论以及物流的时空效益论，还包括物流与国民经济的发展以及物流经济的可持续发展等宏观物流经济理论，基本涉及物流经济的各个方面。本教材不仅可以作为物流管理与物流工程以及相关专业的教学用书，也可以作为物流从业人员的参考资料。

本教材具有下列特点：①时新性，选用的素材与案例皆为近年来国内外物流界经典案例，避免长篇大论；②实用性，为物流实际运用需求而编撰，避免冗长枯燥的物流经济理论阐述；③连贯性，教材编写虽独立成章，且章内分节，但又章章相连、节节紧扣，全教材构成一个有机整体。

本教材由霍红、李腾、刘莉任主编，其中第二、三、五、七、九、十章由李腾负责编写，第四、六、八章由刘莉负责编写，第十一章由陈诗洋负责编写，霍红负责第一章的编写及统筹，卜宇超、付秀琴、胡晓秋、吴雪艳等负责前期资料收集和整理。本教材在编写过程中，参阅了大量国内外论著，并从中引用了不少经典的概念，在此谨向各位从事物流研究的专家、学者致以诚挚的感谢。

由于编写时间仓促，编者水平有限，书中难免有疏漏和不妥之处，敬请广大读者、专家不吝赐教，以便进一步修订完善。

编　者

2022 年 4 月

目 录

第一章 物流经济概论

随着经济全球化以及区域经济一体化的发展，被称作“第三利润源”的现代物流业在世界范围内广泛兴起。21世纪，现代物流业已成为国民经济新的增长点。现代物流业的发展对于增强综合国力、优化经济结构、降低物流成本、提高经济效益、增强企业竞争力具有极其重要的意义。本章从物流经济概论入手，旨在介绍物流经济学中的一些基本理论与概念。

第一节 物流经济学研究对象、内容和任务

一、物流经济学概念

物流经济活动的两重性使得我们对物流经济学的研究显得十分必要。物流经济学是物流学与经济学的交叉学科，其本质是以物流为研究对象的经济学，主要研究在一定的物流系统内，与物流活动有关的经济关系。它具有一般经济学的特点，即最佳配置有限的经济资源以取得最佳的经济效果。物流经济学作为一门应用科学，综合运用宏观经济学、微观经济学、工程经济学、产业经济学、物流学、运筹学等相关学科理论，对宏观物流产业的发展、物流产业组织形态演变规律、物流产业增长、物流市场的供给与需求和物流资源优化配置等问题进行研究。

物流经济学一方面从宏观的角度，运用宏观经济学、产业经济学等相关理论，对经济发展中的物流理论体系进行探索和构建，研究物流产业发展政策及其同国家宏观经济政策的关系，并对物流业发展提出决策建议；另一方面从微观的角度，以微观经济学、技术经济学等为依据，分析微观物流活动中的经济问题，为企业微观物流活动的科学化、合理化、最优化提供理论指导。

二、物流经济学研究对象

物流经济是社会经济的重要组成部分，而物流经济学则是分析物流活动中各种经济现象，并揭示其内在的、本质的必然联系的一门科学。物流的发展本身依据一定的客观规律，如从简单的起步物流到比较繁复的高端物流，从普通货场到立体仓库等。物流的发展过程本身必须遵循一定的发展规律，物流行为也必须遵循经济规律。物流运行所遵循的经济规律以及如何遵循和利用这些经济规律更有效地发展和建设物流，就构成了物流经济学的基本研究对象。

物流经济学研究的对象包括两个方面的内容，即对从事物流活动主体的研究和物流活动客体的研究。前者包括国家与企业、物流业与国民经济其他产业的相互关系以及物

流业对国民经济发展产生的影响等；而后者包括物流活动内在运行的规则、物流经济活动所反映的客观经济规律等。

三、物流经济学研究内容

物流经济学是结合了物流理论与物流实践的一门应用经济学科，不能错误地将其研究内容的重点简单地概括为物流的管理和物流的技术，或是物流的设施设备及物流技术的应用。它所研究内容的重点是透过物流企业在市场经济条件下运行的各种复杂的经济关系和现象，揭示物流市场运行的规则和经济规律，进而指导物流企业按照物流市场运行的规则和经济规律的要求，提高物流企业的经济效益。

经济规律是不以人的主观意志为转移的各种经济现象之间内在的、本质的必然联系。它在既定的经济条件下产生并发挥作用，又在一定的经济条件下淘汰或消亡。物流活动作为一种相对独立的经济活动，随着市场经济的发展而产生，同时也要随着市场经济的发展而变化发展。在物流市场中，充斥着各种经济现象，它们揭示了物流活动与市场经济运行的本质特征和规律，如价值规律、供求规律、竞争规律、收益规律等，并且揭示了物流活动与社会经济的本质和规律，如企业运行规律、国民经济按比例发展的规律等。这些规律在物流市场中相互作用、相互制约，共同影响物流经济活动。

我国处于社会主义市场经济的环境之中，人们在认识和遵循经济规律及实践过程中，积累了十分丰富的经验。但是，对于如何在物流领域中按照市场经济规律的要求发挥市场经济规律的作用这一问题的认识上还很欠缺，在实践中还存在着相当的盲目性。因此，物流经济学这门学科的当务之急就是从我国物流市场的实际情况出发，探索物流业在国民经济发展中的地位和作用、物流业与国民经济各产业之间的经济关系、物流市场体系建设、物流行业的组织与进步等关键性问题，从而促进我国物流产业的发展与振兴。

总体上讲，物流经济学的研究内容不仅要反映物流经济所具有的特殊的经济属性和社会属性，还需对这门学科特定的研究范畴进行界定。其内容应涵盖物流业在国民经济发展中的地位以及与相关产业的关系、物流企业运营与物流市场的关系、物流服务与物流效率的关系、中国物流现状与未来的发展趋势四个方面。具体来说可以概括为以下几点。

（1）物流业与国民经济的发展。物流业对国民经济的贡献、物流业的发展与国民经济发展的关系、物流业在市场经济发展中的作用、物流业的可持续发展等。

（2）物流业与国民经济相关产业的关系。物流业与工业、农业、商业、服务业的关系等。

（3）物流行业与行业管理。物流行业及企业的概念、物流行业管理的内容和手段、我国物流行业管理的概况等。

（4）物流业的性质。物流业的产业性质及行业特点、物流劳动的性质及价值创造等。

（5）中外物流业比较。发达国家物流业发展对我国物流业发展的启示、我国物流业发展的概况和趋势与对策等。

（6）物流市场机制与供求关系。物流市场机制、物流市场供给、物流市场需求、物流市场供给与需求的关系等。

（7）物流市场与营销策略。物流市场功能与特点、物流市场竞争要素、物流市场预测与分析、物流市场营销策略等。

（8）物流产品的生产决策。物流产品是一种服务产品，此特征是做好物流产品生产决策的前提。物流产品的生产同样应遵循一般生产规律，遵循生产要素合理组合的决策原则。

（9）物流成本。在众多企业中，物流成本占企业总成本的比重很大，物流成本的高低直接关系到企业利润水平以及竞争力的高低，所以，物流成本分析成为企业物流管理的一个核心内容。

（10）时间效益。从时间角度挖掘第三利润源，主要有两部分内容：一是减少物资在流动过程对资金的占用（减少原材料、半成品、产成品的库存，缩短货物在途时间等）；二是把握最佳市场时机，包括季节时机和每日时机两方面。

（11）空间效益。物资由于内在的流动需要，受流动驱动力的驱使，从低价值实现地（供给者）向高价值实现地（需求者）流动。而供给者和需求者处于不同的场所，即存在空间差距，通过物流相关活动，改变物资的不同场所存在位置，从而使物资在高价值地实现增值。

（12）规模效益。规模效益分析是根据规模效益产生的原理分析物流企业通过规模调整可能产生的效益，即寻求企业规模效益实现的途径与方式。

（13）创新效益。在分析物流创新效益内涵的基础上，剖析物流创新的必要性，说明物流创新的条件，进而探索创新效益的实现方式。

四、物流经济学研究任务

物流经济学所研究的问题包括宏观经济问题和微观经济问题两个方面，前者侧重于揭示物流与国民经济和产业发展的关系，后者则主要研究企业物流管理中的经济决策问题。

物流经济学研究的任务在于解决物流活动如何取得决策者所期望的最佳经济目标。这一任务主要是由人们在物流活动中所遇到的一系列必须解决的实际问题而推动的。这些问题包括物流与国民经济发展、物流市场的准入、物流投入产出预期、物流扩张与过剩、物流生产要素的最优配置、物流的效益等。

物流活动的主要任务是完成其经济目标，而经济目标的实现要受到各种客观因素的限制，这些因素包括自然资源、企业资源、社会资源等。这就要求对资源实行更合理、更有效的配置，从而取得最佳的资源效果。物流经济学的研究也正是为了完成这一任务，即在物流活动中，如何最合理地组织生产要素、配置生产资源，使其发挥最大效用；如何组织和实施物流行为，以最大限度地实现预期经济目标等。

第二节 物流经济学性质及特征

一、物流经济学性质

物流经济学是一门以企业运营为基础、以行业发展为背景、以经济部门为指导、以产业发展为依托的经济学科。物流行业属于服务性行业，是服务经济的组成部分，同时也是第三产业的行业之一。所以，物流的经济活动必然反映第三产业经济运行的性质与特征，即物流劳动创造的产品是物流服务；物流产品的使用价值表现为服务物流；物流产品的价值体现在为客户创造价值。

（一）物流劳动创造的产品是物流服务

物流劳动所创造的产品是物流服务，即物流劳动所创造出来的产品是以提供物流服务的形式存在的。在物流劳动的整个过程中，都凝结着人类的劳动，其产品是人类的体力劳动和脑力劳动的结晶，这同其他产品生产的劳动过程是一样的。但是，从其表现形式来说，物流劳动与其他劳动的表现形式有所不同。

人们对物质产品生产的劳动是运用劳动工具作用于劳动对象，改变生产资料的形态或性能，以物质产品的形式来满足人们对物质产品的某种追求或需求；人们对精神产品生产的劳动则是经过思维加工，通过对客观事物进行分析、总结、加工、提炼、创新，创造出科学文化知识、艺术作品等，以精神产品的形式满足人们对精神生活的某种追求或需求。而生产物流产品的劳动，不需要像对物质产品和精神产品的生产那样，改变其形态和性能，也不需要先形成一定的产品形式，再以特定的产品形式满足消费者的某种需求。物流劳动是劳动者在完成对物资进行时间或空间转移的过程中，通过对物资运输、储存、配送、装卸搬运、包装、流通加工、信息处理等活动进行组织、协调与控制，向客户提供物流服务，通过劳动者的体力和脑力劳动，完成客户对物资在时间或空间上实现转移这一需求的服务。换句话说，物流产品的生产过程与物流产品的消费过程是同时发生的。如在音乐厅里举行的一场演奏会，演奏者的辛勤劳动满足了所有听众的审美需求，而这一需求的满足是与演奏者本身分不开的，他们的演奏一停止，听众的享受也就结束了。物流服务的劳动就像是一场演奏会，演奏者在完成现场演奏的同时，也完成了听众对欣赏演奏需求的服务。

（二）物流产品的使用价值表现为服务物流

在市场经济条件下，物流产品是可以用来交换的劳动产品，与其他商品相同，它具有使用价值和价值两重属性。因此，物流产品也可以叫作物流商品，物流商品的使用价值表现为服务物流。

我们知道，绝大多数商品都是以其外在的自然形态和特有的自然属性（包括物理特性或化学特性）而存在的，而物流商品作为市场经济条件下的特殊商品，它的使用价值既无外在的自然形态，又无内在的自然属性，它只以为客户提供某种服务体现其使用价值。因此，物流商品同样具有使用价值，但与其他商品不同的是，物流商品是无形的，它所具有的使用价值不存在自然属性。

例如，仓储作为物流活动中重要的服务项目之一，指的是物流企业借助各种设施设备，对各种物资进行储存保管，完成商品空间转移的任务。仓储过程的劳动，衔接了商品的生产过程和流通过程，是联系生产者和消费者之间的纽带。但是，仓储过程的劳动不仅不能改变商品的性能，也不能创造新产品。它只会因合理储存或不合理储存，维持或改变物资的原有价值，这就是物流产品的使用价值所在，即物流劳动创造的产品不是物而是服务。

（三）物流产品的价值体现在为客户创造价值

物流产品的价值，是物流劳动者凝结在物品从供应者到需求者的物理性运动和空间转换过程中的体力劳动和脑力劳动的支出。可以从以下三个方面加深我们对物流产品价值的理解。

首先，物流产品的价值是由以下三个部分的内容构成的。

（1）物流劳动者为维持自身及家庭生活消费所必需的基本费用。

（2）物流劳动过程中劳动设施设备所消耗的各种费用，包括车辆、仓库、货架、装卸搬运设备、包装机械、加工设备、信息存储系统等设施设备的使用和维护费用。

（3）物流劳动者为企业和社会创造出来的、超出必要劳动之外的剩余价值。

其次，物流产品的价值实现要通过以下三个途径来完成。

（1）物流劳动者自身及家庭生活消费所必需的基本费用，形成纯粹性流通费用，这部分费用从商品的差价中扣除。

（2）劳动设施设备消耗引发的物流费用，以生产性流通费用的形式，直接追加到物流对象（商品）的总价值中去。

（3）为社会和企业创造的价值，以税金和利润的形式（按照一定的比率）从商品的差价中扣除。

最后，物流产品的价值一般有以下两种表现形式。

（1）物流产品的价值实现的终极形式，即可以量化的利润。

（2）物流产品的价值实现过程的其他指标，即以速度、准确性、服务质量等指标反映的质化的服务效率。

说到底，这两种形式是效益与效率的关系。在供应链环境下，物流服务更具社会化、市场化、专业化、效率化的特征。物流产品的价值实现贯穿于供应链运营管理的全过程，其利润的最大化实现的前提和基础，是提高整个供应链的运营管理与服务效率。

综上所述，凝结在物流产品中的价值，是由不同产业、不同物品所消耗的社会必要的物流成本构成的，而社会必要的物流成本是由社会必要的物流时间决定的。超过社会必要的物流时间所消耗的物流费用，不但会使企业物流成本升高，还会阻碍物流利润的实现。所以，只有使企业的个别物流时间低于社会必要的物流时间，才能使企业个别物流时间消耗的物流费用低于社会必要物流时间消耗的物流费用，才有可能获得物流利润。为达到这一目标，物流企业必须根据各种行业、各种物品对社会必要物流时间的要求，在对企业客户业务情况充分了解的基础上，制定合理的物流方案，努力为客户创造利润空间，与客户共同分享节约的物流时间或物流费用所带来的利润。此外，物流利润来源于为客户节省物品的流转时间、充分利用库存场地空间和维持物品的使用价值、降低物品损耗等。因此，物流劳动所创造的价值，是时间价值、场所价值或加工价值（为保管物品自身的使用价值而提供的价值）。为了实现物流产品的核心价值，不但需要物流企业对客户的供应链运营提供有效的管理，还应为客户提供有利于节约物流时间、降低物流成本、提高物流利润的快捷而有效的物流服务。

二、物流经济学特征

物流经济学作为一门交叉学科，除具有一般经济学的特征外，还有自身的一些特点，主要有以下四个方面。

（一）系统性

根据现代物流学的原理，物流系统是由运输、仓储、装卸搬运、包装、流通加工与信息处理等物流环节组成的复杂系统。因而，物流经济学就是应用系统分析的思想和方法研究整个物流系统的经济问题，即从全局出发，通过对物流各个子系统的分析，追求整个物流系统的最优化。

（二）综合性

物流经济学是一门经济科学。其原因是物流经济学主要以劳动消耗的观点来评价各种物流活动，而劳动消耗属于经济学的研究范畴。此外，物流经济学必须在物流技术的开发、应用与完善过程中指导各项物流活动，使其为社会发展和进步服务。因此，物流经济学又具备自然科学的属性。这就决定了物流经济学是根据国民经济发展和现代物流技术的需要，逐渐从自然科学技术和社会经济科学的发展过程中相互交叉形成和发展起来的一门综合性学科，是现代物流学与宏观经济学、微观经济学、技术经济学、信息经济学等经济学理论相融合而形成的交叉性学科。所以，物流经济学不仅要研究与物流有关的各种物流活动的特征，掌握物流活动的过程，了解相关的物流技术，还要从经济的角度来研究物流活动过程，使物流系统的总成本最小，收益最大。

（三）定量分析与定性分析相结合性

定量分析和定性分析是物流经济学的主要分析方法。通过对整个物流系统的各种问题进行定量分析和定性分析，比较方案，解决问题，从而实现整个物流系统的最优经济效果。

（四）应用性

物流经济学研究大量的物流系统资源优化配置、物流市场的供给与需求、宏观物流产业的发展与增长等问题，需要综合运用各种相关学科的理论，包括现代物流学、物流运筹学、宏观经济学、微观经济学、技术经济学、信息经济学等学科的相关理论。这些学科相互联系、互为交叉。物流经济学强调的是物流市场供需均衡，以及物流运输、储存、包装、装卸搬运、流通加工和信息处理的经济性。

第三节 物流经济学的基本原理

现代西方经济学总体上可以分为宏观经济学和微观经济学。

宏观经济学主要通过对经济总量的分析，为政府制定宏观经济政策提供理论依据。它的研究对象是整个国民经济，即通过研究经济总量来决定变化，解决社会资源的有效利用问题。其中心理论是国民收入的决定及模型，基本研究方法是总量分析法。宏观经济学研究的主要问题包括四个方面。①研究如何实现宏观经济学的四个目标：提高经济增长、降低通货膨胀率、降低失业率、平衡国际收支；②研究政府的宏观经济政策；③研究经济运行的方式与规律；④研究资源如何得到有效利用。

微观经济学主要通过研究单个企业和消费者的经济行为及其相互关系，为市场主体的生产行为和消费行为提供指导。它的研究对象是单个经济单位，围绕稀缺资源的配置，研究经济变量的确定及变化，研究价格机制如何解决社会的资源配置问题。其中心理论是价格理论，还包括消费者行为理论、生产者行为理论、均衡价格理论、市场结构理论、收入分配理论、微观规制与收入再分配理论等。

物流经济学的任务之一就是进行物流经济分析，即对与物流相关的各项活动可能产生的经济效益进行系统性分析，从经济上辨别物流活动的合理性。它通过运用经济学的相关理论、模型、方法对物流的各项活动进行分析，以经济学的眼光看待物流成本与收益，致力于节省物流成本、扩展物流利润的可能空间，以提高物流企业的竞争力，从而达到供应链系统的整体最优化目标。物流经济学的基本原理主要包括物流成本经济分析理论、物流技术创新原理、供应链系统整体最优化原理和资金报酬原理四大原理。

一、物流成本经济分析理论

（一）“物流冰山说”

“物流冰山说”最早是由日本早稻田大学西泽修教授提出来的。通常在企业会计科目中，只把支付给外部运输、仓库企业的费用列入成本，实际这些费用在整个物流费用中犹如冰山的一角。其原因是物流基础设施建设费用和企业利用自己的车辆运输，利用自己的库房保管货物，由自己的工人进行包装、装卸等费用都未被列入物流费用科目。因而，大多数企业对物流费用的了解是一片空白，甚至有很大的虚假性。这种情况被称为“物流冰山”。其特点是沉在水面以下的大部分是企业看不到的黑色区域，而我们看到的不过是物流成本的一部分。

（二）“物流黑大陆说”

著名的管理学家彼得·德鲁克曾经讲过，流通是经济领域里的黑暗大陆。“黑暗大陆”（“黑大陆”）通常是指尚未被认识、了解的领域，而波得·德鲁克所说的“黑暗大陆”指的是流通。“黑大陆”这一说法现在主要针对物流而言，原因是在流通领域中，物流活动的模糊性尤为突出，是流通领域中人们认识最不清的领域，在这个领域未知的东西很多，理论和研究皆不成熟。

（三）“成本中心说”

“成本中心说”指的是物流在整个企业的战略中，只对企业营销活动的成本发生影响。“成本中心说”是讲物流不仅是企业成本的主要产生点，同时也应是企业降低成本的重要关注点。因此，企业若想解决物流问题，不单单要致力于物流合理化、现代化或是支持保障企业其他活动，更应当通过物流管理和物流的一系列活动降低成本。

（四）“服务中心说”

“服务中心说”代表了美国和欧洲等一些西方国家和地区的学者对于物流的认识。这一学说认为，物流活动最大的贡献并不在于为企业节约了消耗、降低了成本或是增加了利润，而在于提高了企业对客户的服务水平，从而提高了企业的竞争能力。“服务中心说”重点强调的是物流的服务保障功能，借助物流的这一功能，企业可以通过增强整体能力以降低成本、提高利润。

（五）“第三利润源”

人们通常把物质资源的节约和劳动消耗的降低分别称为“第一利润源”和“第二利润源”。由于受到科技进步和管理水平的限制，这两个利润源已近枯竭，潜力越来越小，利润开拓越来越困难，而物流领域的潜力被人们所重视，被称为“第三利润源”。

日本早稻田大学教授西泽修在1970年提出了“第三利润源”的说法。他认为物流能够为企业提供大量直接和间接的利润，故物流不仅是形成企业经营利润的主要活动，也是国民经济中创造利润的主要源泉。“第三利润源”理论认为物流作为“经济领域的黑暗大陆”，虽然没有被完全照亮，但经过几十年的实践探索，物流领域绝对不会是一个不毛之地，而会是一片富饶之地。

（六）“效益背反”

“效益背反”指的是一种此消彼长的现象，它认为物流系统的若干功能要素之间存在着损益矛盾。换句话说，某一个功能要素的优化和利益产生的同时，必然使得另一个或其他几个功能要素的利益损失，这便会导致整个物流系统效率低下，从而损害物流系统的功能要素的总体利益。

在物流领域中，“效益背反”是一个很普遍的现象，是这一领域中内部矛盾的反映和表现。如仓储问题，企业若能少建几个仓库，那么其建筑费用、设施设备购买费用、管理费用、营业费用就会相应减少，利润就会提高。但是，仓库数量减少，就意味着其对客户的辐射范围缩小，服务水平就会相对降低，丧失客户的风险性就会加大，最终会给企业带来巨大的损失。

随着物流系统中“效益背反”规律的揭示，物流科学也开始致力于认识物流系统的功能要素，寻求解决和克服物流系统各功能要素之间“效益背反”现象的方法与途径。系统科学的广泛应用为此提供了新的视野，不仅可将物流系统细分成运输、储存、包装、装卸搬运、流通加工、信息处理等功能要素来认识，还能将这些功能要素之间的有机联系寻找出来，把物流系统作为一个整体来认识，进而有效地解决“效益背反”问题，追求总体效果的最优化。

（七）“战略说”

“战略说”是时下非常盛行的学说之一。越来越多学术界和产业界人士已逐渐认识到物流更具有战略性，是企业发展的战略而不是一项具体操作性任务。这种看法把物流放在很高的位置上，认为物流会影响企业总体的生存和发展。

二、物流技术创新原理

经济学家熊彼特认为，经济学的中心问题不是均衡问题而是结构性变化问题，创新是现代经济学的精髓，是“创造性破坏”。“创新”意味着“建立一种新的生产函数”，即把一种从来没有过的关于生产要素和生产条件的“新组合”引入生产体系，使生产技术体系发生变革，以获得潜在的超额利润。他所说的创新包括以下五种形式：①生产新产品；②开拓并利用新的原材料或半制成品的供应来源；③开辟新市场；④引用新技术，即新的生产方法和工艺过程；⑤实现企业的新组织。

技术变化的主要原因包括新知识的出现、知识的改进应用、企业家和机构三个方面。它们代表了通过社会调节的技术的无形部分。尽管随后有形的技术变化能够带来知识的进一步提升，但是，有形的技术要发生变化，必须以无形的技术创新发展为先决条件。新的科学知识带来新的技术，但科学知识也依靠技术来测量、检验与传播。

物流技术指的是在物流活动中所使用的各种工具、装备、设施和其他物质手段，即物流硬件技术；以及由科学知识和劳动经验发展而形成的各种方法、技能和作业程序等，即物流软件技术。按技术的应用范围划分，物流技术包括运输技术、仓储技术、配送技术、流通加工技术、装卸搬运技术、包装技术、信息处理技术和物流管理技术等。按技术思想来源或科学原理分类，物流技术包括机械技术、自动控制技术、计算机技术、电子技术、信息及通信技术等。

物流技术与物流发展息息相关。在物流发展的过程中，不断有新的技术产生。以装卸搬运技术为例，就包括托盘与叉车技术、自动导引搬运小车与穿梭车技术、搬运机器人与自动分拣技术等。这些重要技术影响着物流运作和物流管理的效率。物流技术的改进和创新，是推动物流发展的重要动力源。

三、供应链系统整体最优化原理

物流的供应链管理思想认为，从采购开始，经过生产、分配、销售，最后到达用户的一系列流程，不是孤立的，而是一条环环相扣的“链”。物流活动是受这一供应链决定和制约的。供应链上各个节点企业间有不同的利益和观念，故它们之间存在的冲突也是难以避免的。随着管理优化和科技进步，供应链上各个节点企业间实现了信息的全面共享，因此，可以大范围拓宽视野，使人们能够从总体上管理整个供应链，而不是像过去那样直接管理各链节之间的“接口”，或者管理其中一部分链节。供应链管理实际上就是把物流和企业的全部活动作为一个统一的过程来管理。这样可以解决各种复杂的系统中各功能要素间的“效益背反”问题，从而降低成本，提高效益。

供应链系统指的是包含制造系统、销售系统、物流系统等子系统的复杂系统。系统中的每一个要素既有自身特定的功能，又协调于系统整体中，在系统功能的基础上进行各要素之间的流动，从而形成系统整体的有机活动，共同产生新的总功能。供应链系统整体最优化是整个供应链系统运行管理的最优目标。整体最优化是指在一定人力、物力和财力资源条件下，供应链系统整体经济效果达到最大，投入的资源达到最小。单个环节上的最优，如最优的仓储方案、最优的运输方案、最优的配送方案，不等于供应链系统整体的最优。供应链系统的整体功能也不是这几种功能的简单叠加，而是通过系统要素之间的协调与配合，从而产生出新的功能来达到系统整体最优化，也就是通过供应链杠杆，以最低的供应链系统总成本来实现企业目标。

四、资金报酬原理

资金报酬原理是技术经济分析方法中的基本原理。资金报酬也称资金的时间价值，是商品经济中的一个普遍现象。资金报酬的实质是资金作为生产的一个基本要素，在扩大再生产及资金流通过程中随时间的变化而产生增值。资金报酬原理表明，一定的资金在不同时点具有不同的价值，所以，资金必须与时间相结合，才能表现出其真正的价值。

资金报酬是一个动态概念，可以从两方面来理解：一是将资金投入经济领域，经过劳动者的生产活动，并随着时间的推移而产生增值，表现为净收益，这就是资金的“时间价值”；二是放弃了资金的使用权，就等于失去了收益的机会，也就需要付出一定的代价。在一定的时间里，这种代价也就是资金的“时间价值”。这也就是为什么将资金存入银行，银行将付给存款人一定数额的利息，这不仅是对存款人的鼓励，也是对其损失的一种补偿。在商品生产和交换中，资金的“时间价值”是客观存在的。

物流过程有一个时间上的延续过程。投入资金与产出收益构成了一个随时间变化的现金流量序列。现金流量存在两种差异：投入及产出数量上的差异（现金流量大小的差异）和投入及产出时间上的差异（现金流量时间分布的差异）。这两种差异是决定方案经济效果的重要因素。所以，在对物流的经济效果进行评价时，不仅要考虑现金流量的大小，还必须考虑现金流量发生的时间。

第四节　物流经济学的研究方法及意义

一、物流经济学的研究方法

合理地运用物流经济学的各种方法，不仅能够帮助我们理解、分析、解答物流领域中的各种经济现象，还可以帮助我们正确指导物流实践活动。我们在对物流经济学进行研究的时候，一方面要运用实证分析的方法，对企业进行观测、对案例进行分析；另一方面需要运用系统的、经验的、比较的、逻辑推理的方法，致力于建立科学理论来解决具体问题，进而揭示普遍存在于物流经济中的因果规律。所以，在对物流经济学进行研究的时候，不能简单地生搬硬套书本知识或是过去的经验，而是应当建立合理的理论和方法论的体系。本书主要介绍比较研究方法、实证研究方法、案例研究方法和历史研究方法四种物流经济学的基本研究方法。

（一）比较研究方法

比较研究方法是物流经济研究中最常用的一种方法，经常被使用在传统物流与现代物流的比较研究、国内外物流的比较研究、物流企业之间的比较研究中。在运用这种方法时应注意以下几点。

(1) 纵向与横向的关系。纵向比较是对物流经济发展的比较，物流发展在不同历史阶段上的结构、运营、机制有什么不同，通过比较总结经验，勾画出新的物流经济模式；而横向比较则是对物流经济活动中各要素的比较，例如在物流经济活动的主体方面，有国家与企业、企业与企业之间的比较。

(2) 一般与个别的关系。物流经济学一般理论的形成，需要对物流经济发达国家的实践进行描述、分析和解释，从中提炼出共同因素。还需要针对不同国家和地区，对物流经济共性因素是否适应做出具体的分析，并提出适应共性因素的条件和制约因素。

(3) 理论与实践的关系。物流经济是一项内涵十分丰富的经济活动，涉及的理论范围很广，如西方经济学、流通经济学、政治经济学、管理学、运筹学、系统科学等。不同的国家、不同的地区具有不同的学术传统和理论偏好，对物流经济活动中的各种要素的关系以及各要素在物流经济活动中的地位及其发挥的作用都不尽相同。既存在强调自由市场的物流经济模式，也有强调政府干预的物流经济模式，对这两种模式的理论解释并不一致。这就会导致在实践中物流经济模式也不一致。我们通过比较物流经济模式，在此基础上形成对物流经济较为合理的、完整的认识。

比较研究方法实际上是在对不同国家的物流形态、不同历史时期物流发展的特征、不同的物流经济理论、不同物流经济模式的比较中，把握物流经济中一般与个别的关系、共性与个性的区别，从而推进物流理论的建设，并提高物流实践能力。

（二）实证研究方法

实证研究方法是经济学研究的基本方法之一。任何科学的理论体系都是实践的产物，并在实践中得到检验、完善和发展。实证研究回答的是“是什么，将会怎样”这一理论假设是否被证实或真伪的问题。这一方法是通过对物流经济现象的观测，感知各种现象之间的联系和区别。通过反复的归纳和求同存异得出可以观察的、可以测量的、可以变化的经济变量，如运输时间、库存成本、物流利润等。在这些变量中找到它们之间偶然的或者必然的联系，就可以得出它们之间是否存在因果关系以及什么样的因果关系。例如运输时间的变化，引起了运输费用的变化，而且这种变化是固有的，实证可以得出前者是后者发生的原因，运输时间的变化必然导致运输费用的变化。在现实的经济活动中，变量之间的因果关系除了一因一果，还有一因多果或多因多果的情况，实证研究方法就在于揭示多个变量之间存在的有规律性的关系，故对具体因果关系中的变量要进行具体的分析。

（三）案例研究方法

案例研究方法是通过一个具体的物流经济案例或事件，对物流经济政策、物流经济制度、物流经济活动等进行详细描述以及深入剖析。案例分析存在两种形式：一种是将物流经济的理论作为指导，检验理论在具体的物流经济活动中的应用性；另一种是纯粹的描述，即从大量的来自实践的现象和事实中总结出物流经济活动的规律。由于一个案例可以运用多种方法对其进行描述、分析和说明，所以，案例研究方法是一种综合性的研究方法。与其他研究方法相比，这一方法更具有真实性和实践性。物流案例研究方法能够深化我们对物流经济理论的了解，并通过案例发现物流经济理论与实践之间的差距，找出物流经济的问题所在，在解决问题的同时深化对物流经济理论的研究。

（四）历史研究方法

历史研究方法不同于演绎研究方法。演绎研究方法是从几个既定的前提和假设出发，推导出整个物流理论体系。而历史研究方法重点研究的是物流的历史形态和历史发展，对制约物流发展的社会背景、体制背景和制度背景进行描述和分析。故这一方法具有全面性和综合性的特点，可以对物流经济发展趋势做出较为正确的判断。但是，这种方法也容易出现泛泛而谈或研究不深入等问题。因此，对物流经济的研究需要将历史研究方法与演绎研究方法相结合，用理论方法描述和解释历史，以便于挖掘物流经济活动中的新要素、新问题、新理论。

二、物流经济学的研究意义

物流经济学在我国起步较晚，其作为一门应用型经济学科产生的时间并不长。随着社会主义市场经济体制的逐步发展，经济主体及经济活动的多元化对物流经济活动提出了更高的要求。只有把高效率、高质量、高水平的物流经济的协调发展作为保障，才能够促使全社会经济健康、稳步和可持续发展。在世界经济的影响下，随着改革的不断深化，我国物流业的发展不断升温，物流企业数量快速增长，物流已经成为国民经济中的一个重要组成部分和新的经济增长点，而物流经济的研究也逐步得到更加深入的发展，且在近年来不断在实践中得到完善。物流经济学的研究意义概括起来有如下几点。

（一）有利于物流理论的研究创新

一切理论创新都来源于实践，同时要应用于实践，接受实践的检验，并不断得到发展和完善。换句话说，理论创新的源泉在实践，而实践的主体是物流企业。一方面，物流经济学要深入研究和探讨中国物流业发展中面临的一系列理论问题，并做出符合客观实际和时代要求的新的理论概括；另一方面，理论也能够指导实践，所以，物流经济学的理论建设和创新能够指导物流企业进行改革与发展，从而促进中国物流业的发展与完善。

从近年来我们对物流理论的研究成果中不难发现，许多现代经济学的理论和分析方法都能够作为物流经济的基础理论，都是结合中国物流业发展的实际和特点展开研究和分析，并从中提炼出的。其中就包括资源有效配置问题、规模经济问题、供求弹性问题、市场均衡问题、垄断与竞争问题、技术创新问题、边际成本问题、外部性与环境保护问题等。在物流经济学中的若干现实问题（物流资源重组与配置的研究、中小物流企业发展的研究、物流企业重组与兼并的研究、物流行业协会研究、中外物流业发展比较、物流业与国民经济其他产业的相互关系、中国物流发展战略研究、物流政策与法规研究、中国物流体制改革与发展的研究等）都需要从理论上给予指导和分析说明。

现代物流是一个新兴的服务性行业，故在传统物流向现代物流转变的过程中，必然会遭遇很多传统学科理论不能解释的难题，甚至会出现一些与传统学科理论矛盾和冲突的问题。因此，随着现代物流实践的发展，我们在进行物流研究的时候不仅要继承传统学科的理论和观点，还必须在这些已有学科基础上赋予物流概念、理论和技术以新的内涵。

（二）有利于发展宏观经济学理论

物流经济学的本质是经济学，它既是一门新兴的经济学科，也是一门应用型经济学科，是我国经济学理论的重要组成部分。物流产业是国民经济发展的动脉和基础产业，是促进经济发展的加速器，其发展水平是衡量一个国家现代化程度和综合国力的重要标志。现代物流作为物流经济学所确定的研究对象，从其产生开始就具备社会分工专业化、经济活动产业化、企业运营市场化的特征，并且在创造时间价值和场所价值中具有商品化的特征，这些特征决定了物流在我国市场经济环境中，必然成为物流经济研究中的热点和重点。我们在对物流经济学进行研究的时候，必须关注以下两点客观现实。

一是运输市场基本情况。由于没有任何一个机构可以对运输市场进行协调和整合，这对于中国运输总目标，即提高国家综合运输能力和效率，为国民经济提供便捷、快速、经济、安全的运输服务十分不利，甚至导致铁路、公路、民航之间在价格、客源、货源等方面进行恶性竞争，造成全国运输总成本居高不下，企业利润不但没有增加反而下降的结局。除运输方面在体制上存在着问题，在储存、装卸搬运、流通加工等各个物流环节上也存在很多体制方面、机制方面、资源配置方面、理论建设方面的问题。

二是产业关联度和联动效应。现代物流不仅涉及第一、第二和第三产业中的所有行业，还涉及国家财政、税收、海关、检疫等管理部门；不仅涉及水路、公路、铁路、航空、管道五大运输方式经营的企业，还涉及交通运输、仓储、包装、通信等设备制造和供应企业，故具有很高的产业关联度和很强的产业联动效应。所以，从理论上来讲，对作为经济学重要组成部分的物流经济学的研究，必然会涉及其他很多领域的经济学科。认真研究物流经济学科的基础理论，一定会对繁荣我国经济学科的发展有促进作用。

如何在市场经济体制下建立全新的物流经济学理论体系是一个值得探究的问题。其原因是一些客观原因给我国物流经济学的研究带来了很大的困难，所以建立物流经济学理论体系的任务十分艰巨和繁重。现阶段我们对物流经济学的研究已经不是理论的照搬照抄，更不是简单地把经济理论套用在物流上。从宏观经济的角度看，建立正确的物流经济学理论关系着能否促进我国社会主义市场经济持续、稳定、健康和有序发展，关系着能否正确指导物流经济发展，提高物流在国民经济运行中的质量和速度；从微观经济的角度看，它关系着能否正确引导物流企业快速进入现代物流发展的轨道。

（三）有利于物流业的发展

“十四五”期间现代物流业要进入高质量发展阶段，要由以降成本、降费用和价格竞争，向补短板、重质量、提质、增效方向转变；要由仅满足最基本送达的物流服务功能，向提升物流服务体验的高质量服务模式转变。习近平总书记在 2020 年 9 月 9 日召开的中央财经委员会第八次会议明确指出，流通体系在国民经济中发挥着基础性作用，构建新发展格局，必须把建设现代流通体系作为一项重要战略任务来抓。

物流经济理论体系的建设和研究已经不能够适应物流经济的快速发展，甚至可以说在某种程度上妨碍了中国物流业的健康发展。其原因是现阶段人们对物流的本质特征、物流经济运行的客观规律还没有一个科学的、全面的、系统的阐述，在实践中遇到的各种问题和物流经济活动中出现的各种现象，还不能从理论上准确地找到答案，所以，在很大程度上导致了人们对物流理论在认识上的偏差或误解。因此，我国物流业的发展急需物流理论的指导，建立综合性的、科学的物流研究体系，是我国物流业发展不容忽视的战略问题。

（四）有利于提高物流企业管理者的管理水平

现代经济学的理论的很多原理和分析方法都可以作为物流经济的基础理论，应用于物流企业的管理中。通常物流企业管理者的知识体系大体上可分为三个层次：①基层的业务知识，如成本会计，应用的重点在于依法决策，照章办事；②中层的方法知识，如成本收益分析方法，应用的重点在于需要与可能之间的平衡；③高层的哲理知识，应用的重点在于把握实质，随机应变，灵活运用。

物流经济学是一门把经济学理论与方法应用于物流企业实践的基础性理论课程，学习和掌握物流经济学知识是物流企业管理者必须具备的基本理论素养。物流经济学理论是从众多有关业务知识、方法知识中综合交叉而升华和提炼出来的，可以提高物流企业管理者在制定决策过程中理性思考和理性创新的能力与水平，为物流企业管理者提供了新的决策思路，它能够使原来不可行的方案变得可行，看似亏损的方案变得盈利。

本章小结

本章首先介绍了物流经济学的概念、研究对象、研究内容以及研究任务，分析了物流经济学的性质及特征；其次介绍了物流成本经济分析理论、物流技术创新原理、供应链系统整体最优化原理以及资金报酬原理等物流经济学中的基本原理；最后论述了物流经济学的研究方法及意义。

通过本章的学习，能够对物流经济学有一个初步的了解，并对物流经济的概念有一个总体的把握。

案例分析：2019 年全国物流运行情况通报

2019 年社会物流总额保持基本平稳增长，社会物流总费用与 GDP 的比重为 14.7%，比上年下降 0.1 个百分点。

一、社会物流总额保持平稳增长

2019 年社会物流总额 298.0 万亿元，按可比价格计算，同比增长 5.9%，增速比上年同期回落 0.5 个百分点，其中一季度增长 6.4%，上半年增长 6.1%，前三季度增长 5.7%，全年社会物流总额呈缓中趋稳，四季度小幅回升。

从构成看，工业品物流总额269.6万亿元，按可比价格计算，同比增长5.7%，增速比上年回落0.5个百分点；进口货物物流总额14.3万亿元，同比增长4.7%，比上年提高1个百分点；农产品物流总额4.2万亿元，同比增长3.1%，比上年回落0.4个百分点；单位与居民物品物流总额8.4万亿元，同比增长16.1%；再生资源物流总额1.4万亿元，同比增长13.3%。

二、社会物流总费用与GDP的比重小幅回落

2019年社会物流总费用14.6万亿元，同比增长7.3%，增速比上年回落2.5个百分点。社会物流总费用与GDP的比重为14.7%，比上年下降0.1个百分点。

其中，运输费用7.7万亿元，同比增长7.2%；保管费用5.0万亿元，同比增长7.4%；管理费用1.9万亿元，同比增长7.0%。

三、物流业总收入保持较快增长

2019年物流业总收入10.3万亿元，同比增长9.0%。

思考：

1. 调研其他国家相关数据，试对比我国与其他国家物流的运行情况。

2. 试分析我国社会物流总费用的构成。

复习思考题

1. 物流经济学的研究对象是什么，包括哪些内容？
2. 物流劳动所创造的产品与其他劳动创造的产品有什么不同？
3. 物流经济学的基本原理主要包括哪些内容？
4. 试比较物流经济学几种研究方法的优缺点及其适用范围。
5. 中国经济步入新常态，对物流业发展有哪些影响？

第二章 物流的供需理论

构成物流市场的两个基本方面即物流需求与物流供给。两者既相互独立又相互制约、相互依存。物流供求关系的理想状态便是在合理的价格水平上达到结构上和数量上的动态均衡。因此，物流需求与供给的分析目的就在于为社会物流活动提供物流供给的依据，保证物流供需之间的相对平衡，保持物流活动的较高效率与较好效益。本章主要就物流的供需理论进行深入的分析。

第一节 概 述

一、物流需求与供给的概念

物流需求与供给是构成物流市场的两个基本方面，物流需求来源于社会生产经营活动和消费活动，是一种派生性的需求，有其自身的发展规律；而物流供给则主要取决于物流技术的发展水平和物流投资成本能否收回及能否得到经济回报。研究物流需求与供给的根本目的可以从宏观和微观两个角度进行分析，从宏观上讲，在于寻求市场经济条件下实现物流需求与供给总量上的基本平衡，以及结构上相互适应的条件；从微观上讲，在于指导物流企业进入市场并参与竞争，特别是随着我国市场经济体制的建立和物流社会化、专业化的形成，社会物流资源要按市场机制进行配置，同时物流需求也要在市场中得到满足。

（一）物流需求的概念

需要与需求是两个具有不同含义的概念。需要所具备的复杂性、层次性、多样性、和永不饱和性，是人们不断从事物质和精神生产活动的永恒动力；需求则是从市场经济引申出来的，其内涵则包含商品的价格、消费者收入、消费者支付能力及其偏好等诸方面。物流需求是指一定时期内由社会经济活动对生产、流通、消费领域的原材料、半成品、成品、废旧物品及废旧材料等的配置作用而产生的对物在时间、空间和费用方面的要求。它涉及运输、仓储、配送、包装、流通加工、装卸搬运和信息处理等物流活动的诸方面。通常物流需求是指社会能够通过市场交换而消费的物流服务的数量，需要注意的是这里的物流需求不包含社会组织内部自我满足的物流服务需求量。

现代物流服务是通过物流规模和物流需求结构综合反映出来的。物流活动中运输、仓储、配送、包装、流通加工和装卸搬运等物流作业量的总和即为物流规模。而对于物流需求结构可以有不同的表述方法：一方面，从物流需求的形态来说，物流需求结构包括有形需求和无形需求，有形需求指的是对物流服务内容的需求，无形需求指的是对物流服务质量的需求（物流效率需求、物流时间需求、物流成本需求等）；另一方面，从物流服务的内容来说，它包括运输、仓储、配送、包装、流通加工、装卸搬运、信息处理等方面的需求。

物流系统的需求分析一般包括时间和空间两个方面，也就是说在对物流系统进行了时间方面的需求分析后，还要对不同地区的物流系统，再进行需求分析。物流服务包括产品的运输、仓储等各个环节的服务，既涉及产品的空间效用，又涉及产品的时间效用。我们不仅需要了解物流需求随时间变化的规律，还要知道其空间的需求，如运输的距离、仓库网点的分布与大小等。

物流需求的特性不同，预测方法也就不尽相同。独立需求是指一种产品或服务的需求，与任何其他产品或服务的需求无关。对于这种需求，采用统计预测的方法会有较好的效果。反之，如果一种产品或服务的需求是由对其他产品或服务的需求引发的，那么对该产品或服务的需求就是派生需求。对于这种需求，只要最终产品的需求确定，就可以得出非常准确的派生需求的预测值。

对物流系统的需求进行分析，就是对运输、仓储、配送、包装、装卸搬运、流通加工等环节的物流作业进行分析。但是，针对某一个具体的物流系统，在对其进行物流需求分析前，应先分析该物流系统是处于供应链中服务于这个供应链的下游企业，还是独立于供应链服务于社会大众，这两种情况下的物流需求模式是不同的。此外，不同的产品具有不同的物流需求模式，产品需求的特点会直接体现为物流需求的规律性和不规律性。一般刚投入市场的处于投入期和成长期的产品，其市场需求不稳定，相应的物流需求也是不稳定的，难以找到一般的规律对其进行概括；而进入成熟期的产品，市场分布稳定，销售量会随季节、时间的变化呈现出一定的趋势，相应的物流需求也会呈现出某种趋势，能够采用一定的方法对其进行预测。在设计企业的物流系统时，管理人员应根据不同产品确定不同的服务水平。

物流的成长取决于物流需求和需求的潜力，物流对企业所产生的效益也在满足需求的过程中得以实现。从企业经营角度讲，建立物流系统的目的是充分满足客户的期望和要求，从而增强企业竞争能力。从供应链角度来看，市场对物流的需求是从供应链外部和内部两个方面体现出来的。前者来自市场，市场需求和要求的变化促使企业提高内部物流系统的效率以及与外部系统的协作。外部需求不再局限于物流系统，而是要求企业改进物流管理控制系统，增加系统的协作关系。后者由与供应链企业内部组织机构相关的因素构成，由产品的特性和消费者（或客户）的要求决定，带动物流由过去单一的服务形式发展成为多功能集成的增值物流服务（参与订货管理、存货管理、产品设计和内部物流网络设计）形式。

（二）物流供给的概念

物流供给指的是在一定时期内，社会能够向市场提供运输、仓储、配送、流通加工、装卸搬运、包装及信息处理等有效物流服务的资源或能力。这些资源或能力包括量和质两方面：量指的是有效物流服务总体数量的多少，质指的是各种不同能力或资源的数量比例和结构。对物流服务的供给，应具备三个条件：①有提供物流服务的主体或物流供应商；②生产者或供应商在一定物流水平下愿意出售；③生产者或供应商具备提供物流服务的实际能力。需要注意的是物流供给能力不等同于社会拥有能力，物流供给不包括社会组织内部自我服务所拥有的物流能力和资源。

按提供物流服务的类型不同，物流供给者可分为资产型物流供给者、非资产型物流供给者（管理型物流供给者）、行政管理物流供给者以及综合型物流供给者。按细分的物流市场的不同，物流供给企业可分为操作型公司、行业倾向型公司、客户化公司、多元化公司。

物流需求与供给既相互独立又相互制约、相互依存。一方面，物流供给必须以物流需求为依据，并适应物流需求的要求，否则将无法获得回报和补偿。物流需求是物流供给存在的前提，物流需求具有刺激物流供给和抑制物流供给的作用。另一方面，物流供给对物流需求具有积极的反作用，一是物流供给技术和水平制约着物流需求的满足程度，没有物流供给，物流需求也就无法得到满足；二是新的物流供给技术和服务能够创造出新的物流需求，两者存在相互推动和促进的关系。物流供求关系的理想状态，就是在合理的价格水平上达到数量上和结构上的动态均衡。当物流供给不能满足物流需求时，将对社会物流活动产生制约作用；当物流供给超过物流需求时，又会造成社会物流资源的浪费。

二、物流需求与供给的特征

（一）物流需求的特征

物流需求不同于社会经济活动中的其他需求，具有其自身的一些特征。

1. 派生性

派生性需求指的是社会经济活动中，某种商品或劳务的需求是由一种或几种商品或劳务需求派生出来的。我们将引起派生需求的商品或劳务需求称为本源性需求，如人们日常生活中所需的衣服、食物、住房等就属于本源性需求，而在绝大多数情况下，物流需求是一种派生性需求。之所以有物流需求，并不是由于物流本身的缘故，即我们对物流的需求并不是纯粹为了让物资在空间上进行转移或是储存，而是为了满足人们生产、生活的需要。也就是说，物流需求的主体要求空间或时间变化的目的并不是空间或时间本身，而是为实现其生产、生活中的其他需求，这是物流需求的本质所在。

2. 广泛性

人们克服时间和空间障碍这一经常性的活动是以物资、资金、人员、信息等的交流为标志的，这就形成了物流普遍存在的客观基础。从生产角度来看，生产企业中物品从原材料仓库向原材料加工车间移动、从上一道工序向下一道工序流动、从上游车间向下游车间转移都可能会发生相应的物流需求。从流通角度来看，物品从供应商到企业、从企业到批发商、从批发商到零售商、从零售商到消费者、从配送中心到连锁商店也都可能存在物流需求。从区域角度分析，一个区域无论大小，无论其空间经济组织如何完备，都不可能是一个完全封闭独立的空间，而是必然要与其他区域有物资、人员、信息等方面的交流，只不过在空间范围和联系程度上可能会有所不同。就物资而言，任何一个区域不仅可以是输入中心，还可以是输出中心。正是由于国民经济各区域间相互联系、相互制约的关系，使得物流需求在具有广泛性的同时，变得日趋复杂。

3. 多样性

多样性是基于主体的多样化和对象的多样化。不同类型的物流需求主体提出的物流需求在内容和形式上均会有差异，而物流的对象（原材料、零部件和产成品）由于在重量、形状、性质等方面各有不同，故对运输、保管、包装、流通加工、装卸搬运等条件的要求也不尽相同，这就使物流需求呈现多样性的特征。例如，生鲜食品需要用冷藏车运输，液体货物需用罐车或管道运输，危险品需要特殊的运输条件等。

4. 层次性

物流需求是分层次的，可分为基本物流需求和增值物流需求。前者主要包括对运输、仓储、配送、装卸搬运、流通加工和包装等物流基本环节的需求。后者主要包括采购、订单处理、设施选址和规划、库存规划和保管、流通加工和信息系统设计等具有增值活动的需求。

5. 时间特定性和空间特定性

物流需求与特定的时间和空间息息相关。在市场经济条件下，物流需求呈现出易变性和灵活性。但在某一特定时期内，物流需求还具有空间特定性，具体表现为在某一空间范围内的特定流向。例如，医疗器械厂家的医疗用品从产地向医院或诊所的所在地流动。而在企业内部，由于物流活动的空间相对狭小和固定，物流需求的特定性就更明显了。物流需求的时间特定性则表现为在一定范围内的定时运输、配送等。

6. 不平衡性

物流需求在空间和时间上存在不平衡性。物流需求空间上的不平衡性指的是在同一时期内，不同物流需求的空间分布存在差异，原因是地理位置、自然资源和生产力布局等因素存在一定的差异。而物流需求时间上的不平衡性，指的是在不同时期，经济发展水平对物流需求的影响是不同的。经济繁荣时期与经济萧条时期的物流活动在强度大小上会有一定的差别。

7. 弹性小

弹性小一方面是由物流的生产性决定的，一旦合理的需求量产生之后，通常不会由于价格的上升或下降而消失，而只会在不同的形式间转换；另一方面由于物流设施投资大，回收周期长，通常不可能因为价格上升而立刻转换为自我服务，而使需求量迅速下降。恰恰相反，企业只要购买了物流资源，由于其使用价值的单调性，尽管物流价格稍有下降，也不可能弃之不用，而是将其转为市场需求，使需求量迅速增长。

8. 化解性

化解性表现为：一方面是原来产生的需求，由于生产力结构的调整、工艺流程的改善以及物流管理的进步而被化解，消除了需求；另一方面是由于物流价格、物流服务质量以及管理体制等原因，本应由市场提供的物流服务转换为自我服务，从而化解了一定数量的需求。

基本物流需求通常是标准化服务需求，而增值物流需求则是系统化、过程化、个性化服务需求。

（二）物流供给的特征

物流供给具有以下特征。

1. 无形性

物流供给只能够以资源或能力要素的形式存储，而不能以现实的产品形式储备待用。物流服务是一种无形商品，需求与供给的满足是在同一个运动过程中实现的。如运输就是运输能力的表现过程，运输能力的存储只能以燃料、车辆、道路、人员等要素形式存储。

2. 完整性

物流供给是通过有机协调一系列不同的功能活动，如运输、仓储、包装、装卸搬运、流通加工等，来有效地满足客户需求。物流供给能力是各种不同要素有机结合而形成的综合能力，各要素不可能单独完成输出。如单一的道路数量再多、质量再高，也不可能形成现实的运输能力。倘若只是完成其中的某一环节，那么这种不完整性的服务，不能称为完整意义上的物流供给。

3. 供给弹性小

物资资源，特别是运输、装卸、搬运资源的获得成本高，且不易移作他用，所以，对物流价格的反应速度慢、程度低。

4. 短缺性

物流资源具有投资大、周期长的特点，资源能否形成现实的供给能力以满足需求，还受气象、地形、地貌等自然条件以及偶然性因素的制约。即使是社会的总供给并不短缺，甚至过剩，但在局部范围内仍然会呈现不能满足需求的短缺状况。

5. 个性化

物流服务大都体现的是一种标准化服务。而物流供给具有个性化的特征，但物流供给的个性化并不排斥标准化，而是在标准化基础上的个性化，即物流供给是在整合运输、仓储、配送等活动基础上的个性化。具体表现为物流供给主体能够根据不同的需求主体提供“量身定做”的服务，不仅能够提供从供应地到需求地的全程一体化服务，还能够提供环节性服务。

6. 替代性强

一是同种职能的直接替代，例如运输、包装、仓储等都能以不同的方式满足同一种需求；二是物流环节或职能的转移替代，例如某些形式的存储可由运输来实现。

三、物流需求与供给的影响因素

（一）影响物流需求的因素

物流需求是一种派生性需求，与各种社会经济因素之间有着紧密联系。下面分别就影响物流需求的不同因素进行概要分析。

1. 社会经济发展水平

物流需求与社会经济发展水平有着十分密切的联系。通常物流需求受社会经济发展的影响，不同社会经济增长的时期与阶段决定了物流需求的不同特点。一个国家或地区的 GDP（国内生产总值）总量及经济增长速度直接影响着物流需求总量和需求结构的变化，GDP 总量规模越大、经济发展水平越高的国家或地区，对货物运输、仓储、配送、流通加工等物流服务的需求就越大。经济增长越迅速，物流需求的增长也越迅速。此外，在经济发展的不同阶段对物流需求的结构和质量要求也存在差异。由各国经济结构变动的普遍趋势可知，人均GDP在600美元～1000美元时，商务服务业、住宿和餐饮业在第三产业构成中的比重逐渐由上升转为下降，而交通运输、仓储和邮政业的比重则会有较大幅度的增加；人均GDP在1000美元～2000美元时，商务服务业、住宿和餐饮业在第三产业构成中的比重进一步下降，交通运输、仓储和邮政业的比重则持续攀升；而当人均GDP达到3000美元左右时，交通运输、仓储和邮政业的比重由快速上升转为平稳增长，保持相对稳定。

如表2－1所示，根据国家统计数据，我国2008年GDP总量与物流总额相比的物流需求系数为2.9，换句话说，我国每单位GDP产出需要靠2.9个单位的物流总额来支持。2008年以来，我国单位GDP的物流需求系数整体上不断上升，2013年达到3.48的较高水平。2014年，单位GDP的物流需求系数为3.35，首次出现下降，之后连续3年呈下降趋势。创造单位GDP所需的物流规模有所下降，单位GDP的物流需求系数进入回落区间。由此表明，我国经济运行进入新阶段，传统的依靠“高物耗、高物流”的增长模式正在发生积极转变，经济结构调整的效应逐步显现。根据《中国经济增长与发展新模式》的预测，“十三五”期间（2016—2020年），我国平均潜在GDP增长率约为6.1%。我国经济持续增长将进一步带动物流及贸易需求的整体增长。

表2－1　2008—2016年单位GDP物流需求系数

年份	系数	年份	系数
2008	2.9	2013	3.48
2009	2.9	2014	3.35
2010	3.15	2015	3.24
2011	3.36	2016	3.09
2012	3.41	—	—

中国物流业景气指数从2013年开始公开发布，用来反映我国物流业发展运行的总体情况。中国物流业景气指数体系主要由业务总量、新订单、从业人员、库存周转次数、设备利用率、平均库存量、资金周转率、主营业务成本、主营业务利润、物流服务价格、固定资产投资完成额、业务活动预期12个分项指数和一个合成指数构成。其中合成指数由业务总量、新订单、从业人员、库存周转次数、设备利用率5个分项指数加权合成。这个合成指数称为中国物流业景气指数（LPI）。LPI以50%作为经济强弱的分界点，高于50%，反映物流业经济扩张；低于50%，则反映物流业经济收缩。该指数从2011年12月以来均保持在50%以上，反映出我国物流业总体仍处在平稳较快发展阶段。2017年我国物流业景气指数如图2－1所示。

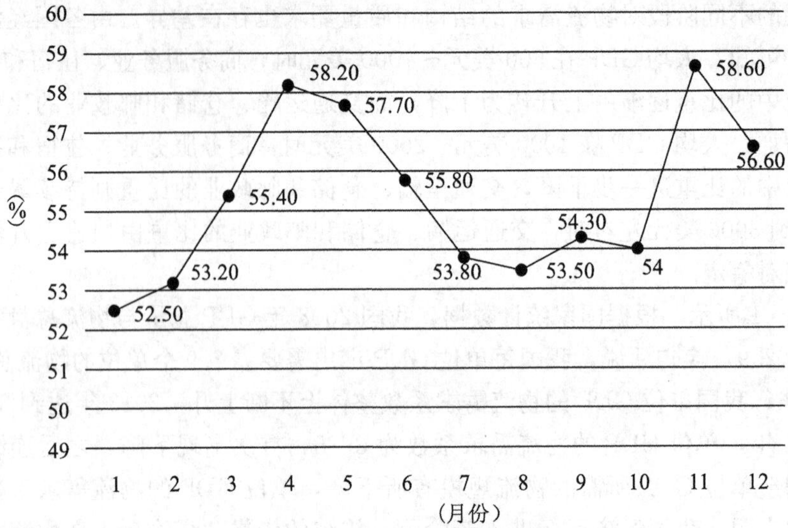

图 2-1　2017 年我国物流业景气指数

2. 区域经济分工格局

区域经济的分工格局对物流需求也有很大的影响。在经济发展初期，各个经济区域间相互独立，产业结构基本类同，相互间的交换需求较小，对物流需求也较少。而进入市场经济发展较高阶段，市场竞争日益激烈，生产力格局会逐渐向整个国家甚至全球大分工的方向转变，区域经济最终将突破封闭分裂状态，逐步向一体化、专业化和分工协作的趋势发展。区域经济的专业化分工和协作会加强不同区域间的社会经济联系，大大增加区域间物资的转移与流动，进而带来物流需求的快速增长。另外，按照区域经济理论，某个区域只要具备促进经济发展的某些有利条件，这个区域与其他区域之间的差异就会形成一种优势，进而演变成一种吸引力，能够把与之相关的企业和生产力要素吸纳过来，在利益原则的驱动下形成产业布局上的相对集中和聚集（如以中心城市为枢纽的区域物流中心的形成），这对现代物流服务提出了新的需求。

3. 产业结构与产品结构

产业结构及其变动对物流需求的影响是深刻的。按照产业结构的演进理论，产业结构的基本演进方向是从第一产业占优势比重逐级向第二、第三产业占优势比重演变，从劳动密集型产业占优势比重逐级向资本密集型、知识密集型产业占优势比重演变，从制造初级产品的产业占优势比重逐级向制造中间产品、最终产品的产业占优势比重演变。不同产业对物流的需求不尽相同，实物型行业的物流需求大于服务型行业。如第二产业中的制造业所提供的产品都属于实物形态，从生产地到需求地离不开运输和仓储两个环节；而第三产业以服务业为主，所创造的产值主要来自无形的服务，对物流的依赖程度较小，物流投入低，物流成本支出少，与其产值相比，物流成本只占很小的一部分。若两个地区产业构成不同，一个以工业为主，一个以服务业为主，那么前者对物流的需求将高于后者。另外，重工业对铁路货运物流的需求强度最大，轻工业次之；商业服务业对公路货运物流的需求强度最大，其次是农业和轻工业，再次是重工业。

另外，不同的产品结构所引起的物流需求也存在很大的差异。例如，生产 1 吨棉纱将会需要厂外运量2.5吨～3吨，生产1吨水泥需要厂外运量4吨～5吨，生产1吨钢需要厂外运量7吨～8吨。此外，不同产品所采用的运输方式的比例也会有所不同，比如木材等基础原材料工业对铁路运输的依赖较大；生鲜产品、高科技产品、时效性商品（报纸、时装等）对航空运输的需求较大；石油等液态物资对管道运输的需求比较大等。

产业结构层次的提高和产业业态的转变将引起货运需求强度的逐步下降，而零部件采购供应物流服务、整车运输服务等新兴服务形式都将成为物流业的潜在市场。总而言之，产业结构和产品结构的变化会带来物流需求结构的相应变化。

4. 资源分布状况

我国幅员辽阔，国土面积达960万平方千米。可是资源分布明显不均衡，大多数自然资源主要分布在东北、西北、西南等地区，而人口则多集中于自然环境和交通条件较好的中部和沿海地区。这就导致原材料采掘、粗加工等基础工业远离加工工业的产业布局的形成。物流需求在时间和空间上的跨度极大，“南粮北调”“北煤南运”等就是很典型的例子，从而使得我国物流需求量比其他国家要大。

5. 人口分布状况

物流需求也会受到人口增长与流动的影响，原因是人口增长，定会引起人们对粮食、副食品、日用品等需求的增大，从而导致对物资运输、仓储、配送、流通加工、包装等需求的增加。另外，大量农村人口流入城市，必然带来城市消费能力的增加，从而使大量的粮食、副食品及日用品等流向城市，货运物流需求增加。

6. 居民收入水平和消费结构

居民收入水平很大程度上决定了物品的购买种类和数量，而居民的消费结构在很大程度上决定着产品结构，从而决定了对物流中“物”的数量和质量要求。对于可支配收入高的居民来说，时间价值较高，对于物品时效性的要求也较高。

7. 物流服务价格

物流服务价格是影响物流需求量的一个重要因素。物流服务价格与物流需求量之间存在着一种此消彼长的关系，即物流服务价格上涨，物流需求量减少；物流服务价格下降，物流需求量上升。如图2-2所示。

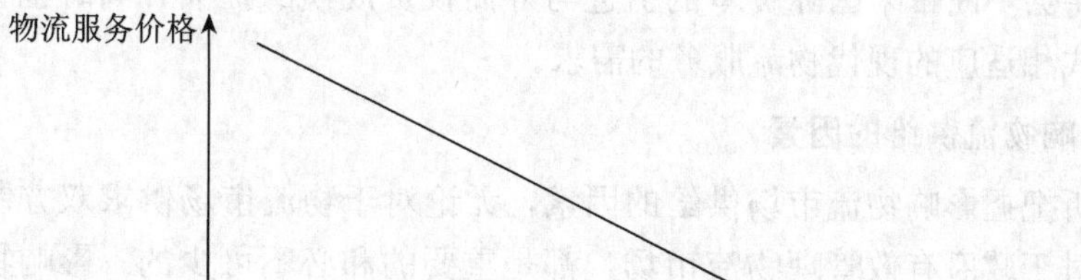

图2-2 物流服务价格和物流需求量的关系

此外，相关产品的价格变动也会影响对物流服务的需求。一方面，这种影响存在于某些在功能上相互替代的物流服务之间，例如，在公路运输价格既定条件下，对公路运输的需求量随铁路运输价格的提高而增加，随铁路运输价格的下降而减少；另一方面，某些具有互补性的商品的价格变化会对物流需求产生影响，例如，运输服务价格的上涨，仓储和加工服务的需求往往会减少，反之则增加。而当人们预计运输服务价格有上涨趋势的时候，厂商会提前备货，这就会增加对当前运输服务的需求。

8. 季节因素

有些物流需求存在很强的季节性，例如，消费者对软饮料需求的季节波动性很大，导致生产商普遍面临淡季生产、仓储和运输能力过剩而旺季则不足的窘境。因此，在分析物流需求时，季节因素也是必须要考虑的。

9. 技术因素

技术进步能够使物流需求量增加，使潜在的物流需求得到释放，而技术落后则会抑制物流需求。技术方面的因素对物流需求的影响是多方面的。首先，公共道路设施和运输工具技术结构的提高会加大社会对公路运输的需求。随着高速公路的建设和运输装备技术水平的提高，尤其是大载重量专用货车以及制冷保鲜、集装箱运输等特种装备运输车辆的投入和使用，使得公路运输朝着高速化、大型化、专用化、舒适化的方向持续发展。公路运输方式的运输能力大幅增强，从而进一步刺激社会对公路运输的需求。其次，技术进步也使得不同交通方式的技术经济特征和合理范围得到改善。伴随科技的进步、产品结构的调整，各种鲜活易腐产品及精细、高值产品的增加，对运输时间和质量也提出了更高的要求，航空运输需求将不断增加，同时，公路运输将以其特有的时效性和灵活性，占有越来越多的运输市场份额。铁路和水路运输则因其运量大、成本低的优势，在大宗货物运输市场中占有绝对优势。最后，随着信息技术和物流处理技术的发展，第三方、第四方物流的优势日益明显，对于它们的需求也将不断增加。网络技术的发展和电子商务技术的广泛应用，对物流需求的数量、品质和服务范围都将产生巨大的影响。

10. 国际贸易与国际经济关系

国际贸易进出口业务的增长和国际经济关系的发展将直接带来对于国际海运、空运、集装箱运输、公路过境运输及原料采购、进出口报关、货运代理等相关物流服务的需求。目前国际贸易90%的货运量都要靠海运完成，而随着高科技、高附加值产品在我国商品出口结构中比重的增加，由于其重量轻、体积小、运费承担能力强等特点，其对于航空物流的需求将会不断带来国际资本的引进与外商投资规模的扩大，同时也会直接加大与现代生产模式相适应的现代物流服务的需求。

（二）影响物流供给的因素

全面分析把握影响物流市场供给的因素，无论对于物流市场供求双方制定市场应对策略，还是对于政府有效管理物流市场，都是重要的和必不可少的。影响物流供给的因素很多，下面就主要影响因素进行分析。

1. 社会经济发展水平

物流是社会经济发展到一定阶段的产物，所以物流供给要受到社会经济发展水平的影响。比如原始社会的社会经济发展水平很低，社会生产力低下，根本不存在现代意义上的物流供给。但是，随着社会经济发展，贸易范围不断扩大，社会分工进一步深化，特别是工业革命的发生，使得现代物流供给大规模产生和发展。

2. 物流需求

物流供给的可能空间和发展方向取决于物流需求规模的大小和变化方向。物流需求的缺乏会导致物流供给的动力缺乏；而物流需求旺盛，物流供给就会相对充足。换句话说，潜在的物流需求会对未来的物流供给产生很强的诱导作用。物流供应商是以营利为目的而提供服务，其所提供的必须是市场所需要的，否则就无法盈利。所以，物流供给首先取决于物流需求（现实需求和潜在需求）。随着企业经营理念和市场竞争形势的转变，企业对核心竞争能力和物流效率的关注度日益增加，企业内部物流活动社会化的发展趋势及其对社会化物流的潜在需求逐步扩大，这就为物流供应商开拓了新的目标市场。

3. 制度和政策

制度和政策是影响物流供给的一个重要因素。国家对物流活动的管理是用计划的方法还是市场的方法、是鼓励竞争还是采取垄断、是采取集中还是分散、是实行行业管理还是部门管理等都会在很大程度上影响物流供给总量和结构的变化。如相关政策鼓励物流储运企业向现代物流企业转变，将极大地提高我国物流服务市场的整体供给能力，更好地满足物流市场需求的增长。随着国家对物流业越来越重视，众多制度及政策相继出台。2009 年国家发布《物流业调整和振兴规划》，物流业入选国家十大振兴产业规划。这是我国物流业第一个专项规划，也是十大产业中唯一的服务业规划。2014 年 10 月，国家发布的《物流业发展中长期规划（2014—2020 年）》指出，要加快现代物流业发展，建立和完善现代物流服务体系，提升物流业发展水平，为全面建成小康社会提供物流服务保障。

4. 物流服务价格

物流服务价格是影响物流市场上物流供给量的重要因素。在一定时期内，物流服务价格高，物流供给量就会增加；物流服务价格低，物流供给量就会下降。如图 2－3 所示。

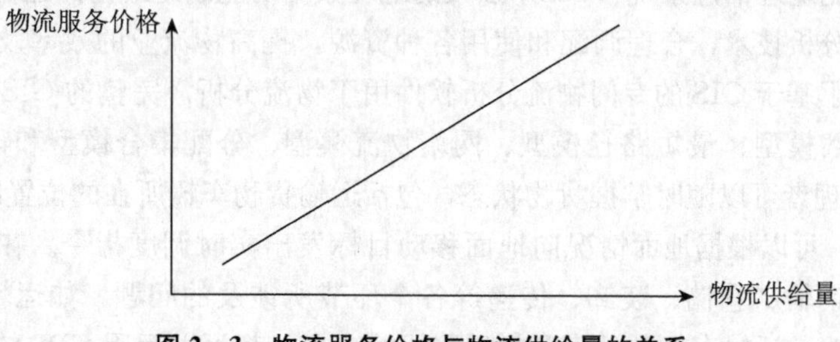

图 2－3 物流服务价格与物流供给量的关系

市场经济条件下，价格的变化与市场主体的经济利益密切相关，是需求与供给变化最有力的调节杠杆。虽然物流需求与供给的价格弹性比较小，但并非没有弹性，当价格高到超出其他产业利润时，在市场机制和经济利益的驱动下，生产要素必然会向物流业流动，物流供给呈扩张趋势，反之亦然。

5. 自然环境与工农业生产力布局

一方面，物流活动的空间范围很广，在气象条件恶劣、地形地貌复杂的情况下，物流的供给能力会受到极大的限制；另一方面，工农业生产力布局对物流基础设施网络的形成和发展有关键性的影响，如中国的煤炭、矿藏资源主要分布在北部和西部，而加工工业却集中在东部沿海地区，故在我国西部、北部和东部沿海地区之间建设了铁路、沿海航线，它们与长江、运河等共同形成运力强大的运输干线。

6. 物流基础设施和设备

物流基础设施和设备的现代化和标准化水平是影响物流供给效率和供给能力的关键因素。首先，交通枢纽、公共储运设施、各种现代化物流中心等物流集散设施都会影响到物流的供给能力。其次，物流基础设施和设备标准化程度不但影响各种物流功能要素之间的有效衔接和协调发展，同时也在很大程度上决定了全社会物流供给效率。以一辆12.5米厢式卡车为例，散货运输时装卸时间为3小时～4小时，托盘标准化后装卸时间为20分钟～30分钟，装卸效率提高了90%，货品破损率也降低了50%。

7. 物流企业规模和经营管理水平

我国目前从事物流服务的企业不论是传统的运输和储运等流通企业，还是新型的专业化物流企业，其规模和实力都相对较小，网络化的经营组织尚未形成，这在一定程度上限制了我国物流供给能力的提高。

8. 物流服务成本

物流服务成本包括物流软硬件设施的消耗成本和从事物流服务的员工工资成本。一旦物流成本提高，在物流服务价格一定的条件下，物流供给就会减少；反之，物流成本下降，在物流服务价格一定的条件下，物流供给就会增加。

9. 信息技术应用水平

物流企业的信息技术（全球定位系统（GPS）、条码技术）和管理软件（物资采购管理软件和企业资源管理软件等），以及以电子数据交换（EDI）、互联网等为基础的物流信息系统在物流领域中的应用水平等，都会影响物流的供给能力。

例如，利用地理信息系统（GIS）强大的地理数据功能制定最佳的运输路线、运输方式，完善物流分析技术，合理调配和使用各种资源，提高物流业的效率及经济效益。目前，已开发出了基于GIS的专门物流分析软件用于物流分析。完整的GIS物流分析软件集合了车辆路线模型、最短路径模型、网络物流模型、分配集合模型和设施定位模型。利用GPS，管理者可以随时掌握货物状态，包括运输货物车辆所在的位置以及货物名称、数量、重量等，可以根据地面情况向地面移动目标发出实时调度指令。在物流运输过程中，对货物的运输、仓储、装卸、传递等各个环节所涉及的问题，如运输路线的选择、合理装卸的策略、运输车辆的调度和投递路线的选择，都可以运用GPS的导航、车辆跟踪、信息查询等功能进行有效的管理。结合决策分析，有助于配送企业有效地利用现有资源、降低消耗、提高效率。射频识别技术（RFID）能将标签信息传递给3.048米范围内的射频读卡机上，在仓库和车间不再需要使用手持条码读卡器对元器件等逐个进行扫描。这在一定程度上减少了遗漏的发生，并大幅提高了工作效率。RFID的倡导者认为，此举可大幅削减成本和清理供应链中的障碍。该技术正与物流供应链紧密联系在一起。目前，沃尔玛、敦豪航空货运公司（DHL）等已经采用此种技术。该技术是条码技术的替代品。产品电子代码（EPC）系统可以实现物流供应链的可视化管理，实现全程跟踪和追溯。在物联网的构想中，通过无线数据通信网络把电子标签中存储的 EPC 自动采集到中央信息系统，实现对物品的识别，从而通过开放的计算机网络实现信息交换和共享，实现对物品的透明化管理。

四、物流需求与供给的来源分析

（一）物流需求来源

物流需求作为一种派生性的需求，最终来自经济社会活动的主体，因此，企业物流需求和消费者物流需求是主要的物流需求来源。

1. 企业物流需求

企业物流需求主要包括生产企业的物流需求和流通企业的物流需求。生产企业的物流需求是企业物流活动外包的结果。这一物流活动的全过程大致上是以购进生产所需要的原材料和机器设备为起始点，通过劳动加工，生产出新的产品，最后提供给社会需要的部门。这一过程通常包括原材料及机器设备的采购供应、生产、销售和废弃物回收再利用等一系列环节，相应地产生了生产企业纵向上的供应物流、生产物流、销售物流和回收物流。

（1）供应物流。任何一种产品的制造都需要经过原材料、零部件的采购，接着对这些物料进行运输、卸载、验收、入库操作，最后进行库存管理。供应物流如图 2-4 所示。

图 2-4 供应物流

（2）生产物流。这是指生产企业根据生产流程的要求，组织和安排物资在工厂内各生产环节之间流转的企业内部物流。在生产过程中，通过对物料的加工逐渐增加产品的附加价值，同时完成了生产企业内部的物流活动。生产物流需求的内容包括将原材料、零部件从供应仓库或者上游企业直接供应到生产线，将半成品从上一道工序（或车间）流动到下一道工序（或车间），将生产出来的最终产品从生产线送到产成品仓库或者直接送到下游企业的物流活动。

（3）销售物流。在完成了对最终产品的生产以后，企业会把其运送到产成品仓库进行一段时间的储存，接着进行包装和贴标签之类的流通加工活动，再按照订单要求，对产品进行拣选、配货，最后通过配送服务将产品送达客户手中。这一过程中的物资流动构成了销售物流，如图 2-5 所示。

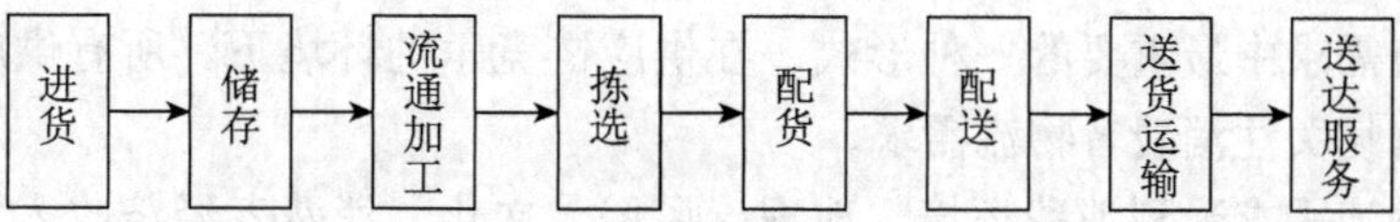

图 2-5 销售物流

（4）回收物流。当产品送到客户手中后，有可能出现客户对产品不满意的情形，从而发生了退货物流。回收物流如图 2－6 所示。

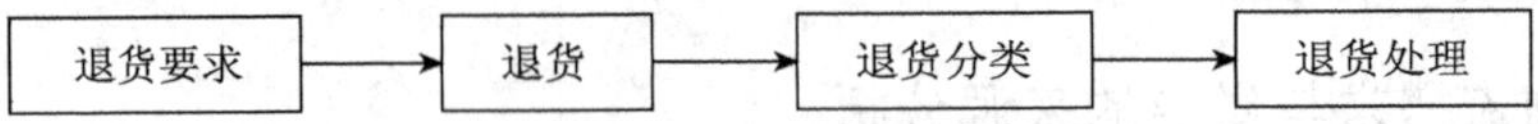

图 2－6　回收物流

流通企业的物流需求是对自身物流活动进行外包的结果。其物流活动的流程主要包括批发商到零售商、零售商到消费者、配送中心到连锁商店的流程。流通企业的物流可以分为四种形式：采购物流、流通企业内部物流、销售物流和回收物流。采购物流是流通企业组织货源，将物资从生产厂家集中到流通部门的物流。流通企业内部物流包括流通企业内部的储存、保管、装卸、运送、加工等各项物流活动。销售物流是流通企业将物资转移到消费者手中的物流活动。回收物流主要指不合格物品的返修、退货等物流活动。

根据我国流通企业的类型，流通企业的物流可分为以下几种。

（1）批发企业的物流。批发企业的物流是指以批发据点为核心，由批发经营活动所派生的物流活动。对于批发企业来说，这一物流活动的投入是组织大量物流活动的运行，产出是组织总量相同物流对象的运出。

（2）零售企业的物流。零售企业的物流是以零售商店据点为核心、以实现零售销售为主体的物流活动。零售企业的类型包括一般多品种零售企业、连锁型零售企业、直销企业等。

（3）仓储企业的物流。仓储企业是以储存业务为主要盈利手段的企业。仓储企业的物流是以接运、入库、储存保管、发运或运输为流动过程的物流活动。其中储存保管是其主要的物流功能。

（4）配送中心的物流。配送中心的物流是集储存、流通加工、分货、拣选、运输等为一体的综合性物流过程。

（5）第三方物流企业的物流。第三方物流通常也被称为契约物流或物流联盟，是指从生产到销售的整个物流过程中进行服务的“第三方”的物流。“第三方”本身不拥有商品，而是通过签订合作协定或结成合作联盟，在特定的时间段内按照特定的价格向客户提供个性化的物流代理服务。第三方物流以现代信息技术为基础，实现信息和实物的快速、准确协调传递，提高仓库管理、装卸运输、采购订货以及配送发运的自动化水平。第三方物流企业具体的物流内容包括商品运输、储存、配送以及附加的增值服务等。

2. 消费者物流需求

消费者物流需求是在市场经济条件下，尤其是买方市场条件下的一种根本性的物流需求，是物流需求中最重要的一种形式。在供应链竞争的环境下，所有供应链上的参与主体都必须密切关注消费者物流需求。

消费者物流需求受到消费环境、地理、风俗、文化、消费者经济收入情况、消费偏好、心理因素等诸多因素影响，所以，一旦这些因素发生变化，消费者物流需求也会相应发生改变。但是，总的来说，在某一段时期内它是相对稳定的。社会经济的发展通常会引起越来越高的消费者需求和期望，也使得消费者的谈判力更加强大，进而使以消费者为中心的需求主导的市场力量在企业竞争中占据越来越重要的地位。主要体现在以下四个方面。

(1) 消费者对产品的品种规格和需求数量呈现多样化、个性化要求且具有很高的不确定性。

(2) 消费者对产品的功能、质量和可靠性的要求日益提高。

(3) 消费者要求个性化的产品价格要像大规模批量生产的产品那样低廉，产品最好不是制造商单向为消费者设计的，而是制造商和消费者一起设计的。

(4) 时间成为消费者着重考虑的一个关键性的因素，他们希望并要求商家根据他们制订的计划更加快捷和便利地向其提供产品或服务。消费者难以忍受低劣的产品或服务。能够在正确的时间、正确的地点以合适的价格购买到正确数量、正确质量的正确产品是每一位消费者所追求的，这正是消费者物流需求变化的主流趋势所在。

（二）物流供给来源

1. 物流企业

物流企业的内涵是不断变化的，它向客户提供产品和服务的范围也是持续变化的。在现代意义上的物流企业产生之前，各种运输、仓储企业的存在已经有很长的历史了。在激烈的市场竞争压力下，许多运输和仓储企业开始引入物流理念，逐步向提供物流服务转型。

(1) 物流企业的内涵。

目前，物流企业的内涵一般是指各种各样、数目众多的传统物流企业和现代物流企业的混合，它们共同构成了物流服务市场上的各种主体。从广义上讲，现代化的运输、仓储、配送等类型的企业，都能够被算作是物流企业。但从严格意义上说，物流企业指的是从满足客户需求出发，以物流服务作为其主要产品，并且从客户那里接受报酬的经济组织。物流企业与运输企业或仓储企业的区别归纳起来有以下三个方面。

①业务范围不同。运输企业所提供的是空间位移服务，而这种空间位移有明确的空间限定性。如铁路运输企业所提供的是铁路站点与站点之间的空间位移服务；水路运输企业所提供的是码头到码头之间的空间位移服务；公路运输企业所提供的是公路站场与站场之间的空间位移服务；航空运输企业所提供的是机场到机场之间的空间位移服务；仓储企业所提供的主要是将物资存放在仓库或堆场，以改变其时间状态为目的的存放服务。与运输企业、仓储企业不同的是，物流企业所提供的服务的内涵更加广泛，往往是整合了多种功能的综合性服务，具体指的是为满足客户需求，对物资和相关信息从起始地到需求地的高效率正向和逆向流动及储存而进行的计划、指挥、实施与控制的服务。

②服务广度不同。运输企业提供的服务有其空间上的局限性，仓储企业提供的服务有其时间上的局限性，而物流企业所提供的服务在广度上远远超过了它们。例如，铁路运输企业因其技术经济特性，所提供的大都是中长途运输服务；水路运输企业所提供的可能是沿江、沿海或远洋运输服务；公路运输企业所提供的多数是中短途运输服务；航空运输企业所提供的则是长途运输服务；仓储企业提供物资在某一时间段内的存放服务。而物流企业则与它们不同，它从满足客户需求出发，灵活将各种运输方式进行组合，设

计最佳运输路径，对各种包括仓储、运输、配送、包装、装卸搬运、流通加工等功能在内的服务进行集成，克服了运输企业、仓储企业单独提供服务的局限性，其所提供的是一种对物品空间位移和时间改变进行系统考虑之后的集成服务。

③追求目标不同。物流企业是客户经济时代的产物。它以追求客户满意度为最终目标。对于传统的运输企业或仓储企业来说，其经营范围和经营模式存在着一定的局限性，不能够完全满足客户经济时代最终客户的需求。此外，物流企业与运输企业、仓储企业之间又存在着不可割裂的联系。物流企业的形成往往是以运输企业和仓储企业为基础的，绝大多数物流企业需要整合运输和仓储功能，从而形成完善的物流服务。

（2）第三方物流企业。

第三方物流企业是十分重要的一种物流企业形式。它是在对物流业务进行外包的基础上，由专业物流服务企业以契约或合同的形式向物流需求者提供物流服务的一种运作方式。第三方物流企业是一个外部供应商，它为需要进行物流外包的企业或组织提供全部或部分物流服务。随着现代企业生产经营方式和市场外部条件的不断转变，第三方物流这一新兴的物流形态已经得到人们的高度重视。

第三方物流企业一般具有以下基本特征：

①提供个性化物流服务；

②提供以契约或合同为导向的一系列服务；

③以现代信息技术为基础；

④要求需求者与供应者之间建立长期的战略合作伙伴关系。

（3）第四方物流企业。

第四方物流企业是第三方物流企业的进化和发展，与第三方物流企业相比，它的服务内容更丰富，覆盖地区更广泛，技巧也更复杂。第四方物流企业是指供应链的集成者、整合者和管理者。它主要通过对物流资源、物流设施和物流技术进行整合和管理，从而提出供应链的全程方案设计、实施办法和解决途径。第四方物流企业要求对客户的需求有着十分深刻的理解，同时能够很好地掌握并调动社会物流资源，提供具有很好的系统性和完整性的供应链解决方案。第三方物流企业缺少对供应链运作的专长和整合技能，在功能范围上也不如第四方物流宽广。第四方物流企业能够对供应链的系统进行设计，并且在供应链的运作过程中发现问题，从而进行供应链的优化整合。其运作的关键，是通过“行业最佳”的物流方案为客户提供服务与技术。在整个供应链中，第四方物流企业是第三方物流企业的集成者和管理者，但两者在服务上更多的应该是互补和合作。

第四方物流的发展前景非常诱人，而成为第四方物流企业的门槛也非常高。要想进入第四方物流领域，企业必须在某一个或几个领域具备很强的核心能力，并能够通过与其他企业的战略合作伙伴关系很容易地进入其他领域。

第四方物流企业需要具备以下能力：

①在集成供应链技术和外包能力方面处于领先地位，且能够制定高水平的供应链策略；

②物流业务具备大范围的地域覆盖能力和支持能力；

③具有再造业务流程、技术集成和人力资源管理能力；

④对组织变革问题有深刻理解并具备良好的管理能力；

⑤能够同时管理多个不同的供应商，具有良好的关系管理和组织能力；

⑥在业务流程管理和外包的实施方面有一批富有经验的供应链管理专业人员。

2. 物流产业

产业是同类企业、事业的总和。联合国的标准产业分类尚未专门把物流产业列入其中，说明物流产业是一个新兴产业。由于人们对于物流的定义和内涵在认识上存在不一致，所以，目前物流产业的定义也尚未统一。若根据产业的定义严格限定其内涵，那么物流产业应指把提供物流服务作为其主要产品的同类经济组织的总和；更加宽泛的定义则是泛指一种包括各种物流服务形式，具有现代技术和管理组织特征，囊括运输、仓储、配送、包装、流通加工、装卸搬运、信息处理等在内的企业的集合。物流的服务性质决定了物流产业形成的目的，即为国民经济运行中物资的流动提供服务，这种服务的出发点和落脚点是满足相关产业、企业、地区和消费者的物流需求。

从以上定义不难看出，运输和仓储是物流产业的主要支撑，但物流产业又不等同于运输业、仓储业以及其他相关产业的简单叠加，否则就会以为发展运输业、仓储业就是发展了物流产业，引起概念上和认识上的混淆。事实上，物流产业是在现代管理方法和现代信息技术发展的前提下，通过对传统运输、仓储等产业的协调、优化配置和整合而产生的一种新兴产业形态，这种产业所追求的是物资流动全过程的整体最优，而不是局部功能环节的最优。物流产业的出现已经彻底打破了运输、仓储等产业之间的传统界限。现代通信技术和互联网的广泛使用，使得物资在运输、仓储、配送、装卸搬运和流通加工等过程中的信息得以及时传递和反馈，令企业获取信息并对各种孤立的物流资源进行整合，从而形成专业性的物流服务能力。信息技术使得企业能够对物流中海量的、多变的数据进行及时、快速、准确地采集、分析和处理，大大提高了信息反馈的速度，增加了供应链的透明度，进而大幅度提升了物流企业的控制管理能力和客户服务水平。

图 2-7 表示的是基于现代信息技术，通过整合相关产业资源形成的现代物流产业。其中第三方物流企业最大的特点并不在于其是否具备运输和仓储能力，而在于自身对信息的掌握、运用和控制能力。这种能力不仅包括对客户资源的信息获取和整合，还包括对构成现代物流供给基础的运输、仓储等环节信息资源的整合。企业只要拥有这种基于信息技术的资源整合能力，其所提供的服务就完全不同于单一功能性的运输或仓储服务，而是现代意义上的物流服务，也就具备了构成新产业形态的必要条件。物流产业是一种新兴的产业，对于确保生产企业、零售企业等所组成的供应链的高效运作和不断优化起到极其重要的支撑作用。不难看出，物流产业是对传统运输业和仓储业的提升和拓展。

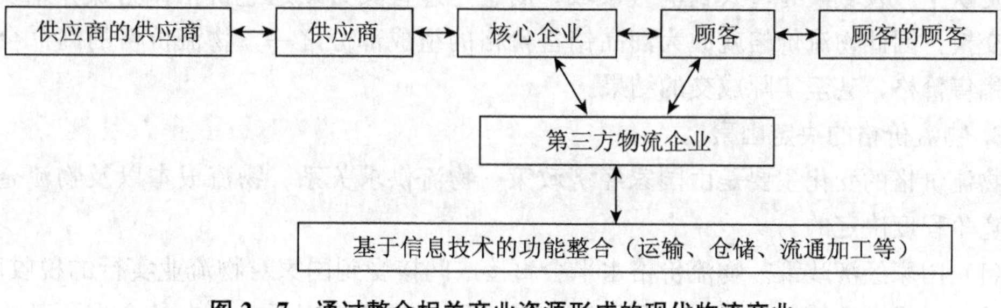

图 2-7 通过整合相关产业资源形成的现代物流产业

3. 物流供给设施

物流供给设施指的是物流线路（铁路、公路、航道、管道等）、物流节点（港口、码头、车站、机场、物流园区）以及附属设施和支持系统（信息系统等）。物流供给设施决定了一个国家的物流生产效率、物流供给能力和物流发展程度，倘若缺乏物流设施建设，必然会从根本上抑制一个国家和地区的物流供给能力，甚至阻碍其生产和流通产业的发展。

第二节 物流需求与供给的平衡

一、物流需求与供给的价格弹性

（一）物流价格

物流价格指的是物流劳务的价格，是商品销售价格的重要组成部分，是由多种因素决定的。

1. 物流价格的含义

物流价格指的是物流企业对特定的业务所提供的物流服务的价格，是物流产品价值的货币表现。它是物流企业开展物流活动的目的，其高低直接影响物流企业的收入水平。市场上物流服务价格上升，物流企业就会增加供给，反之则会减少供给，甚至退出物流市场。

在一定程度上，物流价格可以有效调节物流需求，但是物流需求是一种派生性需求，物流需求总量的大小通常决定社会经济活动的总水平。商品的物流价格是商品销售价格的组成部分，其高低变化也会影响其他物质生产部门的收入水平。

2. 物流价格的特征

（1）物流价格是一种劳务价格。物流企业为社会所提供的效用并不是实物形态的产品，而是通过物流各个作业环节实现物资的时间和空间位移。物流活动的过程中，物流企业向客户提供了物流劳务，因此物流价格就是物流劳务的价格。要注意的是这是一种无形的劳务，既不能调拨又不能储存，只能满足某时某地发生的某种物流服务需求。

（2）物流价格是商品销售价格的组成部分。社会的生产过程不但包括劳动对象形态的改变，还包括劳动对象的时空位置的转移。物流完成了商品从生产地到消费地的流动，使物资从生产领域最终进入到消费领域，而这一过程又必须通过价格作为媒介来实现商品的交换，因此物流价格就成为商品销售价格的组成部分之一，物流价格的高低会直接影响销售价格，甚至实际成交的结果。

3. 物流价格的决定因素

物流价格的变化主要是由国家经济政策、物流供求关系、物流成本以及物流企业之间的竞争程度决定的。

（1）国家经济政策。物流价格水平会直接或间接受到国家对物流业实行的税收政策、信贷政策、投资政策等的影响，我国现在是鼓励、扶持物流行业，在各个方面都给予了优惠政策，这将有利于物流价格的稳定并促进物流业快速发展。

（2）物流供求关系。物流价格调节物流的供给与需求，反过来，供需变化也会调节物流价格。

（3）物流成本。物流成本指的是货物在运输、储存、装卸、包装、流通加工等各种物流活动中所消耗的人力、财力、物力的总和。通常情况下，物流报价应不低于物流成本，物流成本是物流价格的最低界限。

（4）物流企业之间的竞争程度。由于物流活动涉及的范围比较广泛，物流市场的竞争程度的表现也会有所不同，例如在物流运输市场中，我国铁路运输市场属于完全垄断市场，实行的是“垄断价格”，而在公路运输市场中，其价格的形成基本上是自由竞争的结果。

（二）物流需求的价格弹性

经济学中，把需求对价格的敏感程度叫作需求价格弹性，从量的方面找出价格变动对需求的影响程度，需要进行影响程度的对比分析。作为价格理论的一个重要组成部分，这种对于需求价格弹性的变化程度的研究，具有重要的现实经济意义。

1. 需求价格弹性

需求价格弹性指的是一种商品的需求量对其价格变动的敏感程度，也就是表示价格变动的比率所引起的商品需求量变动的比率。需求曲线如图 2－8 所示。

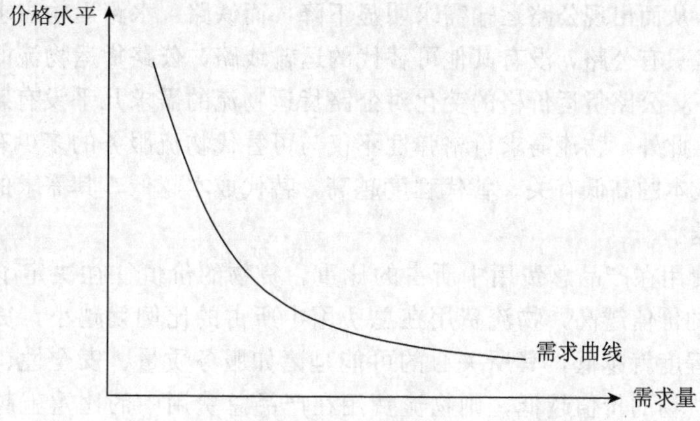

图 2－8　需求曲线

如图 2－8 所示，需求量与价格水平的关系曲线是一条向下倾斜的曲线，价格水平越高，需求量越低；价格水平越低，需求量越高。

不同商品的需求价格弹性大小不同，通常用弹性系数来描述，公式如下：

$$E_d=(\Delta Q/Q)/(\Delta P/P)$$

式中：E_d ——需求价格弹性系数；

$\Delta Q/Q$ ——需求量变动的比率；

$\Delta P/P$ ——价格变动的比率。

当 $E_d=1$ 时，需求是单一弹性，表示需求量变动的比率等于价格变动的比率。价格每升降 1%，需求量也随之升降 1%，这种情况在现实中比较少见。

当 $E_d>1$ 时，需求富于弹性，表示需求量变动的比率大于价格变动的比率。

当 $E_d<1$ 时，需求缺乏弹性，表示需求量变动的比率小于价格变动的比率。

2. 物流需求价格弹性

在一定限度范围内，通常情况下物流需求受价格因素的影响并不显著，但是不能因为整个物流业的市场需求变化不显著，就认为物流需求主体在选择物流服务时不会考虑物流价格。原因是当市场上物流价格过高时，生产制造企业和商贸企业就会采取自营物流的形式。

另外，在选择物流运输工具的时候，也能看出不同运输工具报价影响了货物运输的形式，如近年来公路运输价格大幅度上涨，货主企业就开始倾向于选择水路运输，这也说明物流需求对价格是十分敏感的。

3. 影响物流需求价格弹性的因素

价格弹性揭示了价格对需求的影响程度，为使价格对供需的调节作用得到发挥，我们通常希望市场需求是弹性需求，以便在可能的情况下采取有效措施，改变市场的需求弹性。所以分析物流需求弹性的影响因素，将有助于制定合理的运输价格。运输需求价格弹性主要受以下几个因素的影响。

(1) 是否具有可替代性的物流服务。可替代物流服务越多，需求价格弹性则越大；反之，则越小。例如，在拥有各种运输方式的地区，货运物流的替代品较多，其货运物流服务的价格弹性也就较大，这时倘若公路运输价格上涨，就会有一部分货物从公路转向铁路或水路，从而出现公路运输需求明显下降，而铁路、水路运输需求相应增加的情况；倘若某地区只有公路，没有其他可替代的运输线路，公路货运物流的价格弹性就很小，这种情况下，公路货运价格的变化对公路货运物流的需求几乎没有影响，货主只能选择公路运输。此外，物流需求价格弹性不仅与可替代物流服务的多少有关，还与其替代程度和替代成本的高低有关。替代程度越高，替代成本越低，其需求的价格弹性就越大；反之，则越小。

(2) 物流费用在产品总费用中所占的比重。货物的价值往往决定了物流需求的价格弹性，货物的价值越高，物流费用在总费用中所占的比例就越小，货物的所有者对于价格的敏感程度就越低，其所关心的可能是诸如服务质量、安全性、快速性等其他问题；反之，货物的价值越低，则物流费用在产品总费用中的比重就越高，物流费用也就越容易影响产品的价格，在这一情况下，物流需求者就会比较重视物流报价，若是定价过高，客户可能会选择其他的物流企业，价格弹性就会表现很大。

(3) 货物的自身属性。价格弹性的大小还受货物自身属性的影响，如某些具有季节性或者时间性的货物，急于进入市场销售，其物流的需求者通常会选择价格高但速度快的物流方式，以尽快把货物推入市场，而不会去选择价格低但速度慢的方式。所以在这一情况下，物流需求的价格弹性较小；而若是货主有充分的市场时间，则会选择价格较低的物流服务商，这样一来，物流需求的价格弹性就比较大了。

(三) 物流供给价格弹性

1. 供给曲线与物流供给量

在影响供给量的诸多因素中，价格是最灵敏、最重要的一个，供给曲线就是假设其他因素不变的情况下，反映供给量与价格之间关系的曲线，如图 2－9 所示。

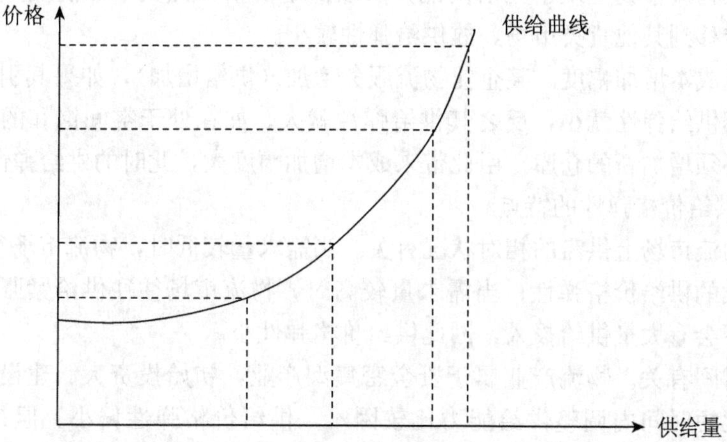

图 2－9　供给曲线

图 2－9 表明，供给量与价格成正比关系。价格越高，劳动力愿意提供的数量、借贷资本愿意提供的数量就越多，进而企业生产和销售的产品也就越多；反之，价格越低，企业生产和销售的产品就越少，总供给也就越少。

物流供给表示在不同价格下，物流供应者愿意且能够提供的物流服务数量，它揭示了供给量同价格之间的关系。一个特定的物流供应对应一条供给曲线，而物流供应量则表示在某一价格上，物流供应者所提供的物流服务数量，它与供给曲线上某一点相对应。物流供给量的变化表示当非价格因素不变时，供给量随价格的变化而变化。

2. 物流供给价格弹性

物流供给价格弹性指的是其他条件不变的情况下，价格变动所引起的供给量变动的灵敏程度，公式如下：

$$E_S=(\Delta Q/Q)/(\Delta P/P)$$

式中：E_S ——物流供给弹性系数；

$\Delta Q/Q$ ——供给量变动的比率；

$\Delta P/P$ ——价格变动的比率。

当 $E_S=1$ 时，供给是单一弹性；当 $E_S>1$ 时，供给富有弹性；当 $E_S<1$ 时，供给缺乏弹性。

3. 影响物流供给价格弹性的因素

(1) 供给调整的难易程度。通常，一个企业若能够根据价格的变动灵活调整供给，其供给价格弹性就大，反之其供给价格弹性就小。比如在物流供给设施中，专业性强的危险品仓库供给调整难度大，所以供给价格弹性较小，而普通仓库使用灵活，供给调整容易，供给价格弹性就较大。

(2) 物流供给适应物流需求的范围。物流供给服务是指使货物发生时间和空间上的转移，但个体物流需求存在的差异性会导致物流服务的差异性。通常，物流供给适应物流需求的范围大，则供给弹性就大；物流供给适应物流需求的范围小，则供给弹性就小。

举个例子，同样是作为物流供给设施的普通货车和混凝土搅拌车，由于普通货车适运货物范围广，在物流市场上便于灵活调配，所以供给价格弹性大，而混凝土搅拌车专用性较强，较难转移到其他货类市场，故供给弹性较小。

(3) 物流成本增加幅度。某企业物流服务增加（供给增加），如果其引起的成本增加较大，那么其供给弹性就小，反之其供给弹性就大。如在处于空间饱和的仓库中再增加储存量，就必须增加新的仓库，由此带来成本增加幅度大，此时的供给弹性就会小。

4. 物流供给价格弹性的特点

(1) 同物流市场上供需的相对状况有关。当需求量较低时，物流市场往往供给过剩，所以具有较大的供给价格弹性；当需求量较高时，物流市场往往供给紧张，所以就算价格上升，也不会有大量供给投入，因此供给价格弹性小。

(2) 同时间有关。物流产业属于资金密集型产业，初始投资大、建设周期长、储备风险大，因此短时间内调整供给能力比较困难，供给价格弹性偏小。但是从长期来看，在价格的作用下供给与需求会趋于一致，这说明长期内物流市场供给具有弹性。

(3) 同价格的波动有关。价格朝不同方向变化时，物流供给价格弹性大小也会有所不同，价格上涨通常会刺激供给的增加，因此供给弹性较大；价格下跌时，供给并不会轻易退出市场，所以供给弹性较小。

二、物流的供求平衡

(一) 物流市场的均衡

在西方经济学中，均衡指的是经济学中变动着的各种力量处于一种暂时稳定的状态。这里的均衡并不意味着不会变动，拿均衡价格来说，它指的是在均衡点时的价格，只要求供给量与需求量一致。

均衡在西方经济学中也是一种分析方法，是在一定的前提条件下用来分析经济中各个变量之间的关系的一种方法，通过这种方法能够了解各个变量之间的相互影响和相互作用。如通过均衡价格的分析，就能说明供给、需求和价格三者间的关系。

但是西方经济学家也认为均衡总是有条件的，是在一定的条件下才能达到的，条件变化了，就打破了原来的均衡，因此经济总是处于一种均衡的破坏和另一种均衡的建立的过程之中。从动态的观点来看，均衡是一个短暂的、不间断的过程。

西方经济学中有局部均衡和一般均衡两种理论。局部均衡是一种用来研究单个市场、单个商品的价格与供求关系变化的方法，这一方法假设在其他条件不变的情况下，某种商品的价格只与它本身的供求状况有关，而不受其他商品的价格与供求的影响。一般均衡则是一种用来分析市场上所有市场、所有商品的价格和供求关系变化的方法。它假设各种商品的价格与供求都是相互联系的，一种商品价格的变动，不但会受该商品本身供求关系的影响，还受到其他商品的供求与价格的影响。因此，某种商品的价格均衡与供求均衡只有在所有商品的价格与供求达到均衡时才能确定。

物流市场均衡指的是将物流市场价格调整到物流需求量正好等于物流供给量时的一种状态，这种状态下，物流供给量等于物流需求量，物流供给价格等于物流需求价格，此时所对应的供需量称为物流市场均衡量，所对应的物流市场价格称为物流市场均衡价格。均衡价格不是“供给量等于需求量时的价格”，也不是“供给价格等于需求价格时的价格”，而是必须同时满足供给量等于需求量，供给价格等于需求价格这两个条件时的价格。

从几何意义上来说，物流市场均衡价格就是物流供给曲线与物流需求曲线的交点所对应的物流市场价格水平。如图 2-10 所示，均衡量为 3000 吨，均衡价格为 10 元。

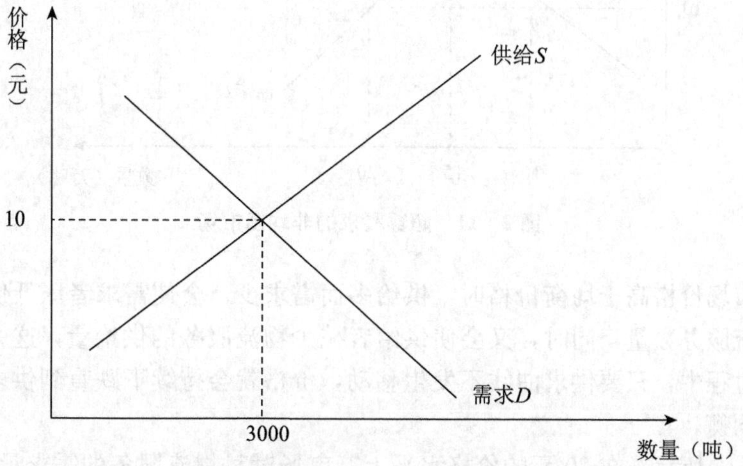

图 2-10　物流市场均衡价格

物流市场的均衡量水平和均衡价格水平取决于物流供需曲线及其变动。在供给曲线一定条件下，需求曲线右移，则均衡价格上升，均衡量增加；在需求曲线一定条件下，若是供给曲线右移，则均衡价格下降，均衡量增加；当两条曲线都发生右移时，均衡量增加，但价格不确定，可能上升也可能下降，具体变化情况取决于两条曲线的相对移动力度。当物流市场达到均衡状态后，一旦价格背离均衡价格，就有自动恢复到均衡点并保持均衡的趋势。

（二）物流服务的均衡价格

物流服务的均衡价格是物流市场上供给和需求这两种相反的力量共同作用的结果，是在市场的供求力量的自发调节下形成的。一旦市场价格偏离均衡价格，就会出现需求量和供给量不相等的状态。通常这种供求不相等的非均衡状态在市场机制的作用下会逐步消失，实际的市场价格也会自动恢复到均衡价格水平。

（1）当市场价格低于均衡价格时，需求量大于供给量，迫使需求者提高价格来购买所要得到的物流服务数量，同时，又会使供给者增加物流服务的供给量，这就导致价格上升。在这个过程中，只要供求曲线不发生移动，价格就会持续上升直到供求量相等，最后又恢复了均衡。

如图 2-11 所示，在 10 元的价格水平上，市场对某物流服务的需求量是 20 万吨，而当时实际的市场供给量是 10 万吨。由于 10 元的价格低于市场均衡价格 15 元，需求量超过了供给量，这时供应商就可以趁机提高价格，直至价格达到 15 元时，市场才会达到均衡。

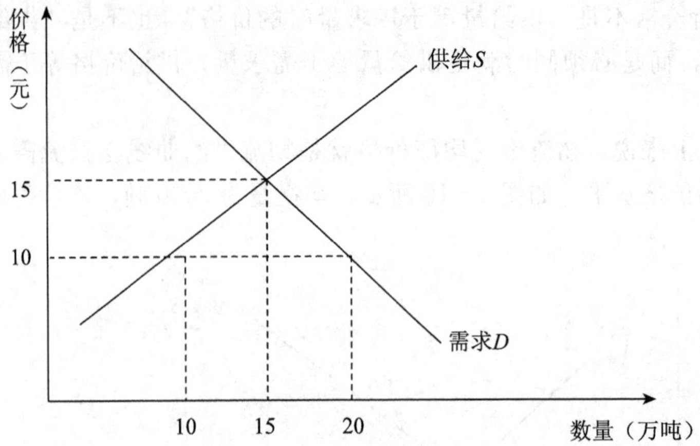

图 2-11　超额需求的非均衡市场

(2) 当市场价格高于均衡价格时，供给多而需求少，会使需求者压低价格来购买所要得到的物流服务数量，同时，又会使供给者减少物流服务的供给量，这就导致价格下跌。在这个过程中，只要供求曲线不发生移动，价格就会持续下跌直到供求量相等，从而又恢复了均衡。

如图 2-12 所示，在 20 元的价格水平上，市场对某物流服务的需求量减少到 10 万吨，而供给量却增加到了 20 万吨。由于 20 元的价格高于市场均衡价格 15 元，供给量超过了需求量，致使价格下降，最终在 15 元的价格水平上，买卖双方的供给量和需求量实现了均衡，此时 15 元就是物流市场的均衡价格，15 万吨的数量就是物流市场的均衡量。

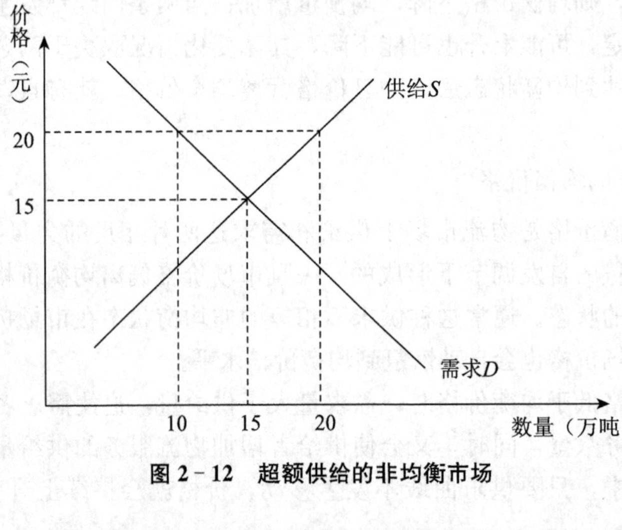

图 2-12　超额供给的非均衡市场

总而言之，供需双方共同决定了市场均衡价格的形成。均衡是市场的必然趋势，同时也是市场的正常状态。而脱离均衡点的价格必然形成供不应求或供过于求的失衡状态。由于市场中供求双方竞争力量的相互作用，存在着自我调节的机制，因此失衡将逐渐趋于均衡。

（三）物流市场均衡水平的变化情况

1. 需求曲线移动对均衡水平的影响

供给不变时，随着需求增加，均衡量增加，均衡价格上升；随着需求减少，均衡量减少，均衡价格下降。也就是说，需求的变动将会引起均衡量与均衡价格同方向变动。例如，每年的春运前一个月我国都会出现一个货运物流需求高峰，各类企业的经济活动都更加活跃，物流企业的活动也更加频繁，因此物流需求曲线向右移动，随之而来的是物流量的大幅增加和货运价格的上涨；而一旦到了春节期间，企业大多处于休业状态，货运基本也会在春节期间处于休眠期，此时需求曲线就会大幅左移，物流量和运价会随之下降；春节结束以后，物流需求又会大大增加，需求曲线右移，运力供给又会变得非常紧张，物流量和运价会随之上升；一段时间后，货运市场就会恢复以往的均衡状态。由于电子商务的发展，这种情况更频繁地出现于“双十一”“年中庆”等特定时间段。

2. 供给曲线移动对均衡水平的影响

需求不变时，随着供给增加，供给曲线向右移动，均衡量增加，均衡价格下降；而随着物流供给减少，供给曲线向左移动，均衡量减少，均衡价格上升。也就是说，供给的变动引起均衡量按同方向变动，引起均衡价格按反方向变动。例如，石油、汽油涨价或人工工资提高将会导致货运物流成本的上升，也会导致物流的供给曲线左移，均衡量下降，均衡价格上涨，如图 2－13 所示。

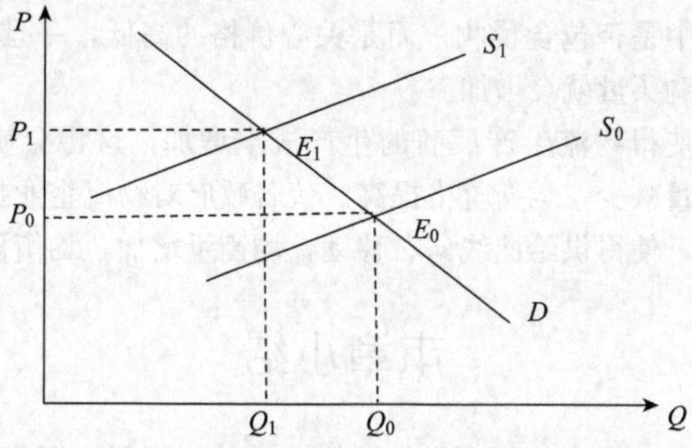

图 2－13 供给曲线向左移动对均衡的影响

与以上情况相反，物流技术进步会令物流供给曲线发生右移，均衡量增加，均衡价格下降。如在物流作业中，一些现代物流机械（叉车、货物升降机、传递带等）的使用，配送中心分拣设施、拼装作业中数码分拣系统的运用，能够大大提高物流劳动生产率；而计算机管理系统和电子数据交换系统（EDI）、条码、RFID 等的应用能大幅度提高信息传输的速度和准确性，降低企业的库存成本、单据处理成本、人事成本和差错成本；这些因素共同作用的结果会使物流服务的供给曲线发生右移，使得社会物流均衡量增加和物流市场均衡价格下降。如图 2－14 所示，随着物流供给曲线由 S_0 右移到 S_1，物流的均衡量由 Q_0 增加到 Q_1，物流服务的市场价格从 P_0 降至 P_1。

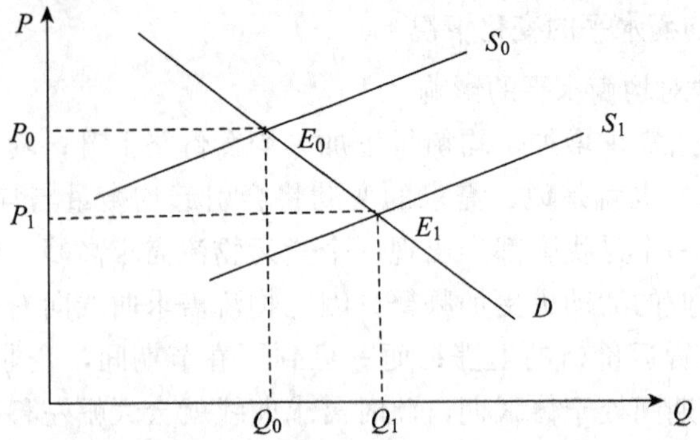

图 2-14　供给曲线向右移动对均衡的影响

3. 供求定理

在其他条件不变的情况下，需求变动将分别引起均衡量与均衡价格的同方向变动；而供给变动将分别引起均衡量的同方向变动、均衡价格的反方向变动；需求和供给曲线同时变动时，均衡量和均衡价格的变动程度和方向将取决于需求和供给各自变动程度的大小和方向。

4. 政府征税与补贴对物流市场均衡的影响

假设政府对某种物流服务按单位产品征收一定量的税，那么征税结果有以下两个。

（1）对需求曲线无影响。原因是税收是由物流服务供应商或厂商直接支付给国家的，购买者并不关心价格中是否包含税收，而是关心价格的高低，一旦价格上升，购买量就会减少；价格下降，购买量就会增加。

（2）征税相当于使得物流生产厂商的生产成本增加，这将会使物流供给曲线左移，从而使物流服务均衡量减少，均衡价格提高。倘若政府对物流企业提供的服务进行补贴，则会产生相反的影响，使得供给曲线向右移动，均衡量增加，均衡价格下降。

本章小结

本章首先介绍了物流需求与物流供给的概念、特征、影响因素及来源；其次分析了物流需求与供给的价格弹性理论；最后论述了物流市场上的供求平衡理论。

通过本章的学习，能够对物流的供需理论有一个初步的了解和总体的把握。

案例分析：2020 年物流运行情况分析（部分）

2020 年，物流需求结构继续调整，新动能带动和引领作用凸显。工业领域的高新技术物流需求、国际物流需求、网上零售物流需求快速发展，新产业、新业态、新产品的拉动作用持续增强。

（一）工业物流企稳回升，新动能引领和带动作用显著

2020 年工业物流总额同比增长 2.8%，其中一季度下降 8.4%，上半年下降 1.3%，前三季度增长 1.2%，呈现逐季回升态势。在内需及海外出口的带动下，四季度各月当

月增速均保持在6%到8%的快速增长区间。

从结构看，制造业显著回升，有力支撑了工业物流需求的稳步复苏。一方面，装备制造业和医药制造业物流需求向好。其中，受益制造业投资与机电产品出口大幅改善拉动，装备制造业等多数行业物流需求保持10%以上增速，装备制造业对工业物流需求增长的贡献率超过70%，支撑作用突出；海外疫情防控物资需求增长迅猛，带动医药制造业物流需求大幅回升。另一方面，新动能相关物流需求持续增强，高技术制造业维持领先地位。2020年全年高技术制造业物流需求增长7.1%，增速快于工业物流总额4.3个百分点，新旧动能转换进一步加快。

（二）国际物流总体稳中向好，进出口物流全面回升

在新冠肺炎疫情影响下，世界经济增长和全球贸易遭受严重冲击，但我国经济展现出强大市场活力和综合竞争力，进出口物流量快速回稳。

超大规模市场优势明显，进口需求稳中有升。2020年，我国进口物流量同比增长8.9%，增速比上年提高4.7个百分点。从年内情况看，各月均保持正增长，下半年增速有所加快，三、四季度达到10%的较高增速。从不同货类看，原油、铁矿砂等资源型产品进口量分别增加7.3%和9.5%，粮食、肉类等农产品进口量分别增加28%、60.4%。

出口物流需求保持平稳较快增长。海外疫情持续蔓延且有加速扩散趋势，欧美等主要经济体的需求向货物需求转变，同时我国制造业较为完备，恢复速度较快，出口物流量增速提高至近5%。

“一带一路”倡议持续推进，中欧班列快速发展。2020年，面对突如其来的新冠肺炎疫情，中欧班列对推动复工复产，稳定国内、国际供应链产业链发挥了重要作用。中欧班列“十三五”时期累计开行超过3万列，2020年开行1.24万列，去程和回程班列同比分别增长50%左右，全年发送113.5万标准箱，同比增长56%。全年综合重箱率达98.4%，同比提高4.6个百分点，其中回程重箱率提升显著，同比提高9.3个百分点。

（三）民生物流需求略有放缓，新业态仍保持强势增长

2020年，单位与居民物品物流总额同比增长13.2%，6月以来连续7个月增速保持10%以上。新型消费模式保持逆势增长，成为民生物流需求的最大亮点。全年实物商品网上零售额增长14.8%，占社会消费品零售总额的比重比上年提高4.2个百分点。

（四）物流运行提质增效，单位物流成本缓中趋稳

年初受到新冠肺炎疫情影响，各地不同的管控措施造成物流通道不畅，部分区域资源紧缺，服务时效放缓，新冠肺炎疫情防控相关措施带动物流成本上升。下半年，随着物流运行效率有所改善，物流发展的质量和效益不断提升。

一是运输协同性提升。多式联运、铁水联运进一步发展，铁路专用线与基础建设加快推进，着力打通“最先一公里”和“最后一公里”。集装箱铁水联运量快速增长，港口集装箱铁水联运量创近年较高水平。与此同时，铁路引领运输物流服务质量提升，铁路货运量占全社会货运量的比例提升至2020年的近10%。铁路产品供给不断优化，集装箱运输、冷链运输、高铁快运等成为铁路货运增长新亮点。

二是多部门政策措施助力企业纾困，优化营商环境，继续推动降低行政性物流成本。通过多方努力，单位物流成本增速明显趋缓，2020年社会物流总费用与GDP的比重

14.7%，五年间下降1.3个百分点，物流降本增效成果显著。

思考：

1. 请概括我国物流市场的供需现状。
2. 分析目前我国物流市场的供给与需求矛盾。

复习思考题

1. 怎样理解物流需求派生性的特征？
2. 影响物流供给的因素有哪些，试阐述市场价格与物流供给量之间的关系。
3. 影响物流需求的价格弹性的因素有哪些，都是怎样发挥作用的？
4. 什么是物流供求的均衡价格？

第三章 物流市场理论

任何物流企业所提供的物流服务都必须经过物流市场的检验。因而，现代物流企业必须面向市场，研究市场供求关系和价格变化规律。只有按照市场上对于物流服务的需求，不断提高物流服务水平，才能适应市场的发展，争取客户满意，在激烈的市场竞争中谋得生存与发展。本章主要介绍物流市场的相关理论。

第一节 物流市场概述

一、物流市场的特点

马克思主义政治经济学的观点认为，市场不单是商品交易的场所，还是不同的商品生产者、中间商和消费者之间的商品买卖关系的总和。市场上所有的买卖活动，都涉及直接参与者和间接参与者的切身利益，在物与物的买卖关系中存在着人与人的关系。正确处理这些经济利益和经济关系，无疑是商品交易顺利进行的前提条件。现代市场营销学认为，市场是需求方的现实需求和潜在需求的总和。这个对于市场的定义突破了地域的限制，强调市场就是需求方的需求。换句话说，一种产品有没有市场，关键在于它能否满足需求方的需求，只要有需求就会有市场。

物流诞生在市场经济的环境下，与市场具有天然的联系，也就是说，物流市场是伴随着市场经济的发展逐渐演进而形成的服务市场。因而，物流市场是重要的服务市场之一。我们通常把实现物流服务交易的场所称为狭义的物流市场；而广义的物流市场包括物流需求、物流供给与物流交易中介三个方面，它是指在有形的和无形的物流服务交易场所进行的物流服务供应商、中间商、需求方之间买卖关系的总和。

物流市场形成应当具备三个基本条件：①存在需求方和供给方；②有可供交易的物流服务；③有供求双方都能接受的交易价格和其他条件。只有同时具备这三个条件，才能实现物流服务的让渡，形成现实的而非观念上的物流市场。

物流市场的中心内容是物流服务的需求和供给。没有需求方就谈不上购买力和购买意愿，而没有需求方的购买力和购买意愿，也不能形成市场。所以，物流市场必须具备需求方、购买力和购买意愿这三个要素。只有将这三个要素结合起来，才能使交易行为顺利进行。

物流服务作为一种特殊的商品进入市场是符合商品经济规律的。一方面，物流产生于市场经济的环境中，故与市场具有天然的联系；另一方面，物流业属于生产性服务行业，物流市场是随着市场经济的发展逐渐演变而形成的服务市场。服务市场是与商品市场相对应的，是用于组织和实现服务商品流通和销售的网络，是服务于商品生产、交换和消费的综合体系。因而，物流市场是物流供求双方为保证生产和生活进行的各种交易关系的总和，即为保证商品生产和流通的顺利进行，商品在流动和暂时性停留过程中形成的服务性市场。它主要包括运输市场和仓储市场，以及包装、装卸搬运等辅助市场。物流市场的特点如下。

1. 交易对象的无形性

物流市场属于服务性市场，这就决定了其交易的对象具有无形性。商品市场上交易的是有形实物，是货币与商品间的交易，而物流市场上交易的是无形的物流服务，是货币与服务间的交易。

2. 市场供求的特殊性

物流市场是从运输、仓储市场逐渐发展起来的综合性服务市场，是在市场经济发展过程中围绕物流需求而形成的具有复杂的经济关系的市场。首先，物流市场上的供给方为满足需求方的需要，从有形商品的供应商、运输企业或是仓储企业中分离出来，转变成专业化的综合物流服务商；其次，物流市场上需求方需要的是囊括物流所有功能的、较为全面的服务，而非某种单一功能的服务。

3. 派生性

商品市场是自然经济条件下的产物，而物流市场是随着商品市场的发展而出现的，为商品市场的“派生物”。当商品经济进化到市场经济阶段时，服务的作用越发明显，与市场运行密切相关的物流活动开始进入市场。这一活动已不再是传统的生产商或供应商的自我服务型活动，而是由专门的物流企业来从事的活动。由于物流服务是作为商品需求的一项派生性需求，它的规模和范围都必将受到商品市场、商品流通规模及流通范围的影响。

4. 层次性

物流活动是一种跨边界的组织活动，不同的货物服务，其技术要求也不尽相同，因而客户的需求也千差万别。所以，从不同物流环节来看物流市场，它的覆盖范围十分广泛，是一个多层次服务市场。由于物流服务需求方、需求数量和需求特点上存在差异，故可将物流市场分为工业物流市场、商业物流市场和消费物流市场。从市场范围的角度分，物流市场有区域物流市场、城市物流市场、农村物流市场等。从行业市场的角度分，物流市场有食品、服装、药品、家电、汽车、化工、电子通信等行业物流市场。

5. 阶段性

物流市场与经济发展的关系极其密切，只有当市场经济发展到一定程度时，才会出现物流市场。经济发展是遵循由低级到高级的一个循序渐进的规律，因而，物流市场的发展过程也表现出明显的阶段性。表 3-1 为物流市场发展的大致阶段及一般特征。

表 3-1 物流市场发展的大致阶段及一般特征

特征	时间		
	19 世纪末至 20 世纪中叶	20 世纪中叶至 20 世纪 80 年代	20 世纪 80 年代至今
产业结构	第二产业为主	第三产业为主	信息产业为主
消费结构	大量物质消费 少量服务消费	物质消费减少 服务消费量大	生活质量提高 体验需求增加
商业模式	以产定销 产销分离 产销关系松散	以产定销 产销一定程度上结合 产销关系紧密	利用信息网络 真正以销定产 产销融合
储存功能	大量仓储 储存为主 仓储费用高	配送和物流中心 为主，库存减少 储存费用下降	虚拟仓库 尽可能减少库存 追求零库存
运输功能	大量运输	运输为主 运输费用上升	快速运输 送货上门
物流服务	单一储存、 运输等服务	储存、运输等服务	综合性全方位 物流服务

我国物流市场的发展不仅具有国际上物流市场发展的一般特征，同时又从我国的经济基础出发，与我国的经济发展水平保持一致。2001 年以来，我国相继出台了一系列促进物流发展的国家级政策意见和标准，物流业的基础性工作全面展开，专业化的物流企业迅速成长，专业物流市场快速发展。2009 年，我国将物流产业振兴列入国家十大产业振兴规划中。目前，尽管我国经济市场趋于活跃，但是，从市场主体的数量、规模、经营范围及服务能力等指标来说，严格意义上的现代物流市场还未形成，存在许多矛盾和问题，如市场无序竞争、组织布局不合理、物流服务的经营集约化程度与组织化水平不高等。因此，我国物流市场的发展任重而道远。

二、物流市场的功能

物流市场是物流服务供应商即物流企业之间的角逐、竞争的场所，也是物流需求方与物流企业之间进行交易、博弈的场所。物流企业所提供的服务能否为客户所接受，能否获得满意的投资回报，这些都要通过物流市场进行检验。因此，物流企业必须面向市场，探寻市场供求和价格变化规律。只有按照客户对物流服务的需求，持续改进其服务水平，才能适应市场发展，赢得客户满意，在激烈的市场竞争中求得生存与发展。物流市场的主要功能包括资源配置、实现规模经济和集约经济、提高物流效率等方面。

（一）资源配置

物流市场对资源进行配置这一功能主要体现在两个方面：一方面，所有物资均可通过物流市场，根据物流需求方的要求，以较低的费用、较快的速度，在准确的时间内送达，实现物流资源的高效合理配置；另一方面，可以将分散在生产、流通和消费等不同领域的物流资源通过竞争性的物流市场进行整合和积聚，培育规模较大、功能齐全的物流服务供应商，为客户提供全方位的物流服务，从而实现物流资源的集约配置。

（二）实现规模经济和集约经济

规模经济指的是当企业扩大其生产规模时，随之而来的是长期平均单位成本的下降，即在一定的范围内，企业规模越大，单位产出的成本就会越低；集约经济指的是增加生产要素使用效率时，单位产品的成本在短期内会减少，也就是说在一定限度内，产量越大，短期单位产品的成本越低。物流市场不仅有扩大市场主体经营规模、降低单位产出成本的作用，同时也有使物流作业相对集中经营、提高物流设施利用率、增加产出、综合利用先进物流管理和技术等集约作用。

（三）提高物流效率

完善物流市场是强化流通功能、提高物流效率的关键。首先，非物流企业将物流业务进行外包，可增强其核心竞争能力以及企业的市场占有率，换句话说，物流市场的主要功能之一就是通过分工提高劳动生产率；其次，物流服务通过市场机制实现交换的市场运作方式，使得运输、储存相互独立的传统市场运作模式得到了改变，在提高效率的同时降低了交易的成本，增加了盈利的空间。

三、物流市场的竞争

物流市场的主体是各个物流企业，市场竞争是在各个物流企业之间展开的。除了极少数的特殊领域受到管制以外，其余物流市场几乎都是处于自由竞争状态。物流市场上的竞争不仅有物流供需双方比较缓和的竞争，也有各个物流供给方之间相对激烈的竞争。

（一）物流供需双方的竞争

物流供需双方的竞争，既表现在需求方与供给方之间的讨价还价，又表现为需求方在对供给方所提供的服务不满时，能够采取自理的方式来替代外包服务。这两个方面的竞争和市场总体经济状况、市场成熟程度、物流市场环境、供需双方特点有着十分密切的关系。例如在国外的物流企业中，除大批产业客户以外，还存在很多民用客户，而我国目前消费者的物流需求相当有限，物流需求的主体依然是工商企业。需求主体的不同必然导致供需双方竞争的差异。

（二）物流供给方之间的竞争

目前我国物流市场的发展情况是，基本功能的物流服务供大于求，而综合性、附加值较高的物流服务则处于供不应求的状态，所以，物流企业软硬件实力的竞争是物流市场竞争的主要表现。

根据 2014 年 7 月 1 日国家质量监督检验检疫总局和国家标准化管理委员会颁布实施的《物流企业分类与评估指标》（GB/T 19680—2013），将我国的物流企业分为运输型、仓储型与综合型三种类型，并按当中的评估指标，将物流企业分成 1A～5A 五个等级。

目前，我国物流市场上基本形成了以四类物流企业为主的竞争格局。

（1）传统储运转型的物流企业。这类企业是由传统的运输、仓储和商贸企业转型而来的，以大中型国有企业为典型代表，包括招商局物流、中远物流、中外运、中国储运、中铁快运、中海物流、中邮物流等。

(2) 源自生产流通企业的物流企业。这是生产制造企业在供应链流程再造中打造出来的第三方物流服务公司，比如联想物流、海尔物流等。

(3) 新兴民营物流企业。这些企业是按照现代物流理念和经营模式建立的新型物流服务企业，一般以民营资本和股份资本为主，如宅急送、宝供、远成、顺丰、韵达等。

(4) 外资物流企业。这一类是由国外资本合资或独资建立的物流企业，如 TNT、美国联合包裹公司（UPS）、中外运敦豪（DHL）、联邦快递（FedEx）和黄天百等。

从市场份额角度来说，第一类物流企业仍占据市场的主导地位，而第二类物流企业占市场份额较小，其主要利用与生产企业的密切联系开展供应链服务，第三类物流企业的市场份额上升速度十分迅速，而第四类物流企业的市场份额也正逐步扩大，并主要占据高端市场。表 3-2 列出了 2014 年中国物流企业 50 强名单（前 20）。根据表中数据，分类型看，运输型物流企业占 22%，仓储型物流企业占 4%，综合型物流企业占 74%；分区域看，东部地区占 80%，中部地区占 14%，西部地区占 6%；分登记注册类型看，国有企业占 34%，民营企业占 6%，有限责任公司、股份有限公司、股份合作企业分别占 28%、14%和 2%，港澳台商投资企业、外商投资企业分别占 10%和 6%。

表 3-2　　2014 年中国物流企业 50 强名单（前 20）

排名	企业名称	物流业务收入（万元）
1	中国远洋运输（集团）总公司	14414820
2	中铁物资集团有限公司	7632421
3	中国海运（集团）总公司	6764517
4	中国外运长航集团有限公司	5828320
5	河北省物流产业集团有限公司	5818003
6	开滦集团国际物流有限责任公司	4423713
7	厦门象屿股份有限公司	3537580
8	中国石油天然气运输公司	3040718
9	中国物资储运总公司	3000880
10	顺丰速运（集团）有限公司	2570000
11	河南能源化工集团国龙物流有限公司	2170563
12	福建省交通运输集团有限责任公司	1767495
13	安吉汽车物流有限公司	1476000
14	朔黄铁路发展有限责任公司	1430905
15	高港港口综合物流园区	1112000
16	嘉里物流（中国）投资有限公司	982218
17	北京康捷空国际货运代理有限公司	959718
18	重庆港务物流集团有限公司	932931
19	中石油北京天然气管道有限公司	926038
20	德邦物流股份有限公司	863333

随着电子商务的发展，新的互联网经济将传统的 TOB（To Business，面向企业用户）的业务变革成 TOC（To Customer，面向个人用户）的业务，物流企业的发展产生了巨大的变化。如平台化将成主流趋势，相关的比较典型的例子有：2013 年安能物流启

动了中国零担物流的首个加盟平台；马云的菜鸟整合的是一个电商物流“仓储+配送+系统”的一体化供应链服务平台等。再如移动互联网技术推动中国物流商业模式变革，以顺丰、百世为龙头的快递企业已经陆续通过移动互联网实现了创新，将服务与App（应用程序）、微信结合，变革传统物流的运营服务模式。另外，靠传统的价格差价盈利的物流企业越来越少，物流企业靠增值服务盈利成必然趋势，特别是区域供应链领域的信息服务、数据服务、供应链金融服务等，这将是物流企业新的生存模式。从2013年美国仓储企业20强的业务内容来看，单独的“仓储+运输”服务获取的利润空间将越来越小，这些排名靠前的企业，靠的都是更多的增值服务获得利润空间。

通常可以用竞争要素来衡量物流企业之间的竞争状况。竞争要素指的是体现物流企业之间竞争能力的各种因素，按照各因素的性质和作用的不同，可分为硬件因素和 软件因素。硬件因素主要是物流服务基础设施或资产、设备技术层次、物流网点数、市场规模、服务功能等；而软件因素的内容则主要包括生产效率（劳动生产率、销售利润率等）、设备利用效率、管理组织水平（含内部经营机制）、品牌效应、服务质量、创新能力（业务创新、组织创新、技术创新等）、市场控制能力或应变能力、人力资源（员工的年龄结构、素质结构等）等。

通过对世界物流企业前10强和财富500强中物流企业的分析，选择运输能力、仓储能力、信息水平、物流网络、服务水平、管理水平、物流规划和市场运作八项指标来作为物流企业竞争能力评估的主要依据。这八项指标中，前四项为硬件因素，而后四项则属于软件因素。在我国的市场范围和竞争环境中，中资物流企业与外资物流企业相比，在物流网络、运输能力、仓储能力等方面相对具有竞争优势，而外资物流企业在信息水平、市场运作、物流规划、管理水平、服务水平方面更加有竞争优势。但经过一段时间的过渡，外资物流企业将整合国内资源，提高其在物流网络、运输能力、仓储能力等方面的竞争优势。

《物流企业分类与评估指标》（GB/T 19680—2013）中通过对物流企业进行等级评估，比较全面地反映了优秀物流企业的竞争实力。这一标准设置了6个一级指标（经营状况、资产、设施设备、管理及服务、人员管理、信息化水平）；17个（运输型物流企业、仓储型物流企业）或18个（综合型物流企业）二级指标。运用这些指标进行综合性评估，截至2015年上半年，已经产生了19批A级物流企业，从第1批的9家5A级、5家4A级、7家3A级、5家2A级，共26家企业，发展到第19批的21家5A级、92家4A级、144家3A级、40家2A级、4家A级，共301家企业。

四、我国物流市场的发展

经过近些年的快速发展，我国物流业已经具备了相当规模，但在总体上还不能适应经济发展的要求，物流效益不高，与国外物流业发展水平还存在很大的差距。综观我国物流企业的发展现状，存在多、乱、散、小的状况。

（1）多。据统计，我国具有相关物流功能的物流企业约70万家，这充分说明了我国的物流企业（或者叫运输企业、仓储企业、货代企业）如过江之鲫一样数不胜数。物流企业服务水平的高低更是参差不齐，难以分辨优劣。

（2）乱。中国物流企业的混乱现象来自各个方面，其中来源混乱导致服务水平、管理水平的混乱。外资物流企业、中外合资物流企业、国有物流企业、民营物流企业等来源不同、资金不同、服务客户不同，价格体系极其混乱，因此导致行业整体混乱。

（3）散。中国的物流市场散乱主要表现在物流产业的领导、管理部门散乱，政策相冲突；地方保护主义导致各地物流水平发展不一致，很难为客户提供一致的服务。

（4）小。从中国物流的整体发展来看，我国海运巨头中国远洋也刚刚够迈入世界500强的门槛，UPS、FedEx、马士基等企业早已经进入了世界500强俱乐部。

“多、乱、散、小”的状况带来的是物流行业的洗牌。高额的成本，微薄的利润，价格战硝烟弥漫，竞争在所难免。有竞争就有淘汰，优胜物流企业的出路在于提供专业化与差异化的服务。

专业化发展，把业务做细、做精。未来物流行业专业化发展是主流，分工会越来越细。物流作为劳动密集型的服务行业，利润微薄很正常，经济增速放缓、成本增加不是物流行业独有的问题。物流企业应该通过专业化服务来提高自身的服务水平，把利润提高上去，把业务做细、做精。如今产品细分、增值服务与承诺服务正成为快递业新的竞争热点。如快递企业推出了“当日达”“次晨达”“次日达”“限时达”等多样化的快递服务。企业只要找准定位，形成自身的差异化服务，就会有发展空间。

资源整合。过于分散的物流企业，未来势必会进行兼并重组、强强联合，从而形成更有竞争力的物流企业。将分散在各地的物流中心、配送中心逐步削减、整合，以最大限度地降低物流成本、提高经济效益。

政策引导。政府应对物流行业进行更好地引导，为物流企业营造良好的经营环境。成熟的物流市场离不开政府对物流网络的规划与统一布局。在物流管理上打破行业分割、地区分割，建立跨地区、跨行业、全国统一开放、公平、竞争、有序的物流市场。

第二节 物流市场结构

一、物流市场结构分析

随着经济的发展，对服务业的市场结构和产业组织进行分析的重要程度日益明显，然而，服务业的市场结构和产业组织同制造业相比区别很大，除部分公用事业类服务业外，其他所有服务业几乎都表现为完全竞争态势。由于物流服务具有很强的公共性，从而受到各种法制的制约和管制；同时，物流服务本身与其他服务性商品一样，物流企业的经营同样要追求利润。所以，物流服务兼具公共性和商业性。此外，由于新型市场主体第三方和第四方物流的出现，物流市场的产业组织与其他市场的产业组织有所不同，其市场结构相当复杂。基于产业组织理论中合作博弈的分析，物流服务具有各项功能协调配合、综合性强的特点，使得物流市场的结构大都以合作竞争的形式出现，这也是其与一般的市场结构的区别所在。

（一）物流市场结构的概念及划分标准

物流市场结构与物流市场的垄断与竞争的程度有关。不同的物流市场竞争与垄断程度形成了不同的物流市场结构。我们在进行物流市场结构分析的时候，关键在于根据物流市场或物流企业之间及物流企业与需求方之间关系的特征和形式，分析竞争与垄断的关系。可以根据下列五个标准来划分物流市场结构。

1. 物流行业的市场集中程度

市场集中程度是指大型物流企业在市场上的控制程度，一般用市场占有额来表示。要判断一个物流市场的集中程度通常用集中率和赫芬达尔-赫希曼指数这两个标准表示。

2. 物流行业内部的生产者数量

假如某种物流服务由众多的物流企业提供，它们之间的竞争非常激烈，我们就说该种物流服务的市场是竞争性的市场；反之，倘若某种物流服务仅由唯一的或数量很少的物流企业提供，那么它们之间的竞争就较弱，我们就说该种物流服务的市场是垄断性的市场。换句话说，物流企业的数量越多，物流市场的竞争程度就越高，而垄断程度就越低；反之，物流企业数量越少，物流市场的竞争程度就越低，而垄断程度就越高。

3. 物流服务属性

在物流企业数量固定时，其提供的物流服务同质性越高，市场的竞争程度也就越激烈，垄断程度就越低；反之，物流服务的同质性越低，则市场的竞争程度也会越低，而垄断程度就越高。

4. 信息充分程度

信息越充分，物流企业就越容易根据市场调整自己的决策，市场竞争程度就越高，则垄断程度就越低；反之，信息越不充分，则掌握信息越多的物流企业越有竞争优势，逐渐处于垄断地位，这就导致市场垄断程度很高而竞争程度很低。

5. 物流生产要素流动障碍

假如某物流服务生产领域要素流进流出很容易，物流企业很容易进入和退出该生产领域，那么行业竞争程度就高，垄断程度就低；反之，若是要素流通不易，物流企业进入和退出的成本都很高，则该生产领域竞争程度就很低，垄断程度就很高。

（二）物流市场结构类型

根据以上几个标准，物流市场结构可分为完全竞争物流市场、完全垄断物流市场、寡头垄断物流市场和垄断竞争物流市场四种。

1. 完全竞争物流市场

由于我国物流企业的市场份额普遍偏低，物流行业的市场集中度也比较低，这就使得我国物流行业表现出近似完全竞争的市场结构特征，呈现一种原子型的市场结构。完全竞争物流市场的特征：

（1）市场中有大量的需求方和供给方，每一个需求方和供给方相对于整个市场是微不足道的，都不能左右市场价格，只能是市场价格的被动接受者；

（2）市场上所有物流企业提供的物流服务是同质的，无差异的；

（3）市场信息是完全充分的；

（4）生产要素可以完全自由流动，物流企业进入和退出一个市场没有障碍。

以经济学观点来看，竞争性的市场结构无论从供给方的角度还是从需求方的角度来说都有利于提高效率。从供给方的角度看，竞争意味着优胜劣汰，促使其不断提高服务质量；从需求方的角度看，竞争可以使其获得更优质的产品和服务，从而增大其消费剩余。

完全竞争理论认为，市场机制自动发挥作用，使得经济运行达到最优状态。在这一理论的指导下，“边际成本定价”“帕累托效率”等成为评价市场结构、企业行为等的重要指标乃至基本标准。完全竞争市场的假设前提是相当严格的，现实中完全符合上述条件的物流市场根本不存在，但是仅作为一个理论模型和分析框架，还是有其实用价值的。在研究物流市场时，我们可以将普通公路货运物流市场、普通水路货运物流市场、普通仓储服务市场、普通市内配送服务市场等物流服务市场，近似看作完全竞争市场。需要注意的是，在完全竞争条件下，有时市场这只看不见的手也会失灵。例如，我国公路货运行业已经完全市场化，运输主体一般是单车业户，或是挂靠在运输企业的单车业户，因竞争加剧，道路运输市场陷入了一个“压价—超限超载—运力过剩—再超限超载”的恶性循环。从经济学角度分析，这就是市场这只“看不见的手”失灵的结果，可以说是一种典型的“污染博弈”。

经济学上的博弈理论指的是在市场竞争中，各企业在研究竞争对手的竞争策略基础上，制定自己的竞争策略。博弈存在两种均衡情况，其中一种是合作性均衡，即竞争者采用合谋博弈，通过协同的方式，达到企业共同利润的最大化。但出现这一情况的可能性相当小。亚当·斯密说过，做同样生意的人是很少相聚的，除非为了共谋反对公众或抬高价格。一般情况是，竞争对手在选择战略时，只选择对自身最有利的战略，而不会考虑社会福利或其他社会群体的利益，这就致使所有竞争对手采取非合作行为时，社会效用反而最大化了，这就是非合作性均衡，又叫作纳什均衡。

公路货运运输的竞争对手在相互削价的过程中，若是价格接近成本，竞争者就会停止削价，保证一定的利润，从而达到一种非合作性均衡。但在实际的道路运输市场上，竞争者往往采取超限超载运输，不断降低运输的单位成本，以获得竞争优势，而不考虑道路的损害、交通事故的频发、国家道路通行费用的流失等。这种行为牺牲社会和其他群体利益，属于“污染博弈”。

超限超载的现状表明，道路运输市场竞争机制已经失效，市场处于无效率状态，社会和其他群体利益受到侵害。此时，政府需要介入，通过设置有效的规则制度，尤其是行政处罚制度，并且切实执行这些规则制度，依法对市场主体及其行为进行有效监督和管理，以使市场竞争处在一个相同、不侵犯社会和其他群体利益基础的水平上，也就是使运输业主在侵犯公共利益后的实际运输成本增加，同时使该成本大于遵守规则和制度运输的成本。那么根据博弈理论，道路运输市场自然达到一个新的非合作性均衡。

2. 完全垄断物流市场

完全垄断物流市场的基本特征：

(1) 只有一个需求方或供给方，这里我们仅指只有一个供给方；

(2) 物流服务没有合适的替代服务，不存在竞争者威胁，也无潜在竞争对象；

(3) 物流企业是价格的独立制定者。

可能形成物流市场垄断的情形主要包括以下四种。

(1) 政府特许专营所形成的垄断，如某货运航线被某家航空公司特许独占时，就属于此种情形。

(2) 某些物流产业只有获得巨大的投资才能有效地经营，同时存在规模报酬递增现象时，普通物流企业就无法在生产成本上与之竞争，因而，先期进入的巨型物流企业就形成了自然垄断。比如铁路运输产业就基本具备这种垄断性质，而区域大型物流中心由于投资规模大，技术复杂，且具有先占优势，故也比较接近这种情况。

(3) 因占有了独特的自然资源而形成的自然垄断，如一些优良港口，就具有自然垄断特性。

(4) 由于某个物流企业拥有某种物流服务专利权而形成的垄断，如当某种物流企业拥有某项专业性、技术性高的物流技术专利时，该项专业性物流作业就可能被其垄断。

我们通常认为，完全垄断对经济是有害的。其原因如下。

(1) 完全垄断的存在有可能导致社会收入分配不平等的加剧和人为地阻碍社会进步。

(2) 与完全竞争市场相比，完全垄断市场上的平均成本与价格会更高而产量更低。

(3) 完全垄断市场会导致社会福利的损失。由于完全垄断物流企业实施价格歧视，需求方付出的代价就会更高，这种情况无疑导致社会福利的损失。

(4) 完全垄断可能会导致企业内部资源配置低效率，即 X-非效率（X-inefficiency）。X-非效率由美国哈佛大学的教授莱宾斯坦提出，是指垄断性大型物流企业因缺乏市场竞争的压力，使得内部组织层次多、关系复杂、机构庞大、所有权与控制权的分离，从而导致企业内部资源配置效率低下。

(5) 更严重的是可能导致寻租行为，滋生腐败。在完全垄断市场条件下，物流企业的超额利润又被称作租金，取得这种租金依赖于垄断特权，所以，物流企业愿意为获得和保持这种特权而付出额外的代价。通常把资源被用来获取或保持垄断利润的行为称为寻租，如游说立法者以获得垄断特权，甚至贿赂决策者以获得某种垄断特权（如独家占有航空线路等）。

然而，完全垄断的存在并非一无是处。一方面，有些完全垄断市场，尤其是政府对某些公用物流事业的垄断，其首要目的并不是追求最大限度的利润。这些公用物流事业一般投资大，周期长，却又是经济发展和居民生活所必需的，如铁路、港口、码头、机场等物流基础设施。这些领域若是采用完全竞争的方式将会带来资源配置不合理，而由政府垄断通常好处更多。另一方面，因垄断物流企业规模更大和资金实力更雄厚，所以有可能利用规模经济和范围经济以及创新活动促使技术进步，进而达到比竞争行业更高的产量和更低的价格。

由于我国资源分布和工业布局不均衡，长距离、大运量、大宗货物运输主要依靠铁路，所以铁路运输行业最显著的经济特征就是巨额的固定资本投资所形成的进入壁垒和高额的固定成本所引发的规模收益问题，导致市场失灵，从而形成完全垄断的市场结构。

通过对发达国家铁路物流基础设施的经营状况的分析可知，其市场结构是以完全垄断、寡头垄断和垄断竞争为主。而较理想的模式应是实行寡头垄断的市场组织，从而形成一个既有垄断又有竞争的局面。“网运分离”的模式从理论上为铁路运输服务提供了引入多个运营商和内部竞争的契机，减轻了竞争者进入铁路运输市场的障碍，这样便可比较容易地通过市场准入制度引入竞争者。然而，在铁路内部引入竞争的难度是相当大的。

3. 寡头垄断物流市场

寡头垄断物流市场指的是由少数大型物流企业控制某种物流服务的绝大部分乃至整个市场供给的一种市场结构。它是介于垄断竞争与完全垄断之间的一种市场结构。寡头物流企业之间提供的物流服务既可以是同质的，又可以是有差别的。比如，各地物流中心物流集散业务，沿海、沿江口岸各大型港口装卸业务，航空货运物流服务等，都可以看作是寡头垄断。

寡头垄断的条件：物流企业首先要推测竞争对手的决策，再根据利润最大化原则制定自己的决策，它们之间有着极为密切的利害关系。寡头物流企业的数目是很难确定的，寡头垄断同垄断竞争的界限并不以物流企业数目为标准，而主要取决于各大物流企业之间的关系。在寡头垄断下，物流企业相互注视竞争对手的行动，如产量、价格、广告开支等，并推测和注视自己采取行动后竞争对手的反应。

寡头垄断的物流市场，其特征可概括为以下几点。

(1) 物流企业数目屈指可数，需求方众多，物流企业在一定程度上控制物流服务价格和绝大部分的市场份额。

(2) 物流服务差别可有可无。寡头垄断物流企业提供的物流服务可以是相同的（如各航空公司提供的空运业务)，也可以是有差别的（如品牌、信誉和服务质量上的差别)。这样寡头垄断物流市场就可以分为有差别的和无差别的寡头垄断物流市场。

(3) 存在进入的障碍。第一种情况是这些寡头垄断物流相关行业存在规模经济，使得大规模的生产占有绝对的产量优势和成本优势，导致大型物流企业不断发展壮大，而小型物流企业却无法生存，从而最终形成少数几个物流企业竞争的局面；第二种情况是寡头垄断物流企业之间相互勾结，构筑进入壁垒，阻碍其他物流企业的进入；第三种情况是寡头垄断物流企业为减轻其竞争压力，也会采用兼并、收购一些小型物流企业的形式以减少物流企业的数目。此外，寡头垄断市场的形成在有的物流领域则直接由政府的产业政策所致（物流企业数目较稳定)。

(4) 寡头垄断物流企业之间有着极为密切的利害关系，双方均是反应后再做出决策，所以在产量和价格上没有“确定的均衡”。因市场中物流企业的数目较少，所以每个物流企业在市场中都占有一个很大的份额，它们对市场都有着十分重要的影响力。某个物流企业的价格和产量变动，不但影响到其自身的市场份额与利润，还会直接影响到其他物流企业的市场份额和利润，故物流企业所做出的价格—产量决策也非常容易遭到其竞争对手的报复。因此，寡头垄断物流企业在做出决策的时候必须考虑其竞争对手可能采取的对策，然而竞争对手的对策通常是难以推测的。由于上述原因，与其他物流企业不同，我们既不能推导出寡头垄断物流企业的有规律的需求曲线，也不能确定寡头垄断物流企业的有规律的供给曲线。

因寡头垄断物流企业在进行决策的时候不得不考虑到其他物流企业的可能对策，但其竞争对手的策略又是不断变化的，它们将如何反应是寡头垄断物流企业事前难以准确推测的，所以，寡头垄断物流企业的决策具有不确定性，其价格—产量的决策过程就是该寡头垄断物流企业与其他寡头垄断物流企业之间相互博弈的过程。很显然，完全竞争物流企业是价格的被动接受者，完全垄断物流企业是价格的制定者，而寡头垄断物流企业则是“价格搜寻者”。由于寡头垄断物流企业间价格决策的不确定性，它们通常尽力避免打“价格战”。除价格竞争之外，在寡头垄断物流领域中更频繁进行的是非价格竞争，比如品牌竞争、服务竞争、广告竞争等。

寡头垄断物流市场价格决定的界限是最高价格等于完全垄断物流市场下的垄断价格，而最低价格高于完全竞争物流市场长期均衡时的竞争价格。但是，价格确定的方式通常不是由市场供求关系直接决定的，而是由以下三种方式确定：①寡头垄断者通过价格同盟来制定；②由寡头垄断者的默契形成；③由一家最大的寡头垄断者先行定价，其他随从。这些被称作操纵价格。通常情况下，这种价格一旦形成，不会轻易变动，以避免寡头垄断双方在价格中出现两败俱伤。

由于寡头垄断物流企业的均衡产量和均衡价格难以确定，故要想建立寡头垄断物流企业的行为模型是十分困难的，且无法找到寡头垄断物流企业一般性短期和长期均衡点。经济学家为了解决这个难题，假定在给定其对手的行为以后，每个寡头垄断物流企业都采取它能采取的最优的策略，此时达成的均衡称为纳什均衡。同时建立相应的均衡分析模型，其中影响较大的主要有：卡特尔模型、斯威齐模型、古诺模型等。参考这些模型我们能够分析寡头垄断下物流市场均衡状况。

寡头垄断物流企业之间的竞争会使物流企业蒙受损失，甚至导致其亏损或破产。例如，国内各航空公司近年来为了争夺客户，纷纷采取低价促销策略，不惜以亏损为代价，这就是一个典型的寡头垄断物流企业恶性竞争的例子。为避免这种情况的发生，寡头垄断物流企业往往会相互勾结，以获得更大的利润。物流企业之间的勾结形式有很多种，本书仅对物流企业之间通过正式协议相互勾结的情况进行介绍。这种独立物流企业之间有关产量、价格和瓜分市场销售区域的明确协议就叫卡特尔。例如，“国际航空运输协会”规定了某些航线的统一价格，其成员单位都要严格执行，这一协会就相当于一个卡特尔组织。

卡特尔要成功地控制价格需要具备三个条件：

(1) 卡特尔对其成员分配的产量和制定的价格必须能够得到严格遵守；

(2) 产品的总需求是缺乏弹性的，否则卡特尔提价的余地很小；

(3) 卡特尔必须控制大部分市场，非卡特尔的供给也是缺乏弹性的。

可是要同时满足这三个条件并不简单，因而并不是所有的卡特尔都能成功。其原因主要有两个方面：一是所有的卡特尔成员都是在价格高于边际成本的条件下运行，假如某个成员暗中增加产量，其利润就会增加，因此，卡特尔成员有“越轨”的动机；二是卡特尔成员之间的生产成本不等、经营目标不同、所要求的价格目标也存在差异，所以就不能保证所有成员都能严格地履行协议。一旦一些成员出现“越轨”的现象，就很容易导致卡特尔的瓦解。因此，总的来说卡特尔协议是不稳定的。

尽管寡头垄断物流企业认识到各物流企业间采取合作的态度，通过共同提高物流服务价格来增加利润对大家都有利，但实际上物流企业之间的勾结，却存在很多的障碍。一方面，正式的勾结（如组成卡特尔）在一些国家是法律所禁止的，如中国的《中华人民共和国价格法》禁止物流企业之间的价格协议，美国也有相关的反垄断法；另一方面，倘若物流企业的勾结存在一些事实上的障碍（如提供的物流产品差异较大），即使物流企业之间达成了卡特尔协议，也是难以完成的。因此，物流企业之间往往采用非正式的串谋行为，一般是大家共同遵守一些公认的“准则”，例如，认可竞争行为的某些惯例，相互尊重对方的市场份额和销售区域，相互承认低价倾销是违反商业道德的等。而其中最为关键的当然是价格的制定，在非正式的串谋中通常采用的形式是价格领先制。

通常将行业中占支配地位的物流企业称为主导物流企业。在其定价模型中，由主导物流企业首先确定价格，接着其他物流企业在此价格下确定各自销售的数量。在价格领先制下，由于主导物流企业占有定价的优先权而处于较有利的地位，从而能够分得一个较大的市场份额，而其他物流企业作为追随者，只能被动地接受主导物流企业的价格，故利润最大化的决策要简单得多。

4. 垄断竞争物流市场

垄断竞争物流市场的主要特点如下。

（1）物流企业数量多，每个物流企业的市场份额都很小，单个物流企业的行为不会影响市场。

（2）产品有差别。这是垄断竞争物流市场的一个重要特点。正是由于产品有差别，所以每个物流企业都能吸引一些特定的需求方，从而对需求方有一定的垄断力量；此外，产品之间又具有不同程度的替代性，从而有一定的竞争。

（3）无进退壁垒。物流企业进出市场是自由的，所以垄断竞争物流市场上物流企业之间的竞争还是很强的。

（4）物流企业对价格略有影响力。目前在物流市场上，许多物流领域都符合垄断竞争物流市场的特征，比如从事公路货运物流业务和集装箱运输的物流企业很多，故它们所提供的服务具有相互替代特性，相互之间竞争明显。可是各物流企业所提供的物流服务在服务内容、服务质量与品牌上都存在差异，各家物流企业也一直重申和宣传自己的服务不同于其他物流企业的地方，目的是把自己与其他物流企业的服务区别开来，形成差别竞争，而这正是垄断竞争的情形。

垄断竞争物流市场的优点是其提供的物流服务是多种多样的，可以满足需求方的不同需求偏好，有利于推动技术创新、服务创新和管理创新。其缺点是物流市场的均衡价格较高、均衡量较低。

二、物流市场运行机制

（一）物流市场运行机制的内涵

市场运行机制指的是在市场经济运行中形成的，以价格、供求和竞争三位一体的互动关系为基础的经济运行和调节的机制。而物流市场运行机制指的是物流市场中的不同要素（包括价格、供求和竞争等）之间，相互联系，相互制约，各自发挥功能，同时又共同发挥功能的有机联系。

物流市场运行机制形成的前提条件有三点：①社会上有众多有支付能力和自由购买能力的物流需求方；②社会上存在众多的经济上独立的直接依赖于市场的物流企业；③社会上存在较为完善的物流市场体系。正是在这三者共同作用下，形成物流市场的价格机制、供求机制、竞争机制、风险机制和激励机制，它们组成了统一的物流市场运行机制。

物流市场运行机制的形成过程是物流需求方与物流企业为了实现各自的目的，也就是物流需求方为了实现效用最大化，物流企业为了实现利润最大化，必须致力于提高效率、降低成本、改进服务，同时在物流市场上进行交换，以满足各自的需要。因而供求双方及物流企业之间在物流市场上就形成了供求机制和竞争机制。物流市场上供求双方不断交换，只有以货币作为媒介，才能达成交易，形成物流价格机制。各种交易价格在市场上形成之后，就会发出供求变动的信号，价格上涨表明供不应求，价格下跌表明供过于求，而这就给供求双方形成激励机制。

所谓物流市场运行机制的调节，是指在发挥价格、供求以及竞争机制的基础上，通过这些市场机制的相互制约与相互联系，调节社会物流资源的配置和社会物流活动的运行，促进社会经济的发展。

（二）价格机制

价格机制在市场机制中居于核心地位，对其他机制的运行起到推动作用。物流市场运行机制必须通过价格机制才能顺利发挥调节作用。其原因是价格变动情况是反映社会经济活动状况的镜子，是市场经济运行的晴雨表。一方面，价格是人们经济交往的纽带，社会产品只有通过价格才能在各个经济单位、个人之间实现不停流转。另一方面，价格是人们经济利益关系的调节者。在市场经济环境中，价格的变动会导致不同地区、部门、单位、个人之间经济利益的重新组合与分配。由于生产者的收入高低和盈亏状况首先取决于市场价格，价格的高低对于生产者之间的经济利益分配起着决定作用。所以，价格既是分配资源的工具，又是分配收入的尺度。

1. 价格机制对物流需求方向和结构的调节

价格机制能够直接影响物流需求方的购买行为。倘若某种物流服务价格上涨，而与其相关的物流服务价格稳定或下跌，将促使需求方去购买相关物流服务，少购买或不购买该种物流服务。反之，某种物流服务价格下跌，而与其相关的物流服务价格上涨，将促使需求方多购买该种物流服务，而少买或不买其他相关物流服务。

2. 价格机制对合理配置物流资源的作用

市场机制在现代市场经济中若要发挥合理配置资源的作用，必须以价格职能的正常发挥为前提，而价格职能的正常发挥又是以价格能及时、正确地表现劳动耗费、供求状况与资源稀缺程度的变化为条件的。不同商品和生产要素都是通过市场交易方式进行社会调配，从而形成成千上万的各类交易价格。物流价格的变动促使物流服务与其他服务以及各种物流服务之间的价格比价关系的形成，这就反映了物流市场供求关系，调节了物流市场各方的经济利益，进而引导供求双方做出合理决策，对资源进行优化配置。这一价格形成变动及其所引起的资源配置过程，就是市场价格机制发生作用的过程。价格机制、供求机制与竞争机制相互制约、相互影响、共同作用。供求双方的力量对比决定了它们对物流价格的影响。如果供大于求，物流价格下跌；若是供不应求，则物流价格上涨。同时物流价格上涨又刺激物流供给增加，物流需求减少；而物流价格下跌则刺激物流需求增加，物流供给减少。正是这种供给与需求的相互竞争，供求与价格的彼此作用，使得物流价格趋向于价值，从而使物流供求趋于平衡，最终物流资源得到合理配置。价格与价值既相背离又趋于一致，是价格机制作用的实现形式。

3. 价格机制对物流生产投资方向及规模的调节

物流价格机制能够解决物流企业向社会提供什么样的物流服务、提供多少，如何提供物流服务，向谁提供三个基本问题。

(1) 物流企业提供什么样的物流服务、提供多少，都必须以市场为导向，也就是以市场供求状况为导向。而市场供求状况，又取决于市场价格情况。倘若市场上某种物流服务与其用途相比过于稀缺，那么价格就会上涨，供不应求，物流企业就会产生多提供该物流服务的动机，而需求方就会有少用或不用该物流服务的动机。这将会致使价格下降，直到其稀缺程度符合其用途为止。反之，倘若某种物流服务相对于其用途过于丰裕，则表明供过于求，其价格又过低，那么需求方就具有多使用该物流服务的动机。而物流企业则具有少提供或不提供该种物流服务的动机。这将会引起价格上涨，直至其丰裕程度符合其用途为止。所以，物流企业决定提供什么样的物流服务、提供多少，是以市场价格信号为依据而作出决策的。

(2) 物流企业还要解决如何提供物流服务的问题，也就是如何进行资源配置的问题。是多用资本（包括物流机器设备），还是多用劳动力；是用普通材料，还是用高档材料；是采用一般技术，还是用高新技术？重点是要看其成本价格的高低。若使用资本比使用劳动力成本低，那么就采取多用资本少用劳动力；若采用一般技术比采用高新技术成本高，那么就采用高新技术。物流企业在决定如何提供物流服务这一问题时，必须通过成本核算，选择成本最低的方案。

(3) 物流服务要卖给谁，也就是向谁提供服务的问题。物流企业最关心的问题，是谁能买得起本企业所提供的物流服务。它是由市场上各种集团、家庭、个人的收入情况决定的。物流服务价格的变动，将决定人们对物流服务的需求水平。

4. 价格机制对物流产业、物流企业收入分配的调节

物流企业的收入高低和盈亏状况首先取决于市场价格，价格的高低决定着物流企业之间的经济利益分配。所以，价格的高低能够决定和调节物流产业与其他产业、物流产业内部之间、物流企业间的收入分配。例如，航空运输服务和特种货运服务价格高、利润大，其产业、企业收入一般相对较多；而普通公路运输企业的服务价格相对较低，收入也较少。这是价格对物流产业、物流企业间的收入分配作用。

5. 价格机制具有传递物流市场供求信息的作用

市场机制的重要功能之一就是为供给方和需求方提供决策的信息。在市场经济环境中，每个物流企业和物流需求方都是按照自己独立的意志进行自主决策的。为了能够在竞争中取胜，物流企业必须了解物流服务的供求状况。但是，这对于单个的物流企业来说无疑是个十分复杂的问题，而这复杂的问题被价格机制大大简化了。物流价格以其自身变动的方向和大小为物流企业传递着明确而简单的经济信息。

(三) 供求机制

供求机制是在物流市场上，物流服务需求总量与物流服务供给总量之间以及两者同物流服务价值之间的相互关系。物流服务需求总量是指有支付能力的社会购买物流服务

的价值总额。物流服务供给总量是指社会为服务市场提供的物流服务总量。供求关系变动必然引起价格的变动。倘若物流市场上某种物流服务需求总量与物流服务供给总量相等，物流服务的价格与价值就趋于一致；若物流服务需求总量小于物流服务供给总量，物流服务的价格就会低于价值；若物流服务需求总量大于物流服务供给总量，物流服务的价格就会高于价值。同时，物流价格的变动也会影响物流供求状况，降低价格就会增加需求，减少供给；而提高价格，就会增加供给，减少需求。所以供求机制的作用就是使物流供求从不平衡趋向平衡。供求机制在不同的物流市场结构下具有不同的作用。

1. 完全竞争条件下物流市场供求机制

倘若物流价格 P 为常数，物流企业的总收益为 R，平均收益为 AR，边际收益为 MR，供给量为 Q，那么在完全竞争市场的条件下，物流企业的平均成本、边际成本都等于物流价格 P。

在完全竞争的物流市场上，单个物流企业所面临的需求曲线同所有物流企业作为一个整体所面临的市场需求曲线是不同的。单个物流企业无法左右市场价格，而所有物流企业作为一个整体，完全能够影响市场价格。对于单个物流企业而言，$MR=AR=P=C$（常数），而与供给量 Q 无关，因此，单个物流企业需求曲线为一条与横轴平行的直线（如图 3－1 所示），即单个物流企业所面临的需求弹性无穷大。

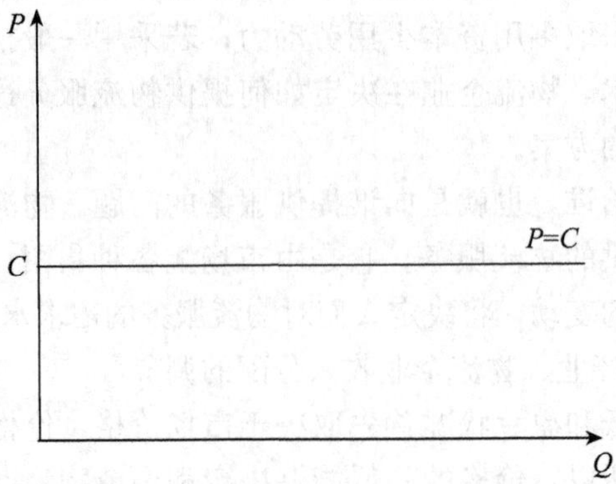

图 3－1　单个物流企业需求曲线

所有物流企业作为一个整体，其所面临的市场需求曲线是一条向右下方倾斜的曲线，它完全由市场上的物流需求方决定。此外，所有物流企业作为一个整体，存在其自身决定的一条供给曲线，它与市场需求曲线的交点决定了单个物流企业必须要面对的均衡价格。当市场需求曲线或供给曲线移动时，均衡点就会发生变动，此时单个物流企业面临的需求曲线也将发生变动。如图 3－2 所示，假设由于某种因素影响，供给曲线向右下方移动，而均衡价格从 P_1 下降到 P_2，而均衡供给量从 Q_1 上升到 Q_2，单个物流企业需求曲线从 $P=P_1$ 向下移动到 $P=P_2$。

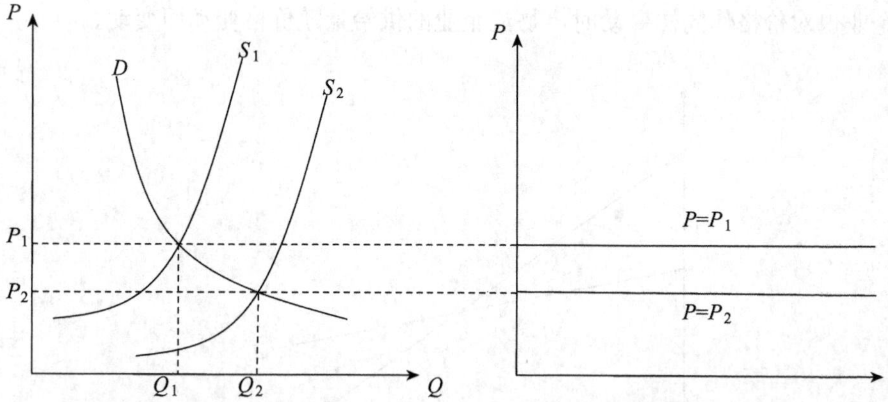

图 3-2 物流市场均衡

完全竞争条件下物流市场的均衡水平，最终是由物流市场需求曲线与供给曲线的特征及其变动决定的。这之中，物流市场上各物流企业的物流服务供给总量构成整个物流市场的供给。

2. 完全垄断条件下物流市场供求机制

与完全竞争市场不同，完全垄断市场的物流需求曲线和收益曲线有其自身特点。完全垄断物流企业面临的需求曲线，就是市场需求曲线，通常是一条向右下方倾斜的曲线。

假设只有一家物流企业时，完全垄断物流企业将根据边际原则确定自己的供给量。所以在完全垄断市场上，完全垄断物流企业是价格的设定者，其供给量就是市场总供给，此时市场价格与边际收益并不相等，物流企业只能通过其边际成本曲线与边际收益曲线的交点来确定供给量。如果整个市场的需求状况发生变化，物流企业边际收益曲线也必然发生变化，物流企业又按边际成本曲线与边际收益曲线的交点来重新确定供给量，此时原来的交点就会失去效力。故完全垄断物流企业不能只根据边际成本曲线的变化来确定供给量。在不同的需求条件下，完全垄断物流企业也许会在不同的价格水平提供数量相同的物流服务。同时也可能当市场价格下跌时，完全垄断物流企业的供给量反而增加；市场价格上涨时，完全垄断物流企业的供给量反而减少，这之中没有固定规律可循。在完全垄断市场上，价格和产品供给之间并不存在一一对应关系。从长期来看，垄断厂商能够通过调整全部生产要素的投入量，也就是通过调整整个生产规模实现利润最大化。因为完全垄断市场排除了其他厂商进入的可能，故垄断厂商在短期内获得的利润在长期内将不会由于新厂商的加入而减少，即垄断厂商在长期内是能够保持利润的。此外，垄断厂商还能通过重新调整生产规模来获得最大的垄断利润。垄断厂商的长期供求均衡条件为：

$$边际收益(MR)=长期边际成本(LMC)=长期平均成本(LAC)$$

3. 垄断竞争条件下物流市场供求机制

垄断竞争物流企业的需求曲线可以分为主观需求曲线与实际需求曲线两种，如图3-3所示。主观需求曲线 d 表示物流企业价格变动，而其他物流企业保持价格不变时，物流企业的供给量随它的价格变动而变动；实际需求曲线 D 表示物流企业价格变动，其他物流企业也对价格作同样变动时，物流企业的供给量随价格变动而变动。

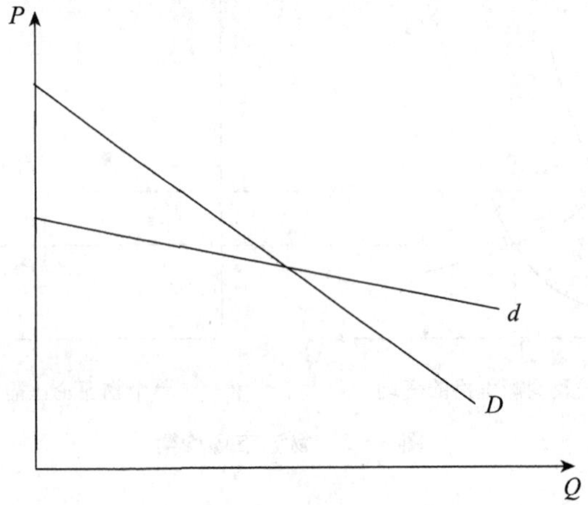

图 3-3　垄断竞争物流企业的需求曲线

一旦垄断竞争市场下的所有物流企业都以相同幅度改变产品价格时，整个市场价格的变化将会令单个垄断竞争物流企业的主观需求曲线 d 的位置沿实际需求曲线 D 上下平移。主观需求曲线 d 的弹性要大于实际需求曲线 D 的弹性。

因为主观需求曲线 d 表示单个垄断竞争物流企业改变价格时所预期的供给量，实际需求曲线 D 表示每个垄断竞争物流企业在每一市场价格水平实际所面临的市场需求量，因此，主观需求曲线 d 和实际需求曲线 D 相交表示垄断竞争市场的供求相等状态。

垄断竞争物流企业的短期供求均衡条件：边际成本（MC）=边际收益（MR）。

垄断竞争物流企业的长期供求均衡条件：边际收益（MR）=长期边际成本（LMC）=短期边际成本（SMC），平均收益（AR）=长期平均成本（LAC）=短期平均成本（SAC）。

（四）竞争机制

竞争机制是指各经济主体从自身利益出发，为获得有利的生产交换条件，而不断地就商品价格和质量等方面展开的相互竞争的过程和方式。竞争是商品生产的客观规律，是经济活动的一种常态。它是由商品的内在矛盾，也就是使用价值与价值的矛盾运动引起的。商品生产者卖出商品，目的是实现所生产商品的价值，欲通过让渡使用价值来实现更多的商品价值；而商品的需求方，关心的则是商品的使用价值，想要通过支付货币来换回更好的使用价值。因而卖者之间、买者之间以及卖者与买者之间在市场上必然要形成为自身的经济利益而竞争的局面。竞争的手段有两种，即价格竞争与非价格竞争。非价格竞争主要体现在服务态度、产品质量和广告宣传等。

1. 公平竞争与垄断

在商品经济条件下，竞争是以社会必要劳动时间为尺度，以提高劳动生产率和改善经营为手段的竞争，故是公平的竞争。公平竞争的原则包括地位平等、机会均等、交易公平等。

（1）地位平等是公平竞争得以实现的前提。也就是说，市场竞争的参加者互不隶属，各自独立，地位一律平等。他们之间是一种横向、平行、对等的关系。所以在统一开放的市场中，绝对不允许任何组织和个人依靠某种超经济力量进行竞争。

(2) 机会均等是保障市场主体实行公平竞争的基本要求。倘若没有机会均等，就无法实现公平竞争。推行机会均等，也就是市场主体能够机会均等地占有归社会所有的生产经营条件，能机会均等地按照统一的市场价格出售自己的商品，能机会均等地参与劳动者之间的竞争性活动，还能平等地承担税负以及其他方面的负担。换句话说，不允许行政特权的任意干涉，不允许存在“拉关系”“开后门”的干扰。因而竞争的成败完全取决于市场主体的经营能力和管理水平。通过对市场信息的及时反馈和正确判断，以生产的效率、产品的质量来与对手竞争。

(3) 交易公平是公平竞争原则在利益上的表现。市场竞争不仅有买卖双方之间的竞争（如工商企业为贱买贵卖、谋取货币利益而与买者进行的竞争），也有买者与买者之间的竞争（如企业在原料、设备的采购过程中的竞争）、卖者与卖者之间的竞争（如企业之间为取得有利的销售地位所形成的竞争）。不论是哪种形式的竞争交易，都必须是公平的、自愿的、非强制性的交易。而利用权力或不正当手段的倒买倒卖、强买强卖，还有哄抬物价、缺斤短两、掺杂使假的行为，都是违背交易公平规则的。这时市场的竞争是一种对价值规律扭曲的竞争，而不是公平的竞争。

在物流市场中，竞争机制发挥作用的条件是物流相关企业必须是自主经营、自负盈亏、自我约束、自我发展的市场竞争主体，在竞争中获利的同时承担各种风险。此外，还要有较为完善的价格体系、物流市场体系以及市场规则，杜绝各种垄断行为。

垄断与竞争是相对立的，它在法律上指的是在市场上一家企业或某个商业集团不存在真正的竞争者。市场机制能否发挥作用的前提是充分竞争的实现。而在现实经济中，自由竞争的结果常常会招致垄断的产生，从而限制了竞争，限制了市场机制的正常作用。垄断对于物流行业的发展来说通常是一种消极力量，为了保持市场的竞争性质，国家作为宏观调控主体，必须采取保护竞争、限制垄断的法律措施。如禁止划地为界，条块分割，搞行政性垄断和地方贸易保护主义；禁止欺行霸市、囤货居奇、贸易垄断和价格垄断；打破地区、部门、行业界限，推行招标制，发展专业化生产，推动企业间的竞争。

2. 正当竞争与不正当竞争

竞争也必须遵循一定的规则，也就是说，符合规则的竞争，为正当竞争；不符合规则的竞争，则为不正当竞争。正当竞争须符合以下条件。

(1) 市场竞争须是合法的竞争。行为合法是法律对市场竞争活动的基本要求，不遵守法律，竞争行为将失去共同的准则，竞争运行机制将陷入混乱。

(2) 市场竞争须是规范化的竞争。在市场竞争中，凡故意破坏交易规范，损害他人正当利益的行为，法律不予承认和保护。市场交易规范主要包括：

①交易公开化，即公开成交，明码标价，不容许黑市交易；

②交易货币化，即商品交换须以货币为媒介，防止不等价交换和无偿剥夺；

③交易活动规则化，具体规则包括推销、拍卖规则，批发、零售规则，中介、代理规则等。

(3) 市场竞争须是文明的竞争。文明竞争在国际公约和许多国家的法律中都显得十分重要。如《联邦德国反不正当竞争法》规定："在营业中为竞争目的采取违反善良风俗的行为者，可请求其制止或赔偿损害。"《保护工业产权巴黎公约》规定："凡在工商业事务中违反诚实的习惯做法的竞争行为构成不正当竞争。"因此，经营文明是市场竞争中道德规范法律化的体现，市场竞争应是符合社会公德的文明竞争。生产过程中应当根据质量标准文明生产，运输过程中应遵循运输章程文明装卸，商业活动中应当礼貌待客、文明经营。

3. 物流市场的竞争主体与竞争方式

物流市场的竞争主体在传统的物流市场中是工商企业，原因是在物流活动停留在企业内部的某一个环节或者部门内部时，提升物流效率的竞争主要就在工商企业之间展开。然而，随着现代信息技术的发展和新的物流组织的出现，物流活动逐渐从工商企业经营业务中分离出来，物流市场的竞争主体慢慢转移到物流企业，尤其是第三方、第四方物流企业。物流企业之间的竞争与工商企业之间在物流环节上的竞争，进而形成了多方物流企业与工商企业同台竞争的多元化格局。

（1）从竞争范围上看，传统的物流活动一般表现在运输、仓储、包装等一些孤立的作业环节上，工商企业通常十分关注这些单一环节的管理水平和管理效率的提高。而在供应链形成后，尤其是在第三方物流企业出现以后，关注点不再停留在单一的环节上，而是在整个物流过程中，即整个供应链的管理效率提升和管理水平提高。换句话说，竞争的焦点正从功能竞争变为过程竞争，从环节竞争变为系统竞争。物流竞争范围的全球化和竞争手段的信息化，导致偏重某项物流功能或环节的传统竞争思维不能形成和保持竞争优势，同时也不能适应竞争目标的转变。而关注物流活动全过程，致力于协调不同环节之间的物流活动，提高物流系统运行效率，构建物流体系和供应链的整体优势，逐渐成为物流企业竞争的关键。

（2）从竞争方式上看，过去西方发达国家在提高物流管理水平和管理效率的一个重要手段是提升物流设施投资规模和力度，原因是在信息技术不发达的条件下，物流的很多技术手段仍停留在设施能力和设施水平的提高上。然而随着信息技术的发展，尤其是供应链形成以后，人们关注的不单单是设施水平的提高，而是利用信息技术把资源整合到一起，提高整体的运作效率，即信息处理能力与管理能力决定了整个供应链对市场的反应能力，也决定了能否为客户提供高效率、高水平物流服务的能力。目前，物流企业的核心竞争力是对客户的响应能力，而这种能力正是建立在现代信息技术广泛的应用上。换句话说，在现代信息经济条件下，物流竞争已从过去关注物流设施水平转变为关注信息管理能力和信息技术水平的提高上，以现代信息技术和信息管理能力为基础的快速响应能力才是将来物流企业的核心竞争力所在。

（3）从竞争格局上看，过去单纯的竞争关系正被既竞争又合作的对抗联合的竞争关系所取代。物流企业之间的合作是无条件的，而竞争则是相对的。其原因之一是市场对物流不断提出整体性、及时性和个性化服务的要求，任何一家物流企业都不能完全满足市场日益增长的地域和内容上变化的需求，而深度合作成为物流企业不可避免的选择。此外，信息技术的发展为企业间的合作提供了可能性，使得资源、市场与客户实现联盟中的共享。

物流服务需求的复杂化、多样化和全球化对物流企业的经营规模、服务能力、营销经验和风险承受能力等提出了更高的要求。同时竞争主体的多元化、竞争内容的多样化和竞争层面的交融化使得物流企业之间形成了犬牙交错的竞争格局。物流企业必须与竞争对手达成战略联盟，形成既竞争又合作的互动关系，追求“双赢”的竞争效益，才能够更好地满足客户需求，有效应对竞争环境，实现企业竞争目标。

4. 竞争机制在物流市场中的作用

竞争机制在物流市场中的作用主要表现为：

（1）有利于打破地区和部门分割，促进物流服务和物流生产要素的交流；

（2）通过竞争使物流服务的价值得到确认；

（3）竞争的压力迫使物流企业不断改进技术，改善经营，提高服务质量，降低生产成本，提高劳动生产率；

（4）优胜劣汰，增强企业活力，促进物流产业的发展。优胜劣汰是市场竞争机制作用的必然结果。从法律上说，“优胜”往往产生产权转让、企业兼并和联营的结果，而“劣汰”则意味着部分企业因经营不善、资不抵债而破产。优胜劣汰的过程，不仅能实现资源的最优配置与生产要素的最优结合，还能提高整个社会的经济效益。

第三节　物流市场行为

物流市场行为指的是物流企业为实现其经营目标，根据物流市场环境的情况采取相应的物流行为。物流企业市场行为的目的和动力是实现企业的经营目标。物流市场环境指的是物流市场结构，它是物流企业市场行为的主要制约因素。另外，物流企业市场行为又会反作用于物流市场结构。

一、物流市场的调查、预测和布局

（一）物流市场调查

1. 市场调查的含义与分类

所谓市场调查是指为了解决市场流通方面的有关理论问题与现实问题，运用科学的方法，有目的地对有关市场现象和营销方面的数据进行有计划、系统而客观的收集、记录、整理，经过分析研究，探讨市场变化的动向和规律、市场机会和可能遇到的问题，为企业及相关部门编制计划、进行预测和决策提供科学的依据。其根本任务是寻找和提供准确的信息以减少决策的不确定性。

（1）按调查研究的方式不同，市场调查可分为市场普查、重点调查、典型调查三类。

①市场普查是对调查对象全体进行逐一的、普遍的、全面的调查。这一调查方法可以获取较为完整、系统的信息资料，是企业科学管理的基础。但因其调查对象一般数量巨大，调查时间有限，所以，通常情况下进行普查是不可能的。

②重点调查是在调查对象中选定一部分重点单位进行调查。重点单位指的是在总体中拥有十分重要地位的单位或在某项标志总量中占绝大比重的单位。企业采用这种调查方式，容易选定为数不多的重点调查单位，能以较少的人力与费用开支，较快地掌握调

查对象的基本情况。

③典型调查是指有意识地在调查对象中选择一些具有代表性的或典型意义的单位进行专门调查。由于调查单位较少，人力和费用开支较低，运用比较灵活，故有利于深入实际，发现新事物，探索新问题，查明客观经济现象产生的原因。顺利开展典型调查的关键在于正确地选择典型调查单位，保证典型调查单位具有充分代表性。

(2) 按市场调查研究结果的价值，市场调查可分为应用性调查与基础性调查。应用性调查是指为制定决策或解决特定的问题而进行的市场调查研究。企业所做的大多数调查都是应用性调查。而基础性调查并不以具体的实际问题为目标，它的目的是拓展新的知识领域，为现有理论提供进一步证明或者对某一概念或现象进行更深刻的了解。

2. 物流市场调查的内容

物流市场调查的内容主要包括以下七个方面。

(1) 市场运营环境。这是物流企业开拓市场的基础资料，通常包括自然环境、政治环境、经济环境、法律环境、文化环境、技术环境和竞争环境以及区域内的物流环境。

(2) 物流资源。它主要包括以下三个方面的内容。

①物流基础设施设备，如运输车辆、仓储设施、装卸设备、搬运工具、分拣设备等。

②信息技术资源，包括信息网络、计算机及辅助设备，信息技术需求调查等。

③物流人力资源，包括从业人员的数量、素质、供需状况。

(3) 市场需求。其调查内容主要包括以下三个方面。

①市场容量调查，包括物流市场需求结构变化情况、需求量和分布情况、与竞争企业的比较、潜在客户竞争调查等。

②物流需求特点调查，包括分析和了解客户的需求偏好和差异，以提供合适的物流服务。

③市场需求变化趋势调查，从需求特点的变化状况、改变销售战略可能引起的变化、竞争者的变化等状况入手，做趋势调查。

(4) 客户资源。这方面的调查内容有主要客户的数量、行业分布和区域分布、物流发展计划、主要拥有的未来物流需求、需求方市场的基本结构和特征。

(5) 产品和价格。其调查内容主要包括以下四个方面。

①市场上同类物流服务的数量、质量、价格等，物流需求方对服务的认识、建议等。

②影响市场价格变化的因素、同类物流服务供求变化情况、替代物流服务价格的高低、不同物流服务方案的定价方法。

③促销方面的情况，包括竞争企业的促销费用，广告等的宣传、推广的效果等。

④服务成本及其变动情况。

(6) 物流流向和流量。它主要包括商品的流向、商品流通过程覆盖的区域；库存商品的出入库数量、主要仓储方式；承运商品的运量、主要运输方式；商品资源的离散程度等。

(7) 竞争情报收集和调查。它主要包括对竞争者现有物流资源和客户资源以及物流营销计划等的调查。

3. 物流市场调查的方法

(1) 观察法。观察法是通过观察相关的人、行为和情景来收集一手数据的一种调查方法。通过观察正在进行的某一特定营销过程，来解决某一营销问题。观察时采用的手段主要有人员观察、机械观察和电子观察等。

(2) 访谈法。访谈法是一种通过向被调查者询问其知识、偏好、态度和购买行为来收集第一手数据的方法。访谈法是最常用的了解受访者基本情况、态度和观点的方法。根据调查人员和被调查者不同的接触方式，可将其分为电话调查、人员调查、邮寄调查和网上调查等。调查过程由确定调查目的、制定调查策略、收集资料、分析资料四个步骤组成。

(3) 实验法。实验法是通过选择几组调查对象，然后向不同的组施加不同的变量，控制相关的变量，最后检查各组反应的差异，来获得数据的一种调查方法。它要求选择相匹配的目标小组，分别给予不同的处理，通过控制外来变量和观察差异是否有统计上的意义，来解释事物之间的因果关系。实验法的主要类型包括简单时间序列实验、重复时间序列实验、前后控制组分析、拉丁方设计等。

4. 物流市场调查的作用

物流市场调查的作用主要包括以下三个方面。

(1) 市场调查是企业经营决策的信息源，物流市场调查能够探知市场的变化情况，从而使物流企业的计划更符合实际，为物流企业做出科学、合理的决策提供依据。

(2) 物流市场调查可以增强物流企业的应变能力。由于需求的动态变化是市场经济的常态，故物流企业必须以市场波动及其趋势为基础，有针对性地组织运营和进行调整。市场调查信息的及时性、准确性有助于物流企业应变能力的提高。

(3) 物流市场调查有助于物流企业获取竞争优势。物流企业要想在市场竞争中取胜，必须做到知己知彼，而市场调查使物流企业不但能够准确判定自己在竞争中的位置，还可以对比分析竞争对手的优劣，使物流企业发展竞争优势的方向更加明确。

(二) 物流市场预测

预测指的是通过对事物当前状态和发展趋向的把握而对事物未来发展的情况所进行的推测和判断。

1. 物流市场预测的含义和方法

物流市场预测是让供应链上的各节点企业充分利用其物流信息系统，以便及时获得供应链上的围绕产品的各种信息，以此作为输入数据，再经过市场预测分析系统，获取各种市场指标的预测结果。物流市场预测的内容主要包括销量预测、价格决策、占有率预测和效益预测。

按照预测方法的性质，预测可分为定性预测、定量预测和组合预测。

(1) 定性预测是指主要依靠人的观察分析能力，借助于经验和判断力对事物未来表现的性质进行推测和判断。它主要有主观概率法和抽样调查推算法两种方法。主观概率法指的是先由预测专家对事件发生的概率进行主观的估计，再计算出它们的平均值，以此作为对市场预测的结论。而抽样调查推算法则是按照随机原则，在所要调查的总体范围内抽取一部分具有代表性的样本，通过对样本的调查，进而推算总体的一种方法。定性预测方法还包括典型调查推算法、德尔菲法、类推法和相关因素分析法等多种方法。

通常，定性预测的精度较低，但随着科学技术的发展，定性预测的准确性和科学性不断提高。当对预测对象所掌握的历史性统计资料非常少或由于其他原因不能应用定量预测方法时，常常采用定性预测方法。

（2）定量预测方法是指确定预测对象未来的数量表现的方法。它主要以历史统计资料为依据，运用数学方法建立能够表现变量之间数量关系的模型，同时利用模型来预测对象在未来可能表现的数量。常用的主要有时间序列预测法和因果回归预测法。

时间序列预测法是通过反映被预测事物过去和现在变化规律的观测数据来构造时间序列模型，再借助模型进行外推以预测未来的方法。这一方法主要用于分析影响事物的主要因素或相关变量资料难以得到的场合，其实是把影响事物的各种因素全部归结为时间变量。时间序列预测法具体包括指数平滑法、移动平均与分解法和 Box—Jenkins（博克斯—詹金斯）方法等。

因果回归预测法指的是从事物变化的因果关系出发，寻求它们之间依存关系的预测方法。其特点主要在于有清晰的模型结构。因该方法所需的历史数据较多，而在实际中完全得到事物变化的全部原因是不可能的，所以这种方法的预测能力有限。

（3）组合预测就是将不同的预测方法进行适当的组合，综合利用各种方法所提供的信息，以最大限度提高预测精度。只要组合适当，这一目标完全可以实现。在组合预测中，对各种预测方法进行组合的权重是一个热点问题，具体有等权重与变权重两种方法。

2. 物流市场预测

按照市场的范畴可将物流市场分为微观物流市场和宏观物流市场，对于它们的预测均能够应用上述方法。微观物流市场预测是指物流企业通过市场调查分析得到的个体化结果，并不具备普遍性。而宏观物流市场预测指的是从国民经济全局出发，对物流市场的发展方向做出综合性的市场预测。

由于国际物流市场比较成熟，故多采用定量预测方法。但是，因为我国物流行业缺乏历史统计资料，所以一般采用定性预测方法。例如，中国仓储与配送协会每年都组织的中国物流市场状况调查活动，就是一种运用抽样调查推算法进行的预测分析。另外，利用物流业与 GDP 的相关性规律来间接预测分析，或是通过对相关行业（运输、仓储等行业）的统计数据加以调整后予以替代物流业也是一种可行的宏观物流市场预测分析方法。

（1）社会物流成本占 GDP 比重法。物流业属于服务行业，所以物流成本作为一种服务成本（物流业的物资消耗和劳动力消耗），是物流行业的从业人员在一段时期内所创造的新价值。另外，由于物流成本对于生产企业来说是成本支出，但对于物流企业来说则是产值，因此在宏观范畴，社会物流成本总量可以认为近似等于宏观物流市场的总量。也就是说，宏观物流市场的总量可用社会物流成本总量来表示，所以应用社会物流成本占 GDP 比重来表示宏观物流市场的总量是比较可行的一种预测方法。

（2）货运量法。在不少省市的物流发展规划中，均采用货运量作为宏观物流市场总量指标。所谓货运量法是以综合运输体系中五种运输方式的货物运输量来代表宏观物流市场的总量。但是，由于现代物流业中除了货物运输环节，还包括紧密相关的存储、配送、包装、装卸搬运、流通加工、信息处理等多个环节，货运量显然不能代表物流量的全部，所以，该预测结果仅可作为宏观物流市场总量的参考值和货运系统的规划依据。

(3) 交通运输、仓储和邮政业相关产业产值法。与物流业紧密相关的行业应为第三产业中交通运输、仓储和邮政业中的货运和仓储部分，而目前并不能将这些行业中的货运和仓储部分的产值从中剥离出来，因此只能用交通运输、仓储、邮政业的产值来近似表示宏观物流市场的总量。需注意的是，该预测方法存在很大的局限性，只能作为趋势预测来运用。

(三) 物流节点与布局

1. 物流节点

物流节点，即物流接点，指的是物流网络中物流线路的连接处，各类物流设施的集结地，或提供各种物流服务的场所，如车站、仓库、港口、码头、货运站、配送中心、物流中心、物流园区或物流基地等。这些作业场所不仅是物流活动的节点，同时也是物流线路的起点和终点。在我国众多地区的物流规划中，大多是以综合型的、服务于区域或城市物流系统的物流园区为表现的物流节点，这些节点具有连接干线物流与城市物流的作用。物流节点是物流系统基础平台的主要构成部分，是物流规划的关键。物流节点的空间配置形式，在很大程度上决定着物流的流向、线路和流程。

物流过程按其运动状态来看，存在相对运动和相对静止两种状态。货物在线路处处于相对运动的状态，在节点处处于相对静止的状态。物流过程正是货物由运动到静止的多次循环所组成的。

物流节点主要功能如下。

(1) 物流管理功能。物流节点通常设置有管理设施和指挥机构，集管理、指挥、调度、信息衔接及货物处理于一体。

(2) 物流衔接功能。物流节点将各个物流线路、物流活动组织连接成一个系统，从而使各个物流过程更为贯通、快捷，如果没有物流节点，物流过程就会处于瘫痪状态。因此，这些以静止状态存在的物流基础设施，是支撑物流的重要基础。

(3) 信息处理功能。物流节点是整个物流系统的物流信息的传递、收集、处理和发送的集中地。

2. 物流布局

布局指的是对有关事务的全面安排，包括对事件的空间布置和活动的时空安排两个方面。在经济学中，布局通常是指空间布局。而物流布局就是针对物流市场的特点，分析包括物流节点、物流企业、物流产业在内的空间运动和分布规律，并在此基础上进行总体的、合理的空间位置安排和结构部署。

物流布局是物流市场形成和发展过程中的一个重要内容。物流业不仅将地域空间作为活动的舞台，还对地域空间有选择性。只有当特定地域空间的软硬件环境与物流园区对地域空间的特殊要求相适应时，才能使物流布局达到理想状态，进而促进地区经济的发展。

按照地域空间的范围及要求的不同，物流布局一般分为宏观空间布局和微观空间布局。宏观空间布局主要研究的是国家或地区范围内物流市场的一般空间布局规律、物流市场层次类别与其所依托地区的空间适应性等问题。而微观空间布局侧重于研究在较低一级的空间范围内，物流节点、物流企业的空间区位特性和理想位置选择等方面的问题。

（1）我国物流产业布局。目前，按照国家关于物流业发展规划的内容，我国着力发展三大类共九大物流区域。第一类是华北物流区域：以北京、天津为中心；东北物流区域：以沈阳、大连为中心；山东半岛物流区域：以青岛为中心；长江三角洲物流区域：以上海、南京、宁波为中心；东南沿海物流区域：以厦门为中心；珠江三角洲物流区域：以广州、深圳为中心。上述六大物流区域主要位于我国东部、东南部、南部，地理位置优越，该地区物流产业应加强技术自主创新，加快发展制造业物流、国际物流和商贸物流，培育一批具有国际竞争力的现代物流企业，在全国率先做强。第二类是中部物流区域：以武汉、郑州为中心。中部物流区域应充分发挥中部地区承东启西、贯通南北的区位优势，加快培育第三方物流企业，提升物流产业发展水平，形成与我国东部的各物流区域的有机衔接。第三类是西北物流区域：以西安、兰州、乌鲁木齐为中心；西南物流区域：以重庆、成都、南宁为中心。上述西北、西南物流区域位于我国西北部、西南部，该地区物流产业应加快改革步伐，进一步推广现代物流管理理念和技术，按照本区域承接产业转移和发挥资源优势的需要，加快物流基础设施建设，改善区域物流环境，缩小与我国东、中部地区差距。同时构建全国十大物流通道：东北地区与关内地区物流通道；东部地区南北物流通道；中部地区南北物流通道；东部沿海与西北地区物流通道；东部沿海与西南地区物流通道；西北与西南地区物流通道；西南地区出海物流通道；长江与运河物流通道；煤炭物流通道；进出口物流通道。

我国物流产业布局最显著的特点是地区之间物流发展不平衡性。

①东、中、西部物流业发展的不平衡。我国东部沿海地区经济发展较快，基础设施完善，物流需求相对旺盛，故提供物流服务的企业和机会较多，因而物流发展水平高，短时间内能实现物流现代化；而我国中西部地区由于历史、国家经济政策、经济水平、区位条件等原因，物流业发展水平较低，因而发展物流业的难度较大，这就导致全国范围内物流业发展不平衡。这种不平衡性减少了商品流通的相对规模，给东、中、西部地区开展物流业的合作带来了一定的难度。但是，在中西部内陆腹地已经形成以大城市为中心、以交通运输线为纽带的物流节点，这便为以后的物流业发展奠定了一定的基础。

②南北物流产业的发展差距拉大。我国南北地区有着不同的经济基础，特别是改革开放以来，经济开放政策向闽、粤和长江三角洲等地区倾斜，致使南北地区经济发展差距越来越大，进而在很大程度上影响了物流经济活动的发展。中国物流市场目前的地域集中程度很高，其中80%的收益都来自长江三角洲和珠江三角洲地区。南方地区的物流产业发展迅速，速度惊人，而北方地区尽管也在加快发展，但远远落后于南方地区，两者的差距越来越明显。

③城乡物流业发展的不平衡。“二元经济”决定了发达的城市经济与落后的农业经济将在我国长期并存下去，这一国情使得我国城乡在商品流通规模与消费能力等诸多方面存在着很大的差距。一方面，物流设施、物流企业、物流活动高度集中在交通极为发达的大城市中，形成辐射功能极强的物流中心城市；另一方面，在乡村地区物流业的发展十分缓慢，使城市物流与乡村地区物流在过程上相互脱节，甚至少数乡村地区几乎没有

物流，这就造成了物流市场的地域化、畸形化。一般情况下，我国都是在城市首先发展起物流业，接着沿着交通运输线（如铁路、公路、河流等）形成物流节点，向周围地区辐射。

特殊的国情决定了我国物流业的发展呈现出明显的区域差异和城乡差异，但是物流业的发展最终将趋向于平衡。物流业最先在经济发达地区得以萌芽、成长，使得城市成为物流业发展的中心，从而带动周围地区的发展，接着向区域中的农村地区辐射、蔓延，最终由点到线、由线到面，形成覆盖全国，且与世界物流业相接轨，与全球物流业融为一体，遍及全世界的物流网络。

（2）微观布局分析。微观布局分析是在具有若干需求的经济区域内选择合适的地址设置物流节点或企业的规划过程。在确定物流节点或企业的空间地理位置时，不但要考虑其在整个物流系统中的位置及所发挥的作用，还应充分考虑如表 3 - 3 所示的影响因素。

表 3 - 3　　物流节点或企业空间地理位置影响因素

影响因素	主要内容
客户分布	主要服务对象的分布区域
行业竞争	是否已在同行业竞争对手的市场占有空间范围内，与销售市场的距离
交通状况	交通是否便利，是否有利于不同运输方式的有效衔接，客户到达的便捷性如何
基础设施	建筑用地的可得性、大小及价格，到达客户的距离，地面上原有基础设施的情况
环境因素	是否会对周边地区居民的生活环境造成影响
发展空间	与其他物流节点间的关系，是否存在充裕的发展空间
其他因素	地价的变动、投资回收、水电供应等基础条件的保障、自然条件以及政策条件等问题

①物流节点的布局。由于物流节点类型多样，功能不同，难以就每一类节点的选址问题展开具体阐述，本文以城市物流节点的布局为例进行分析。城市物流节点布局指的是在城市总体规划的框架下，按照城市产业布局和经济发展需要，合理确定城市物流节点的位置、数量和规模。不同层次的物流节点，其规模、功能、地位各不相同，在城市经济中发挥的作用也不尽相同。因此，在选址时要了解各物流节点的类型及特征，分析各节点的层次关系和其在物流网络中的发展比例，掌握其发展演化趋势，还要考虑城市性质和规模、城市产业布局和发展规划等基本内容。城市的经济特色、产业关系、交通条件和居民消费状况等对于城市物流结构、物流规模等有十分重要的影响，所以，研究城市的地理布局、交通网络和产业布局等基本概况，有助于正确定位物流节点的性质、规模和功能。城市物流节点的布局应能使城市中的物流节点设施发挥相应的作用，使城市物流的环节顺畅，运作有效。此外，由于物流节点设施建设投资额大、投资期长，还要考虑未来的可持续发展等问题，在进行城市内部的物流节点设施建设时，应该与城市的远期规划相协调。物流节点的布局规划来自城市对此项设施的需求，所以，分析城市的主要物流对象、物流流向、物流流量、交通网络、运输方式、现有物流节点的分布、

物流市场的供需、企业现有的物流运作模式等，对于了解城市的物流特点和现有物流系统的优劣，确定新的物流节点的类型、规模和功能具有十分重要的作用。

②物流企业的布局。物流企业的空间布局与其自身的性质、功能等密切相关。

第一，物流企业的功能不同，空间布局也各有特点。

运输企业以运输为主要功能，可以选择以交通基础设施为核心的布局方式；邻近物流市场，布局在商业区等周围地域；以客户企业指向，同工业企业的布局呈现紧密的跟随关系等布局模式。我国大量的运输企业是国有企业或集体企业，由于早期享受政府的优惠条件，通常不受城市地租的影响，其布局一直位于市中心区。然而，随着经济体制改革的推进，运输企业向综合型物流企业的方向发展，这使得许多企业开始逐步向郊区进行转移。

仓储企业以仓储为主导功能，还包括流通加工和包装等功能。配送企业主要是在仓储的基础上发展起来的，这两类企业一般具有相同的区位特征，即在郊区尤其近郊区布局。

货代企业是一种非资产型物流企业，其功能以通关、报检、提货、租船、订舱、拼拆箱等为主。其主要围绕具有通关功能的关口或接近于通关的地域进行布局，或是在物流业务比较集中的地域进行布局。

第二，物流企业的资产属性不同，空间布局也不同。根据资产属性，物流企业分为资产型和非资产型两类。

资产型物流企业通常是拥有一定物流设施的物流企业。由于占地面积较大，空间区位深受地租影响，其布局可以考虑在市中心区的外侧地域或是同交通基础设施的空间区位形成对应耦合。

非资产型物流企业一般是不拥有物流设施或租赁少量物流设施的物流企业。由于占用土地少，空间区位受地租影响小，其主要布局在城市中心区。一些企业布局在商业区或是靠近客户企业，贴近物流市场，还有部分企业（主要指物流配载企业）靠近运输工具市场。

二、物流企业的定价行为

（一）产品定价理论与定价行为

1. 产品定价理论

（1）古诺模型又称古诺双寡头模型。古诺模型是著名的法国经济学家古诺在 1838 年提出的。其基本假定是：①市场上只有两个企业，它们生产的产品是完全同质的；②每个企业都在假设对方产量不变的前提下确定使自己利润最大的产量。在这样的假设下，两个企业的均衡产量都等于市场总容量的 1/3。整个行业的均衡产量等于市场总容量的 2/3。

对这一模型的结论的推广是：在行业中寡头企业数量为 m 的情况下，各个企业的均衡产量＝市场总容量$\times\dfrac{1}{m+1}$。

（2）张伯伦模型（改进的古诺双寡头模型）。新的寡头垄断模型由美国经济学家张伯伦提出，他对古诺双寡头模型进行了扩展。这一模型沿袭了古诺双寡头模型中的几条假定，并补充了一条重要假定，即各个寡头企业承认它们行为的相互关联性，同时采取理智的行为。这样一来，每个企业不用通过正式的协议，都将建立起垄断价格，平等地分享垄断产量和利润。

（3）成本加目标利润定价方法。大多数企业实际上都会采用成本加目标利润定价方法，即以平均成本和目标利润作为其定价基础。定价公式为：价格＝分摊到单位产品上的目标利润＋平均成本。

企业采用成本加目标利润定价方法的原因有两个。

①企业的所有者、经营者和职工所关注的重点不同。企业所有者关心的是与股息、投资回报相联系的利润最大化，企业经营者关心的是稳定的利润和企业的成长，而职工则主要关心个人的收入。成本加目标利润定价方法能较好地把这几个方面的需要结合起来。

②信息不充分。企业难以掌握整个市场的需求和费用变动情况，又很难确定真实的边际成本和边际收入曲线，所以，无法按利润最大化原理来定价，而以经验数据为基础的成本加目标利润定价方法更为实用。

2. 定价行为

（1）价格协调行为。价格协调行为指的是企业之间在决定和调整价格过程中相互协调而采取的共同行为。企业间价格协调的目的在于限制价格竞争，共同控制市场，获取垄断利润。常见的价格协调行为主要有卡特尔和价格领导制。

①卡特尔。它也称为共谋（或串谋），是一种以限制竞争、控制市场、谋求最大利润为目的的，同一产业内独立企业之间的协调形式，主要包括明确协定卡特尔（有明确的文字协定）与秘密协定卡特尔（只有口头协定而无文字协定）两种类型。

②价格领导制。这一行为是根据企业地位和实力确定价格政策的。通常价格领导制有低成本企业的价格领导制和支配企业的价格领导制两种主要形式。假如企业地位非常稳固，实力非常强，它将根据自己的利润最大化目标确定价格，否则，它将会寻求一个所有企业都能够接受的价格。其他企业要跟着定价和变价的原因在于：一方面，若不跟着降价，就会失去客户，而如果不跟着涨价，实际上就是减价，很可能引起价格战；另一方面，其他企业规模较小，预测能力较差，若跟着定价和变价则能够获得合理的利润，也就避免了独自定价和变价的风险。

（2）限制性定价行为。限制性价格又叫阻止进入价格，指的是寡头垄断市场中原有的企业制定一个既能带来部分垄断利润却又不足以吸引新的竞争对手进入的价格。其直接目的是阻止进入，而实质是牺牲部分短期利润以追求长期利润最大化。其原因是，在长期中利润率较高的产业必然吸引新的企业进入，此时产业内的原有企业往往串谋，放弃部分短期利润，通过降低价格以阻止新企业进入，从而追求长期利润最大化。

（3）掠夺性定价行为。掠夺性价格亦称驱逐竞争对手价格，指的是企业为了将竞争对手驱逐出市场而降低价格，甚至有时将价格降到成本之下。这一行为往往是和实力雄厚的大企业联系在一起的。其目的是要将竞争者驱逐出该行业。尽管当大企业把价格定得低于成本时，也会遭受损失，但由于它实力雄厚，能够比竞争者更长时间地承受这种损失。通常，掠夺者把价格定得低于成本时，它必定预期未来会有较高的利润，足以补偿价格降低所遭受的损失。这种定价行为不常发生，大企业对小企业一般是兼并而不是驱逐出行业，因为兼并既能避免短期降低价格的损失，又能达到消灭竞争者的目的。而在以下两种情况下可能会出现掠夺性定价：①兼并成本过高；②在兼并的谈判过程中，大企业会进行一些降价活动，以便提高其讨价还价的能力。

3. 服务定价策略

价格在服务营销战略中起着关键作用。它不仅为企业带来了经营收入，也起到了树立企业形象的作用。物流企业在制定服务价格时主要采取如下三种策略。

(1) 需求导向定价法。该方法着眼于客户的态度和行为，而服务的质量和成本则配合价格进行相应的调整，从而为定价提供依据。

(2) 竞争导向定价法。该方法是以竞争者各方面的实力对比和竞争者的服务项目与相应价格作为自己定价的主要依据。

(3) 成本导向定价法。它的优点是在考虑合理利润的前提下，能使企业维持一个适当的盈利水平，并降低客户的购买费用。

(二) 物流企业价格策略

1. 物流总成本

我们通常认为物流总成本主要是由运输（46%）、仓储（26%）、存货管理（10%）、接收和运送（6%）、包装（5%）、管理（4%）以及订单处理（3%）构成的。经济学家将物流管理形容为“成本经济的最后防线”和“经济领域的黑暗大陆”，他们认为物流具有节约成本费用的潜力。但若是物流决策不协调，则将付出过高的成本代价。

2. 物流价格策略行为

物流价格策略行为是指物流企业根据客户的需求与成本提供一种合适的价格来吸引客户。由于物流费用在成本中占有较大比重，企业不仅要降低生产成本，还须合理控制物流费用支出。物流企业应该根据客户的需求，合理地对运输工具、运距、路线和费率等进行系统优化，同时根据企业针对的目标市场和客户群体，参照客户期望值和竞争者提供的服务水平，制定适当的服务标准和价格水平。

3. 价格策略的影响

价格策略对物流及其所提供的服务具有十分重要的影响，它将影响物流活动的广度、深度及流畅性。价格策略中对客户的数量折扣将会影响到客户的订货规模。合理的折扣优惠将吸引客户加大订货量，仓储作业将趋向于处理大宗货物，而运输和搬运作业都将变得简单而高效。所以，只有从营销和物流两个角度综合考虑，才能提出一个同时能够满足营销和物流综合需求的定价策略。

(三) 物流企业定价行为

定价行为是企业市场行为的主要内容之一，也是企业经营运作的基础。发达国家第三方物流服务通常是采用成本加成（Cost Plus）定价方法，即第三方物流企业与客户达成协定，根据物流成本的一定比例加价收费或是收取一定的管理费用。这种定价行为有两个优点：一是能使第三方物流企业降低对各功能服务分别报价的难度与风险；二是客户可以与第三方物流企业一起来分析物流成本，从而对自己的物流成本了解得更加清楚。

我国物流企业大多也是采用成本加成定价方法，原因如下。

(1) 市场的供求状况决定了物流企业的定价方式。目前我国现代物流、社会物流的观念仍未深入人心，自有物流仍占到市场规模的60%～70%，这导致物流的有效需求不足。此外，短时期内大量物流企业的涌入，也使得物流供给相对过剩。这种供大于求的市场供给状况，使物流企业只能采用成本加成定价法，而不大可能采取价格领导制或是其他价格定价方法。

(2) 物流行业的市场结构状况决定了物流企业的定价方式。目前，我国物流行业市场结构为集中度极低的原子型市场结构，不存在能对价格产生决定性影响的大型优势企业。对一般的物流企业而言，信息相当不完全，致使很难掌握整个市场的需求和费用变动情况，同时难以确定真实的边际成本和边际收入曲线，所以无法按利润最大化的原则定价，而只能以产业内的经验数据为基础，用成本再加上目标利润作为定价标准。

三、物流企业的分销渠道策略

(一) 分销渠道策略

1. 分销渠道策略

分销渠道 (Distribution Channel)，又叫分配渠道或是配销通路，指的是某种产品从供给方向需求方转移过程中所经过的一切取得所有权（或协助所有权转移）的商业组织和个体。在日本，分销渠道被称为“商流”，也就是将商品所有权转移过程中所经过的各个环节联结起来形成的一条渠道。

分销渠道策略指的是企业将产品或服务从供应商顺利转移到客户的最佳途径。分销渠道策略行为通常采用直销的方式，有时也会经由中介机构，常见的有代理、代销、经纪等形式。

2. 物流企业分销渠道

物流企业分销渠道指的是物流服务从企业向客户转移所经过的通道。物流企业分销位置则意味着不论以什么渠道形态去获取客户，服务所在的位置都是非常重要的。

我国物流企业可供选择的物流分销渠道主要包括直销和经由中介机构分销两种。中介机构又分为代理、代销、经纪、批发商、零售商五种形态。

(二) 物流企业的分销策略

1. 物流企业的分销策略

所谓物流企业的分销策略是指物流企业为目标客户提供物流服务时，对所使用的位置与渠道做出的决策，主要包括怎样把产品交付给客户和应该在什么地方进行。通常有物流委托代理服务和供应链运作模式两种分销策略。

2. 物流委托代理服务

(1) 代理与商务代理。代理是指根据被代理人的委托授权，以被代理人的名义，为被代理人的利益而与第三人实施民事法律行为，这种行为的法律后果直接由被代理人承担。

商务代理是指代理人受企业委托，在一定区域和处所内，在一定的代理权限制下，以企业的名义代替企业行使经济行为，其法律后果直接由企业承担。商务代理广泛适用于营销、贸易、保险、运输等商业领域。成熟的商务代理制度是市场经济完善的标志之一。

（2）物流服务的委托代理制。与传统的自营做法不同，现在物流市场上无论是商品的供给方还是需求方，对物流服务的需求都要委托给第三方物流企业。企业把全部或部分物流业务尤其是一些特殊的物流储运业务外包给专门的第三方物流企业来承担，由其代理协调企业之间的运输仓储并提供后勤服务。物流外包决定了物流市场的交易方式以委托代理制为主，消费者不一定要直接参与和介入，而是可以采取合同委托代理的形式以获得物流服务。

物流服务委托代理与一般商品代理既有联系又有区别。其联系在于它们都是社会分工不断深化的结果。物流服务委托代理产生和发展的根本原因是降低交易成本、实现规模经济。一般商品代理即代理商品的买卖，包括销售代理和采购代理。而物流服务委托代理即代理物流服务，涉及几乎所有的物流服务方式，如运输、仓储、配送、包装、流通加工、信息加工等代理服务。

委托代理制在物流市场上的应用十分普遍。货主（即委托人）赋予第三方物流企业（即代理人）相应的权力，也就是对货主的商品进行运输、存储、包装等一系列服务时，就建立起了代理关系，代理人受到合同、协定的约束，代表委托人的利益，同时获得一定的佣金报酬。只要供求双方以委托代理方式进行物流服务的均属于市场交易行为，如图 3-4 所示。

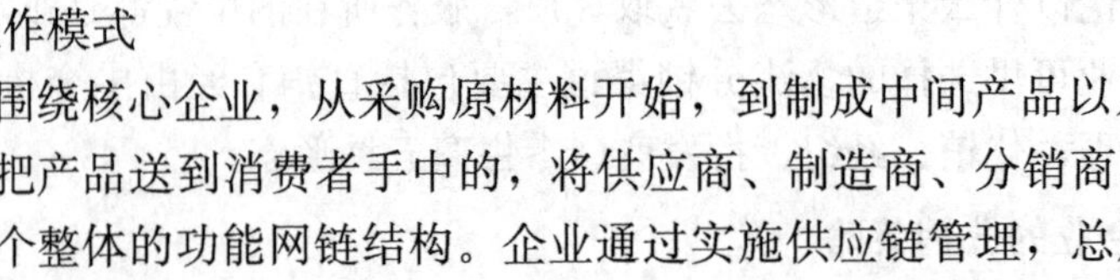

图 3-4　物流市场供求双方的关系

3. 供应链运作模式

供应链就是围绕核心企业，从采购原材料开始，到制成中间产品以及最终产品，最后利用销售网络把产品送到消费者手中的，将供应商、制造商、分销商、零售商，直到最终用户连成一个整体的功能网链结构。企业通过实施供应链管理，总成本、准时交货率、物流费用、企业生产率、订货—生产周期等都得到不同程度的改善。有关供应链管理的具体运作模式主要有以下三种。

（1）物流供应链模式。这一模式将物流活动看作由原材料采购、生产、分配、销售和将产品送达最终用户组成的，具有一定流量的、环环相扣的链，把物流、信息流、资金流等企业的全部活动作为一个统一的过程进行计划、组织、指挥、协调与控制。物流活动是供应链管理的核心内容，其中库存管理不仅能作为维持生产和销售的措施，也可作为一种供应链的平衡机制。物流供应链管理的范围如图 3-5 所示。

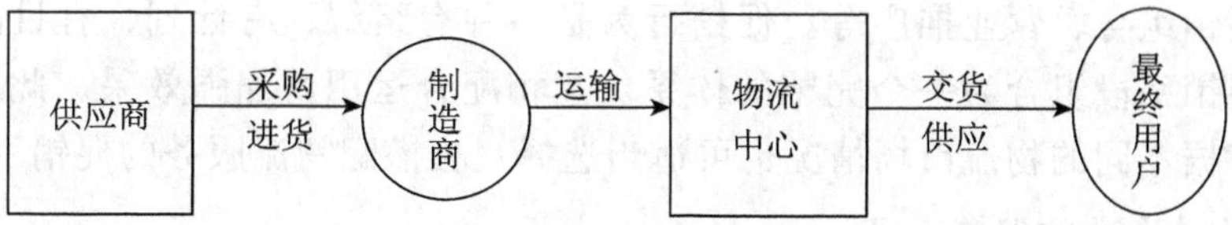

图3-5 物流供应链管理的范围

目前，许多原材料供应商、制造商、分销商、零售商纷纷建立起自己的物流中心，也就是自用型物流中心，这将导致重复建设和资源浪费。专业化的物流中心与自用型物流中心相比，前者面对的客户更加广泛，供应链中的任何成员均可成为客户，它既能够提高物流服务的专业化水平，还有利于提高物流行业的资源利用效率。非物流企业通过将物流业务外包给第三方物流企业，能够把时间和精力放在自己的核心业务上，进而提高供应链管理和运作效率。

所以，有效的供应链管理需要物流中心，尤其是专业化的物流中心，它代表了物流专业化、社会化和市场化的发展方向。

(2) 生产供应链模式。生产供应链把供应商的活动作为生产活动的组成部分，同时将生产活动扩展到产品的销售和服务阶段，即将企业的生产活动进行了前伸和后延。供应链对于上游的供应活动、中间的生产制造活动和储存运输活动、下游的分销活动和消费者都给予同样的重视。供应链管理围绕一定的核心业务展开，从供应链的角度来组织企业的生产经营活动，易于形成企业核心竞争能力，完成从客户需求开始到提供给客户所需产品与服务的整个过程。与企业流程再造类似，供应链也是将企业为客户、为自己创造价值的各种业务活动进行重构和集成。生产供应链系统的范围如图3-6所示。

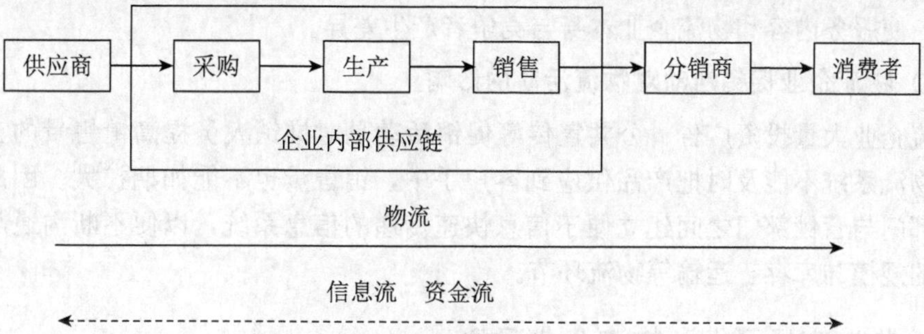

图3-6 生产供应链系统的范围

(3) 以客户为中心的供应链模式（市场供应链管理）。消费需求的导向作用日益增强，以客户为中心的供应链管理必将成为未来的发展趋势，也就是在供应链的管理过程中致力于需求分析，或是对市场机会的发掘，将供应链管理转变为需求链管理。

四、物流企业的促销策略

(一) 物流企业的促销行为

物流企业的促销行为实际上是分销基础上的市场营销活动。其使命是配合分销渠道，运用一些特殊手段来促进物流服务的销售。其主要内容包括广告、人员推销、物流服务的促销组合、营业推广等。促销行为是一种有组织、有计划、有目的的整体行为，各种促销手段组合为一个完整的体系，互相配合运用，加强效果。此外，不同的物流企业依据不同的物流市场情况也可适当选择互相搭配物流服务的促销手段。

（二）物流企业的促销手段

（1）以物流消费者为中心的促销。例如现场演示、赠送礼品、展销会等。

（2）以物流企业及物流组织为中心的促销。物流企业除以广告和个人推销的形式来促进物流服务的销售活动以外，还可以在与中间商的交易中采用营业推广的手段。这些手段主要包括商业折扣、商业折让、批量折让和费用补贴等。

（三）物流企业的促销策略

物流企业的促销策略指的是物流企业利用各种方式向客户传递对自己有利的信息，以引起客户的注意，提高本企业知名度。它的主要手段包括广告、人员推销、营业推广、公关等。

随着物流市场竞争的日益激烈，物流企业需要采取有力的促销措施来使客户理解、接受物流企业的服务。而促销是一种带有刺激性的沟通方式，它具备告知、劝说和提醒的功能，对帮助物流企业进行客户服务的定位与沟通物流企业与客户之间的联系起着关键作用。我国物流企业采取促销措施的目标主要有：

（1）建立对物流企业及其服务的认知；

（2）说服客户购买或使用该项服务；

（3）沟通并描述所提供的物流服务的种种利益；

（4）建立并维持物流企业的整体形象和信誉；

（5）使服务内容和物流企业本身与竞争者产生差异。

（四）物流企业促销活动对物流活动的影响

物流企业大量投资广告、公共宣传等促销活动是对推销人员提高销售量的支持。但是，若物流系统不能及时把产品供应到客户手中，销售量也不能如期扩大。因此，需要在物流部门与营销部门之间建立便于信息快速传递的信息系统，以便不断沟通与协调促销活动的规模与库存、运输等物流环节。

五、物流市场开发和物流企业运营

（一）物流市场开发

企业不论以什么方式开发市场，都要考虑到市场机会的大小和企业的驾驭能力，同时必须了解如何满足客户的需求。从开发主体来看，物流市场开发可分为国家宏观规划和企业微观运作两类。

我国物流市场的培育和发展，决不能盲目强调规划新建，而应充分整合已有的物流资源，优化资源配置的结构和效率，在更高的层次上进行整合，即实现跨系统、跨行业、跨地区以至跨国的物流服务系统的整合。这是物流企业构建供应链策略联盟、参与全球化市场竞争的必经之路。物流企业在进行市场开发时，应将自身可用的资源与物流产业发展的外部条件紧密结合起来，采取灵活的策略，积极开发物流市场，以获得更广阔的发展空间。

(1) 树立以客户需求为导向的服务理念，推动客户物流观念的转变。物流企业应当充分利用已有的客户资源，运用多种方式（建立客户俱乐部等），加强与客户的沟通，建立客户关系管理，进而维持一个相对稳定的客户群。物流企业想要树立以客户需求为导向的营销观念，应当主动深入了解客户的需求信息，并且帮助目标客户开发更有效、更经济的物流运作模式。通过物流服务的有形化演示来获取客户对物流服务的认同和满意，并有意识地促进客户物流观念的转变，令客户产生购买物流服务的愿望，即开发客户的物流需求。

(2) 开发多样化的物流服务，满足客户的个性化物流需求。由于客户的物流需求多种多样，故物流企业在进行市场开发时，应根据客户的具体需求，提供不同的物流服务。物流企业在进行市场开发的时候，最好参与目标客户的业务流程重组，与客户确定共同的物流目标，通过物流体系的高效运作，来降低客户的物流成本，同时提高效率，以便获得持久的合作和双赢。

(3) 开发网上电子交易平台，提高物流企业的信息化管理水平。在现代物流系统中，倘若没有信息技术、网络技术和通信技术的支持，现代物流将寸步难行。利用因特网（Internet）、内联网（Intranet）、国际标准化组织（ISO）、电子数据交换（EDI）等信息技术，并借助开发成功的物流软件，能够优化物流资源配置，提高其信息化水平。物流企业还能通过开发具有友好用户界面的网站，建立虚拟交易平台，收集客户的多样化需求信息，进行网上交易、网上签订合同等业务，从而快速完成交易过程。

(4) 通过物流企业的兼并、联合、联盟等手段迅速占领物流市场。兼并与联合是企业迅速扩大规模和市场，减少竞争的有效途径。国有物流企业间的重组、多种所有制物流企业的整合、外资并购国内物流企业，已经成为我国现代物流行业发展中的突出特点。国内物流企业通过与特定领域的优势企业实现强强联合，提升在特定领域的竞争能力和服务优势。此外，物流行业对外资企业的全面开放意味着国内物流企业开发市场的难度加大，竞争也更加激烈。通过利用彼此的优势，建立物流联盟，在合作中实现互补，从而使共同开发国内和国际物流市场成为可能。

(5) 实施人才开发战略，提高增值服务能力。提高物流服务增值能力的关键是物流人才的培养，特别是知识密集型供应链管理人才与物流方案设计人才的培养。目前，我国物流从业人员的整体素质与提供综合物流服务的要求存在着较大差距。所以，物流企业应重视员工素质的提高。实施人才开发战略，不仅可以公开引进、招聘物流专门人才，还能够通过对现有企业员工进行再学习和再培训的方式，培养自身的物流人才队伍。

（二）物流企业运营

通过合适的指标对物流企业进行分类研究是物流企业成功运营的前提。按照物流服务范围及资源整合度的双重指标对物流企业进行分类，物流企业可以分为整合型、综合型、专业型、功能型四种类型，如图 3-7 所示。

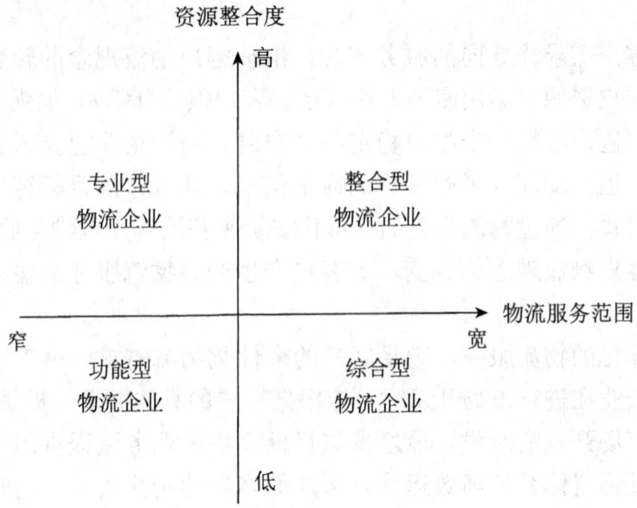

图 3-7　物流企业的分类

1. 整合型物流企业的运营模式

整合型物流企业主要为客户提供运作和管理整个供应链的解决方案，并通过方案的实施与客户建立一种长期的战略合作伙伴关系，为其提供集成性的物流服务。按照实施主体的不同，整合型物流企业可以有两种不同的运营模式。

(1) 协作模式。协作模式指的是整合型物流企业通过与其他类型物流企业的合作来共同服务于多个客户。整合型物流企业通过向他们提供一系列服务，例如，供应链管理策略、技术、进入市场的手段、项目管理的方法等，以达到为客户提供服务的目的。物流企业之间采用商业合同或物流战略联盟的方式合作。物流战略联盟通常是指由具有共同利益关系的各种物流企业之间组成的战略共同体，根据客户的个性化需求，提供灵活的、有效的、个性化的综合服务，它的核心思想是以联盟的方式发挥核心优势互补的效应。

(2) 集成模式。集成模式指的是作为客户物流服务的集成商的整合型物流企业，为多个客户提供运作和管理整个供应链的解决方案。此时，整合型物流企业扮演着规划者、监督者和管理者的角色，通过对其他类型物流企业资源、能力和技术进行综合分析，整合出一个全面的、集成的供应链管理方案。而其他类型物流企业通过这一方案为客户提供服务。整合型物流企业作为一个枢纽，具有集成多个服务供应商与客户的能力，按照供应链运作策划方案，联合相关物流企业同步运作，从而实现供应链管理的一体化。

2. 综合型物流企业的运营模式

综合型物流企业通常为大型的物流企业集团，利用庞大的物流网络体系，开展跨区域的物流业务。一般有以下三种运营模式。

(1) 作为客户物流服务的分包商，提供某环节的物流服务。综合型物流企业对客户直接负责或者对客户指定的物流总包商负责。

(2) 作为客户物流服务的总包商，负责其全部物流运作。这种模式下，客户数量有限，且综合型物流企业与客户往往是合作伙伴或者战略联盟的关系。

（3）临时性物流业务。这类业务大多集中于综合型物流企业的核心能力领域，如中远的远洋运输、中铁的铁路运输。

综合型物流企业与客户之间是靠订单联系在一起的。综合型物流企业必须建立一种以订单驱动的业务运作机制，也就是通过客户订单这一需求媒介的拉动来维持整个物流运作体系的正常运转，而不再是由综合型物流企业管理总部的推动来维系。订单驱动业务不仅意味着业务运行方式的改变，还从业务流程上真正建立起了一套以市场需求来推动综合型物流企业经营的机制。在以订单驱动的物流业务运作过程中，关键是协调服务的整个过程，使各个环节有效地衔接并能应付某些突发事件，而这就需要一个统一的指挥中心，即利润中心，高效、灵活地控制整个物流业务，从而实现资源的最有效配置和服务质量的不断提高。另外，还要有多个操作中心，即成本中心，来实施各环节的物流服务，通过综合型物流企业信息网络系统来完成对市场的迅速反应。

3. 专业型物流企业的运营模式

随着市场竞争日益激烈，企业逐渐将精力集中于核心业务上，而把非核心的物流业务外包给专业的第三方物流企业，故许多专注于某行业领域的、具有丰富行业经验、拥有专用设备的专业型物流企业应运而生。

作为客户物流服务的集成供应商的专业型物流企业制定供应链解决方案、整合所需资源、管理供应链运行。而其他服务供应商作为客户物流服务的分包商，向其提供专业型物流企业所需的资源，以共同为客户提供全面的物流服务。但是，因资源及能力有限，专业型物流企业很难有能力去提供包括采购物流、生产物流、销售物流以及回收物流的全方位物流服务，而是将主营业务集中于某个点上，再根据企业的发展战略进行业务上的上下游延伸。

4. 功能型物流企业的运营模式

功能型物流企业往往来源于传统的运输、仓储、配送企业，一般只能提供物流某个环节的物流服务。其运营方式主要有两种，即产品导向的物流服务和客户导向的物流服务。

（1）产品导向的物流服务。通过把有相似需求的客户集中起来，形成规模经营，从而充分利用物流企业的资源，降低物流服务的单位运营成本。这种方式下的客户范围较为广泛。功能型物流企业主要提供的是运输、仓储等基本服务。

（2）客户导向的物流服务。这一方式针对客户的特殊需求，提供较为综合性的个性化的物流服务。客户的需求不断发生变化，物流企业所提供的物流服务也应向更高、更深的层次延伸。功能型物流企业能通过采取与客户建立战略联盟的方式来重新构建两者之间的关系，不单单是提供运输、仓储服务，还提供一系列附加的创新服务和独特服务，来满足特定客户的独特需求。

第四节 物流市场组织

一、物流组织层的组织方式

物流市场组织是整合物流资源、协调物流市场参与各方的行为及利益关系的活动总和，是一个动态的过程。物流市场组织是由物流行业的系统组织层和市场组织层共同完成的。

（一）物流组织层的组织内容

1. 资源归属角度

从资源归属的角度看，物流组织层的组织内容包括以下三个方面：

（1）对财务资源、物化资源、人力资源、技术资源、信息资源、管理资源等所有内部物流资源进行深度立体化整合与优化配置；

（2）把分散的掌握在不同物流企业手中的客户资源整合起来，实现物流服务的规模经济；

（3）实现物流过程的一体化和最优化。

2. 物流过程角度

从物流过程的角度看，物流组织层的组织内容主要有以下四个方面：

（1）工艺重组，即基于技术和经济上的可能，按照物流整体优化的要求，在流通中进行加工；

（2）业务重组，即从专业化和规模化的角度促进物流业务的集中；

（3）对运输的组织，包括对运输线路、时间、方式的优化；

（4）对仓储的组织，包括对仓储点的选择、采购时间和采购批量的确定、仓储方式的选择以及如何提高仓储的专业化和效率。

（二）物流组织层的组织方式

1. 资源整合

物流组织层的目标是突破物流空间和单一物流企业的能力上的局限，为客户提供一体化、全方位、高品质的物流服务，并且通过物流资源的高效利用，获取尽可能多的利益空间。此外，对于不同的物流资源，又有相对具体的整合方式。如对于信息资源可以采用构建信息平台的方式加以整合，而对于技术资源、管理资源、财务资源等，则可以采用并购的方式。

2. 优化设计

优化设计即以供应链的整体最优为目标，通过方案设计对供应链上的供应商、生产制造企业、运输企业、仓储企业等所承担的物流业务环节进行整合的组织方式。其核心任务是寻找到实现整体最优所带来的利益增值空间。

二、物流组织层的功能

物流组织层的功能即根据专业化分工原则整合物流市场的资源及组织物流市场的业务，以获得资源整合效应与管理协同效应，从而提高物流服务质量与运作效率，降低企业物流成本，增强物流企业的市场竞争力。

（一）提升效率

物流组织层能够提升物流的运作效率。首先，物流组织层利用无限扩展的利益空间，将分散的物流资本、技术、基础设施、信息等有效地组织起来，大幅提高了物流的运作效率。其次，物流业务空间的不断拓展扩大了物流企业业务经营的规模，不仅能获得规模经济效益，还能提高现有物流资产的利用率，这也是物流运作效率提升的体现。

（二）降低成本

物流组织层能够直接或间接降低物流成本。前者包括物流运作效率提高和技术进步带来的直接服务成本的节约、企业间的协作与联合带来的市场交易成本的节约以及进入互补物流服务领域的成本节约等。后者则包括由于合理化配置物流资源和拓展物流业务空间促进物流资源的利用率提高，因而减少了物流资源浪费和闲置的机会成本与沉没成本，另外还包括以价格为主的恶性竞争所带来的机会成本的节约。

（三）拓展业务功能

物流组织层的一项重要功能就是通过企业间纵深的分工协作、资本联合等不断拓展物流业务空间。这是物流业生存与发展的基础。

（四）促进协作功能

不断变化的客户需求和高效的物流组织层必然会促进企业与企业之间的业务协作，在共享信息、共同承担风险的基础上，在利益增值的驱使下展开协作。

（五）规避风险

对于经营风险，物流组织层能够通过行业内部的协作发展和物流资源的立体化整合，提高物流运作效率，实现企业服务能力的低成本扩张，从而降低和分散经营风险。

（六）提升物流产业

物流组织层的有效组织，可以将小企业纳入一体化物流服务体系中来，不仅扩大经营规模，还能迫使小企业改进技术、提高物流服务水平，走专业化的发展道路，从而不断创新增值服务。这就使得物流企业向高端市场快速挺进，不断完善物流市场，加快物流产业化和市场化的进程。因此，提升物流产业是物流组织层最重要的一项功能。

三、物流组织层的培育

（一）大型企业成为运作主体

物流组织层的运作主体是指具体组织物流系统整合与运作的经济实体。大型运输企业、大型货代企业、营销网络完备的工商企业、实力较强的新兴第三方物流企业以及合资物流企业在物流资本、网络、设施、技术等方面的基础条件和组织能力等方面具有明显的优势，是我国物流组织层运作主体的可行选择和现实选择。

1. 大型运输企业

由于目前我国物流行业处于运输占主导地位的发展阶段，故在今后较长的一段时间内，大型运输企业或者由大型运输企业转型而成的物流企业将成为物流组织层的主要角色。且这些企业还具备组织物流市场的多方面优势。

（1）拥有大量的物流资产，如运输车辆、仓储设施、货运场站等，为组织活动提供了基础条件。

（2）拥有遍布全国的、主要由子公司或分公司构成的运输网络，为组织活动提供了网络条件。

(3) 拥有长期从事运输和仓储经营的行业经验和技术优势，为组织活动提供了有利的技术保障。

(4) 拥有一部分长期合作的相对较为稳定的服务客户，为组织活动提供了业务拓展的条件。

(5) 拥有与政府良好的合作关系。由于其中大部分是国有企业或国有控股企业，故能够避免一些政府对组织活动的干预。这类的大型运输企业在我国有很多，如中远集团及中储发展股份有限公司等。

大型运输企业的缺点主要表现在资产利用率低下、物流运作效率低下、服务品种单一、设备老化、过剩就业的压力大等。所以，大型运输企业组织工作的重点应该是充分利用自身在网络、资产、客户关系等方面的优势，通过与其他企业的协作或联合，引入先进的物流技术与管理理念，增强提供一体化物流服务的能力，促进物流业务的快速增长，从而提高资产的利用率，谋求规模经济效益，达到多方共赢。

2. 大型货代企业

由于大量的、参差不齐的、不规范的货代企业的存在，造成了我国物流市场集中度低和有效需求不足的局面。其原因是大量的货源被这些企业在市场以外所掌握，不仅阻碍了市场化进程，还导致了无数的低层次小物流企业的存在及其恶性竞争。

解决上述问题的途径之一就是充分发挥大型货代企业或者由大型货代企业演变而成的物流企业的市场组织功能，促进各类货代企业的整合。且这些企业还具备组织物流市场的多方面优势。一是大型货代企业拥有较为广泛和固定的工商业领域的代理客户群，因而具有先天的客户和货源条件。二是大型货代企业通过与稳定客户的长期合作，掌握了准确快速获取市场信息的渠道和经验，从而降低了由于规模扩张引起的业务拓展的成本。

可是大型货代企业在组织物流活动的过程中遇到的一个难题就是怎样界定合作过程中小规模货代企业的责任归属。所以，大型货代企业组织工作的重点不单是寻求与工商企业、专业物流企业和中小型货代企业的广泛合作，还要深化货代企业资质管理，将小型货代企业界定为第一责任人，以迫使其由于承担责任的能力有限而不得不走联合发展的道路。

3. 营销网络完备的工商企业

目前我国第三方物流市场还很不成熟，因而营销网络完备的工商企业自然成为物流组织层运作主体的现实选择。其主要原因包括以下三个方面。

(1) 具有覆盖广泛甚至延伸至海外的营销网络，便于提供立体的、全方位的国内物流服务和国际物流服务，能够节约扩张中引起的物流网络投资。这也是其最大的优势所在。

(2) 具有经营自己所在行业特色物流服务的专业化优势。这是长期为内部客户提供物流服务的结果。

(3) 具有挖掘同行业潜在物流需求和创新增值服务的能力。它们处在信息源之中，最了解物流客户的需求。这类企业国内也有很多，如海尔、一汽、新联华等。

工商企业对物流市场的组织主要是以本企业或所在行业的物流需求为依据，一种操作方式是按照本企业特定的利益空间，组织其他物流企业为自己提供个性化服务；另一种操作方式是组织本企业内部物流与其他物流企业、工商企业、技术提供商等进行合作或联合，突破特定利益空间的限制，寻求物流资源更深度的整合。后一种方式明显对培育物流市场更有意义。但是无论怎么操作，都必然会受到企业管理体制、资产、对核心竞争力的追求以及行业限制等因素的影响。所以，营销网络完备的工商企业组织工作的重点应是严格选择合作伙伴，并且将次要的、低附加值的物流功能外部化、虚拟化，以降低物流成本，提高企业核心竞争力。此外，要充分利用自身的网络优势，积极拓展企业外部物流业务，推动物流企业的合作与物流市场的培育。

4. 实力较强的新兴第三方物流企业

第三方物流企业若想在激烈的市场竞争中生存下来，应当致力于获取以下优势。

(1) 拥有超前的物流经营理念和先进的物流管理模式。

(2) 拥有先进的物流技术，特别是信息技术。

(3) 拥有较高的物流运作效率，因为它们瞄准的是相对集中的专业化市场，而且没有冗员和过剩的资产。

(4) 拥有较高专业化和个性化的物流服务能力。

(5) 拥有专业的物流人才队伍。

新兴第三方物流企业在发展中遇到的问题主要有资金缺乏、资产不足、市场拓展速度慢等。这就决定了其组织工作的关键应该是充分发挥自身在人才、技术、效率等方面的优势，集中内部资源为客户提供系统化的物流方案设计、信息服务与客户关系管理等物流增值服务，并且尝试采用无资产运作，由协作企业提供运输、仓储等低端物流服务，从而实现优势互补和利益共享。

5. 合资物流企业

合资物流企业多数是由工商企业和物流企业共同出资组建，同时也有由少量物流企业组建的合资公司。只有竞争力和实力较强的合资物流企业才能够担当物流市场组织的重任。其优势主要表现在以下三个方面。

(1) 拥有多方提供的雄厚资金。

(2) 企业内部各出资方之间以资本为纽带，合作关系较为稳定。

(3) 企业内部实现优势互补，一体化服务能力强，为进一步拓展物流业务空间奠定了基础。

成立合资物流企业是物流市场组织的方式之一。所以，合资物流企业组织工作的重点应是发挥已有的竞争优势和利益空间，积极拓展物流业务，开展物流增值服务，提高物流运作效率，从而促进更广范围内的行业协作或联合，形成能够主导物流市场的大型物流企业。

(二) 推进物流企业发展的途径

物流组织层在扩大组织功能和推进企业发展时，可供选择的模式有很多，主要有以下四种。

1. 业务合作

业务合作指的是具有互补优势但无资本联系的多方企业之间所达成的契约式的业务协作关系，是一种简单、实用、有效的组织方式。对物流组织层来说，业务合作不仅可以是物流企业和工商企业之间的合作，还可以是位于不同时空范围内的合作。

物流组织层如果选择业务合作这种推进模式，通常可以获得以下四个方面的优势。

（1）操作相对较为简单，可以在需要的时候迅速达成合作约定，组成合作团队，捕捉市场机会。

（2）没有新的经济实体出现，仅局限于业务协作，可以有效规避进入壁垒和政策限制。

（3）参与合作的主体之间没有资本联系，不涉及物流资产的转移，独立性强，经营比较灵活。

（4）具有互补优势的企业之间的合作可以跨越经营能力和范围的局限，能够满足客户系统化的物流服务需求，有利于物流业务的拓展。

但业务合作的方式也存在缺陷。由于合作主体之间仅仅是通过临时性的利益存在和契约联系起来，没有资本和资产的相互约束，所以组织关系松散，合作关系不稳定，有着较大的合作风险。此外，由于各个合作主体对局部利益的追逐，管理的难度加大。

2. 经济联盟

经济联盟指的是企业之间以资本为纽带，以利益共享和风险共担为目标所组成的实质性合作联盟，也被称为资本联合。在组建经济联盟的过程中，物流组织层通过控股、参股、相互参股、松散协作等方式组建一方主导型经济联盟，如图 3－8 所示。还可以通过共同出资的方式组建多方主导型经济联盟，如图 3－9 所示。

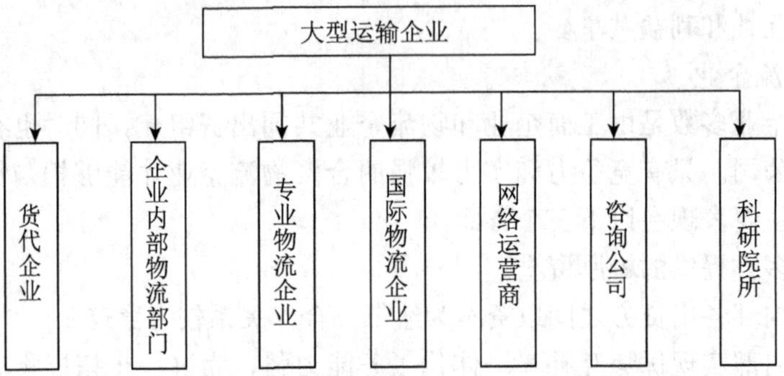

图 3－8　一方主导型经济联盟

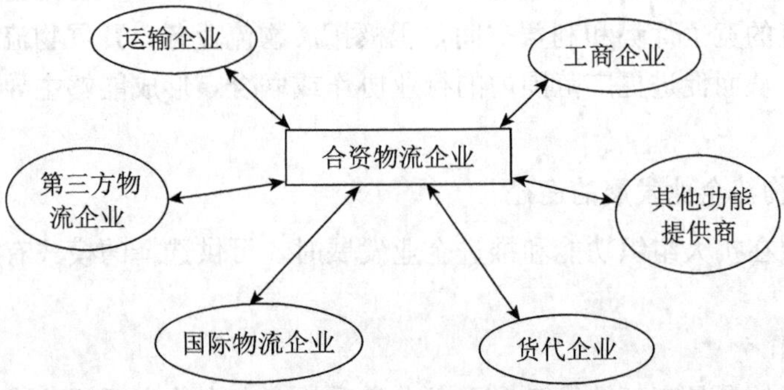

图 3－9　多方主导型经济联盟

（1）经济联盟的优点。

物流组织层采用任何一种联盟方式，至少可以获得以下六个方面的优势：

①联盟成员企业之间利益共享和风险共担的运作机制，能够降低物流经营风险；

②资本联合所带来的利益牵制，一定程度上能够稳固合作关系，降低合作风险和合作业务管理的难度；

③将外部交易内部化，能够降低用于获取信息、谈判、监督履约、解决争端等方面的市场交易费用；

④联盟成员企业之间的物流资源得到立体化整合，资源利用效率大大提高，平均运营成本降低；

⑤联盟成员企业的物流网络实现对接，便于开拓国内与国际物流市场；

⑥优势互补带来系统化服务能力增强，能够为用户提供从采购、生产、销售到售后服务等全方位的物流服务。

（2）经济联盟的缺点。

①联盟对成员企业之间协作的依赖程度空前提高，任何一个环节的失败或撤离，都可能导致“满盘皆输”，给联盟成员企业带来巨大损失；

②联盟成员企业的局部利益与联盟的整体利益之间的矛盾很难协调，要么打击联盟成员企业的积极性，要么损害联盟的整体利益；

③联盟效益的获得依赖于市场规模和集约化程度的提高所带来的规模经济，但这些条件现阶段并未完全具备；

④联盟成员企业之间文化融合的难度大，给联盟经营与管理带来障碍。

3. 分公司制

分公司制指的是具有一定实力的企业按照拓展物流市场的需要在适当的地点设立分公司，从而构建自身可直接控制的物流组织网络的推进模式。

（1）分公司制的优点。

①分公司不具有独立的法人地位，经营依附于总公司，组织关系较为稳定；

②分公司对总公司的指令贯彻较好，能够实现管理的一体化，管理协同效应较为显著；

③分公司的设立较为灵活，可以根据经营情况选择规模大小，也可以根据经营情况随时设立或撤销，在适当时候可以起到控制风险的作用；

④可以根据需要迅速布设物流网点，完善物流组织网络，捕捉市场机会；

⑤分公司所构建的物流网络能够被总公司直接控制，充分满足总公司业务拓展的需要。

（2）分公司制的缺点。

①设立分公司会带来资产的增加，若业务拓展的步伐缓慢，会冲淡企业总体的资产收益率，给企业经营带来风险；

②分公司作为总公司的分支机构，不对外直接承担责任，经营与投资的风险都由总公司承担，风险无法转移，一旦经营失败，可能引发总公司的不良连锁反应，甚至是破产；

③设立分公司会导致企业人员的膨胀，增加总公司的负担，经营失败后将面临人员安置的难题。

4. 子公司制

子公司制指的是实力较强的大企业在看好某一风险市场领域但却寻找不到合适合作伙伴时，通过合作投资、收购或自己斥资的方式建立全资子公司进入该市场领域的一种推进模式。

（1）子公司制的优点。

①子公司作为独立的法人，自主经营，自主招募员工，可以避免母公司人员的膨胀，也可以解除经营失败后人员安置的“后顾之忧”；

②利用有限的资本投入组建独立于母公司的子公司，可以锁定风险，即最大损失就是这部分投入；

③母公司可以依据对市场的判断随时成立子公司，有利于把握市场机会；

④经营灵活，如果扩张成功，可以继续增加投资，并独享来自这一全新市场领域的风险收益；如果扩张失败，子公司可以自行解散或破产，不会对母公司造成太大影响；

⑤利用母、子公司在待遇上的差异，可以降低拓展业务的成本。

（2）子公司制的缺点。

①全资投入会带来物流资产的大幅增长，倘若市场拓展较慢，资产利用率将难以保证，平均运营成本较高，子公司经营难度大；

②全资投入对资本支持要求较高，且机会成本巨大；

③投资与经营风险虽然锁定，但全部由母公司独自承担。

（三）物流组织战略支持体系的构建

1. 用户需求主导战略

用户需求主导战略指的是以用户的需求为出发点和立足点进行物流业务拓展的战略。我国的物流企业往往都在极力追求业务的具体形式，强调物流资产和物流设施的多、新、好，以为只要有了供给能力，就不怕没有业务做。实际上这种供给主导的战略是一个误区，业务形式并不能给物流企业带来生存与利益空间，相反却造成了物流设施的闲置和物流资产的浪费。物流服务需求是指为了实现物资的更好移动所引发的服务需求，它因企业和物资的不同而呈现出复杂的多样性和特殊性，每个用户的物流服务需求都不尽相同。所以，物流企业要立足于对用户需求的分析，以提供相适宜的物流服务，最终实现物流业务的有效拓展。此外，物流组织层还应当转变经营理念，将企业的利益界定在用户利益的基础之上，从用户需求出发，以能给用户提供必要的或者更多的剩余利润为前提来把握物流服务的功能与品质。

2. 特色发展战略

特色发展战略指的是将企业提供的物流服务差别化，从而吸引用户，形成服务特色。这一战略的灵魂是特色，即符合用户个性化需求的特色物流服务。物流组织层实施特色发展战略，一是能够利用特色服务建立起抵御市场竞争的保护屏障，从而实现低成本的业务扩张；二是能够借助“量身定做”式的差别服务为用户创造更多的剩余价值，从而获取自身的高收益。对于我国物流企业来说，这一战略有着现实和积极的意义，应当作为企业的一项基本战略加以实施。

3. 专业化战略

在组织其他经济实体参与合作或联盟的过程中，物流组织层的各个运作主体要致力于保持与提高自身的核心竞争力，而实施专业化战略就是提高企业核心竞争力的重要途径。专业化战略指的是物流组织层针对某一特定产品、特定用户或者特定领域提供高度符合性的物流服务，强调在某一细分物流市场“做好、做专、做精”。通过实施专业化战略，企业能够提高运作效率，降低物流服务成本，还能够通过满足特殊对象的特殊需求而实现服务的差别化，获取额外的收益。

4. 一体化战略

一体化战略指的是为用户提供从采购、生产、销售到售后服务，从基础物流业务到高端增值物流业务的高品质的系统化物流服务。需要注意的是，不能只考虑到物流服务的系统化，忽略了物流服务质量的一体化。服务质量恰恰是物流组织层成功运作的根本所在，原因是物流组织层的运作涉及不同的企业和不同质量的服务产品。因此，物流组织层在推行立体化物流资源整合的过程中，要严格制定物流服务质量标准，且要求加盟企业遵照执行，从而促成物流服务质量的一体化，更好地满足物流用户对服务品质的要求。

5. 技术领先战略

技术领先战略指的是企业重视在行业中保持物流技术领先，从而形成竞争优势的战略。技术领先能够通过企业自身的技术革新与发明获得，还能通过引进先进技术获得。物流组织层在实施技术领先战略的时候，应该把重点放在寻求物流专门技术的支撑和创新物流增值服务上。一方面，物流技术现代化与专门化是物流行业发展的必然趋势，也是物流业务一体化和企业特色发展的必然要求，因此，物流组织层要加快革新物流技术格局，积极发展或引进先进的运输技术、自动化仓储技术、库存控制技术、搬运装卸技术、信息技术等专门技术。另一方面，物流组织层要凭借技术领先优势，创新增值服务，进军高附加值的物流服务市场。

6. 品牌战略

品牌战略指的是培育、保护和发展品牌服务、品牌商标以及品牌企业的战略。品牌是企业的一种无形资产，也是一种宝贵的战略资源，因其具有的品牌效应而得到广泛重视。在打造品牌的过程中，物流组织层要以目标市场的有效需求为导向，以资本、技术、信息、成本、人才等方面的资源领先优势为依托，以最恰当的功能与品质定位、卓越的速度与效率、独特的经营方式、优雅差别的品位形象、高度的社会责任感以及丰厚的文化底蕴来赢得社会普遍的认可与信赖，进而形成品牌特色，为实现企业的进一步扩张奠定基础。

（四）物流组织的宏观管理

1. 政府的作用

政府作为市场的宏观组织者与管理者，应该充当“裁判员”的角色，并着力培育优良的市场运作环境。具体来看，政府在培育物流组织层的作用可以定位在以下六个方面。

（1）政策支持与引导。为了更好地促进物流组织层的高效运作，政府应该从政策上给予支持与引导，为物流组织层提供优良的运作环境和广阔的利益空间。

（2）科学规划物流发展。科学规划是规避资源浪费、促进物流行业发展的重要途径，也是政府的一项重要职能。

（3）规范物流市场。物流市场的规范化是物流组织层有效运作的基础。政府在此须要做好两个方面的工作。一是抓紧制定和完善物流市场准入机制、物流市场监督机制和物流市场退出机制。二是加快推进物流标准化进程。

（4）打造全国物流网络。政府应该全力打造全国物流网络，构建全社会范围内的综合物流体系。

（5）重点建设物流园区。为了解决目前物流园区大量闲置和运作低效率的问题，政府应该做好三个方面的工作：①物流园区的规划及基础设施的建设；②物流园区招商政策的完善；③物流园区管理调控政策的完善。

（6）人才教育。人才是物流组织层持续发展的保证，政府应该加大对物流人才教育的投入，推进物流产业的职业化进程。

2. 物流行业协会的作用

物流行业协会是一个民间行业自律组织，是由企业发起且通过授权，部分履行政府对现代物流行业的组织、管理、协调、监督职能。目前我国相关的物流行业协会有中国物流与采购联合会、中国交通运输协会等。物流行业协会在培育物流组织层的过程中与政府作用的发挥相互呼应，主要体现在以下三个方面。

（1）由物流行业协会代为履行部分政府职能，能够将与物流相关的政府主管部门从过去事无巨细的事务中解脱出来，将微观管理转变为宏观管理，集中力量做好物流行业发展的配套服务工作。此外，政府职能的转化能打破利益的空间限制，消除“条块分割”和“部门分割”，有助于全国综合物流体系的建立。

（2）物流行业协会作用的发挥是对政府宏观管理职能的有益补充。一些市场的问题，如价格恶性竞争、服务质量低劣、违反行业规定等，都要由市场来解决，政府强行干预并不能完全奏效，而行业协会则能以企业认可的行规对这些行为进行约束、制止和惩罚。此外，作为物流市场运作主体，物流行业协会能够在行业发展规划、行业政策制定、行业标准规范和企业行为约束等诸方面充分考虑到物流组织层发展的需要，同时为政府管理提供意见参考与信息帮助。

（3）能够实现中国物流市场与国际物流市场的对接，有利于物流组织层国际物流业务的拓展。

3. 物流组织的自我发展

物流组织除了需要政府和行业协会的指导与带领外，自身在服务创新、经营创新与合作意识上需要有一定的进步。

（1）创新物流服务。为用户提供适当的、优质的物流服务，是物流组织层维持竞争优势的前提，也是物流行业发展的必然趋势。所以，物流组织层要不失时机地寻求物流专门技术的支撑，创新物流服务，满足用户对信息咨询、企业流程再造、客户关系管理等高附加值物流服务的需求，为用户创造更多的剩余价值。

（2）提升合作意识。物流组织层活动的本质即为按既定的利益空间把离散的物流业务有效地组织起来，从而实现物流资源在全社会范围内的立体化整合。所以，物流组织层要不断强化和提升合作意识，将发展的视野覆盖到整个行业，甚至是整个经济运行系统，使得自身能够只从事组织工作或者物流系统方案的设计工作，而具体业务的运作都通过寻求合作伙伴来完成。

（3）创新经营理念。面对复杂多变的国内外物流发展环境，物流组织层要积极创新经营理念，以保持超前的发展空间。

第五节　物流市场绩效

一、概述

物流市场绩效指的是在一定的物流市场结构下，由一定的物流市场行为所形成的价格、成本、利润、产量、品种、服务质量及技术进步等方面的最终经济成果。它实质上反映了物流市场运行的效率，其内容包括以下几个方面。

（一）物流市场资源配置效率

1. 资源配置效率的含义

资源配置效率指的是从消费者的效用满足程度和生产者的产出规模程度两个角度来考察资源的利用状态。其内容包括以下三个方面。

（1）有限的生产资源在生产者之间进行分配以使生产者所获得的产出规模程度。

（2）有限的消费品在消费者之间进行分配以使消费者获得的效用满足程度。

（3）同时考虑生产者和消费者两个方面，即生产者利用有限的生产资源所得到的产出规模程度和消费者使用这些产出所获得的效用满足程度。

资源配置效率是评价市场绩效优劣的最重要标准，在实际应用中往往使用利润率指标来表示。若产业间利润率趋向于平均化，通常可以看作是实现了资源优化配置。而高利润率则表示存在超额利润。企业在进行利润率比较时，若某一产业的利润率长期超过平均利润率水平，那么就可以认为该产业存在垄断。

2. 完全竞争条件下的资源配置效率

西方微观经济理论认为，资源配置效率在完全竞争条件下最优，也就是说生产者的最大产出和消费者的最大效用同时实现。帕累托提出了一个判定资源配置效率的标准，他提出倘若改变资源的配置已经不可能，在不损害任何人的前提下使每个人的处境变得比以前更好，就意味着资源配置达到了最优状态。完全竞争市场则能够自动实现资源配置的最优状态。

3. 垄断对资源配置效率的影响

如果垄断者把产量限定在完全竞争水平之下，使得价格高于边际成本，这就表示资源的配置没有达到帕累托最优状态。其原因是垄断者限制产量并提高价格，导致部分资源由垄断产业向其他产业转移，垄断性产品单位成本的效用大于其他产品。若从社会的观点分析，结果是垄断产业的产量过少，而其他产业的产量过多，此时若是增加垄断产业的产量，可以使一些人的处境得到改善而不损害其他人的利益。所以，我们认为垄断降低了资源配置效率。

4. 物流市场的资源配置效率

目前我国物流行业存在明显的过度竞争现象。这一现象通常表现为价格战，使得企业利润率下降，最终导致多数企业效益低下，甚至亏损。物流行业由于各方面原因造成的较高退出壁垒，同时使得企业不能顺利退出，导致整个产业的利润率水平低下，因而各企业为了生存不得不采取各种恶意的或破坏性的竞争手段，致使市场秩序混乱、社会福利减少、产业资源配置效率低下。故我国物流行业过度竞争的市场结构必然造成产业资源配置效率低下，物流行业利润率很低。因此，调整我国物流行业市场结构，改善物流企业市场行为，优化物流行业产业组织状况，提高物流行业产业资源配置效率，实现优良的市场绩效迫在眉睫。

（二）物流产业规模结构效率

1. 物流企业规模经济

（1）物流企业规模经济的含义。规模经济指的是企业通过大量生产，实现成本下降与收益递增。物流企业规模经济是指随着采购、运输、配送的社会化、网络化，而发生流通成本下降，收益增加的现象。对物流企业来说，规模经济就是指运输、库存、搬运、管理等费用出现降低的现象；而范围经济则可使物流企业在实现资金共享、扩大产品种类、拓宽商品销售渠道、分散风险等方面获得经济效益。

（2）物流企业规模经济的成因。同其他企业一样，物流企业产生规模经济的原因是生产要素的特定组合。具体来说，物流企业规模经济包括以下四个方面。

①扩大物流企业规模。

②在运输及配送方面大量运输，避免出现半车及空车现象。

③专业化分工与协作。

④信息系统共用。

2. 物流产业规模结构效率的含义

物流产业规模结构效率反映了物流产业经济规模的实现程度。规模经济性的存在使得资源在物流产业内不同规模企业间的分配状况直接影响着资源的利用效率。物流产业的规模结构效率即从物流产业内规模经济效益实现程度的角度来考察资源的利用情况。通常用达到或接近规模经济的企业的产量占整个物流产业产量的比例来表示。由于不同产业技术经济特点不同，实现规模经济所要求的最小企业规模也不尽相同。假如某个产业相对于其市场容量而言，最小有效规模很小，则市场就能够容纳较多达到有效规模的企业，这样不仅能利用竞争促进资源优化配置，还能充分获得规模经济效益。但是，假如某个产业相对于其市场容量而言，最小有效规模较大，则只有当这个产业中企业数量较少时，才能使每个企业达到有效规模，此时这些为数不多的企业已经成为具有垄断力量的企业。

（三）物流技术进步

1. 物流技术

物流技术指的是与物流要素活动相关的所有专业技术的总称。它包括各种操作方法与管理技能等，如物品标识技术、物品包装技术、流通加工技术、物品实施跟踪技术。

2. 物流技术进步的含义

物流技术进步速度反映的是动态经济效率，它是衡量物流市场绩效的一个重要标准。物流技术进步广义上指的是除资本投入和劳动投入之外的所有促进经济增长的因素之和。而在物流产业组织理论中，对物流技术进步的定义是狭义的，认为它主要包括物流技术的发明、创新和扩散三个方面。

物流技术的发明指的是构思对物流生产活动中有用的新产品或新的生产方法以及解决相关的物流技术问题。

物流技术的创新指的是物流技术的发明被第一次应用并导致一种物流新产品或物流新生产方法出现。

物流技术的扩散指的是物流新产品或物流新生产方法被广泛采用。

二、物流市场绩效的模式结构

（一）SCP 分析模式

1. SCP 模式

SCP 模式是 20 世纪六七十年代美国哈佛大学产业经济学权威贝恩（Bain）、谢勒（Scherer）等人建立的三段论式的产业分析范式，即市场结构（Structure）、市场行为（Conduct）和市场绩效（Performance）相结合的研究模式。

2. SCP 模式分析方法

分析市场结构、市场行为和市场绩效的关系可以分别从短期和长期两个角度来考察。

（1）短期分析。市场结构在短时间里不会发生很大的变化，故可以把市场结构看作是既定的。市场结构决定市场行为。从市场结构所包含的内容分析，市场结构是企业的外部环境，它的状况是决定企业生产经营和竞争策略的客观依据，起到引导和约束企业市场行为的作用。在既定的市场结构下，企业应当采取与外部环境相适应的策略，也就是选择有利于企业生存与发展的行为方式。

市场行为决定市场绩效。企业市场绩效水平是由产业内全体企业的生产经营活动状况决定的。企业的产品策略决定了产品是否能够满足市场需要，企业的价格策略会影响利润水平，企业的销售策略影响着产品销售成本等。

因此，从短期来看，市场结构、市场行为、市场绩效三者的关系为：决定市场绩效的直接因素是市场行为，而制约市场行为的根本因素是市场结构。

（2）长期分析。市场结构从长期来说是变化的。市场结构的变化通常是市场行为变化的结果，但有时市场绩效的变化也会直接影响市场结构。如企业的技术进步会影响产业的成本结构、产品差别、进入条件等，也就会导致市场结构的变化。在较长的时期内，市场结构、市场行为、市场绩效之间并不是单向的因果关系，而是双向的因果关系。

因此，市场结构、市场行为和市场绩效之间是相互作用、相互影响的关系。人们通常认为，结构对行为、行为对绩效的影响是主要的，而绩效对行为和结构、行为对结构的影响是相对次要的。

（3）市场结构、市场行为与市场绩效之间的关系。产业组织学者发现市场结构、市场行为和市场绩效三者之间的相互关系是非常复杂的，而不单是结构决定行为、行为决定绩效的简单关系。

从短期来看，可以把市场结构看成是既定的要素，是企业市场行为的外部环境，因而市场结构在某种程度上决定了企业的市场行为，而产业内所有企业的市场行为又共同决定了市场绩效。总之，在短期内，市场结构、市场行为和市场绩效三者的关系是：市场结构从根本上制约市场行为，市场行为又直接决定了市场绩效。

从长期来看，市场结构也在不断发生变化，而这种变化正是企业的市场行为长期作用的结果。市场绩效的变化有时也会直接引起市场结构的变化。因此，在一个较长的时期内，市场结构、市场行为和市场绩效之间是双向的因果关系。

（二）我国物流市场绩效的模式结构分析

1. 我国物流业的市场结构

我国物流业从市场结构上来说，不但职能部门众多，且每个职能部门属下几乎都拥有自己的运输、仓储及配送系统等与产业相关的单位或企业。这就使得市场集中度低，与我国的经济结构发展水平不相符。目前，我国正处于应合理鼓励市场兼并以追求规模效益的经济发展阶段。而物流业作为一项基础产业，规模经济尤其显著，更应避免过度竞争，致力于发挥物流业的资源整合优势。

2. 我国物流业的市场行为

我国物流业从市场行为上来看，应该加强公平竞争。我国物流市场由于行政区划和行业人为分割、政府行为过多介入，形成人为的市场进入壁垒，导致不公平竞争。因此，只有减少行业保护与行政干预，导入市场运行机制，形成有效竞争，才能规范物流企业市场行为，进而实现物流资源的优化组合与企业单位的优胜劣汰，并最终实现物流业结构调整和结构优化。

3. 我国物流业的市场绩效

我国物流业的市场绩效并不理想，主要表现在：供应、生产和销售物流分离，不能整体优化；各物流企业的物流规模都相对较小，不能取得规模收益；库存成本太高；无法实现柔性化的准时制生产（JIT）。

本章小结

本章首先介绍了物流市场的特点、功能与竞争情况，分析了我国物流市场的发展现状与发展趋势，并进一步分析了物流市场的结构与运行机制；其次介绍了物流市场调查、预测和布局，物流企业的定价行为，分销渠道策略，促销策略，以及物流市场开发与物流企业运营；再次介绍了物流市场组织的相关理论，包括物流组织层的组织方式、功能与培育模式；最后介绍了物流市场绩效的相关内容。

通过本章的学习，能够对物流市场的相关理论有一个初步的了解和总体的把握。

案例分析：福田汽车物流发展的新思想

随着中国物流业的对外开放，外资物流企业的强势涌入，国际竞争日益加剧，中国物流企业如何才能在微利时代节约成本实现利润最大化？福田汽车对此提出了令人耳目一新的理论。福田汽车根据之前提出的“链合创新”的概念，特别提出了崭新的“按需创新”发展思路。

福田汽车认为，“链合创新”的思想就是联合上游企业共同进行研发，生产出符合市场需要的产品。现代物流是一个以供应链一体化为核心的社会大系统，涉及社会经济生活的多个方面，涵盖了制造业、运输业、邮政业、仓储业、会展业、装配业、流通加工业、电子通信业等多个产业。任何一个企业都不可能孤立地存在，只有上下游同心协力，打造一个完整的生态链，物流业才能取得较大突破。而福田汽车提出的“按需创新”思想，就是联合上下游企业，从上游端的生产研发，到下游端客户的客户，以“价值”为联合重点，为客户创造价值。

从目前整体市场竞争的态势来看，企业与企业之间的竞争已经变成了价值链整合能力的竞争，过去那种单打独斗的方法已经很难再让企业生存下去，企业更加注重的是横向和纵向的联合，强调的是整合的能力，是对资源的协调和运用能力。物流界的业内人士对福田汽车这种站在产业链角度对待竞争的态度给予了高度评价，普遍认为：协调上下游关系，是借助上下游的力量以群体竞争的方式拒绝低层次的单打独斗，中国物流业需要的正是这种上下游之间的整合，这对于整个物流产业发展速度的提升和产业规模的扩大都具有重要的现实意义。

物流业发展中的两个必经阶段：在还没有形成统一市场的经济形态时，规模性的产业链没有形成，各个生产环节各自为战；当市场发展到现代化的大物流阶段，就对物流业的发展提出了上下游整体生态平衡的新要求，即物流业要想取得较大突破，就必须整合整个产业链中的各个环节所提供的各种有利发展的资源。在新一轮物流产业大发展时期中，“协调上下游”和“建立全球协议伙伴”是物流企业新的竞争力所在。对于物流企业而言，建立自己的生态圈，从而带动整个产业链发展尤为重要。

根据产业链理论，福田汽车提出了“按需创新”的新发展思路。王向银说，现在，行业与行业之间的界限变得模糊，行业与产业之间不再是以产品为划分依据，而是以客户和客户需求为依据。在未来，福田汽车将成为提供整合服务的汽车企业。福田汽车认为，作为物流业的紧密上游企业，不仅要了解客户的需求，还要了解客户的客户的需求，真正想客户所想，为客户带来价值。“按需创新”理论就是根据市场需求进行指向性明确的创新活动，这样既满足了物流企业的个性化需求，还能有效规避风险。福田汽车表示，将逐步满足物流业在机械化、自动化和信息化等方面提出的新需求。

现代物流是市场经济的产物，也是市场经济高度发达的标志。在市场不发达的各自为战阶段，物流业所面临的新需求、新困难只能完全由自己解决；而在现代化大物流阶段，物流业所面临的新问题是如何让整个生态产业链完整和健全。与此相对应，汽车企业不单单是一个运输工具的生产厂商，它有责任整合整个社会和行业的资源，为物流企业提供更精准、更有价值的服务，为物流企业提升核心竞争力提供支持。业内人士认为，福田汽车作为长期服务于物流业的企业，是一个具有高度社会责任感的企业，它将自身的使命与中国物流的发展相辅相成，不仅为物流企业提供整体的解决方案，而且把物流企业客户所面对的问题完全看成是自己理应解决的问题。

作为在商用车领域领先的福田汽车，和中国的物流业共同走过了十年，几百万辆商用车活跃在中国的各行各业，可以说，中国物流业的发展福田汽车功不可没。凭借对中国物流企业的了解和熟悉，凭借企业的实力，福田汽车担当起了“链合创新”“按需创新”的领头人。

思考：

1. 福田汽车物流是在怎样的市场环境下提出的物流发展新思想？
2. 这些新思想能给福田汽车带来哪些市场竞争优势？

复习思考题

1. 物流市场有哪些特点，物流市场主要发挥什么功能？
2. 简单阐述我国物流市场的现状。
3. 完全竞争物流市场与完全垄断物流市场具有哪些不同特征？
4. 试分析四种不同类型物流企业的运营模式及特征。
5. 物流市场绩效的内容有哪些？

第四章　物流生产理论

物流活动伴随着人类生产与交换的产生而产生。生产资料与生活资料的耗用往往存在时间与空间上的差异，人们需要将物品运送到特定的地点储存起来以供生产、交换及消费。在这一过程中，伴随着运输、仓储、包装、装卸搬运、流通加工以及信息处理等诸项活动。本章主要围绕物流产品的流通活动，介绍物流生产的相关理论知识。

第一节　概　述

一、物流生产理论内容

物流企业与其他生产制造企业的生产目标相同，即谋求利润的最大化或亏损的最小化。对于物流企业来说，同样也是通过生产活动来实现利润最大化的。物流生产指的是利用所投入的生产要素转化为对客户提供的物流服务，比如运输、仓储、流通加工等。

对于产品的生产者来说，不同的生产要素投入可能会产生不同的生产效果，从而带来不同的企业效益。所以，对于物流企业来讲，必须决定如何确定生产要素组合以带来最大的生产回报，也就是提供最大的物流服务量，这就形成了物流生产决策的基本原理。这里只介绍其他生产要素的投入量不变，只有一种生产要素的数量是可变的情况下，研究这种生产要素的最优利用问题。

（一）总产量、平均产量与边际产量的相互关系

假设企业使用的只有资本和劳动两种生产要素，并假设资本是固定不变的，而短期内劳动是可变化的。此时，我们来分析在资本投入量固定时，由劳动投入量变化所带来的最大产量的变化。所以，可以得到劳动的总产量、平均产量和边际产量三个概念。

1. 总产量、平均产量和边际产量的含义

(1) 总产量（TP）是一定生产要素（如劳动力 L）的投入所生产的全部产量。若假定在一定的技术条件下和其他要素不变时，一定的可变要素劳动的投入量能够获得的最大产量就是劳动的总产量，记为 TP_L。

(2) 平均产量（AP）是平均每一个单位生产要素的投入所生产的产量。若是依据劳动的总产量计算平均产量，那么就是劳动的平均产量（AP_L）。计算公式为：

$$AP_L = \frac{TP_L}{L}$$

式中：AP_L ——劳动的平均产量；

TP_L ——劳动的总产量；

L ——劳动力。

(3) 边际产量(MP)是指每增加一个单位生产要素的投入所引起的总产量的增加量。劳动的边际产量是增加一个单位劳动投入量所导致的总产量的增加量(MP_L)。计算公式为:

$$MP_L = \frac{\Delta TP_L}{\Delta L}$$

式中:MP_L ——劳动的边际产量;

ΔTP_L ——劳动的总产量变化量;

ΔL ——劳动力变化量。

2. 总产量、平均产量和边际产量之间的关系

图 4-1 所示的为某物流企业一段时间内的总产量、边际产量和平均产量曲线。

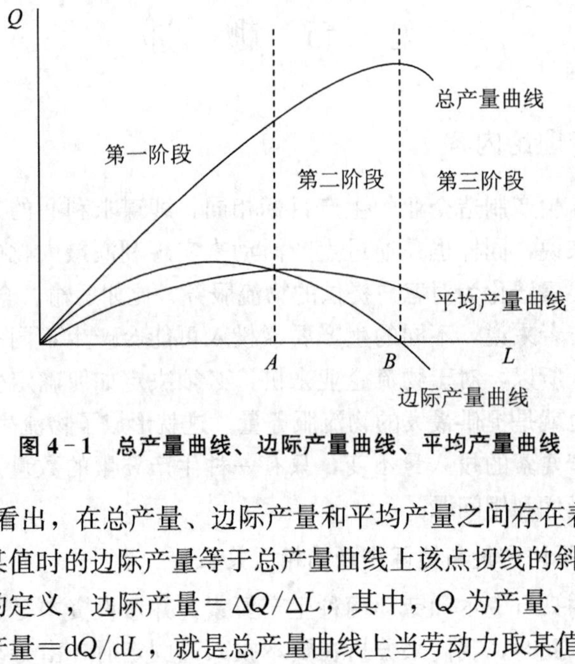

图 4-1　总产量曲线、边际产量曲线、平均产量曲线

从图 4-1 可以看出,在总产量、边际产量和平均产量之间存在着以下三种关系。

(1) 劳动力取某值时的边际产量等于总产量曲线上该点切线的斜率。

根据边际产量的定义,边际产量$=\Delta Q/\Delta L$,其中,Q 为产量、L 为劳动力。当 ΔL 取很小值时,边际产量$=\mathrm{d}Q/\mathrm{d}L$,就是总产量曲线上当劳动力取某值时该点切线的斜率。

因此,当边际产量取正值时,总产量曲线呈上升趋势(斜率为正值),此时增加劳动力能增加总产量;当边际产量取零时,总产量为最大(斜率为零),此时增加劳动力不能增加总产量。

(2) 劳动力取某值时的平均产量等于总产量曲线上该点与原点连接线的斜率。

由于平均产量$=Q/L$,而 Q/L 也正是总产量曲线上该点与原点之间连接线的斜率。

(3) 平均产量与边际产量的关系。

当边际产量大于平均产量时,平均产量出现上升趋势;当边际产量小于平均产量时,平均产量出现下降趋势;当边际产量与平均产量相等时,平均产量为最大值。由于边际产量是指新增一单位劳动投入量使总产量增加的数量,若是边际产量大于以前的平均产量,平均产量必然会上升;反之,若边际产量小于以前的平均产量,就必然使平均产量下降。若边际产量等于平均产量,则平均产量在这一点上不发生变化,正好处于顶峰或谷底,这时的平均产量为极大值或极小值。

（二）边际收益（报酬）递减规律

边际收益递减规律的存在有两个前提条件，一是技术水平不变，倘若技术水平发生变化，就不再适用了；二是其他生产要素的投入量不发生变化，只变动一种生产要素的投入量。

倘若技术水平不变，而是增加生产要素中某个生产要素的投入量，而其他生产要素的投入量不变，则增加的生产要素投入量开始会使该生产要素的边际产量增加，增加到一定量以后，再增加该生产要素的投入，该生产要素的边际产量会逐渐减少。因此，在物流服务的生产活动中并不是投入的生产要素越多越好。

产品的生产过程中，固定生产要素与可变生产要素的投入量之间存在着一个最佳的数量组合比例。最初因为可变生产要素的投入量为零，而固定生产要素的投入量总是存在的，所以，生产要素的组合比例远远未达到最佳状态。但随着可变生产要素投入量的增加，生产要素的组合越来越接近于最佳组合比例，此时可变生产要素的边际产量必然呈递增的趋势。只要生产要素的组合达到最佳组合比例，可变生产要素的边际产量就会达到最大值。此后，随着可变生产要素投入量的继续增加，生产要素的组合将逐渐偏离最佳组合比例，可变生产要素的边际产量呈递减趋势。

边际收益递减规律揭示了投入与产出的客观联系，表明在技术一定的条件下，生产要素的投入量只有按一定的比例进行优化组合，才能发挥各生产要素的效率。倘若只是片面追加某一种生产要素的投入量，只会导致资源的浪费和生产报酬的减少。所以，在物流企业中，应科学地分析企业的生产要素投入数量和组合，研究人员与设备的配套性、相关性，这对提高企业的经济效益和进行正确的决策是相当重要的。

（三）生产的三阶段

经济学家遵循边际收益递减规律，根据总产量、平均产量、边际产量随着可变生产要素投入量的变化，将生产划分为三个阶段，如图 4－2 所示。

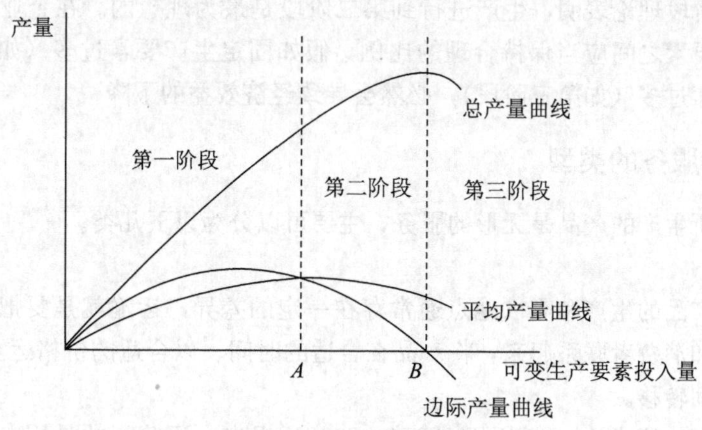

图 4－2　生产的三个阶段

1. 生产三个阶段的划分

（1）第一阶段：可变生产要素的投入量小于 A。此时生产函数的特征是可变生产要素的边际产量开始递增，然后递减。这一阶段总产量、平均产量均呈上升趋势，并且在A点时，平均产量达到最大。

（2）第二阶段：可变生产要素的投入量介于 A 和 B 之间。此时生产函数的特征是可变生产要素的边际产量是递减的，为小于平均产量的正值。总产量仍呈上升趋势，且在 B 点达到最大，而平均产量呈递减趋势。

（3）第三阶段：可变生产要素的投入量大于 B。此时生产函数的特征是边际产量为负值，总产量和平均产量均呈递减趋势。

2. 合理生产阶段的确定

（1）第一阶段可变生产要素投入量不足。这一阶段因为总产量呈上升趋势，故单位产品的固定生产要素的成本呈下降趋势。又因为平均产量呈上升趋势，故单位产品中的可变生产要素的成本也呈下降趋势。这说明在这一阶段，如果增加可变生产要素的投入量能进一步降低成本。因此，可变生产要素的投入量要是停留于这一阶段，在经济上是不合理的。而从管理决策上讲，应增加可变生产要素的投入量，以不断提高产量。

（2）第二阶段是可变生产要素投入量的合理阶段。因为总产量呈上升趋势，故单位产品的固定生产要素的成本呈下降趋势。同时因为平均产量呈下降趋势，所以单位产品的可变生产要素的成本呈上升趋势。由于固定生产要素的成本和可变生产要素的成本的运动方向相反，表明在这一阶段，可能会找到一点使两种成本的变动恰好抵消，在这一点上若是再增加或减少生产要素的投入都会使成本增加。因此，第二阶段是经济上合理的阶段，最优的可变生产要素投入量只能在第二阶段中选择。

（3）第三阶段可变生产要素投入量过多。因为此时总产量呈下降趋势，故单位产品的固定生产要素的成本呈上升趋势；同时因为平均产量呈下降趋势，故单位产品的可变生产要素的成本也呈上升趋势。这表明可变生产要素的投入量不能超过 B，否则就会使成本增加。企业在这个阶段组织生产是十分不利的，原因是此阶段可变生产要素投入量过多，效益下降。从管理决策上讲，减少可变生产要素的投入量才是明智之举。

生产的三阶段理论表明，生产进行到第二阶段是最为理想的。在企业中固定生产要素和可变生产要素之间应当保持合理的比例，假如固定生产要素过多（如第一阶段）或是可变生产要素过多（如第三阶段），必然会导致经济效益的下降。

二、物流服务的类型

物流企业所生产的产品是无形的服务，主要可以分为以下几类。

1. 运输

由于社会产品的生产和需求地点通常存在一定的差异，运输就是要把处于不同地域的产品生产者和消费者联系起来，将产品在合适的时间、以合适的价格运至消费者手中，实现产品的空间转移。

国家标准《物流术语》（GB/T 18354—2006）提出，运输指的是用专用运输设备将物品从一个地点向另一地点运送。其中包括集货、分配、搬运、中转、装入、卸下、分散等一系列操作。

2. 仓储

现代仓储在现代物流系统中，是一个十分重要的构成要素，不仅具有储存、保管等传统功能，还包括拣货、配送、检验等作业，具有配送功能以及重新包装等流通加工功能。仓储是利用仓库对物品进行储存、保管以及仓库相关储存活动的总称。它随着物资储存的产生而产生，并且随生产力的发展而发展。

3. 配送

《物流术语》（GB/T 18354—2006）将配送定义为：在经济合理区域范围内，根据客户要求，对物品进行拣选、加工、包装、分割、组配等作业，并按时送达指定地点的物流活动。

4. 装卸搬运

装卸搬运是物流各环节之间相互转换的桥梁。它不但把物品运动的各个阶段连接成为连续的“流”，还把各种运输方式连接起来，进而形成各种运输网络，极大地发挥其功能。装卸搬运指的是在同一地域范围内（一般是指在某一物流节点，如仓库、车站或码头等），以改变物品的存放状态和空间位置的活动。“装卸”是指以垂直位移为主的实物运动形式，“搬运”是指以水平方向为主的位移。通常用“装卸”或“搬运”来代替装卸搬运的概念。

5. 流通加工

通常情况下，流通只是完成物品空间与所有权的转移，并不创造价值和使用价值。但是在许多情况下，物品在进入流通领域后，为了方便运输、促进销售、提高材料利用率等目的，需要对物品做进一步加工，以改变其物理和化学性能，这就产生了流通加工。

根据国家标准《物流术语》（GB/T 18354—2006），流通加工指的是根据顾客的需要，在流通过程中对产品实施的简单加工作业活动（如包装、分割、计量、分拣、刷标志、拴标签、组装等）的总称。

我国国家标准《包装术语　第1部分：基础》（GB/T 4122.1—2008）中对于包装的定义为：为在流通过程中保护产品，方便储存，促进销售，按一定技术方法而采用的容器、材料及辅助物等的总体名称；也指为了达到上述目的而采用容器、材料和辅助物的过程中施加一定方法等的操作活动。

三、物流服务的特性

（一）不可触知性

物流服务是无形的，不能像一般产品那样形象地展示在客户面前。所以，人们在购买前，感知不到它的存在，而消费后，也只能从感觉上评价和衡量它的质量与效果。

（二）需求波动性

物流服务的对象是数量多且不固定的客户，他们的需求有较强的波动性，故容易造成供需失衡，同时也使得物流企业经营难度加大。倘若降低供给水平，就会表现出服务不够；若是提高供给水平，则会带来费用上升的不良后果。因此，物流服务不断适应需求的多样性，如何克服需求的波动性已成为物流企业经营的难题。

（三）可替代性

因为一般企业可能具有自营物流的能力，这就使得物流服务从供给方面来看具有替代性，从而导致物流服务的生产者从量和质上调整物流服务的供给力变得十分困难。因此，要求物流服务的生产者的管理思维和决策必须以服务为导向，将物流服务作为一个产品，关注物流服务质量。

（四）难以标准化

由于物流服务具有不稳定性和多变性，且客户与客户之间的互动也影响了服务质量的稳定，所以，很难保证服务质量的稳定不变。因此，同一服务因提供者、时间、地点、环境等因素的不同而在质量方面存在很大差异。而且，物流服务往往是在生产的同时被消费掉，因而无法予以纠正。此外，服务也因客户观念与心理的不同而对服务质量有不同的看法。

（五）不可分离性

物流服务的生产者不可能与其提供的服务性能相分离。客户在购买有形产品时通常只注重评价其性能特征，而不考虑其生产过程，生产者与客户之间不对话，也不接触。而物流服务的购买者则不同，生产者和客户一般是都在场的，双方直接接触且是互动的，客户试图了解物流服务生产者的情况。所以，物流服务与客户的关系具有以下三个特点。

1. 缺乏中介

与有形产品相比，物流服务大多是由生产者直接提供的，没有中介。

2. 客户的积极介入

在一个物流企业里客户和企业结成紧密的伙伴关系，服务质量取决于客户的态度、动机与以往的经验。

3. 时间短，不可储存

物流服务在生产的过程中同时被消费掉了，其有用的时间通常很短，而消费者从中得到的好处也不可能为将来的消费“储存起来”。倘若不在有效时间内消费掉，服务就会不可弥补，尤其在需求上下浮动情况严重、难以预料的时候。比如由于网络购物节的兴起导致订单的爆发式增长，物流服务的这种不可储存性是很难解决的。

第二节　运输经济

一、运输概述

运输是物流的一个最基本、最主要的功能要素，是物流活动的核心。它创造了物流的空间效益和时间效益。运输方式的发展为现代物流的发展提供了物流基础保证。规模运输给企业带来了第三利润。运输经济性主要涉及运输服务商的选择、运输方式的选择和有机结合、运输业务、优化物流系统的运输方案，进而实现物流系统高效率、低成本运作。

（一）运输的作用

1. 运输与经济发展

一个国家有形的经济增长需要若干种基本要素的支持，其中最重要的是有一个适应性强的能源动力系统、一个现代的通信系统以及我们所说的发达的运输系统。

运输是生产与分配不可缺少的组成部分。经济发展依赖于大规模生产和成批销售，而没有高效率和相对便宜的运输，这两者都不可能实现。所以，运输是经济发展的基础。

如今，中国已拥有一个较为发达的五种运输方式齐全的运输系统。这不仅是我国改革开放政策成功推动经济发展的写照，还是运输有效促进各地经济建设腾飞的见证。但是，同发达国家的运输网相比，我国运输系统还存在非常大的差距。

印度经济学家潘德拉格就认为，工业部门、农业部门、商业部门和运输部门是国家经济的四个重要部门，只有这四个部门同时得到发展，才能实现经济的迅速和均衡增长，倘若没有完好的运输体系，农业、工业及商业的发展是不能想象的。因此，运输是国民经济的命脉，是经济发展的基本要求和先决条件。

2. 运输与生产

由于运输创造了空间效用和时间效用，因而是生产过程的重要组成部分。从生产角度看，只有把原料和材料运到所需要的地方，才能保证生产的正常有序进行。所以，运输通过改变人和物的位置使生产得以进行。

运输也创造了时间效用。通常我们认为时间上的延误是一种浪费，但是，在某些情况下它又是经济的或节约的。由于大批量生产要求对不同来源的零配件进行组装，但并不是所有的零部件都能在或需要在同一时间到达。所以，储备（一种使用上的延误）经常是需要的，在运输的过程中，实际上是对物品进行了短暂的储备。故运输也通过它的时间效用创造价值。

由于规模生产依赖时间效用和空间效用，故也就是依赖运输。倘若没有足够的运输把大批原材料和零部件运到生产地点，并由生产线进行加工组装，就不会有大量的产品。大规模生产对运输的依赖程度是因生产特性而异的。像钢铁生产就需要为生产过程运输成千上万吨原料并进行储备，要解决的问题是重质货物的成批运输；而电子产品需要的原料质量却很轻，但价值很高，且一般是易损的。无论哪一种大规模生产，运输都是必不可少的。

从整体的角度来考察，运输的一个重要作用就是促进地区生产专业化（劳动分工）。由于各地区资源、气候、文化、技能不同，因而其生产能力自然会有别于其他地区。倘若有足够的运输，每一个地区都可以生产对自己有利的产品，即比较利益原理。但是，这一原理只有在运输充足的条件下才可行，倘若不能得到其他地区生产的产品，或不能把自己的产品运到别的地方，生产就只能满足本地区的需要。因此，没有运输就没有地区专业化或地区劳动分工。

此外，运输还是生产的一个支出项目，运输能够创造价值，但只有在它同时也是一种成本的时候才能有所创造。任何产品中都包含了运输成本。运输成本的存在是由于运输是生产过程不可缺少的一个部分。

3. 运输与销售

由于运输具有时间效用和空间效用，因而是销售的重要组成部分。假如某地生产的产品不运到需要它的地方去，就不能实现其价值。空间位移产生价值，而供货及时也是极为重要的。另外，运输还能有效防止过分积压造成的压价，因而时间上的变化也能创造价值。

由于大规模生产必须有一个大规模的销售系统把产品分配出去，而运输系统为大规模销售提供了条件，这通常被称为“运输开拓市场”。这说明运输与销售是密不可分的，需要运输去保证大规模销售。

此外，从销售角度来看，只要有了良好的运输，就可能会大幅增加产品的可供给性。全国乃至整个世界，已经形成了一个建立在良好运输基础上的商品市场。

运输费用可以决定运输布局，也是产品市场分布的决定性因素。假如运输费用较高，对当地产品就形成了一个保护性市场，就像实行关税或进口配额一样有效。运输费用往往是销售决策中的一个主要因素。

正如运输是一项生产成本，它也是一种销售成本。因而，运输会影响大多数产品的价格。运输成本在不同产品销售中占的比例有所不同，但是，从整体上看，它是销售成本的重要组成部分。

4. 运输与价格

运输费用是构成任何产品价格的一个重要部分。此外，运输还对价格起着其他作用，其中一个就是保持价格的稳定性。倘若没有长途运输，市场只能进行本地产品供应。可是一些季节性产品的生产和销售在一年四季是不均衡的。这些产品在封闭地区或运输不足的情况下，收获期的价格降得很低，一过收获期价格就会高起来。而通过运输，使得其他地区参加该市场的竞争，在当地供给不足的情况下，可以利用外地货源来满足需要，这样产品价格就不会涨得过高。因而，运输从某种意义上起到了稳定价格的作用。

另外，运输还鼓励价格的进一步降低，原因是它允许更多的生产者进入市场参加价格竞争。生产成本最低的地区把生产成本加上运输费用作为产品的售价，其他生产者也就必须制定相应的价格，不然将会失去自己的市场份额。由于地区专业化的作用，市场价格可能是由远方生产者决定的。倘若没有运输，即没有更多竞争者的话，价格就会上涨。因此，发展运输能在一定程度上鼓励竞争，有利于平抑价格。

运输与土地利用及其价格之间存在密切的关系。区位指的是决定经济活动的不同的地理位置。对于农业用地来说，决定土地区位的关键因素是它离市场位置的距离，而通畅的运输条件不仅能够显著改善土地的区位特征，还能够使土地获得多种用途，提高生产力，有效地提升土地的价格；对于城市用地来说，土地的区位更是成为城市土地价格的决定性因素，交通干线周边的地价通常会有巨大的上升空间。此外，运输决定价格这一原理对于其他自然资源也同样适用。

（二）各种运输方式的技术经济特征及选择

尽管不同的运输方式所运输的“产品”是相同的，但技术性能（速度、连续性、质量等）、对地理环境的适应程度和经济指标（如投资、运输费用、能耗、劳动生产率等）是不同的。

人们对交通运输的要求是安全、迅速、经济、便利。各种运输方式的技术经济特征可从以下三个方面进行考察。

1. 送达速度

送达速度决定了运输工具在途中运行的时间，不仅指运行时间，还包括途中的停留时间与两端作业时间。铁路运输的送达速度通常要高于公路运输与水路运输。可是在短途运输方面，其送达速度却低于公路运输。尽管航空运输在速度上占有极大的优势，但在中短途运输中，若将货物送往机场的路程时间考虑在内时，它并不具有速度上的优势。在评价某种运输方式的送达速度指标时，要适当考虑运输的频率（或间隔时间）和运输经常性对送达速度的影响。

2. 投资效益

由于各种运输方式技术设备的构成不同，不仅投资总额大小各异，还在投资期限和初期投资的金额有相当大的差别。铁路运输的技术设备（车站、铁轨、机车车辆等）需要投入大量的人力、物力，投资额大而且工期长。而水路运输是利用天然航道进行的，其技术设备的投资远低于铁路运输，其投资主要集中在码头与船舶。从经济学的效率角度来说，分析投资应以投资效率为主，不仅要考虑投资额，更要关注单位投资产生的效益的大小。另外，比较各种运输方式的投资效率，还需要考虑运输密度和运载工具利用率等因素。

3. 运输成本

通常水路及管道运输成本最低，其次为铁路和公路运输，而航空运输成本最高。可是各种运输方式的成本还要受到各种各样因素的影响，如固定费用所占的比重、运载工具的能耗和载重量、运输距离等。

(1) 倘若在运输成本中与运输量无关的固定费用所占的比重较大，则单位运输成本受总运输量的影响也较大。在这方面铁路运输最为显著。

(2) 运载工具的能耗和载重量对运输成本也有相当大的影响。载重量较大的运载工具一般来说运输成本较低。

(3) 运输距离对运输成本也有很大的影响。其原因是终端作业成本（始发和终到）的比重随着运输距离的增加而下降，一般对水路运输的影响最大，铁路运输次之，公路运输最小。因此，水路运输在运输成本方面居于有利的地位。

此外，还可从能耗、机动性、连续性、通用性等方面考察各种运输方式的特性。表4-1是五种运输方式八项指标的排序对比。

表4-1　　五种运输方式八项指标的排序对比

	成本	能耗	固定资产效率	速度	通用性	连续性	机动性	运载量
公路运输	2	2	2	3	5	5	5	2
铁路运输	3	3	3	4	4	4	3	4
水路运输	5	5	5	2	3	1	2	5
航空运输	1	1	1	5	2	2	4	1
管道运输	4	4	4	1	1	3	1	3

注：1～5 排序，5 最好，1 最差。

二、运输经济性分析

（一）运输成本

1. 运输成本的概念及其影响因素

运输成本指的是为完成某一物流运输活动所发生的一切费用，可分为运输总成本（一定时期内的运输支出）和单位运输成本（单位运输产品的运输支出）。

承运人制定运输费率时，必须对运输距离、装载量、产品密度、空间利用率、搬运的难易、责任以及市场7个因素进行综合考虑。

（1）运输距离。运输距离是影响运输成本最主要的因素，它直接对燃料、劳动力和维修保养等变动成本产生影响。

（2）装载量。由于物流活动中存在着规模经济，运输工具的装载量也会影响运输成本。装载量增加，则每单位运输产品成本减少，原因是装载、运送及管理成本等固定成本分摊到每一装载量中的费用降低了。因此，要求在组织运输时，充分利用运输工具的规模经济效应，尽可能满载，小批量的装载应整合成更大批量的装载。

（3）产品密度。产品密度指的是产品的质量与体积比。密度小的产品每单位质量所花费的运输成本通常比密度大的产品要高。对单一运输工具而言，一般受空间的限制比受质量的限制要大。产品密度越高，运输工具的空间利用越高，每单位运输产品的运输成本相对较低。所以，增加产品密度可以降低运输成本。

（4）空间利用率。空间利用率指的是产品对运输工具的空间利用程度。因为某些产品具有不同的尺寸和形状，以及超重或超长等特征，通常不能很好地利用空间。空间利用率还受装运规模的影响。大批量产品一般能相互嵌套，能够较好利用空间，而小批量产品则不能充分利用空间。

（5）搬运的难易。同质的产品或可用通用设备搬运的产品比较容易搬运，故搬运成本相对较低；而特种货物的搬运需要利用特种搬运设备，因而会提高总的运输成本。另外，产品在运输和储存时所采用的包装方式也会对搬运成本产生影响。

（6）责任。责任主要关系到产品损坏风险和导致索赔事故，对产品要考虑的因素包括易损坏性、易腐性、易自燃性或自爆性、易被盗窃性、货运财产损害责任。承运人承担的责任较大时，可以索要的运输费用也就越高。而承运人则必须通过向保险公司投保来预防可能发生的索赔。托运人能够通过改善保护性包装，或通过减少产品灭失损坏的可能性来降低其风险，最终降低运输成本。

（7）市场。除了与产品有关的因素外，市场因素也对物流成本有重要影响。影响比较大的市场因素有：

①市场的位置；

②政府对承运人限制的现状和趋势；

③运输活动的季节性；

④同种运输方式间的竞争以及不同种运输方式间的竞争；

⑤运输通道流量和通道流量均衡等市场因素。

以上从托运人角度讨论了影响运输成本的主要因素，企业物流与运输管理人员必须了解这些因素的影响程度，掌握产品和装运的特点，尽可能把运输费用降到最低程度。

2. 运输成本结构

运输成本构成主要包括以下四个方面。

(1) 固定成本。固定成本指的是在短期内虽不发生变化，却又必须得到补偿的费用，包括不受装载量直接影响的费用。对运输企业来说，固定成本包括站点管理成本、运输工具成本以及信息系统服务成本等。

(2) 变动成本。变动成本指的是与每一次运送产品直接相关的运送费用，包括燃料费用、维修保养费用、劳动成本等。通常以一种可预计的、与某种层次的活动有关的形式变化。

(3) 联合成本。联合成本指的是决定提供某种特定的运输服务而产生的不可避免的费用。例如，空车返回费用。当承运人把产品从甲地运往乙地后，就产生了从地点乙至地点甲的回程运输的联合成本。这种联合成本要么由从地点甲至地点乙的运输补偿，要么找一位有回程产品的托运人以得到补偿。

(4) 公共成本。公共成本是指承运人代表所有的托运人或某个分市场的托运人支付的费用（如端点站、路桥费用或管理部门收取的费用），一般是按照装载量分摊给托运人。

(二) 影响运输经济性的主要因素

运输经济性是物流运输方式选择时考虑的重要内容，它是通过多种运输方式的有机结合，优化物流系统的运输方案，从而实现物流系统的高效率和低成本。

影响运输经济性的主要因素有以下七个方面。

1. 货物品种

在运输的货物种类方面，货物的形状、单件质量、单件容积、货物特性等都是影响运输经济性的因素。

2. 运输时间

运输时间在全部物流时间中，特别是在远程运输中占了绝大部分，所以，运输时间对整个物流时间有决定性的作用。它对加快运输工具的周转速度、发挥运力效能、提高运输线路通过能力、改善运输不经济性的状况都有重要的影响。运输时间的长短通常与交货期有关，应根据交货期来选择适当的运输方式，从而达到降低运输成本的目的。

3. 运输距离

运输过程中，运输距离的长短是影响运输经济性的一个基本因素，直接影响运输成本。通常中短距离运输比较适合于公路运输。

4. 运输批量

在运输批量方面，一次运输的批量不同，所选择的运输方式不同，运输成本也不同。通常对大批量货物的运输选择水路运输或铁路运输比较经济。

5. 运输成本

在全部物流成本中，运输成本占有很大比例。运输成本的高低是运输经济的一个重要标志，同时也是运输合理化措施是否有效的判断依据之一。应按照客户对物流系统要求的服务水平和允许的物流成本，选择某种运输方式或多式联运方式。在运输价格方面，应根据货物价格选择运输方式，实现较低的运输成本。

6. 运输环节

每增加一个运输环节都会增加运输的辅助作业，如装卸、包装等，各项技术经济指标也会因此发生变化。所以，减少运输环节对运输经济性有重要的作用。

7. 运输工具

各种运输工具都有其各自的优点。对运输工具进行优化选择，最大限度地发挥运输工具的特点和作用，是运输经济性的重要因素。

（三）实现运输经济性的有效措施

在进行运输的组织实施过程中，应该采取切实措施，实现运输经济性的目标。实现运输经济性可以采取以下有效措施。

1. 选择合适的运输方式

根据运距的长短进行铁路、公路运输的分流。公路运输的经济里程通常为200千米～500千米，而随着高速公路网的形成、高等级公路的发展、新型货车与特殊货车的出现，公路运输的经济里程有时能够达1000千米以上。此外，还能够充分利用公路运输灵活性的优势，从而实现铁路运输无法达到的服务水平。

2. 合整装载运输

合整装载运输指的是商业、供销等部门的杂货运输中，由同一个发货人将不同品种货物发往同一到站、同一个收货人的少量货物集配在一起，以整车运输的方式送至目的地；或者是将同一方向不同到站的少量货物集配在一起，以整车运输的方式送到适当的中转站，最后分运至目的地。采取这种方式，能够减少运输成本和节约劳动力。实际工作中，一般采用零担拼整直达、零担拼整接力直达或中转分运、整车分卸、整装零担等运作方式。

3. 发展直达运输

直达运输是指越过商业物资仓库环节或铁路、水路等交通中转环节，将货物直接从产地或起运地运到销地或目的地用户，从而减少中间环节的运输，节省运输时间和运输费用。

4. 直拨运输

在组织货物调运过程中，直拨运输是商业、物资批发等企业对当地生产或者是由外地到达的货物不运进批发站仓库，而是将货物直接分拨给基层批发商、零售商甚至用户，从而减少中间环节，且在运输时间与运输成本方面收到双重的经济效益。

5. 发展社会化的运输体系

运输社会化指的是发挥运输的大生产优势，实行专业分工，打破各家自成运输体系的状况，进而充分利用运输资源，避免出现各种不合理的运输形式，还可以实现运输组织效益和运输规模效益。在社会化运输体系中，可以采用各种联运体系和联运方式，以提高运输效率。

6. 分区产销、平衡合理运输

在物流系统的规划中，致力于使某一货物的供应区固定于一定的需求区。按照供需的分布和交通运输情况，在供需平衡的基础上，遵循近产近销的原则，使运输里程最少。这一做法加强了产、供、运、销等的计划性，消除了过远、迂回、对流等不合理运输，从而降低物流成本。

7. 提高运输工具实载率

实载率的含义有两个：一是车、船等在一定时期内实际完成的货物周转量占车、船载重吨位与行驶里程之乘积的比率。二是单车、单船等实际载重吨位与行驶里程之乘积和标定载重吨位与行驶里程之乘积的比率。它是在安排单车、单船等运输作业时，判断装载状况的一个重要指标。提高运输工具实载率能够充分利用运输工具的额定能力，减少空驶和不满载行驶的时间。

8. 提高技术装载量

要提高技术装载量，一是要最大限度地利用车、船载重吨位；二是要充分使用车、船装载容积。实际工作中可以采取的方法有：

(1) 实行解体运输，即将体大笨重且不易装卸又易致损的货物拆卸后分别包装，使其便于装卸和搬运，提高运输装载效率；

(2) 组织轻重配装，即将重货和轻泡货合理地配装在一起，这样既可充分利用装载容积，又能充分利用载重能力，提高运输工具的使用效率；

(3) 提高堆码技术，即根据运输工具的特点和货物的包装形状，采取有效堆码方法，提高运输工具的装载量。

9. 通过物流加工，使运输合理化

有些货物的本身由于形态和特征问题很难实现运输的合理化，若是进行适当加工，就能够有效地实现运输的合理化。

10. 有效地减少劳力投入、提高运输能力

运输的投入主要是能源和基础设施的建设，在运输基础设施建设已定型和完成的情况下，尽量减少能源投入，提高产出能力，降低运输成本。

(四) 企业外包运输与自营运输的选择

企业在分销商品时，通常需要选择自营运输还是外包运输。

自营运输便于控制，但是需要企业内部各部门之间的广泛合作和沟通。企业必须了解什么时候需要运输，货物缺失或损坏的代价，保险条款、危险货物的运输要求，并关注运输规章制度的环境。

企业自营运输的原因主要有：

(1) 订货提前期较短；

(2) 意外事件反应能力强；

(3) 服务可靠；

(4) 与客户关系良好。

企业自营运输的成本包括：

(1) 固定成本，包括车辆设备费用、车辆保险费用、办证费用等。

(2) 运营者成本，也就是与司机有关的成本，包括工资、保险费用、与健康有关的成本、路途中的膳食费用等。

(3) 车辆运营成本，包括燃料费用、维护费用等。

外包运输减轻了企业的运输压力，能够使企业集中精力于新产品的开发和产品的生产等主营业务。但是，外包运输需要处理与企业外部的承运人之间的关系，增加了交易成本，也增加了对运输控制的难度。

选择外包运输还是自营运输不仅是一个运输决策，更是一个财务决策。外包运输及自营运输的决策在财务方面的考虑可分以下两步进行。

(1) 比较企业自营运输与外包运输的成本。

(2) 制订实施计划和系统控制程序。

在做决策时，企业可以用成本—效益分析法。倘若企业决定采用自营运输，就要制订实施计划和系统控制程序。实施时，应总体分析企业的结构以及自有车队运作时各部门职责。自有车队的控制应该关注对其运输性能的评价。如果企业在产品定价时采用基于总成本的方法，就更有必要详细分析运输成本和服务质量之间的平衡。而做好运输管理工作是保证高质量物流服务的关键一步。

第三节　库存经济

一、库存概述

(一) 库存概念

库存指的是处于储存状态的、目前闲置的、用于未来的、有经济价值的物资。库存具有整合需求和供给、维持各项活动顺畅进行的功能。人们设置库存的目的通常有两个：一是防止短缺；二是保持生产过程连续性，分摊订货费用，快速满足客户订货需求。

库存水平越高，企业保障供应的水平也越高，生产和销售的连续性也就越强；而库存也是影响物流总成本的重要方面，库存越多成本越高。在企业生产中，虽然库存是出于种种经济考虑而存在，却是一种无奈的结果，是因为人们无法预测未来的需求变化，不得已采用的应付外界变化的手段，同时也是由于人们无法使所有的工作都做得尽善尽美，才会产生一些人们并不想要的冗余与囤积。

(二) 库存的二重性

库存具有二重性。一方面，库存是人们生产生活的保证；另一方面，库存又是生产生活的负担。

1. 库存的作用

具体来说，库存的作用主要体现在以下几个方面。

(1) 维持生产的稳定。由于采购物资需要一定的提前期，这个提前期是根据统计数据或是在供应商生产稳定的基础上制订的，但是，存在一定的风险，即有可能会拖后而延迟交货，从而影响企业的正常生产，导致生产的不稳定。为了降低这种风险，企业就会增加原材料或零部件的库存量。

（2）维持销售商品的稳定。由于物资价格、数量和市场政策的变化等原因，供求在时间和空间上出现不平衡。为了稳定生产、应付市场的销售变化，企业必须准备一定数量的库存以避免市场震荡。此外，由于客户订货后要求收到物资的时间比企业从采购物资、生产加工到运送产品至客户的时间要短，因此，为了弥补时间差也必须预先设定一定数量的库存。

（3）预防风险。库存管理可以有效地预防如运输延误、零售商缺货、自然灾害等意外事件的发生。

（4）平衡商品的供求。季节性的供给和需求使企业必须持有一定量的库存，要求企业能够有充足的货源来迅速满足市场的需要。此外，客户对于某些商品的需求在一定时期内可能比较平稳，但其相应的原材料供给和需求变化则较大，这就要求企业能保留适当的原材料库存以保持生产的连续性，避开不利的价格变动。

（5）预防需求和订货周期的不确定性。市场需求情况的瞬息万变以及订货周期的不确定性，往往使库存不足，导致缺货损失，此时，库存就显得相当重要。存储生产所需要的原材料不但可以保持正常生产的连续性，还能够在未来原材料价格上涨或原材料短缺时赚取额外的利润。

（6）在供应链关键领域起到缓冲、调节的作用。库存对于整个供应链的某些关键环节起到缓冲、调节的作用，它能够缓和由于物资供应的延迟、短缺而造成对生产连续性的冲击，还能够作为配送环节的中介，调节生产过程中由于原材料、半成品的不足而可能导致的比例失调。

2. 库存的弊端

库存同样存在着弊端，主要表现在以下三个方面。

（1）占用企业大量资金。库存一般情况下占企业总资产比重的20%～40%，库存管理不当，会形成大量资金的沉淀。

（2）增加了企业的商品成本与管理成本。库存材料的成本增加直接增加了商品成本，而相关库存设备、管理人员的增加也加大了企业的管理成本。

（3）掩盖了许多管理上的问题。例如计划不周、采购不力、生产不均衡、商品质量不稳定及市场销售不力、工人不熟练等情况。

二、确定性条件下的库存经济分析

（一）影响库存经济的因素

解决库存控制的关键问题，进行最优库存决策时，首先应设法对产品的需求状况进行分析。产品的需求状况可分为以下三种。

（1）固定或确知的情况：未来的需求为已知。

（2）不确定的情况：对于未来的需求情况全然不知。

（3）具有风险的情况：对于未来的需求只知其发生概况。

产品的需求状况与流通业和经济是否景气有着密切的关系，且许多产品周期也容易受到流行趋势的影响。所以，在需求量不易确定的情况下，许多企业长期购进过多的存货而发生滞销，导致配送中心效益不佳。对于这种情况应由正确的需求预测来控制，再凭经验加以修正。

在由需求预测确定需求状况后，首先，可以根据需求状况考虑订购性质（订购时机、购置时间）及仓库空间容量、供应商问题、财务状况等限制因素，从而做出存货决策；其次，依存货决策制定一套存货的管理标准，按照这一标准来对实际库存进行控制管理；最后，由控制结果来修正原先的存货决策。

（二）确定性条件下的库存经济分析

确定性库存模型指的是单位时间的需求量是一个确定的值，且在相当长的一段时间内是不变的；另外，备货期也是确定的值。经济订货批量（EOQ）法是制定确定性库存模型的订货策略的基本方法。EOQ 理论用于确定性库存模型时，不仅可以确定订货批量，还可以确定订货周期，既解决了什么时候订货的问题，又解决了订多少的问题。

确定性条件下的库存指的是当一个时期内的产品需求量确定之后，相应的库存成本就基本上确定了。若暂时不考虑缺货成本，则：

库存成本＝产品成本＋存储成本＋订货成本

下面讨论确定性条件下的经济订货批量问题。

为了便于描述和分析，对经济订货批量模型做如下假设：

(1) 需求量已知并且稳定不变，库存量随着时间均匀连续地下降；

(2) 对产品的任何需求都将及时得到满足，不存在缺货方面的问题；

(3) 库存补充的过程可以在瞬间完成，即不存在一边进货一边消耗的问题；

(4) 产品的单位价格为常数，不存在批量优惠；

(5) 库存费率以平均库存为基础进行计算；

(6) 每次的订货成本及订货提前期均为常数。

根据经济订货批量的假设条件，基本的 EOQ 公式是从总成本公式推导出来的经济订货批量，总成本（TC）由订货成本和存储成本构成，即：

总成本＝订货成本＋存储成本

可表示为：

$$TC = DS/Q + QIV/2 \tag{4-1}$$

式中：TC ——总成本；

Q ——单次订货批量；

D ——年物资需求量；

V ——单位产品的存储价值；

I ——库存费率（%）；

S ——一次订货的成本。

如图 4-3 所示，订货周期（即储存周期）为 T，补充时库存物资已经全部用完。

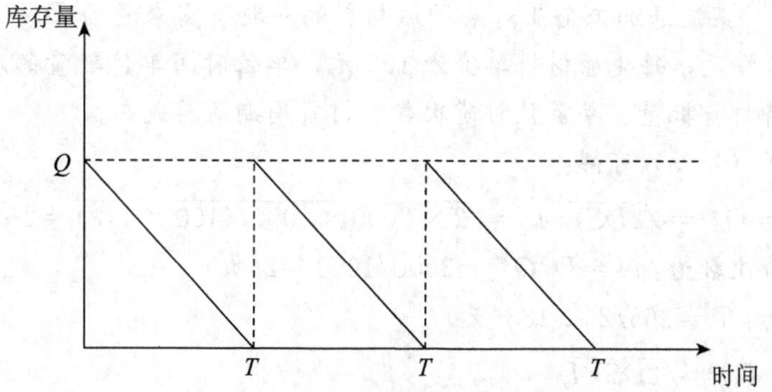

图 4-3　库存动态图

一年内的订货次数为 D/Q，因此订货成本为 DS/Q。平均库存水平为 $Q/2$，因此一年的存储成本为 $QIV/2$，从而一年内的总成本为：

$$TC=(D/Q)S+(Q/2)VI \tag{4-2}$$

对式（4-2）求导，可得经济订货批量 EOQ，即：

$$EOQ=Q^*=\sqrt{\frac{2DS}{VI}} \tag{4-3}$$

上述公式中，TC 是 Q 的函数，TC 最小时的 Q^* 的值就是最佳的经济订货批量 EOQ。

对式（4-3）还可以进一步展开和做各种换算。

年最佳订货次数：

$$N=D/Q^*$$

订货周期：

$$T=365/N$$

总成本：

$$TC=\sqrt{2DSVI}$$

总成本与订货成本、存储成本以及经济订货批量的关系如图 4-4 所示，图中总成本的最低点就是对应的 EOQ。

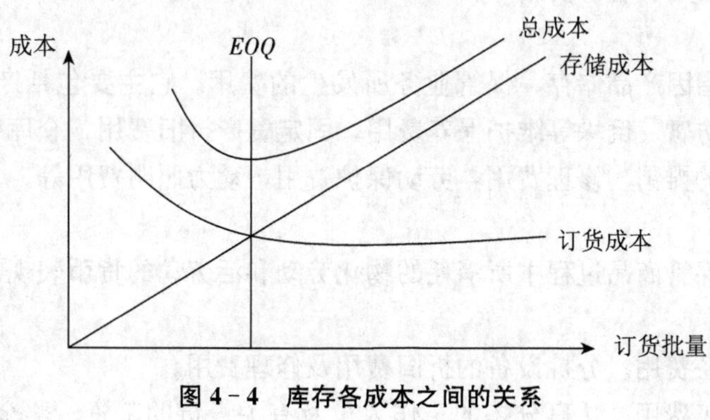

图 4-4　库存各成本之间的关系

【例 4－1】　某流通加工企业对某种原材料的年物资需求量为 $D=2000$ 吨，每次的订货成本 $S=1000$ 元，每吨原材料单价为 100 元，单位时间单位数量的库存费率为 4%。求所需要的经济订货批量、年最佳订货次数、订货周期及总成本。

解：根据式（4－3）可得：

$$EOQ=Q^*=\sqrt{2DS/VI}=\sqrt{2\times2000\times1000/(100\times4\%)}=1000(\text{吨})$$

年最佳订货次数为：$N=D/Q^*=2000/1000=2(\text{次})$

订货周期为：$T=365/2\approx183(\text{天})$

总成本为：$TC=\sqrt{2DSVI}$

$$=\sqrt{2\times2000\times1000\times100\times4\%}$$

$$=4000(\text{元})$$

第四节　配送经济

一、配送成本分析

（一）配送成本的构成

配送是一种先进的物流方式，它与市场经济相适应，是物流企业根据客户订单或配送协议进行配货，通过科学统筹规划，在客户指定的时间，将产品送达指定地点的一种供应方式。配送是集货、分拣、包装、组装、加工及配载等一系列活动的集合。通过配送，物流活动才能最终实现。但是，完成配送活动是需要付出代价的，即配送成本。它是配送过程中所付的费用总和。

根据配送流程及配送环节，配送成本实际上是由进出库费用、仓储费用、服务费用、分拣费用、流通加工费用、配送运输费用等构成的。

1. 进出库费用

进出库费用是指产品进出库过程中所发生的费用。它主要包括进出库过程中装卸搬运和验收等所开支的工人工资、劳动保护费用等，固定资产折旧费用，以及照明费用、材料费用、燃料费用、管理费用等。

2. 仓储费用

仓储费用专指因产品储存、保管业务所发生的费用。它主要包括产品在保管、保养过程中的毡垫、防腐、倒垛等维护保养费用，固定资产折旧费用，仓库管理人员的工资，以及低值易耗品的摊销、修理费用，劳动保护费用，动力照明费用等。

3. 服务费用

配送中心在保管商品过程中所消耗的物化劳动和活劳动的货币表现。

4. 分拣费用

（1）分拣设备费用。分拣设备的折旧费用及修理费用。

（2）分拣人工费用。从事分拣的工作人员及有关人员的工资、奖金、补贴等费用的总和。

（3）配装费用。

①配装材料费用。常见的配装材料有木材、纸、自然纤维和合成纤维、塑料等。这些包装材料功能不同，成本相差很大。

②配装辅助费用。除上述费用外，还有一些辅助费用，如包装标记、标志的印刷费用，拴挂物费用等支出。

③配装人工费用。从事包装工作的工人及有关人员的工资、资金、补贴等费用总和，即配装人工费用。

5. 流通加工费用

为了提高配送效率，便于销售，在物资进入配送中心后，必须按照客户的要求进行一定的加工活动，这便是流通加工。由此而支付的费用称为流通加工费用。

（1）流通加工材料费用。在流通加工过程中，投入加工过程中的一些材料消耗所需要的费用，即流通加工材料费用。

（2）流通加工劳务费用。流通加工劳务费用是在流通加工过程中从事加工活动的管理人员、工人及有关人员的工资、奖金等费用的总和。流通加工劳务费用的大小与加工的机械化程度和加工形式存在着密切关系。通常，加工机械化程度越高，则劳务费用越低，反之，则劳务费用越高。

（3）流通加工设备费用。流通加工设备因流通加工的形式不同而不同。比如剪板加工需要剪板机，木材加工需要电锯等。购置这些设备所支出的费用，以流通加工费用的形式转移到被加工的产品成本中去。

（4）流通加工其他费用。除上述费用外，在流通加工中耗用的电力、燃料、油料等费用，也应加到流通加工费用中去。

6. 配送运输费用

（1）车辆费用。车辆费用指从事配送运输生产而发生的各项费用。它具体包括驾驶员及助手等工资及福利费用，燃料、轮胎费用，修理费用，折旧费用，养路费用，车船使用费用等。

（2）营运间接费用。营运间接费用指营运过程中发生的不能直接计人各成本计算对象的站、队经费。它包括站、队人员工资及福利费用，办公费用，水电费用，折旧费用等，但不包括管理费用。

在实际应用中，应该根据配送的具体流程进行成本核算，不同的配送模式，其成本构成差异较大。相同的配送模式下，由于配送产品的性质不同，其成本构成差异也很大。

（二）配送成本控制的原则

1. 节约的原则

节约就是指对人力、物力和财力的节省。它不仅是提高经济效益的核心，同时也是控制配送成本的一项基本原则。在这一原则的指导下，我们对成本控制应树立新的观念：成本控制绝非消极的限制和监督，而是积极的指导和干预。为了更好地贯彻节约原则，成本控制的重点必须向事前控制转移，做好经济预测，充分挖掘仓储与配送企业内部的节约潜力，力求在双增双节方面狠下功夫，以把损失和浪费消灭在事前，从而做到“防患于未然”。

2. 全面性的原则

在成本控制中实行全面性原则，一般包括以下含义。

(1) 全过程的成本控制。我们应充分发挥物流的整合作用，对涉及配送及其他环节加强成本控制。也就是说，成本控制的范围应包括成本形成的全过程。只有当产品的整个生命周期的成本都得到有效控制，才会使成本显著降低。并且从整个社会的角度看，只有这样才是真正的节约之本。

(2) 全员的成本控制。成本是一个涉及企业的所有部门和全体职工工作实绩的综合性指标。若要降低成本、提高效益，就必须充分调动每个部门和每位职工关心成本、控制成本的主动性和积极性。但是，发动群众参加成本控制，并非取消或削弱控制成本的专职机构和专业人员，而恰恰是在加强专业成本管理的基础上，按照定额、标准或预算进行成本控制。只有这样，才能从各方面堵塞漏洞，杜绝浪费。

(3) 按目标管理的原则。目标管理指的是企业管理层以规定的目标作为管理企业资源和各项重要经济指标的基础。而目标管理的一项重要内容就是成本控制，它必须以目标成本为依据，作为对企业经济活动进行限制和指导的准绳，努力做到以最小的成本开支，取得最佳的经济效益和社会效益。

由于目标成本是作为企业奋斗目标所要努力实现的成本，所以，制定目标成本不仅要根据本企业的具体情况（如技术水平、业务能力、设备条件、历史资料等），还要考虑到企业的外部条件（如市场供需情况、国家的财政政策、国内外同行业同类部门的成本信息等），最后采用成本控制的专门方法与策略，制订出最佳的目标成本。

(4) 按例外管理的原则。“例外管理”是西方国家在企业经营管理中，进行日常控制所采用的一种专门方法。尤其是在对成本指标的日常控制方面应用得更多。

由于每个物流企业日常出现的成本差异常常是千头万绪，管不胜管。管理人员为了提高成本控制的工作效率，不应把时间和精力分散在全部成本差异上，而应该是重点突出，把注意力放在那些不正常的、不符合常规的关键性差异上，即所说的“例外”。对它们进行追根求源，查明发生的原因，及时反馈给有关成本责任中心，从而迅速采取有效措施把这些关键差异很好地管理起来，其他的则放弃不问。通常确定“例外”有下列四条标准。

①特殊性。只要是对配送中心的长期获利能力有重要影响的成本项目，就算差异没有达到重要性的程度，也应受到管理人员的密切注意，甚至凡存在差异均应视为“例外”，进而追查原因，迅速采取补救措施。

②重要性。根据差异金额的大小来决定。通常只有在金额上具有重要意义的差异，才会获得管理人员的重视。

③一贯性。倘若某项差异从未超过规定的百分率或最低金额，却持续很长一段时间在这限度附近徘徊，则应视为“例外”，应当引起管理人员的充分注意。一方面由于这种“例外”可能反映原来的预算或标准已经过时失效，需要及时加以调整；另一方面也可能由于成本控制不严而产生，必须迅速纠正。

④可控性。凡属管理人员无法控制的成本项目，即便发生重要差异，也不能视为“例外”。例如，由于国家税率或公共仓库收费标准等的变化而产生金额较大的差异，管

理人员就不需要采取任何追查行动。

(5) 责、权、利相结合的原则。要使成本控制发挥效益，就必须严格按照经济责任的要求，贯彻责、权、利相结合的原则。在经济责任制中，控制成本是每个成本责任中心应尽的职责，同时也是一种权力。倘若责任单位没有这种权力，就无法对成本进行控制。另外，为了充分调动各个成本责任中心在成本控制方面的主动性与积极性，还应当定期对其实绩进行评价与考核，且同职工本身的经济利益紧密挂钩，做到奖惩分明。

(三) 控制配送成本的措施

1. 实施目标成本管理

配送的总目标是要以更高的质量与最低的成本向客户实施配送。要想实现这个目标，必须以总目标“经济效益”为基准。降低企业的运输成本和库存成本，往往是以牺牲对客户的服务水平和增加供应商的库存成本、运输成本为代价的。这样就可能出现配送成本在减少，商品周转率、资金的周转率在加快，但是，供应商对所提供的商品的价格在上升，同时来自客户的埋怨越来越多，客户的需求量似乎在萎缩，甚至配送中心经营也要面临困境。

所以配送中心在运营中，应当在成本与服务之间做出权衡，结合自身的能力对先进的技术加以引进，并在设计目标时，利用有利资源使目标成本和服务达到最佳均衡。

2. 优化配送作业

优化配送作业的手段主要有实行标准化配送、差异化配送、延迟配送、混合配送以及共同配送等作业。

(1) 标准化配送作业就是尽量减少因品种多变而导致附加配送成本，尽可能多地配送标准零部件、模块化产品。

(2) 差异化配送作业是根据产品的特点、销售水平，设置不同的配送作业，即设置不同的库存、不同的配送方式以及不同的储存地点。若是采用同样的配送作业则会增加不必要的配送成本。

(3) 延迟配送指的是对产品的外观、形状及其生产、组装、配送尽可能推迟到接到客户订单后再确定。在过去的配送作业安排中，多数的库存是根据对未来市场需求的预测量设置的，这样就存在着预测风险，一旦预测量与实际量不符，就会出现库存过多或过少的情况，从而增加了配送成本，采用延迟配送就能很好地解决这一问题。

(4) 混合配送作业指的是配送业务一部分由企业自身完成，一部分外包给第三方。即采用混合策略作业，合理安排企业自身完成的配送作业和外包给第三方完成的配送作业，以使配送成本最低。

(5) 共同配送，即集中协作配送，指的是企业联合，集小量为大量，共同利用统一配送设施配送的方式。它不但可减少企业的配送费用，使配送能力得到互补，同时有利于缓和城市交通拥挤，提高配送车辆的利用率。

3. 搭建通畅的信息平台

物流成本管理的主要手段是借助信息渠道、导入自动化仪器、构筑信息系统等，致力于配送中心内作业的机械化、简化订货和发货作业、节省人力资源，以降低物流成本，缩短商品的在途时间，从而提高企业经营业绩。建立通畅的信息系统与降低物流成本之间的关系可以从场所管理的信息构筑来说明。

配送中心内场所管理有两种形态。一种是固定型的场所管理，即利用信息系统事先对货架进行分类、编号、贴代码，对各货架内所要存放的产品事先加以确定。由于只要第一次将货架编号以及产品代码输入计算机，就能方便掌握产品出入库动态，省去了不断地统计在库产品的烦琐工作。此外，在产品发货后，利用信息系统也能够方便了解账目以及实际产品的剩余量，及时补充。所以，在这一管理方式下，各货架内装载的产品长期是一致的，因而从事产品备货作业较为容易，且信息系统的建立也较为方便。另一种是流动型的场所管理，也就是将所有产品按顺序排放在空货架内，事先不确定各类产品专用的货架。这一管理方式由于各货架内装载的产品是不断变化的，在产品变更登录时出差错的可能性较高。

上述两种类型的管理方式各有一定的适用范围。固定型的场所管理一般适用于非季节性产品，而季节性产品或流行性变化剧烈的产品，因周转较快，出入库频繁，更适用于流动型的场所管理。但是，它们都通过信息传输对成本进行有效的控制。

另外，通过提高配送作业效率来降低成本，提高仓储与配送作业的经济效益也是对配送作业进行控制的策略之一。配送作业效率可以具体细化为保管、装卸作业效率，分拣作业效率，备货作业效率，发货时产品检验效率等。

二、配送经济分析

在研究配送问题时，应从系统化的角度来思考其经济性，所以，我们在探讨这个问题时从配送的设施——配送中心选址开始，到具体的业务环节逐一研究。

（一）配送中心的相关经济分析

1. 配送中心自建与外包的经济性分析

企业是选择自建配送中心还是外包配送业务，必须对其经济性进行详细分析。

无论是自建配送中心、租赁公共配送中心还是合同制配送中心都各有优势，企业决策的依据是在满足企业战略需求和服务水平的同时使物流成本最低。

自建配送中心的固定成本相对较高，且与其使用程度无关，故必须有大量存货来分摊这些成本，才能使自建配送中心的平均成本低于公共配送中心的平均成本。所以，若存货周转量较高，则自建配送中心更经济。反之，若周转量相对较低，选择公共配送中心更好。

自建配送中心的一个关键原因是需求的稳定性。许多制造企业拥有多条产品线，自建配送中心能够使配送中心稳定地周转。市场密度较大或供应商相对集中的条件下，有利于修建自有配送中心。其原因是零担运输费率相对较高，通过自建配送中心拼箱后，整车装载的运费率将大幅降低。

租赁公共配送中心和合同制配送中心的成本只为可变成本。因为公共配送中心通常按所占空间来收费，故成本与总周转量成正比，其成本函数是线性的。而在自建配送中心的成本构成中包含固定成本。因公共配送中心具有营利性质，所以，自建配送中心可变成本的增长速率一般低于公共配送中心成本的增长速率。当周转量上升到一定的规模时，两条成本线相交，此时成本相等。说明在周转量较低时，公共配送中心为最佳选择。而随着周转量的增加，因能够把固定成本均摊到大量存货中，所以，使用自建配送中心更经济。

2. 配送中心选址的经济性分析

配送中心的位置将影响实际营运的效率与成本及日后仓储规模的扩充与发展。所以，企业在决定配送中心设置方案时，必须谨慎参考相关因素。

(1) 选址的决策。选址包括地理区域的选择和具体地址的选择两个方面。

配送中心选址首先要考虑合适的区域，此外，还必须配合配送中心产品特性、服务范围及企业运营策略而定。

在确定了配送中心的地理区域后，就需要选择具体的地点，若是制造商型的配送中心，应以接近上游生产厂家或进口港为宜；若是日常消费品的配送，应当接近居民生活社区。通常应以进货与出货产品类型特征及交通运输的复杂度，来制定接近上游点或下游点的选址策略。

(2) 选址的主要因素的经济分析。配送中心选址时应该考虑的因素主要有：供应商的分布、客户的分布、土地条件、人力资源条件、政策环境等。

①供应商的分布。配送中心选址应考虑供应商的分布地区，交通不便将直接影响车辆配送的进行。所以，必须考虑对外交通的运输通路，以及未来交通与邻近地区的发展状况等因素。宜紧靠重要的运输路线以便运输作业进行，进而充分降低成本。

②客户的分布。配送中心选址时必须着重考虑所服务的客户。对于零售商型的配送中心来说，其主要客户是零售店和超市，这些客户分布在人口密集的地方或大城市，为了降低配送成本及提高服务水平，配送中心多建在城市边缘接近客户的地区。

③土地条件。配送中心选址时尽量选在物流园区或经济开发区，同时需考虑土地大小与地价，在考虑现有地价及未来增值状况下，配合未来可能扩充的需求程度，决定最合适的面积大小。

④人力资源条件。在仓储配送作业中，最主要的资源需求为人力资源，因此，在考虑人力资源的技术水平时，必须考虑工资水平。

⑤政策环境。政策环境包括优惠措施（土地提供、减税）等，这有助于降低企业的营运成本。

（二）配送环节的经济分析

1. 不合理配送的表现形式

配送决策的优劣很难用一个绝对的标准来判断，因此，不能简单处之。例如，企业效益可以说是配送合理化与否的重要衡量标志。但是，在决策时常常需要考虑每一个因素，有时甚至要做赔本买卖。所以，配送决策是全面、综合的决策。在决策时要尽量避免由于不合理配送所造成的损失，但有时某些不合理现象是伴随着产生的，要追求整体大的合理，就可能派生小的局部的不合理。所以，这里只论述不合理配送的表现形式，但要防止绝对化。

(1) 经营观念不合理。在配送的实施中，有许多是经营观念不合理，使配送优势无从发挥。这是在开展配送时尤其需要注意克服的不合理现象。例如，配送企业利用配送手段，在库存量过大时，强迫客户接货，以缓解自己库存压力；在资金紧张时，长期占用客户资金；在资源紧张时，将客户委托的资源挪作他用以获暴利等。

（2）资源筹措不合理。配送是通过筹措资源的规模效益来降低资源筹措成本，使资源筹措成本低于客户自己筹措资源成本，从而取得成本优势。如果不是集中多个客户需求进行批量筹措资源，而是仅仅为某一两个客户代筹、代办，对客户来讲，不仅不能降低资源筹措费用，相反却要多支付一笔配送企业的代筹、代办费用，因而是不合理的。资源筹措不合理还有其他表现形式，如配送量计划不准，资源筹措过多或过少；在资源筹措时不考虑建立与资源供应者之间长期稳定的供需关系等。

（3）库存决策不合理。应充分利用集中库存总量低于各客户分散库存总量这一原则，从而大大节约社会财富，同时降低客户实际平均分摊库存负担。因此，配送企业必须依靠科学管理来实现一个低总量的库存，否则就会出现仅仅是库存转移而未解决库存问题。配送企业库存决策不合理还表现在储存量不足，不能保证随机需求，失去了应有的市场等。

（4）配送与直达的决策不合理。通常配送是增加的环节。但是，这个环节的增加，可降低客户平均库存水平，不但以此抵消了增加环节的支出，而且能取得剩余效益。而如果客户需求批量大，可以直接通过社会物流配送系统均衡批量进货，较之通过配送中转送货可能更节约成本。所以，在这种情况下，不直接进货而通过配送，就属于不合理范畴。

（5）价格不合理。一般来说，配送的价格应低于不实行配送、客户自己进货时产品的购买价格加上自己提货、运输、进货的成本总和，这样才会使客户有利可图。有时候，由于较高服务水平的配送作业，其价格也较高，客户也是可以接受的，但这不能是普遍的原则。如果配送价格普遍高于客户自己进货价格，损伤了客户利益，就是一种不合理表现。另外，价格制定过低，使配送企业处于无利或亏损状态下运行，会损伤销售者，也是不合理的。

（6）配送中不合理运输。配送与客户自提比较，尤其对于多个小客户来讲，可以集中配装一车送几家，这比一家一户自提，可大大节省运力和运输费用。如果不能利用这一优势，仍然是一户一送，而车辆达不到满载（时配送过多、过频时，会出现这种情况），就属于不合理配送。此外，不合理运输的若干表现形式，如对流运输、迂回运输、过远运输、重复运输、无效运输等，在配送中都可能出现，会使配送变得不合理。

2. 配送合理化的措施

（1）推行一定综合程度的专业化配送。通过采用专业设备、设施及操作程序，取得较好的配送效果并降低配送过分综合化的复杂程度及难度，从而追求配送合理化。

（2）推行共同配送。通过共同配送，可以以最近的路程、最低的配送成本完成配送，从而追求配送合理化。

（3）加工配送。通过加工和配送相结合，充分利用本来应有的这次中转，而不增加新的中转以求得配送合理化。同时，加工借助配送，加工目的更明确，和用户的联系更紧密，更避免了盲目性。这两者有机结合，投入不增加太多却可增加配送的优势和效益。

（4）实行送取结合。配送企业与客户建立稳定、密切的协作关系。配送企业不仅成了客户的供应代理人，而且承担客户储存据点，甚至成为产品代销人。在配送时，将客户所需的物资送到，再将该客户生产的产品用同一配送车辆运回，这种产品也成了配送中心的配送产品之一，或者作为代存、代储产品，免去了生产企业库存包袱。这种送取结合，使运力充分利用，也使配送企业功能有更大的发挥，从而追求配送合理化。

(5) 推行即时配送。即时配送是最终解决客户企业担心的断供问题，极大提高供应保证能力的重要手段。即时配送也是配送企业快速反应能力的具体化，是配送企业能力的体现。即时配送成本较高，但却是配送合理化的重要保证手段。此外，客户实行零库存，即时配送也是重要保证手段。

(6) 推行准时配送系统。准时配送是配送合理化的重要内容。配送做到了准时，客户才有资源把握，才可以放心地实施低库存甚至零库存，有效地安排接货的人力、物力，以追求最高效率的工作。另外，保证供应能力，也取决于准时配送，从国外的经验看，准时配送系统是现在许多配送企业追求配送合理化的重要手段。

第五节 装卸搬运、流通加工与包装经济

一、装卸搬运经济

装卸搬运涉及物流的各个环节，具有联系物流各子系统的功能，是物流得以顺利进行的保证，故对其进行相关的经济分析，对降低物流成本、提高物流效率具有相当重要的意义。

(一) 机械选择要与物流作业量相吻合

实现较好经济效果，是实施装卸搬运最基本的要求。由于生产发展水平的制约及物流作业量的需要，我们在对装卸搬运机械进行选择时，应使机械的作业能力与物流作业量之间达到良好的配合状态。即当机械的作业能力达不到或超过这一状态点都可能形成不良后果。如果机械作业能力达不到现场作业要求时，物流受阻；如果超过现场作业要求时，机械作业能力得不到充分发挥，也可能造成较大的损失。

影响物流作业量的因素有很多，通常有以下三个方面。

1. 吞吐量

不管是在码头、车站、仓库等各种物流作业现场，吞吐量都是装卸作业量核定的最基本的因素。

2. 堆码、搬倒的作业量

在装卸搬运过程中，物资都是经过一次装卸作业就能完成入港、离港、出库、入库、入站、出站等作业的。因为发运变化、保管的需要、货场的调整等因素，故必须对物资进行必要的搬倒、堆码作业。而堆码、搬倒的次数越多，装卸作业量越大，反之，则越少。

3. 装卸搬运作业的高峰期

因为装卸搬运作业受到物资活动不均衡的影响，导致作业机械在使用上可能发生忙闲不均的情况。为了应对装卸搬运作业现场可能出现的高峰期，企业在作业机械方面要有必要、充分的准备。

(二) 装卸搬运作业发生的主要费用

1. 设备投资额

平均每年单位装卸搬运作业量机械设备投资额指的是平均每年装卸搬运机械设备投资总额与相应的每台装卸搬运机械设备在一年内完成装卸搬运作业量之比。

$$C_{设}=C_{投}/365G(元/吨)$$

式中：$C_{设}$——平均每年单位装卸搬运作业量机械设备投资额；

$C_{投}$——平均每年装卸搬运机械设备投资总额；

G——装卸搬运机械设备平均每日装卸搬运作业量。

平均每年装卸搬运机械设备投资总额，包括装卸搬运机械设备的购置费用、安装费用以及有关的附属设备费用。即：

$$C_{投}=(C_{机}+C_{装})K_{折}+C_{附}K_{折}$$

式中：$C_{机}$——装卸搬运机械设备的购置费用；

$C_{装}$——装卸搬运机械设备的安装费用；

$K_{折}$——各项设备的基本折旧率；

$C_{附}$——附属设备费用，包括车库、充电设备、电网、起重运行轨道等费用。

2. 装卸搬运机械设备的运营费用

装卸搬运每吨货物的运营费用指的是在某一种装卸搬运机械设备的作业现场，一年内装卸搬运机械设备运营投资总费用和装卸搬运机械设备年作业量之比。

$$C_{运}=C/G_{年}(元/吨)$$

式中：$C_{运}$——装卸搬运每吨货物的运营费用；

$G_{年}$——装卸搬运机械设备年作业量；

C——一年内装卸搬运机械设备运营投资总费用，包括设备维修、动力消耗、劳动工资、照明等费用。

3. 装卸搬运作业成本

装卸搬运作业成本指的是某一物流作业现场，装卸搬运机械设备装卸一吨货物所支出的费用，即每年平均设备投资支出和运营费用的总和与每年装卸搬运作业现场完成的装卸搬运总吨数之比：

$$C_{本}=(C_{支}+C_{运})/G_{年}$$

式中：$C_{本}$——装卸搬运机械设备装卸一吨货物所支出的费用；

$C_{支}$——每年平均设备投资支出；

$C_{运}$——每年运营费用；

$G_{年}$——装卸搬运机械设备每年完成的总吨数。

二、流通加工经济

流通加工是一种低投入高产出的加工方式，通过这种简单的加工解决了大问题。有的流通加工可使产品利用率提高 20%～50%，而有的流通加工通过改变装潢能够使商品档次跃升而充分实现其价值。因此，它在物流活动中是必不可少的环节，属于增值服务范围。对流通加工的经济性进行分析，对提高物流活动的经济性具有重要的意义。

（一）流通加工的经济效益

流通加工的经济效益可以认为是流通加工的劳动投入与效益产出的对比关系。在具体的加工部门可表现为流通加工的数量和实现的价值与劳动消耗和劳动占用的对比关系。

1. 流通加工的直接经济效益

（1）可以提高原材料的利用率。流通加工通过集中下料能优材优用、小材大用、合理套裁，能够明显提高原材料利用率。例如，玻璃的集中下料，可减少边角余料，从而达到加工效率高，加工费用低的目的。

（2）可以提高设备的利用率。加工设备在分散的情况下，因生产周期和生产节奏的限制，设备利用松紧不定，表现为加工过程的不均衡，致使设备的加工能力不能得到有效发挥。在流通加工领域，流通加工面向全社会，加工对象的范围、加工的数量都得到大幅度的提高，加工设备更有利于发挥它们潜力，因而设备利用率得到充分提高。

（3）可以提高劳动生产率。流通加工是集中加工，其劳动生产率比分散加工情况下的劳动生产率要高很多。

2. 流通加工的间接经济效益

（1）流通加工可以在加工活动中更为集中、有效地使用人力、物力，比生产加工更能提高经济效益。

（2）流通加工为流通加工企业增加了收益，体现了物流“第三利润源泉”的作用。为了获得更多的利润，流通加工是一项创造价值的理想选择。对流通加工企业来说，采用相对简单、投入相对较少的流通加工，能够获得较为理想的经济效益；对全社会来说，流通加工企业获利的同时，社会效益也会提高。

（3）流通加工能为许多生产者缩短生产时间，使他们可以腾出更多时间来进行创造性的生产，为社会提供更多的物质财富。

（4）流通加工部门可以用表现为一定数量的货币的加工设备为更多生产和消费部门服务。这样可以相对减少全社会的加工费用支出。

（5）流通加工能对生产的分工和专业化起中介作用。它可以使生产部门按更大的规模进行生产，有助于生产部门劳动生产率的提高。

（二）流通加工的经济效益分析

以剪板加工和商品混凝土流通加工为例分析流通加工的经济效益。

1. 剪板加工

剪板加工是把成卷的和大规格的钢板，加工成半成品，从而为加工企业降低了商品的销售起点，扩大了销售数量，增加了企业的收益。由于剪板加工精度高，可大大减少边角余料和废品，同时也可减少再加工的切削量。钢材集中加工的材料利用率通常比分散加工的材料利用率高出 20%。

与企业通常使用的气割方法相比，剪板加工的切割方式除了在材料利用率上具有优势，对加工后的产品质量也具有高度的保证。

2. 商品混凝土流通加工

由于直接采用混凝土加工的形式，在技术经济效果上优于直接供应工地并现场制作混凝土的方法，所以被许多工业发达国家广泛采用。商品混凝土的流通加工形态，能够大大减少水泥流通过程中破袋、遗撒、飞散等损失。

对于商品混凝土的集中搅拌，能够采取准确的计量手段并选择最佳的工艺，且综合考虑外加剂及混合材料搅拌制不同的混凝土，能够在提高混凝土质量的同时，节省水泥，提高生产率。

与分散加工相比，在相同生产能力下采用商品混凝土流通加工，集中搅拌在设备投资、人力和电力消耗等方面，都可以得到大幅度降低。同时，因为集中搅拌的设备固定不动，能够避免由于经常拆建所造成的设备损坏，而延长设备的使用寿命。

采用商品混凝土流通加工，能够使水泥物流更加合理。其原因是集中搅拌站与水泥厂之间可以形成固定的供应渠道，这样流通路线的数目大大少于分散使用水泥的路线数目。

在相应减少供应路线中，水泥较容易采用高效率、大批量输送形态，有利于提高水泥的散装率。

采用商品混凝土流通加工的方式，还有利于新技术推广应用，简化工地管理手续，节约施工用地，减少加工费用。

三、包装经济分析

企业在选择包装技术时，应辩证地看待经济性问题，原因是包装与其他各项物流活动之间存在“效益背反”。简化包装，降低了包装费用，可是因包装强度降低，仓库里的商品就不可以堆放过高，这就降低了保管效率，且在装卸和运输过程中容易出现破损，导致搬运效率下降，破损率增多。这样一来，用于其他方面的费用就会增加，就物流全过程来说，费用反而会增加。所以，为了降低装卸、保管、运输等方面的费用，就不得不增加用于包装的直接费用。因而，在选择包装时，应综合考虑物流全过程的费用。

（一）包装成本的构成

包装成本约占流通成本的10%，甚至有的商品包装成本达到物流成本的50%，所以，加强和提高包装的经济性意义重大。包装成本构成通常包括以下五个方面。

（1）包装材料费用。常见的包装材料有多种，由于包装材料功能不同，成本差别也较大。

（2）包装技术费用。为了使包装能够充分发挥其作用，达到最佳的包装效果，需要采取一定的包装技术，如防潮包装、缓冲包装、防腐包装等。研发、实施这些技术所支出的费用就是包装技术费用。

（3）包装的人工费用。该费用指从事包装工作的工人与其他有关人员的工资、奖金、福利费用等。

（4）包装机械费用。包装机械费用不仅可以提高包装的劳动效率，也可以提高包装水平。包装机械费用主要包括设备的折旧费用、低值易耗摊销费用、维修费用等。

（5）包装辅助费用。这些费用包括包装标记费用，标志的设计、印刷费用，辅助材料费用，赠品费用及相关的能源消耗费用等。

（二）包装成本的控制

为了确保商品使用价值不受影响的同时吸引用户购买，就需要对产品进行包装和对外观进行必要的装潢，但必须讲求经济性，即要适用，不能华而不实，造成浪费。

通常可采取以下几项措施来控制包装成本：

(1) 了解客户情况，改进不必要的装潢，力求包装简单化、朴素化；

(2) 根据产品的特点、运输的远近，研究包装物的要求，改善包装的方法；

(3) 要加速包装物的周转，延长使用年限，增加使用次数，减少浪费；

(4) 各使用部门应按需要的时间提出使用的数量计划，交主管部门据以加工、购置，如逾期没计划或数字庞大造成浪费或供应不及时，均应追究责任；

(5) 所有包装物购入时，主管部门必须登账掌握，根据领用凭证发料，并严格控制使用数量，以免损失浪费；

(6) 要加强包装物规格质量的验收和管理，注意搞好包装物的回收利用；

(7) 在保证产品在运输、装卸、保管、销售过程中质量、数量不受损失的前提下，适当地采用一些包装替代品，选择质好价廉的包装材料，节约费用开支。

(三) 包装成本控制的新视角——以物流成本形成过程为对象的包装经济性

产品形态多样化是现代社会的重要趋势之一，尤其是家用电器制品。例如，如果将电扇设计成折叠外形，那么就能实现包装过程中的低成本的包装。针对这种趋势，我们在包装时，应从供应链的角度来考查这个问题，运用系统化的方法来思考这个问题。也就是说，包装是否合理、是否影响到整个物流的效率。

产品形态各异，大小不一，大多数都在工厂内进行包装，包装时一般要结合产品进行捆包，以避免浪费。然而，多种多样的包装形态在卡车装载和仓库保管时，就容易浪费空间。从降低物流成本的角度分析，这种做法未必合理。根据物流系统化的观点，应该是包装尺寸规格化，形状统一化。有时就算需要增加包装材料用量，抑或需要填充物，但是，总的物流成本可能会降低。

因此，包装的经济性不单单是包装阶段的事情，产品设计阶段决定了物流的效率、物流成本的高低。故在设计阶段就必须扎实地掌握和分析本企业由上（供应商）到下（需求者）的整个流程，弄清产品设计对整个物流各个环节成本的影响，遵循整体最优的原则，搞好产品设计，实施物流成本的控制。

第六节 物流信息经济

一、物流信息概述

在社会经济活动中，物流信息是指反映物流各种活动内容的知识、图像、数据、文件的总称。物流信息与运输、仓储、配送等环节密切联系，在物流活动中具有神经系统的作用。

物流信息的基本功能是支持订货处理、库存管理、运输管理等物流活动。信息化的发展使物流信息不只是停留在支持功能上，还包括更广泛的与流通有关的信息，如商品交易信息和市场信息。因此，可以从狭义和广义两个角度来对物流信息进行理解。

(1) 从狭义上看，物流信息是指与物流活动（如运输、仓储、配送等）有关的必要信息。整个物流过程是一个多环节的复杂系统，系统中各环节是通过信息的沟通相互衔接。信息的传递也是通过基本资源的调度来实现的。为了使物流系统协调、高效率地运转，必须采用现代化的管理方法，合理地调度人、财、物及设备，以保证物流信息的畅通，达到预期的目标。如接受订货和订货处理、运输工具的选择、运输路线的确定、运送批量的确定、运输单位的决定、在途货物的跟踪、库容的有效利用、最佳库存数量的确定、提高客户服务水平等，都需要详细和准确的物流信息，因为，物流信息对订单管理、运输管理、库存管理、仓库作业管理、供应链管理等物流活动具有支持与保证的作用。

(2) 从广义上看，物流信息不仅指与物流活动有关的信息，而且包括如市场信息和商品交易信息等与其他流通活动有关的信息。

市场信息是指与市场活动有关的信息，如消费者的需求信息、竞争者或竞争性商品信息、与促销活动有关的信息、交通通信等基础设施的信息。

商品交易信息是指与买卖双方的交易过程有关的信息，如销售和购买信息、订货和接受订货信息、发出货款和收到货款信息等。

广义上的物流信息不仅能起到连接整合生产厂家，经过批发商和零售商最后到消费者的整个供应链的作用，而且在应用现代信息技术的基础上能实现整个供应链活动的效率化。具体说就是利用物流信息对供应链各个企业的计划、协调、客户服务和控制活动进行有效管理。

二、物流信息的经济分析

物流活动若是要获得良好的经济效果，就必须协调好物流各个环节之间的关系，而此时信息就起到了桥梁和纽带的作用。需求信息影响着企业的库存及货物配送等过程，从而影响企业的经营水平。而信息共享是有效运用信息，发挥其经济性的重要手段。

（一）物流信息共享的经济价值

1. 实现物流信息共享的基本方法

从供应链的角度来考虑，为了共享物流信息，减少信息的不对称性，提高物流运作效率，我们可以采用图 4-5 模式来实现物流信息的共享。

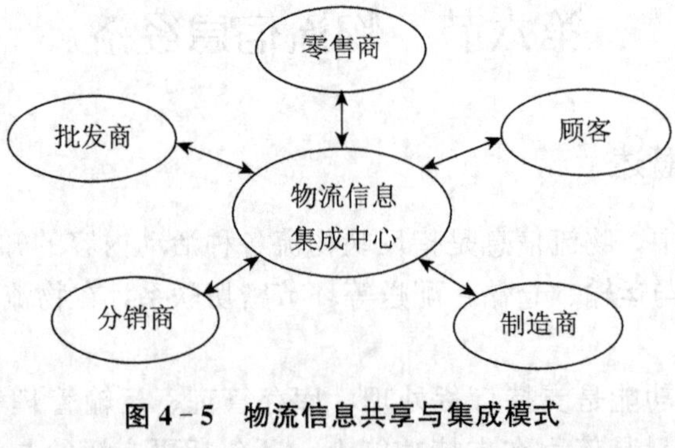

图 4-5　物流信息共享与集成模式

在图 4-5 所示物流信息共享与集成模式中，实现了物流信息共享，这些信息反映的是各个参与主体原始的物流信息，避免了信息逐级传递所导致的信息失真和延误。

2. 实现物流信息共享的经济意义

(1) 准确把握企业的需求动态。零售商为了节约订货成本，会采取批量订货的模型。这一策略的采用使得上游的供应商必须面对具有很大变异性的订单。因此，为了应对零售商的订单，供应商不得不维持一定量的安全库存。零售商的订单变异性越大，供应商要维持的安全库存相应就越大。所以，供应商通过信息共享实现对零售商销售和库存状况的控制。通过了解供应商的安全库存水平，提前预判零售商订单种类和数量，从而使为了应对突如其来的大订单所维持的安全库存大幅降低。

(2) 供需双方及时沟通信息，协调整个物流过程。通过信息沟通，供需双方能够及时了解对方的供需情况和能力，避免短缺情况下大量囤积库存的现象发生，从而优化整个物流过程。

(3) 缩短订货的提前期。通常订货提前期越短，订货量越准确。因而缩短提前期能够明显提高物流运作的总体水平。缩短提前期需要供需双方的共同努力，并且可以采用第三方物流，利用其专业化的服务来缩短提前期，降低运输中的风险。

(4) 采用供应商管理库存或联合库存的方式，合理协调与分担库存。若供应商在掌握客户真实需求信息的前提下，为零售商制订合理的进货计划，就能够协调各个供应商的需求计划，从而实现整个物流活动的最优化。此外，供应商、分销商和零售商还能够通过联合库存的方式合理地分担库存，只要某处出现库存短缺，就能立即从其他地点调拨转运来保证供货。这不仅可以防止需求的放大，还可实现风险共担，降低整体库存，提高物流总体的运作水平。

(二) 基于物流信息共享的库存决策及其价值体现

1. 实现物流信息共享的基本方法

物流信息的共享不仅可以使制造商获益，还将给供应链上游企业带来更大的利益。但是对于供应链下游企业，即信息发布者，却不会因信息共享而获得额外的利益，相反却要承担实施成本，这无疑将阻碍各个企业对物流信息的共享。如何解决这个问题值得我们思考。

(1) 建立有效的激励机制。为了实现物流信息共享，供应链上各企业必然面临利益共享以及风险共担的问题。因为物流信息的共享为各个企业节约了成本，此时，上游企业就应该和下游企业达成某些共识，能够通过协商制定协议，通过卖方管理存货的方式来降低保管货物的费用，以便建立一种良好的合作方式，形成一种激励机制，从而促进共同发展。

(2) 利用信息技术实现信息共享。利用信息技术（如 EDI、RFID），需求信息的传递由过去的线性结构变成网状结构，从而防止了企业间物流信息的失真。

2. 物流信息共享的经济价值

(1) 客户需求信息以及下游零售商营销信息的共享。倘若物流信息不共享，供应商及零售商就会采用使自身的物流成本达到最低的“理性订货决策”的思路与方法做决策，而从物流系统化的角度来说，这种做法并不经济。所以，通过物流信息的共享，能够有效地减少整个供应链上的库存，从而实现以信息代替库存的目的，有效降低物流成本。

(2) 生产与配送计划的共享。通过生产和配送计划的共享，可以实现企业间物流活动的合理化。

(3) 库存状况的共享。共享库存状况是指通过协作的方式，各成员企业了解相互之间的库存状况，进而达到降低库存水平的目的。供应链的上游企业可以对下游企业的库存实行实时监控，并根据下游企业的库存状况进行生产活动与物流活动。

(4) 销售信息以及销售结果的共享。过去各企业间是通过订单来传递需求信息，导致产品的库存水平高、物流成本高等后果，甚至影响到产品的成本和对客户的服务水平。而通过共享销售数据来对市场需求、销售趋势进行综合分析，从而使库存水平、货架的布置等物流活动更加合理。

本章小结

本章首先对物流生产理论的主要内容进行了介绍，并且介绍了物流服务的类型及特性；其次从运输与库存、配送、装卸搬运、流通加工、包装与信息处理等物流的基本活动入手，分别对各项基本活动中的经济性理论进行了分析。

通过本章的学习，能够对物流生产的相关理论有一个初步的了解和总体的把握。

案例分析："沃尔玛"降低运输成本的学问

沃尔玛百货有限公司（以下简称沃尔玛）是世界上最大的商业零售企业，在物流运营过程中，尽可能地降低成本是其经营的哲学。

沃尔玛有时采用空运，有时采用船运，还有一些产品采用卡车公路运输。在中国，沃尔玛百分之百地采用卡车公路运输，所以，如何降低卡车运输成本，是沃尔玛物流管理面临的一个重要问题，为此沃尔玛主要采取了以下措施。

(1) 沃尔玛使用一种尽可能大的卡车，大约有16米的加长货柜，比集装箱运输卡车更长或更高。沃尔玛把卡车装得非常满，产品从车厢的底部一直装到最高，这样非常有助于节约成本。

(2) 沃尔玛的车辆都是自有的，司机也是自有的员工。沃尔玛的车队大约有5000名非司机员工，还有3700多名司机，车队每周每一次运输可以达7000千米～8000千米。

沃尔玛知道，卡车运输是比较危险的，有可能会出交通事故。因此，对于运输车队来说，保证安全是节约成本最重要的环节。沃尔玛的口号是"安全第一，礼貌第一"，而不是"速度第一"。在运输过程中，卡车司机们都非常遵守交通规则。沃尔玛定期在公路上对运输车队进行调查，卡车上面都带有公司的号码，如果看到司机违章驾驶，调查人员就可以根据车上的号码报告，以便于进行惩处。沃尔玛认为，卡车不出事故，就是节省公司的费用，就是最大限度地降低物流成本。由于狠抓了安全驾驶，运输车队已经创造了300万千米无事故的纪录。

(3) 沃尔玛采用全球定位系统对车辆进行定位，因此在任何时候，调度中心都可以知道这些车辆在什么地方，离商店有多远，还需要多长时间才能运到商店。这种估算可以精确到小时。沃尔玛知道卡车在哪里，产品就在哪里。这样可以提高整个物流系统的效率，有助于降低成本。

(4) 沃尔玛连锁商场的物流部门，24 小时工作，无论白天或晚上，都能为卡车及时卸货。另外，沃尔玛的运输车队利用夜间进行从出发地到目的地的运输，从而做到了当日下午进行集货，夜间进行异地运输，次日上午即可送货上门，保证在 15 小时～18 小时内完成整个运输过程。这是沃尔玛在速度上取得优势的重要措施。

(5) 沃尔玛的卡车把产品运到商场后，商场可以把它整个卸下来，而不用对每个产品逐个检查。这样就可以节省很多时间和精力，加快了沃尔玛物流的循环过程，从而降低了成本。这里有一个非常重要的先决条件，就是沃尔玛的物流系统能够确保商场所得到的产品是与发货单完全一致的产品。

(6) 沃尔玛的运输成本比供货厂商自己运输产品要低，所以，厂商也使用沃尔玛的卡车来运输产品，从而做到了把产品从工厂直接运送到商场，大大节省了产品流通过程中的仓储成本和转运成本。

思考：

1. 沃尔玛采用了哪些运输策略来降低物流成本，这些策略给企业带来了哪些利益？

2. 这些策略是如何体现物流经济性的？

复习思考题

1. 实现运输经济性可以采取哪些有效措施？
2. 试论述库存各成本之间的关系。
3. 装卸搬运的经济性表现在哪些方面？
4. 物流信息共享具有什么样的经济价值？

第五章　物流成本及价格理论

物流成本不仅是“第三利润源”的矿藏，也是形成物流服务价格的重要基础，是物流经济学研究的核心内容之一。物流价格理论是物流经济学的关键内容之一，物流服务的价格不仅关系到物流企业的市场份额与盈利水平，还在一定程度上决定了社会对物流服务业投资的积极性，决定对各种社会物流资源的分配与利用程度。本章主要介绍物流成本及物流价格的相关理论。

第一节　物流成本概述

一、概念

物流成本是指在供应链运作中，为了满足客户要求，伴随企业的物流活动而发生的各种成本支出。物流成本包括运输成本、仓储成本、包装成本、装卸成本、配送成本、信息成本等许多物流活动成本，涵盖企业的每一个领域。

物流成本是物流每一个环节所支出的财力、物力和人力等之和，主要由作业消耗、人工成本、利息支出、管理费用等几部分构成。所有由物料、产品、商品等实体的物理性空间运动而产生的货币支出都是物流费用，即物流成本。

国外物流学术界对物流成本的界定比较精练，认为物流成本是公司内部所有花费在物流上的费用总和，即用金额评价物流活动的结果。

物流成本的概念有广义和狭义之分。广义的物流成本指的是在生产、流通、消费整个过程当中物品实体和价值变化而发生的全部费用支出。狭义的物流成本指的是自物品生产后，至到达最终消费者的过程中，物品移动随之产生的运输、包装、装卸等费用。换言之，是物品从供应商到生产商再到最终消费者全过程物流活动所发生的费用。物流是一个贯穿原材料供应、生产、销售等各个环节的一系列的活动，是一个跨企业、跨行业、跨地区和跨国界的复杂系统，具体涵盖了从生产企业内部原材料的采购、供应开始，以及生产制造中的半成品及产成品的仓储、搬运、装卸、包装、运输和在消费当中发生的验收、分类、仓储、保管、配送、废品回收等环节所有费用。比如采购成本、仓储成本、运输成本、装卸成本、流通加工成本、包装成本、配送成本、信息系统成本等。

二、构成

物流成本是企业的物流系统为实现商品在空间、时间上的转移而发生的各种耗费的货币表现。物流成本从其所处的领域看，可分为流通企业物流成本和生产企业物流成本。领域不同，其物流成本的构成也不同。根据不同的分类方式，物流成本可以分为不同的类型。

（一）按物流成本的性态分类

按物流成本的性态分类，可将物流成本分为变动成本、固定成本和混合成本。

1. 变动成本

变动成本指的是随物流业务量的变化而近似成比例变化的成本，例如包装材料的消耗费用、工人的工资、能源消耗费用等。

2. 固定成本

固定成本是在一定业务量范围内，与业务量的增减变化无关的成本，如物流设备折旧费用、管理部门的办公费用等。

3. 混合成本

在企业的物流活动中，还存在一些既不与物流业务量的变化成正比变化也非保持不变，而是随着物流业务量的增减变动而适当变动的成本，这种成本被称为混合成本。如物流设备的日常维修费用、辅助费用等。对于混合成本的计算，可按一定方法将其分解成变动和固定两部分，再划归到变动成本与固定成本。

（二）按物流成本是否具有可控性分类

按物流成本是否具有可控性，可将物流成本分为可控成本与不可控成本。

1. 可控成本

可控成本是指考核对象对成本的发生可以控制的成本。如包装部门的经营管理水平与包装材料的耗用量相关，而与包装设备的折旧费用无关。因此，包装材料费用是包装部门的可控成本，但包装设备折旧费用则是不可控成本。由于可控成本对各责任中心来说是可以控制的，所以必须对其负责。

2. 不可控成本

不可控成本是指考核对象对成本的发生不能予以控制，因而也不予以负责的成本。如以上所说的包装设备的折旧费用。

另外，可控成本与不可控成本都是相对的，而不是绝对的。对一个部门来说是可控的，但对另一个部门来说可能是不可控的。但从整个企业来考察，一切费用都是可控的，重点是这种可控性须分解落实到相应的责任部门。

（三）按物品流通的环节分类

按物品流通的环节，可将物流成本分为运输成本、流通加工成本、配送成本等。

1. 运输成本

在现代企业物流中，运输在其经营业务中占有主导地位，物流运输费用在整个物流成本中占较大比例。所以，物流合理化在很大程度上依赖于运输合理化，运输合理与否直接影响到物流运输费用的高低，进而影响物流成本的高低。物流运输成本主要包括以下三项。

（1）人工费用，如工资、福利费用、奖金、津贴和补贴等。

（2）营运费用，例如营运车辆的燃料费用、折旧费用、维修费用、轮胎费用、租赁费用、车辆牌照检查费用、车辆清理费用、过路费用、养路费用、保险费用、公路运输管理费用等。

(3) 其他费用，例如差旅费用、事故损失、相关税金等。

2. 流通加工成本

流通加工是物流中具有特殊意义的一种活动，也就是在商品从生产者向消费者流动的过程中，为了促进销售，维护商品质量，实现物流的高效率而采用的使商品发生形状和性质变化的手段。例如剪板加工、冷冻加工、组装加工、分装加工、精致加工等。流通加工成本主要有以下四种。

(1) 流通加工设备费用。在流通加工过程中，因流通加工设备的使用而发生的实体损耗和价值转移。流通加工设备因流通加工形式不同而不同，比如木材加工需要电锯，剪板加工需要剪板机等，购置这些设备所支出的费用，以流通加工设备费用的形式被转移到被加工的物品中去。

(2) 流通加工材料费用。在流通加工过程中，投入到加工过程中的加工材料所消耗的费用。

(3) 流通加工劳务费用。在流通加工过程中，支付给从事加工活动的工人及有关人员的工资、奖金等劳务费用。

(4) 流通加工其他费用。除上述费用外，在流通加工中所耗用的电力、燃料、油料以及管理费用等。

3. 配送成本

配送是与市场经济相适应的一种先进的物流方式，是指物流企业按客户订单或配送协议进行配货，选择经济合理的运输路线与运输方式，在客户指定的时间内，将符合要求的物品送达指定地点的一种供应方式。配送是一种小范围内的物流活动。一般的配送集装卸、包装、保管、运输于一身，特殊的配送还包括加工在内。根据配送流程及配送环节，配送成本应由以下费用构成。

(1) 配送运输费用，主要包括配送运输过程中发生的车辆费用与营运间接费用。

(2) 分拣费用，主要包括配送分拣过程中发生的分拣人工费用和分拣设备费用。

(3) 配装费用，主要包括配装环节发生的材料费用和人工费用。

(4) 流通加工费用，主要包括流通加工环节发生的设备使用费用、折旧费用、材料费用和人工费用。

4. 包装成本

包装既是生产的终点又是物流的起点，其所发生的费用占流通费用的10%，有的商品包装费用甚至高达50%。所以，加强包装费用的管理与核算，可以降低物流成本，提高企业的经济效益。包装成本构成通常包括以下几个方面。

(1) 包装材料费用。常见的包装材料有多种，因包装材料功能不同，成本差异也较大。

(2) 包装机械费用。包装机械不但可以极大地提高包装的劳动效率，而且可以大幅度提高包装水平。包装机械费用主要有设备折旧费用、低值易耗品摊销费用、维修费用等。

(3) 包装技术费用。为了使包装能够充分发挥作用，以达到最佳的包装效果，需要采用一定的包装技术，比如实施缓冲包装、防潮包装、防伪包装等。这些技术的设计、实施所支出的费用就是包装技术费用。

（4）包装辅助费用。这些费用包括包装标记、标志的设计费用、印刷费用、辅助材料费用、赠品费用以及相关的能源消耗费用等。

（5）包装的人工费用。该费用是指从事包装工作的工人与其他有关人员的工资、奖金、福利费用等。

5. 装卸搬运成本

装卸搬运是指在指定的地点以人力或机械设备装入或卸下物品，一般发生在同一地域范围内，比如车站、工厂、仓库等。以改变“物”的存放、支撑状态的活动被称为装卸；以改变“物”的空间位置的活动被称为搬运。装卸搬运成本的主要内容包括以下四个方面。

（1）人工费用。比如工人工资、福利费用、奖金、津贴、补贴等。

（2）营运费用。比如固定资产折旧费用、维修费用、能源消耗费用、材料费用等。

（3）装卸搬运合理损耗费用。比如装卸搬运中发生的物品破损、散失、损耗、混合等费用。

（4）其他费用。比如办公费用、差旅费用、保险费用、相关税金等。

6. 仓储成本

用最低的费用在适当的时间和适当的地点取得适当数量的存货是仓储管理的主要任务。在许多企业中，仓储成本是物流总成本的一个重要组成部分，物流成本的高低往往取决于仓储成本的大小。并且，企业物流系统所保持的库存水平对于企业为客户提供的物流服务水平起着重要作用。仓储成本主要包括以下三个方面。

（1）仓储持有成本。该成本是指企业为保持适当的库存而发生的成本，比如仓储设备的折旧费用、维修费用、库存商品的挑选整理费用、仓库职工工资、仓储物品的毁损和变质损失等。

（2）缺货成本。该成本是指由于库存供应中断而造成的损失，包括原材料供应中断造成的停工损失、产成品库存缺货造成的延迟发货损失与丧失销售机会的损失等。

（3）在途库存持有成本。假如企业以目的地交货价销售商品，那就意味着也要负责将商品运达客户，当客户收到订购的商品时，商品的所有权才转移。从理财的角度来看，商品仍是销售方的库存。因为这种在途商品在交给客户之前依然属于企业所有，运货方式与所需的时间是储存成本的一部分，企业应该对运输成本与在途库存持有成本进行分析。在途库存持有成本通常包括库存的资金占用成本、保险费用、仓储风险成本等。

另外，物流成本还存在其他一些分类方式。比如按物流成本支付形态可分为材料费用、公益费用、人工费用、维护费用、一般经费、特殊经费和委托物流费用；按物流活动范围可分为企业内物流费用、供应物流费用、销售物流费用、退货物流费用和废弃物流费用等。

（四）按物流所处的宏观和微观领域不同分类

按物流所处的宏观和微观领域不同分类，物流成本可分为宏观物流成本和微观物流成本。

1. 宏观物流成本

宏观物流成本是站在国民经济总量的角度来看，分析国内物流活动的总开支水平。国内物流成本占本国 GDP 的比例越小，表明物流业发展水平越高。世界各个国家的情况不同，所以存在差异。

我国社会物流成本包括保管费用、运输费用和管理费用。

（1）保管费用。保管费用包括仓储费用、包装费用、损耗费用、利息费用、信息及相关服务费用、保险费用、流通加工费用、配送费用、其他保管费用。

（2）运输费用。运输费用包括公路运输费用、水路运输费用、航空运输费用、管道运输费用、铁路运输费用和其他运输费用。

（3）管理费用。管理费用是指货主因组织管理各项物流活动所发生的费用，包括管理人员的报酬、办公费用、劳动保险、职工福利、教育培训费用、车船使用费用等。

美国学术界认为物流成本主要由三部分组成：库存费用、运输费用和管理费用。

（1）库存费用是指花费在保存货物上的费用，包括残损、仓储、人工费用及保险费用和税收费用，而且包括库存物资占用资金的利息。其中利息是当年美国商业利率乘以库存总额得到的。把库存物资占用的资金利息加入物流费用，这也是现代物流与传统物流费用计算的最大区别。

（2）运输费用包括汽车运输与其他运输方式发生的费用。汽车运输费用包括城市内运送与区域间卡车运输发生的费用。其他运输费用包括：管道运输费用，航空运输费用，铁路运输费用，船舶发生的运输、搬运及装卸费用。

（3）管理费用是按照美国的历史情况由专家确定一个固定比例，乘以库存费用和运输费用的总和得到的。

欧洲宏观物流成本包括运输、仓储、包装及基础设施投资等费用。日本宏观物流成本是由运送费用、保管费用及物流管理费用三部分构成的。

2. 微观物流成本

微观物流成本主要是站在企业的角度来分析企业各种物流活动的总开支水平。一般来说，不同的企业物流成本的构成是不一样的。例如，生产企业物流成本是由供应物流成本、销售物流成本、生产物流成本等构成，而零售企业、批发企业由于其经营的特点，物流成本又有不同的构成内容。

（五）按物流所处企业领域不同分类

物流按其所处企业的领域不同，可分为流通企业物流和生产企业物流，相应的物流成本也分为两类。

1. 流通企业物流成本

流通企业物流成本指在组织物品的购进、运输、保管、销售等一系列活动中所耗费的财力、人力和物力的货币表现，主要包括以下几点。

（1）财务费用，指经营活动中发生的资金使用成本支出，如利息、手续费用等。

（2）营运费用，如保险费用、能源消耗费用、差旅费用、折旧费用、办公费用、运杂费用等。

（3）人工费用，如企业员工工资、奖金、福利费用、津贴等。

(4) 物流信息费用，如物流硬件费用、软件费用及其维护费用等。

(5) 管理费用，如物流行政办公费用、差旅费用、折旧费用、税金等。

2. 生产企业物流成本

生产企业物流成本指的是生产企业为了进行生产活动，必须同时进行有关生产要素的购进和产品的销售。而且为了保证产品质量，为消费者服务，生产企业还要进行产品的返修和废物的回收。所以，生产企业物流成本是指企业在进行供应、生产、销售、回收等过程中所发生的运输、包装、保管、配送、回收方面的成本。与流通企业相比，生产企业的物流成本大都体现在所生产的产品成本之中，具有与产品成本的不可分割性，主要包括以下九个方面。

(1) 有关设备和仓库的折旧费用、维修费用、保养费用等。

(2) 仓库保管费用，如仓库的维护保养费用、搬运费用等。

(3) 采购费用，如运输费用、保险费用、合理损耗费用、采购人员的差旅费用等。

(4) 营业费用，如能源消耗费用、物料消耗费用、折旧费用、办公费用、差旅费用、保险费用、劳动保护费用等。

(5) 产品销售费用，是指在产品销售过程中所发生的物流费用。如销售活动中的运输费用、保险费用、搬运费用、装卸费用、仓储费用、配送费用等。

(6) 回收废弃物发生的物流费用。

(7) 人工费用，是指企业从事物流工作的员工工资、奖金、津贴、福利费用。

(8) 财务费用，如物流活动中的贷款利息、手续费用、资金占用费用等。

(9) 物流信息费用，如物流硬件费用、软件费用及其维护费用等。

(六) 按物流活动的功能分类

按物流活动的功能分类，物流成本可以分为物流环节成本、信息管理成本、物流管理成本，具体包括以下内容。

1. 物流环节成本

物流环节成本包括仓储费用、运输费用、包装费用、装卸费用、流通加工费用等。

2. 信息管理成本

信息管理成本是采集、处理和传送各种物流信息而发生的费用，比如硬件费用、软件费用及其维护费用等。

3. 物流管理成本

物流管理成本指的是物流计划、协调、控制等管理活动发生的费用，包括现场物流管理成本和本部的物流管理成本，具体有人工费用、办公费用、物料消耗费用、资金使用费用等。

(七) 按物流活动发生的范围分类

按物流活动发生的具体范围分类，物流成本可以分为五类。

1. 采购物流成本

采购物流成本包括从原材料的采购到最后送达购入者为止的物流活动所发生的费用。

2. 工厂内部物流成本

工厂内部物流成本指从产成品包装开始到确定向客户销售为止的物流活动发生的费用。

3. 销售物流成本

销售物流成本指从确定向客户销售开始到出库为止发生的物流活动费用。

4. 退货物流成本

退货物流成本指伴随着产品销售的退回等物流活动而发生的费用。

5. 废弃物物流成本

废弃物物流成本主要指为了处理已经成为废弃物的产品而发生的包装费用、运输容器费用、材料费用、运杂费用等。

(八)按与成本计算对象的关系分类

物流成本按与成本计算对象的关系分类，可分为直接成本、间接成本和期间成本。

1. 直接成本

直接成本指的是与成本计算对象直接相关的成本。例如直接人工费用、直接材料费用、直接搬运费用、直接运输费用、直接仓储空间费用、直接配送费用、直接流通加工费用、直接包装费用等。

2. 间接成本

间接成本指与某一特定成本对象没有直接联系的成本。它被几种成本对象共同消耗，不能直接记入某一特定成本对象的成本。间接成本应当先按地点或用途进行归集，然后按照适当合理的标准进行分配，计入各种成本对象。例如部门管理人员工资、福利费用、设备折旧费用、保险费用、相关税金等。

3. 期间成本

期间成本又称期间费用，指的是不与成本计算对象有关，但又是必需的开支，不能计入成本计算对象的费用，例如企业行政管理部门的管理费用、财务费用等。

(九)按成本明显度分类

按成本明显度分类，可以分为明显成本与隐含成本。

(1)明显成本又称显成本，也称会计成本，指的是会计账目上作为成本项目计入账上的各种支出费用，包括雇员的薪金、购买原材料及辅助材料支付的费用、借入资本的利息支付等。

(2)隐含成本又称隐成本，指的是自己所拥有的且被用于生产过程的那些生产要素的总价格，主要包括作为成本项目计入账目的厂房、机器等固定设备的折旧费用以及企业所有者投入资金的利息和所有者为该企业所提供劳务而应得的薪金。

第二节 物流成本控制分析

一、物流成本的控制原理

（一）物流成本控制及其作用

1. 物流成本控制

物流成本控制指的是在物流活动中，企业以不断降低物流成本和提高物流服务水平为目标，对影响物流成本的各种因素进行管理，及时发现与预定目标成本之间的差距，并采取一定的措施，保证物流成本目标和成本预算任务的完成。

2. 物流成本控制的作用

（1）配合企业取得竞争优势。物流成本控制是配合企业为取得竞争优势而进行的战略选择。企业的基本竞争战略包括物流成本领先战略、差异化战略和目标聚集战略。物流成本领先战略的核心思想是以物流成本竞争为中心，通过低物流成本优势在竞争中获取超过竞争对手的高额利润，或是以低物流成本为依托，利用价格竞争来扩大市场份额，从而扩大企业的利润，确立企业的竞争优势。而差异化战略和目标聚集战略不可单独实施，要与物流成本领先战略相结合，在实施这两个战略的过程中实现低物流成本，在低物流成本中实现差异化与目标聚集。低物流成本不仅是一种战略，还是实施其他战略过程中追寻的一种目标。

（2）企业增加利润的主要途径。企业经营的主要目的之一是增加利润，而控制企业物流成本则直接为此目的服务。其原因是在任何情况下，降低物流成本都能增加利润：①在收入增加的情况下，降低物流成本可使利润增加得更快；②在收入减少的情况下，降低物流成本可抑制利润的下降；③在收入不变的情况下，降低物流成本可以增加利润。所以，降低物流成本是企业实现盈利目的的根本途径。

（二）物流成本控制的要求

物流成本控制从内容上看，是企业成本控制的一个重要组成部分。所以，在企业的物流成本控制中，应遵循企业成本控制的一般原则（经济原则、重点控制原则、目标控制原则等）。此外，因物流成本自身的效益背反等规律及物流成本管理自身的特征，在物流成本控制中还应注意以下几点。

1. 物流成本控制与服务质量控制相结合

物流成本控制的目的是加强物流管理，促进物流合理化。物流是否合理，主要取决于两个方面：一是对客户的物流服务质量水平；二是物流成本的水平。倘若只重视物流成本的降低，则可能会影响到物流服务质量。提高物流服务质量水平与降低物流成本之间通常存在着一种“效益背反”的矛盾关系。即要想降低物流成本，物流服务质量水平就有可能会下降；反之，若要提高物流服务质量水平，物流成本又可能会上升。所以，在进行物流成本控制时，必须搞好物流服务质量控制与物流成本控制的结合，进而谋求物流效益的提高。

2. 局部控制与系统控制相结合

局部控制指的是对某一项物流功能或环节所耗成本的控制，而系统控制则指的是对总成本进行控制。对总成本进行控制是物流成本控制最重要的原则，它要求将整个物流系统及各个辅助系统有机地结合起来进行整体控制。可以说采取总成本控制比局部控制更为合适。因此，总成本控制是决定物流现代化成败的关键因素，物流成本控制应以降低物流总成本作为目标。

3. 全面控制与重点控制相结合

物流系统是一个多环节、多功能、多领域的全方位的开放系统。这一特点也从根本上要求我们进行成本控制时，必须遵循全面控制的原则。

(1) 对整个生产经营活动实施全过程控制。无论是产品设计、工艺准备、采购供应，还是生产制造、产品销售、售后服务，各项工作都会直接或间接地导致物流成本的升降变化。因此，要求对整个生产经营活动实施全过程控制。

(2) 实施全功能的物流成本控制。物流成本是由各项物流功能成本所构成的统一整体。各物流功能成本的高低直接影响物流总成本的高低。因此，还要求实施全功能的物流成本控制。

(3) 对物流成本的全部门和全员控制。物流成本的发生直接受制于企业供、产、销各部门的工作，为此要求实施物流成本的全部门和全员控制。

(4) 按照例外管理的原则实施重点控制。由于物流成本主要由材料费用、人工费用、委托物流费用、折旧费用等构成。所以，要求进行物流成本的全面控制。但是，强调物流成本的全面控制，并非要将影响物流成本升降的所有因素事无巨细、一律平等地控制起来，而是应按照例外管理的原则，实施重点控制。

4. 经济控制与技术控制相结合

这就要求把物流成本日常控制系统与物流成本经济管理系统相结合，以进行物流成本的综合管理与控制。物流成本是一个经济范畴，实施物流成本管理，必须遵循经济规律，广泛地运用利润、定额、利息、奖金等经济范畴的概念和责任结算、绩效考核等经济手段。另外，物流管理又是一项技术性很强的管理工作。因而，要降低物流成本，必须致力于物流技术的改善和物流管理水平的提高。通过物流作业的机械化和自动化，以及充分利用运输管理、库存管理、配送管理等技术，达到提高物流效率、降低物流成本的目的。

5. 专业控制与全员控制相结合

对物流成本形成有关的部门进行物流成本控制是必要的。有了专业部门的物流成本控制，就可以对物流成本的形成过程进行连续的全方位的控制。这也是进行物流成本控制的必要工作之一。只有通过全员的成本控制，形成严密的物流成本控制网络，才能够有效地把握物流成本形成过程的各个环节和各个方面，厉行节约，杜绝浪费，降低物流成本，进而保证物流合理化措施的顺利进行。

（三）物流成本控制制度

物流成本控制制度指的是在分析和研究影响物流成本的有关因素的基础上，制定出一整套适合于本企业具体情况的成本控制方法和相应的规章制度。其关键是要根据企业内部设置的规章制度，对不同的物流成本采取不同的成本控制方法，约束成本开支，预防偏差和杜绝浪费现象的发生。

物流成本控制方法众多，通常有目标成本控制法、相对成本控制法、标准成本控制法、预算成本控制法、责任成本控制法等。在选择的时候，应结合企业的具体情况、物流成本控制对象和内容的不同而灵活加以运用。

企业物流成本可分为固定成本和变动成本两类。固定成本应首先按照其开支项目的性质和轻重缓急分为约束性固定成本和酌量性固定成本，再分别进行控制。对于前者，控制重点在于作出长期投资决策之前的事前控制，故应根据相关的资本支出预算中的数据，分项目制定固定预算，以此作为事前控制的依据；而对于后者，则可以通过编制零基预算的方法来加强成本控制。

变动成本主要是通过制定标准成本和编制弹性预算进行控制。直接材料费用和直接人工费用在运输成本、包装成本、流通加工成本中一般占有较大的比重，数额易于分割，用标准成本控制比较简便易行；而变动制造费用通常由变动性的成本项目组成，金额分散，通过编制弹性预算进行控制较为适宜。

此外，在企业物流系统设计阶段应当采取目标成本控制法来进行成本控制。标准成本控制以标准成本为基础，根据成本项目反映单位的目标成本。而预算是企业总体规划的数量说明，无论何种类型的预算，预算总成本都能以标准成本乘以业务量表示。但是，这两种控制方法是兼容的，实质上等于预算控制。

二、物流成本控制的方法

（一）整体理念进行物流成本控制

要进行企业物流成本控制，必须树立物流成本的整体概念，即控制物流总成本。物流总成本是指实现物流需求所必需的全部开支，控制物流总成本是有效管理物流过程的关键。除了通常所理解的仓储费用、运输费用等传统物流费用外，物流成本还应包括流通过程中的基础建设投资、库存商品维持费用等一系列费用，如配送中心的建设费用、EDI 等信息系统的构筑费用、商品的在库保存费用等相关费用，都是现代物流管理中重要的物流成本。由物流总成本概念还衍生出物流管理的核心概念——物流成本的权衡(Trade - off)。物流的任务是以尽可能低的成本为客户提供最好的服务。因此，物流的各个活动之间需要进行成本的权衡，尤其是在其中有些活动的成本互相冲突的时候。例如，在库存成本与客户满意度之间存在冲突的情况下，就要以总成本的思想为基础，合理对其作出权衡。在树立物流成本整体概念之后，应将其运用在企业物流成本控制的实践中。从当今企业的管理实践来看，对物流成本管理的总的思路是：不仅要掌握企业对外的物流费用，更要掌握企业内部发生的物流费用。也就是说，应当从现代物流管理的整体观念来控制物流成本。

企业对物流成本的控制方法大致有如下六种。

1. 从流通全过程的角度来降低物流成本

控制物流成本不单是本企业的事，还应该考虑从产品制成到送达最终用户整个供应链过程的物流成本。物流设施的投资或扩建与否，要视整个流通渠道的发展和要求而定。

比如，原来有些厂商是直接面对批发商经营的，但是，很多物流中心与批发商物流中心相吻合，从事大批量的商品输送。但是，随着零售业中便利店、折扣店的迅猛发展，客观上要求厂商必须适应这种新型的业态形式，展开直接面向零售店铺的物流活动。此时，原来的投资就有可能沉淀，同时又要求建立新型的符合现代流通发展要求的物流中心。这些投资虽然表面上增加了物流成本，但从整个流通过程来看，却大大提高了物流绩效。随着新型流通模式如O2O的发展，物流成本控制又将产生新的变化。

企业在控制物流成本时，还要重视针对每个用户成本削减的幅度有多大的问题。尤其是当今零售业的价格竞争异常激烈时，零售商纷纷要求发货方降低商品的价格，为此，作为发货方的厂商或批发商都在努力提高针对不同用户的物流活动绩效，例如，将原来一日一次的商品配送，集约成一周两次的配送等。

2. 通过实现供应链管理、提高对客户的物流服务水平来削减成本

在供应链管理体制下，仅本企业的物流具有效率化是不够的，还需要企业协调与其他企业（如部件供应商等）和客户、运输企业之间的关系，实现整个供应链活动的效率化。为此，追求物流的效率化不单单是企业中物流部门或生产部门的事，同时也是经营部门和采购部门的事，也就是将降低物流成本的目标贯彻到企业所有职能部门之中。

提高对客户的物流服务水平是企业确保利益的最重要手段，也就是说，提高客户的物流服务水平是降低物流成本的有效方法之一。可是，超过必要量的物流服务不仅不能带来物流成本的下降，反而有碍于物流效益的实现。例如，随着多频度和少量化经营的扩大，对配送的要求越来越高，而在这种状况下，如果企业不充分考虑用户的产业特性和运送商品的特性，只是一味地开展商品的次日配送或发货的小单位化，无疑将大大增加发货方的物流成本。因此，在正常情况下，为了保证提高对客户的物流服务水平和防止出现过剩的物流服务，企业应当在考虑用户产业特性和商品特性的基础上，与客户方充分协商，探讨一些有关配送、降低成本等问题。如果能够实现一周2～3次的配送，可以商议将由此而产生的利益与客户方分享，从而相互促进，在提高物流服务水平的前提下，寻求降低物流成本的途径。

3. 借助现代信息系统的构筑来降低物流成本

各企业内部的物流高效率仍然难以使企业在不断激烈的竞争中取得成本上的竞争优势。为此，企业必须与其他交易企业之间形成一种效率化的交易关系，即借助于现代信息系统的构筑，一方面使各物流作业或业务处理能准确、迅速地进行，另一方面能由此建立起物流经营战略系统。该系统通过将企业订购的意向、数量、价格等信息在网络上进行传输，从而使生产、流通全过程中的各企业或部门分享由此而带来的利益，应付可能发生的各种需求，进而调整不同企业间的经营行为和计划。这无疑从整体上控制了物流成本发生的可能性。可见现代信息系统的构筑为彻底实现物流成本的降低而不是向其他企业或部门转嫁成本奠定了基础。

自阿里巴巴、银泰集团等宣布成立菜鸟，进军物流业以来，物流业的发展，尤其是物流业信息化引发社会进一步关注。据2013年5月发布的《2012年物流信息化检测报告》显示，物流信息集成建设日渐成为企业发展的重心，30.3%的企业将构建信息平台

（内部信息处理、办公自动化（OA）、增值业务）作为信息化建设重点，同时一批新兴信息技术也得到了广泛应用。

4. 通过效率化的配送降低物流成本

根据客户的订货要求建立短时期、正确的进货体制是企业物流发展的客观要求，可是，伴随着配送产生的成本费用要尽可能降低，特别是一些多客户、小单位配送的发展，更要求企业采用效率化的配送方法。所以说，企业要实现效率化的配送，就必须重视配车计划管理、提高装载率和车辆运行管理。

这里的配车计划指的是与客户的订货相吻合，将生产或购入的商品按客户指定的时间进行配送的计划。对于生产商来说，如果不能按客户指定的时间进行生产，也就不可能在客户规定的时间配送商品，因此，生产商配车计划的制订必须与生产计划相联系进行。同样的，批发商要将配车计划与生产计划相匹配，就必须构筑出最为有效的配送计划信息系统。这种系统不单单是处理配送业务，而是在订货信息的基础上，管理从生产到发货全过程的业务。特别是制造商为了缩短商品配送时间，同时降低成本，必须通过这种信息系统制订配送计划。商品生产出来后，装载在车辆中进行配送。而对于发货量较多的企业，需要综合考虑并组合车辆的装载量和运行路线，即当车辆有限时，在提高单车装载量的同时，应该事先设计好行车路线和不同路线的行车数量等，为的是在配送活动有序开展的同时，追求综合成本的最小化。而且，在制订配车计划过程中，还需要将客户的进货条件考虑在内。例如，进货时间、驾驶员在客户作业现场搬运的必要性、客户附近道路的情况等都需要关注和综合分析。还有客户的商品配送量也对配车计划具有影响，商品配送量少，相应的成本就高，配车应当优先倾向于配送量较多的地域。

为了提高装载率，企业可以先将自己的商品名称、容积、重量等数据输入信息系统中，然后根据客户的订货要求计算出最佳装载率。在实践当中，对于需求比较集中的地区，可以容易地实现高装载率运输，但是对于需求相对较小的地区，可以通过共同配送来提高装载率。

削减配送成本的另一个渠道是追求车辆运行的效率化。提高车辆运行效率的一个有效方法是建立有效的货车追踪系统，即在车辆上搭载一个全球定位系统。通过这种终端与物流中心进行通信，一是对货物在途情况进行控制；二是有效地利用空车信息，合理配车。

5. 削减退货成本

退货成本也是企业物流成本中一个重要的组成部分，而且它经常占有相当大的比例。退货成本之所以成为某些企业主要的物流成本，是因为随着退货会产生一系列的物流费用、退货商品损伤或者滞销而产生的费用和处理退货商品所需的人员费用等各种事务性费用。特别是出现退货的情况，一般是由商品提供者承担随意退回的商品，而且由于这类商品大多数量较小，配送费用有增高的趋势。不仅如此，由于这类商品规模较小，也很分散，商品入库、账单处理等业务也都非常复杂。

控制退货成本首先要分析退货产生的原因。退货可以分为由于客户的原因产生的退货和由于本企业的原因产生的退货两种情况。通常认为客户的原因所产生的退货是不可控制的。对于零售商或批发商而言，其实为了防止商品断货而产生机会成本是其过量进货的主要原因。虽然利用销售终端（POS）系统可以根据不同商品过去的经营绩效来加以调整，但是，对于季节性或流行性商品，却不能合理地进行控制，此时，一旦出现商品滞销，必然会出现退货。要杜绝此类情况发生，就应该不断掌握本企业产品在店铺的销售状况，对于销售不振的产品应及时制定促销策略，而季节性产品或者新产品，应在销售预测的基础上，根据掌握的当天的销售额来确定以后的生产量，即利用产品管理建立起实需型销售体制。从方法上来讲，建立起实需型销售体制，需要在客户店铺设置本企业的POS系统，这样企业就能及时掌握客户的经营情况，进而不断调整企业的产品生产量和产品种类，真正从根本上减少退货现象发生。造成退货现象的一个根本原因是生产方为了片面追求自己的经济利益，采取推进式销售方式而引起的负效应，也就是很多企业为了追求最大销售目标，一味地将商品推销给最终客户，而不管商品实际销售的状况和销售中可能出现的问题，结果造成流通库存增加、销售不振、退货成本高昂。要有效降低退货成本，最重要的是改变企业片面追求销售额的目标战略，在追踪最终需求动向和流通库存的同时，为实现最终需求增加而实施销售促进策略。

6. 利用一体化运输和物流外委降低成本

一体化运输指的是将从制造商到最终消费者之间的商品搬运，利用各种运输工具的有机衔接来实现。运用运输工具的标准化以及运输管理的统一化，去减少商品周转过程中的费用和损失，并大大缩短商品的在途时间。在控制成本方面，还有一种方法就是物流外委，也就是第三方物流或合同制物流。它是利用企业外部的分销公司、运输公司、仓库或第三方货运人执行本企业物流管理或产品分销职能的全部或部分。其范围可以包括对传统运输或仓储服务的有限的简单购买，或者对整个供应链的管理。它可以是常规的，也就是将先前内部开展的工作外委；或者是创新的，有选择地补充物流管理手段，以提高物流效益。一个物流外委服务提供者可以使一个公司从规模经济、更多的门对门运输等方面实现运输费用的节约，并体现出利用这些专业人员与技术的优势。另外，一些突发事件、额外费用的减少增加了工作的有序性和供应链的可预测性。实际上，物流外委的利益不仅局限于降低物流成本上，企业也能在服务和效率上得到许多改进，如增强战略行动的一致性、提高客户反应能力、降低投资需求、带来创新的物流管理技术和有效的渠道管理信息系统等。

（二）物流成本控制的新方法——全面成本管理

全面成本管理在物流经营中占有重要地位，是企业对物流进行有效管理的手段，也是企业物流合理化的评价手段。降低物流成本是继增加销售和降低生产费用之后的第三利润源泉。如何在激烈的市场竞争和瞬息万变的市场环境下，提高物流效率、降低物流成本、获取最大的利润是物流企业面临的一个重要课题。

1. 全面成本管理的基本理论

传统的成本管理方法通常采用减员、企业之间重组合并、减少企业的各种开支和采用多角化经营等方法来降低企业的经营成本。从短期效益来看，企业成本或许有所下降，但从长远利益来看，却并未产生预期的效果，甚至给企业带来许多负面影响。为了使企业能长期有效地降低成本，在竞争中获取有利地位，全面成本管理便应运而生。全面成本管理（Total Cost Management，TCM）是近年来欧洲、美国、日本等国家和地区的一些企业为了有效地应对经济萧条和愈来愈激烈的市场竞争，克服传统成本管理方法的缺陷，对其进行改革而推行的一种新的成本管理方法。TCM 是一种策略优先，强调以"人"为本的现代成本管理方法。它综合利用系统观点、目标管理策略、经营策略等方法，在管理中将企业作为一个系统来考虑，对企业整体活动进行管理和协调，重视人力资源的开发和利用，采用现代化的管理方法和技术，合理地制定企业的目标，把员工的个人目标融入企业的整体目标之中，使企业的近期目标适应于企业的长远目标。TCM 是一项长期的成本改进措施，致力于改善企业基层组织的成本状况。其实质是全方位的成本管理，是对企业所有资源及耗用这些资源的全部行为的管理。

TCM 的思想基础是全面质量管理（TQM），在这个思想的指导下，强调企业的全体人员均参与成本管理，以成本形成的全过程为管理对象，加强成本的事前、事中、事后损失控制，并做到事前、事中、事后三位一体。全面成本管理中的成本管理具有广义、综合的管理内涵，它不仅包括对"料、工、费"的管理，还包括对时间、资源、信息的管理，使管理的目标多元化，使企业在成本管理中增加"着眼点"和"着眼面"，有利于企业全面有效地管理成本。美国企业家根据企业推广全面成本管理的经营总结出了 TCM 的基本管理模式，即 3T、3C、3M 模型。其中 3T 是指高层管理者的重视（Top Management Focus）、技术（Technology）、适时奖励（Timely Reward）；3C 是指成本文化（Cost Culture）、继续教育（Continuous Education）、保证体系（Commitment）；3M 是指企业的任务和目标（Mission & Goal）、监督和控制（Monitoring & Control）、变革机制（Mechanism of Change）。在这个模型中，高层管理者的重视、保证体系和监督和控制之间存在许多双向链，高层管理者在接到反馈信息后便利用技术手段、适时奖励手段对员工进行继续教育来不断改进成本以促使企业形成健康向上的成本文化，因此说，高层管理者的重视是实施 TCM 的"核心"，是 TCM 实施的有力支持。TCM 模型中包括变革机制，这就决定了全面成本管理是动态的管理方式，是循序渐进的管理过程，具有随着企业内外部环境的变化而变化的能力。它的变革机制是 TCM 不断改进、提高和发展的"协调器"。

2. 实施 TCM 是降低物流成本的有效方法

（1）有效地克服物流成本的"效益背反"。成本的"效益背反"是物流领域中的普遍现象，是这一领域内部矛盾的反映和表现。它是物流成本管理中主要的"结合部"问题。全面成本管理是对物流成本进行全方位的管理，使成本管理涉及物流活动的所有环节和所有部门，以物品移动的全过程为主体，对物流活动的全过程进行系统的统一管理，充分协调各部门、各环节的成本费用，以总成本降低为主要目的，最大限度地降低物流成本，有效地处理物流成本的"效益背反"关系。

（2）加快物流合理化进程。降低物流成本是推动物流合理化的直接原因。传统的成本观念认为成本、质量、时间、可靠性是相互矛盾的，提高质量、缩短时间、增强可靠性必然会导致成本的升高，但 TCM 将四个方面看成是相辅相成的，只要合理地协调它们之间的关系，就可以达到长期削减成本的目的。这一点给物流成本管理带来了新的思路。对物流企业来说，服务质量的提高、配送可靠性能的增加、物流速度的加快是物流成本效率提高的保证，物流企业的宗旨是为客户提供快速、可靠、高质量的服务和客户满意的产品。质量、时间、可靠性是物流具有功效的量化表现，是物流合理化所追求的三个主要目标。实施全面成本管理，从物流系统的整体出发，充分协调质量、时间、可靠性三者之间的关系，以达到物流系统整体优化的目的。这是加快物流合理化进程的一条行之有效的方法。

(3) 能系统、全面地核算物流成本。物流系统不同于其他的生产系统，它庞杂、零乱、涉及的因素繁多。在核算物流成本时，如何合理地确定物流成本的范围是物流成本管理的一大难题。有时即使决定了物流成本的范围，也往往仅核算其中的一小部分，正如日本西泽修教授的"物流冰山说"中所指：一般情况下，对外支付的物流费用仅是核算冰山的一角。采用 TCM 策略，对物流成本发生的全过程进行管理，就可以全面掌握物流发生的费用，合理地确定计入物流成本的费用，全面地核算物流成本，真实地反映物流企业的实际经营成果。

三、物流成本系统的本量利分析

(一) 本量利分析的原理

本量利分析即 CVP 分析，是"成本—业务量—利润分析"的简称，指的是在变动成本计算模式的基础上，以数学化模型与图形来揭示固定成本总额、变动成本总额、利润、业务量、营业收入、单价等变量之间的内在规律性联系，为企业预测、决策和规划提供必要财务信息的一种定量分析方法。本量利分析的基本模型可用如下公式表示。

$$
\begin{aligned}
\text{利润} &= \text{营业收入} - \text{变动成本总额} - \text{固定成本总额} \\
&= \text{单价} \times \text{业务量} - \text{单位变动成本} \times \text{业务量} - \text{固定成本总额} \\
&= (\text{单价} - \text{单位变动成本}) \times \text{业务量} - \text{固定成本总额} \\
&= \text{单位边际贡献} \times \text{业务量} - \text{固定成本总额} \\
&= \text{边际贡献总额} - \text{固定成本总额}
\end{aligned}
$$

$$
\begin{aligned}
\text{利润} + \text{固定成本总额} = \text{边际贡献总额} &= \text{营业收入} - \text{变动成本总额} \\
&= (\text{单价} - \text{单位变动成本}) \times \text{业务量}
\end{aligned}
$$

$$\frac{\text{利润} + \text{固定成本总额}}{\text{业务量}} = \text{单位边际贡献} = \text{单价} - \text{单位变动成本}$$

$$\frac{\text{利润} + \text{固定成本总额}}{\text{营业收入}} = \text{边际贡献率} = \frac{\text{单价} - \text{单位变动成本}}{\text{单价}} = 1 - \text{变动成本率}$$

若考虑所得税，则用下式将以上各式中的利润替代：

$$\text{利润} = \frac{\text{净利润}}{1 - \text{所得税税率}}$$

边际贡献又称贡献边际、贡献毛利、边际利润或创利额，指的是营业收入与相应变动成本总额之间的差额，它主要以边际贡献总额、单位边际贡献和边际贡献率三种形式表现。单位边际贡献指某产品或服务的单价减去单位变动成本后的差额，或者可用边际贡献总额除以相关业务量求得；而边际贡献率指的是边际贡献总额占营业收入的百分比，同时又等于单位边际贡献占单价的百分比。

在上面所列的公式中，产品或服务的单位边际贡献＝单价－单位变动成本，而（单价－单位变动成本）×业务量＝边际贡献总额。因此，各种物流产品所提供的边际贡献，虽然不是物流的营业净利润，但它与物流的营业净利润的形成密切相关。其原因是边际贡献首先用于补偿物流系统的固定成本，边际贡献弥补固定成本后的余额就是企业或物流系统的利润。

（二）单项物流服务的本量利分析

本量利分析包括盈亏平衡分析与盈利条件下的本量利分析。只有当物流系统所实现的边际贡献总额大于固定成本总额时才能实现利润，不然物流系统将会出现亏损。而当边际贡献总额正好等于固定成本总额时，物流系统不盈不亏。

盈亏平衡点也称为保本点，指的是企业或物流系统的经营规模（业务量）刚好使利润为零，出现不盈不亏的状况。盈亏平衡分析就是利用营业收入、成本、利润等因素之间的函数关系，预测企业或物流系统在什么情况下可以达到不盈不亏的状态。而盈利条件下的本量利分析主要研究在特定利润要求情况下应达到的业务量和在一定业务量情况下企业或物流系统的利润以及安全边际情况。

本量利分析的应用相当广泛，与预测技术相结合，可进行物流系统保本预测，确定目标利润实现的最少业务量预测等；与决策融为一体，物流系统能据此进行作业决策、定价决策和投资不确定性分析；与物流经营分析相联系，能够促使物流系统降低经营风险。另外，它还可以应用于物流的成本控制、全面预算和责任会计。

单项物流服务的本量利分析也包括保本点分析和盈利条件下的本量利分析。

1. 保本点分析

单项物流服务保本点指的是能使物流达到保本状态的单项业务量的总称，也就是说在该业务量水平上，物流业务收入与变动成本之差刚好与固定成本持平。增加业务量就有盈利；反之，就会导致亏损发生。

单项物流服务的保本点有保本点业务量和保本点营业收入两种表现形式。它们都是达到收支平衡实现保本的物流业务量指标。保本点的确定过程就是计算保本点业务量和保本点营业收入的过程。在物流多项作业条件下，尽管也可以按具体品种计算各自的保本业务量，可是由于不同服务的业务量不能直接相加，所以，一般只能确定它们总的保本点营业收入，而不能确定总保本点业务量。

2. 安全边际和安全边际率

安全边际体现为安全边际量和安全边际额，就是把盈亏临界点和企业的利润联系起来，指的是实际（或预计）业务量（或营业收入）与盈亏临界点的业务量（或营业收入）的差额。它表示企业从目前状态至盈亏临界点状态的下降空间大小，也就是企业的业务量或营业收入降低多少还不至于造成亏损。它可以用于分析企业或物流系统所面临的经营风险的大小。根据定义，安全边际可以用实物量或是价值量来表示，其公式如下：

安全边际量＝实际（或预计）业务量－盈亏临界点业务量

安全边际额＝实际（或预计）营业收入－盈亏临界点营业收入

对于企业来说，安全边际越大，经营风险越低。另外，反映企业经营安全程度的另一个指标是安全边际率。

$$安全边际率=\frac{安全边际量}{实际（或预计）业务量}=\frac{安全边际额}{实际（或预计）营业收入}$$

企业或物流系统可以通过降低单位变动成本与固定成本、扩大业务量或提高价格等方式来提高安全边际率，降低经营风险。

3. 经营风险

可以用安全边际来衡量物流企业或者物流系统的经营风险，也可以用经营杠杆或营业杠杆来衡量。根据成本性态的原理，业务量在一定范围内的增减不会改变固定成本总额，但它会使得单位固定成本随之增减，从而使单位产品的利润发生变化，并使利润的变化率大于业务量的变化率。我们将这种由于固定成本的存在，业务量上较小幅度的变动引起利润上较大幅度的变动的现象称为经营杠杆，它能够反映企业的经营风险。

将经营杠杆量化的一个指标是经营杠杆率，也叫作经营杠杆程度，是指利润变动率相当于营业收入变动率的倍数，即：

$$经营杠杆率=\frac{利润变动率}{营业收入变动率}=\frac{边际贡献总额}{利润}=\frac{固定成本总额+利润}{利润}$$

$$=\frac{营业收入-变动成本总额}{营业收入-变动成本总额-固定成本总额}$$

4. 有关因素变动对本量利指标的影响

上述的本量利分析的各种因素均是已知和固定的，而实际上这种静态平衡是不可能维持长久的，当有关因素发生变动时，各项相关指标也会随之变化。掌握各因素和各指标之间的变化规律，有助于企业对物流成本的控制。

（1）相关因素变动对保本点和保利点的影响。当其他因素保持不变而单价单独变动时，单价变动会引起单位边际贡献或边际贡献率的同方向变动，从而会改变保本点和保利点。当单价上升时，使得单位边际贡献上升，从而降低保本点和保利点，使物流经营状况向好的方向发展；而当单价下降时，则恰好相反。

当单位变动成本单独变动时，会使单位边际贡献或边际贡献率反方向变动，从而影响到保本点和保利点。单位变动成本上升会提高保本点和保利点，使物流经营状况向不利的方向发展；反之则相反。

当固定成本总额单独变动时，也会使保本点和保利点发生变化。当固定成本总额增加时，使保本点和保利点提高，从而使物流成本向不利方向发展；反之则相反。

当要求的目标利润单独变动时，只会影响到保利点，但不会影响保本点。业务量的变动不会影响保本点和保利点的计算。

（2）相关因素变动对安全边际的影响。当单价单独变动时，会引起保本点向反方向变动，所以，在业务量一定的条件下，会使安全边际同方向变化。预计业务量单独变动时，会使安全边际向同方向变动。当单位变动成本单独变动时，将导致保本点向同方向变动，故在业务量固定条件下，会使得安全边际向反方向变动。固定成本总额单独变动对安全边际的影响与之类似。

（3）相关因素变动对利润的影响。固定成本总额的变动直接会从反方向改变利润；单位变动成本的变动可通过变动成本总额而从反方向影响利润；单价的变动可通过改变营业收入而从正方向影响利润；业务量的变动可通过改变边际贡献总额而从正方向影响利润。这些关系是企业或物流系统进行利润敏感性分析的重要前提。

第三节 物流定价理论与定价方法

市场在调节资源分配过程中，很大程度上取决于市场上的价格因素。物流服务价格在一定程度上决定社会对物流服务业投资的积极性，具有分配社会物流资源的职能，同时决定社会对各种物流服务设备的利用程度。

商品经济条件下，价格是实现再生产过程的一个重要因素。价格因素在交换中所处的重要地位决定了定价的重要性。定价水平常常成为商品交换成功与否的关键，不同的产品、不同的交货期限及服务项目必然产生不同的价格水平。物流服务价格同其他商品的价格一样，对于物流服务需求、物流服务供应商的收入以及消费者购买行为有着极其重要的影响。因此，合理制定物流服务价格对于物流服务业来说十分关键。

一、影响物流服务定价的因素

物流服务的价格是多种因素综合影响的结果，物流服务商为了正确合理地对服务进行定价，应系统地认识和把握影响物流市场定价的基本因素。影响物流市场定价的主要因素有以下四个方面。

（一）市场结构环境

不同的市场结构环境存在着不同的竞争强度，决定着物流服务定价的自由程度。物流服务商应分析自身所处的市场环境，同时考察竞争者提供给市场的物流服务价格和质量，制定出对自己更为有利的价格。物流服务商可能面临的竞争环境通常有完全竞争市场、不完全竞争市场、寡头竞争市场、完全垄断市场四种情况。不同的竞争环境采用的物流服务定价策略是不同的。

（二）供求关系和需求弹性

物流服务价格受供求关系的影响，围绕价值发生变动。

1. 价格与需求

在其他因素不变的情况下，物流服务价格与物流服务需求量之间存在一种反向变动的关系，即物流服务需求量随着物流服务价格的上升而下降，随着物流服务价格的下降而上升，也就是通常所说的需求规律。

2. 价格与供给

物流供给指的是在某一时间内，物流服务商在一定的价格下愿意并可能提供的物流服务。有效物流供给必须满足有提供物流服务愿望和物流服务供应能力两个条件。

3. 物流供求与物流均衡价格

受价格的影响，物流服务供给量与物流服务需求量的变化方向是相反的。倘若在一定的物流服务价格下，物流服务需求量等于物流服务供给量的时候，市场将达到均衡。此时的价格称为物流均衡价格，交易量称为均衡量。

4. 价格与需求弹性

由于物流服务价格与物流服务需求通常反方向变动，因此弹性系数是一个负值，采用时取其绝对值。不同的服务具有不同的需求弹性。

（三）物流服务成本

物流服务成本指的是物流服务在生产过程和服务过程中所花费的物质消耗与支付的劳动报酬的总和。物流服务成本通常是构成物流服务价格的主要部分，同物流服务价格水平同方向运动。物流服务成本是物流服务商实现再生产的前提，所以物流服务商在制定价格时必须保证其物流服务成本能够收回。物流服务成本包括个别物流服务成本和社会物流服务成本两种基本形态。前者指的是单个物流服务商提供服务所耗费的实际费用。后者是物流服务商制定服务价格时的主要依据，指的是不同物流服务商提供相同服务所耗费的平均物流服务成本，即社会必要劳动时间。因各物流服务商的资源条件和经营管理水平不相同，故个别物流服务成本与社会物流服务成本也会存在差异。所以，物流服务商在定价时，应根据物流服务商的个别物流服务成本与社会物流服务成本之间的差异大小，分别谋取较高利润、平均利润、较低利润或是亏损。

对于单个物流服务商，其个别物流服务成本（物流总成本）由物流服务固定成本和可变成本组成。前者指的是用于物流设施、设备等固定资产投资所发生的费用，在短期内是固定不变的，不随物流服务量变化而变动。后者指的是用在物流服务过程中所在地发生的费用，它随物流服务量的变化而变化，如图 5－1 所示。

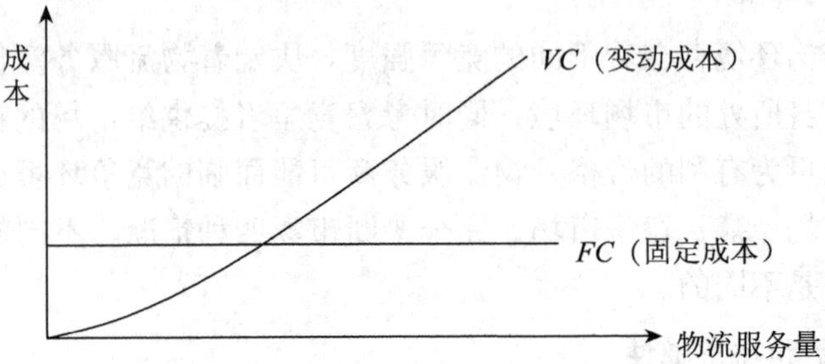

图 5－1　物流服务固定成本、变动成本

若要使物流总成本得到补偿，物流服务价格不能低于物流服务平均成本。物流服务平均成本包括物流服务平均固定成本和平均可变成本两部分。前者随物流服务量的增加而下降；后者在一定物流服务量范围内最初也是下降的，但受边际报酬递减规律的影响，最终会出现上升现象。而物流服务平均成本呈现先下降后上升的 U 形，如图 5－2 所示。

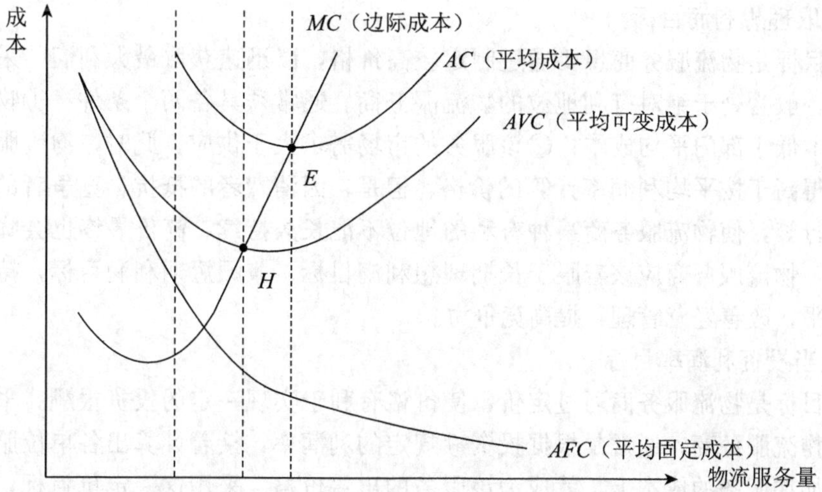

图 5-2　物流服务平均成本、平均可变成本、平均固定成本、边际成本

物流服务边际成本指的是增加一单位物流服务量所增加的总成本。当物流服务量很低时，物流服务边际成本随物流服务量增加而下降；而当物流服务量达到一定规模时，物流服务边际成本随物流服务量增加而上升。

物流服务商盈利的初始点只能在物流服务价格补偿物流服务平均可变成本后等于物流服务平均固定成本之时，即图中的 E 点，该点也称为收支相抵点。在此点，MC 曲线一定交于 AC 曲线最低点，即当 $MC=AC$ 时，物流服务价格刚好等于物流服务平均成本，E 点成为物流服务商核算盈亏的临界点。物流服务价格大于物流服务平均成本，物流服务商就能盈利；反之则会形成亏损。

物流服务商亏损并不意味着会停止提供物流服务。在图中 E 点和 H 点之间，物流服务商可能会继续进行服务，原因是物流服务价格除了能够弥补物流服务平均可变成本外，还能抵偿一部分物流服务平均固定成本。当物流服务价格低于 H 点，物流服务商将会停止提供服务，所以，该点称为物流服务商停业点。市场价格若低于该点，物流服务商连物流服务平均可变成本也赚不回来，也就不再提供物流服务。H 点是 MC 曲线与 AVC 曲线最低点的相交点，也就是当物流服务价格等于物流服务平均可变成本时，物流服务商必然将停业。

（四）物流服务商定价目标

物流服务商定价还受到物流服务商定价目标的影响，不同的定价目标会导致物流服务商采取不同的定价方法和策略，从而定出不同的价格。

1. 稳定市场价格目标

这一目标是物流服务商为了保护自己，避免不必要的价格竞争，并牢固地占有市场，在服务的市场竞争和供求关系比较正常的条件下，在稳定的价格中获取合理的利润而制定服务价格。这一策略通常是行业中处于领先地位的大物流服务商采取。其优点在于一旦市场需求突然发生急剧变化，价格也不会发生大的波动，从而有利于大物流服务商稳固地占领市场。

2. 获取理想利润目标

这一目标是物流服务商想要通过制定较高价格，以迅速获取最大利润。采取这种定价目标的一般为处于绝对有利地位的物流服务商。通常须具备两个条件：①物流服务商的个别成本低于部门平均成本；②该服务的市场需求大于供应。此时，物流服务商可以把价格定得高于按平均利润率计算的价格。但是，因消费者的抵抗、竞争者的加入、替代品的盛行等，使物流服务商某种有利的地位不能长久持续，高价最终也会降至正常水平。所以，物流服务商应该着眼于长期理想利润目标，兼顾短期利润目标，持续提高物流技术水平，改善经营管理，提高竞争力。

3. 适当投资利润率目标

这一目标是物流服务商通过定价，使价格有利于实现一定的投资报酬。采取这种定价目标的物流服务商，通常是根据投资额规定的利润率，接着计算出各单位服务的利润额，把它加在服务的成本上，就成为该服务的出售价格。采用这一定价目标，应注意两个问题。一是要确定合理的利润率。预期的利润率通常应该高于银行的存款利息率，但又不能太高，否则消费者不能接受。二是服务必须是畅销的，不然预期的投资利润率就不能实现。

4. 应付竞争目标

竞争性较强的物流服务商通常采用这种定价策略。为应付竞争，它们在定价前应注意收集同类服务的质量和价格资料，与自己的服务进行比较，最后选择应付竞争的价格。对于力量较强又想扩大市场占有率的物流服务商，可采用低于竞争者的价格；对于资本雄厚，并拥有特殊技术的物流服务商，可采用高于竞争者的价格；对于力量较弱的物流服务商，应采取与竞争者价格相同或略低于竞争者的价格，有时可采取低价，以迫使对手退出市场或阻止对手进入市场。

5. 维持和提高市场占有率目标

市场占有率的高低反映了物流服务商的经营状况和竞争能力，并且关系到物流服务商的发展前景。由于从长期来看，物流服务商的盈利状况是同其市场占有率成正比关系。因而，为了扩大市场占有率，物流服务商必须相对降低服务的价格水平和利润水平。而采用这一策略必须和大批量生产能力结合起来，原因是降价后市场需求量急剧增加，倘若生产能力跟不上，造成供不应求，竞争者就会乘虚而入，反而会损害自身利益。

此外，政府对某些物流服务价格的管制及限定、物流服务商自身发展战略与所采取的竞争策略、物流服务商所处的地理位置等也是决定价格的因素。

二、物流定价理论和方法

物流定价理论来源于企业的实践，它对大多数物流服务商的正确定价具有积极的指导意义。下面介绍的几种不同的定价理论和方法，在实际应用时可选择其中的某一理论作为定价的主要依据，也可以综合加以运用。

（一）劳动价值定价论

这一理论认为，物流劳动价值是指凝结在物流服务中的一般人类劳动，是物流劳动者在实现商品位移过程中所耗费的物化劳动和活劳动的总和。与之相对应，物流服务价值由两部分组成：一部分为过去劳动创造的价值，即已消耗的生产资料价值，也叫转移价值；另一部分是活劳动创造的价值，即新创造的价值。活劳动创造的价值也可分为生产者为个人所创造的劳动价值以及为社会所创造的劳动价值两部分。所以，物流服务价值由以下三部分组成：物流服务过程中转移的物化劳动价值；物流服务商为自己所创造的劳动价值；物流服务商为社会所创造的劳动价值。

物流服务价值是物流服务价格的基础，物流服务价格是物流服务价值的货币表现。因市场供求关系的不断变化，物流服务价格并不总是等于物流服务价值，而是围绕物流服务价值上下波动，这是因为在物流服务生产的过程中，劳动耗费经常变动，而要求物流服务价格随时变动是不可能的。此外，物流服务价格的形成也受物流服务市场供求关系、国家宏观价格政策等因素的影响，因此，一段时间内物流服务价格与物流服务价值不等是正常的。但是，物流服务价格背离物流服务价值不应当是长期的，而应是价值规律自觉作用的结果。从长期来看，物流服务价值与物流服务价格一致是客观经济发展的一般趋势。

根据劳动价值定价论原理，产品价值是产品价格形成的客观经济基础，这一理论强调，在社会平均水平下使得供给方的价值消耗得到充分补偿且有利可得，价格构成内容包括 $C+V+M$。其中 C 为转移价值，即物化劳动的消耗支出，表现为材料、燃料、设备的损耗（固定资产折旧）等方面支出；V 是活劳动消耗支出，表现为劳动报酬支出；M 为利润，是为社会所创造的劳动价值的货币表现。所以，企业竞争一方面是成本控制上的竞争，原因是当个别企业的“$C+V$”低于社会平均水平时，在保证企业获利水平的前提下可降低销售价格；另一方面是优质、优价的竞争。优质包括产品品质优、服务优，因此消耗将会增加，价格就会相应提高。

劳动价值定价论对产品的定价具有重要指导意义，但它在实际应用中的主要困难在于怎样确定 C、V、M 的值，以及怎样应对市场供求变化对短期价格波动的影响。

（二）平均成本定价论

这一理论指的是在物流服务量一定的情况下，物流服务收入必须能够补偿物流服务平均成本。物流服务平均成本是定价的最低界限。

物流服务收入在补偿物流服务平均成本后，还应留有必要的利润以维持和促进物流企业的发展。所以，以物流服务平均成本定价应是物流部门的平均成本加上一定比例的利润，根据物流服务平均成本的变化，确定在不同物流服务量条件下物流服务价格的一种方法。用公式表示即为：

$$P=\frac{F}{Q}+C_V+r$$

式中：P——物流服务价格；

F——固定总成本；

Q——物流服务量；

C_V——单位变动成本；

r——单位物流服务的利润。

以货运物流为例，其运输服务的成本与运量之间的关系如图 5-3 所示。

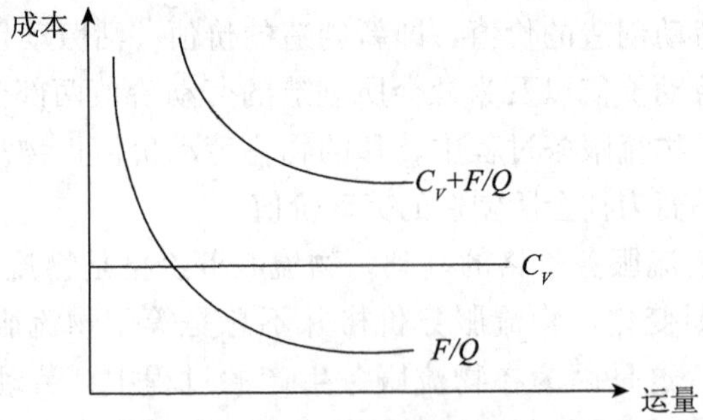

图 5-3　成本与运量的关系

平均成本定价理论的直接运用或延伸运用包括保本定价法（即仅立足于补偿价值消耗来确定商品价格，而不追求利润，适用于新产品或市场销售状况不佳的物流产品定价）、目标成本定价法（即以企业预期的目标成本为基础加一定的目标利润来确定价格）、变动成本定价法（即在变动成本的基础上加上一定的毛利额来确定价格）、成本加成定价法（即在完全成本的基础上加上一定的利润额作为供给的价格，其计算公式为：价格＝平均成本＋预期利润）。

【例 5-1】　某物流服务商生产某种产品 5000 件，固定总成本为 100000 元，单位变动成本为 10 元，预期利润率为 10%。则按照成本加成定价，其价格为：

单位变动成本＝10（元/件）

单位固定成本＝100000/5000＝20（元/件）

单位总成本＝10＋20＝30（元/件）

预期利润率＝10%

价格＝单位总成本＋预期利润＝30＋30×10%＝33（元/件）

平均成本定价理论考虑了从事物流服务生产的劳动消耗与补偿，操作起来较为简单。它通常适合于物流市场不十分活跃，竞争不太激烈，特别是货源比较稳定的运输方式或运输线路的定价。

但是这一定价方法也存在着缺陷，其主要原因是没有考虑物流服务市场上物流服务价格与供求关系、竞争环境之间的相互关联和影响。在市场竞争环境与物流市场需求发生变化时，不能灵活地调整价格以适应市场状况。运用平均成本定价理论对物流服务进行定价的局限性主要表现在以下三个方面。

(1) 提供物流服务的价值消耗是平均成本定价的基础，但对于同一物流服务来说，其价值消耗在特定企业、特定配置下（网络、生产能力、人员等）常常不具可比性，不宜作为定价的基础。

(2) 平均成本定价法强调供给方的价值消耗补偿和获利，却忽略了对需求方利益的关注，不符合实现互利双赢的物流发展理念，不利于物流业务的拓展。

(3) 某些物流服务（如公路运输服务）具有网络性的特点，且规模经济性较为突出，为了尽量弥补成本，降低潜在损失，就要求提供此项服务所带来的增量收入大于增量成本，供给方通常会以低于平均成本的价格提供服务。

（三）负担能力定价论

负担能力定价论，即服务价值定价论，是按照物流服务对物流服务接受方的价值来确定价格。它是以物流服务需求，而不是以物流服务成本为基础定价。按照这一理论，对高价值商品应确定较高的物流服务价格，而对低价值商品则确定较低的物流服务价格。其原因是价值高的商品对高物流服务价格收费的承受能力较大，同时物流服务企业对它承担的责任也更大。

按照这一定价理论，某物流服务企业提供的物流服务可以按制造企业愿意支付的远远高于物流服务成本的价格进行定价，前提是所定价格不超出物流服务本身给客户带来的利益，该定价就是客户所能接受的。这样不仅可增加该物流服务企业的收益，还是客户所愿意和感到满意的，从而达到双赢。

这里存在一个客户感知价值的问题，即对于不同的物流服务，客户感受到的或认定的价值不同，且客户还会把你的产品价格和竞争者的产品价格进行比较，所以，需求和客户感知价值规定了价格的上限。当然，若你的物流服务是独特的，没有竞争性替代品，同时其需求缺乏弹性，你的服务就越能定高价。

在完全垄断的货运市场，货运服务商完全可以根据商品的价值来进行服务价值定价，且不会导致运输损失，也就是按照客户付款的能力或者意愿来制定价格。

我们通常把按服务成本确定的价格作为运输定价的下限，而按服务价值确定的价格作为运输定价的上限，但有时按服务价值确定的价格也能够作为运输定价的下限，这取决于在运送的范围内如何定义边际成本。

假设一个运输商将一批物资从甲地运到乙地的边际成本（即变动成本）为 500 元，平均成本为 600 元，从甲地到乙地的路程叫作运输的去程。运输商采用服务价值定价法，根据物资价值和竞争环境，收取的运输费用为 700 元（能够达到利润最大化）。此时用服务价值定价法作为运价的上限。

因为运输商到达乙地完成运送任务后，必须回到甲地，而回到甲地的路程就叫回程。运输商在回程的过程中会面临一个完全不同的市场。假设在回程路线中的边际成本为 500 元。若运输商决定按照它的边际成本 500 元为基础来定价（服务成本定价法），那么有可能从乙地到甲地的市场中没有能承受这个价格的货运需求方，运输商就会被迫空车返回。这就导致其损失了 500 元。而假如运输商根据市场的需求水平（即服务价值）400 元来对回程定价，尽管这会使价格低于边际成本，但是运输商通过损失 100 元而不是 500 元，使得自己的损失达到了最小。这就叫作损失最小化定价。因而在这里，服务价值定价就被用作运价的下限。

在会计学中，回程的变动成本（边际成本）被定义为与回程活动直接相关的成本，即回程所花费的燃料费用和驾驶员工资为 500 元；而在经济学中，则被定义为空车返回时运输商能够避免的成本，即因装车所发生的附加成本以及因燃料效率减少而增加的成本。这两种定义会导致运输商运用不同的定价理念和经营决策。

（四）供求关系定价论

供求关系定价论认为，边际成本定价与平均成本定价其实是一种供给价格，它只根据物流服务商单方面的成本水平来定价，而按负担能力定价则是一种需求价格。物流市场上供求关系是经常发生变化的，物流服务价格应更多地随着市场供求之间力量的变化而变化。

这一理论强调市场供求关系对制定物流服务价格的影响，即在其他条件不变的情况下，物流服务价格应随物流供给的增加而下降，随物流供给的减少而上升；此外，在其他条件不变的情况下，物流服务价格随物流需求的增加而上升，随物流需求的减少而下降。按供求关系定价不单要考虑物流需求的情况，还要考虑物流供给情况以及其他竞争性替代品的供给情况。

供求关系定价论往往被认为是以完全竞争市场为前提的，它需要满足以下四方面条件。

（1）生产厂商可以自由进出这一行业，生产要素可以自由流动。

（2）市场上有大量的买者和卖者，由于买者和卖者数量太大，任何一个买者或卖者都不会单独影响商品的价格，所以，商品价格是由市场供求决定的。

（3）同一种商品是可以相互替代的。

（4）市场信息是完全的。

当市场中无其他外来因素的干扰和影响时，在竞争力的作用下，需求与供给相互影响，从而达到一种均衡状态，也就是供给曲线与需求曲线的交合点，这一点上的价格称为均衡价格。实际上，市场经常会受到各种外在因素的影响，均衡状态难以达到，价格也就会围绕着均衡价格上下波动。

（五）边际成本定价论

边际成本指的是增加单位物流服务量而引起的总成本的增加量。在生产规模不变时，边际成本实际上就是增加的可变成本，随物流服务量的变化而变化。

以货运物流服务为例，边际成本就是运输总成本对运输周转量的导数，即：

$$MC=\frac{\mathrm{d}TC}{\mathrm{d}Q}$$

式中：TC——运输总成本；

MC——边际成本；

Q——运输周转量。

假设某货运企业某月完成的运输周转量为500万吨千米，运输总成本10万元，则单位运输成本为0.02元/吨千米。当运输周转量增至520万吨千米时，运输总成本增加了1万元，达到11万元。这时的单位运输成本约为0.021元/吨千米，而新增运输周转量的单位成本为0.05元/吨千米，也就是边际成本。

运输业的边际成本通常是很低的，如在未满载的飞机或火车上，再增加一名旅客或一吨货物的边际成本几乎等于零。因而西方一些国家运输价格的制定很多以边际成本为基础。一般来说，当边际成本与边际收入相等时，企业的利润最大。而实际操作中，多以平均成本代替边际成本。边际成本与平均成本的关系如图5-4所示。

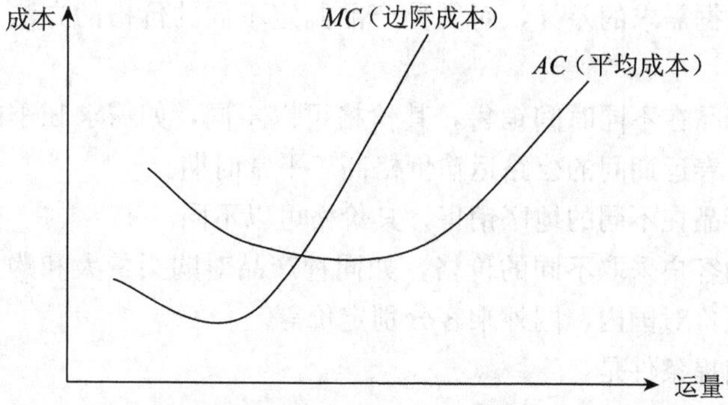

图 5-4 边际成本与平均成本的关系

边际成本定价较适合运输业。当一些线路货源不足，而运能过剩时，其运输平均成本可能较高，而边际成本却可能很低。若是按平均成本定价，不仅会抑制运输需求，还会造成运输设备闲置，运输资源浪费。若是以边际成本定价，由于价格水平相对较低，既可以促进运输需求，又可以提高运输设备的利用率，提高运输收益。边际成本定价理论既考虑了成本消耗，同时又考虑了市场上货运物流供求状况，它能够满足制定分线运价、分区运价的需要。在各种运输方式之间，各运输企业之间为争夺运输市场而展开竞争时，边际成本定价理论被普遍运用。

但是按边际成本定价，有时会使物流服务商的固定成本无法收回，失去持续发展能力，最终损害整个产业。特别是当存在规模经济时，因为边际成本低于平均成本，不能解决固定成本弥补和分摊的问题，这时如果以边际成本定价，收入并不能补偿成本，就会造成物流服务商亏损。

所以，在实际应用边际成本定价理论时，有时需要在边际成本的基础上加上预期的边际贡献。边际贡献指的是物流服务商增加一个产品的销售，所获得的收入减去单位可变成本的数目，即：

边际贡献＝价格－单位可变成本

从上式可以推出单位产品价格的计算公式：

价格＝边际贡献＋单位可变成本

这种定价方法也叫作边际贡献定价法。它的本质仍属于边际成本定价范畴，其优点是易于各产品之间合理分摊固定成本。采用这一方法定价通常低于总成本加成法定价，能大幅提高产品的竞争力，还能使固定成本得到一定程度补偿。根据各种产品边际贡献的大小安排物流服务商的产品线，有利于实现最佳产品组合。

【例 5-2】 某物流服务商的固定成本为 50000 元，每件产品的单位可变成本为 20 元，计划边际总贡献为 10000 元，当销售量预计可达 5000 件时，按边际贡献定价法定价，其价格为：

价格＝边际贡献＋单位可变成本＝10000/5000＋20＝22（元/件）

（六）差别定价理论（价格歧视理论）

价格歧视实际上是将市场按照消费者的类型分为不同的细分市场，在各个细分市场上收取不同的价格，而在同一个细分市场上收取的价格保持不变。

差别定价即根据需求的差异，对同种产品制定不同的价格的方法。它主要包括以下几种形式：

（1）相同的产品在不同时间销售，其价格可以不同，如需求旺季的价格要明显高出需求淡季的价格，春运期间的公路运输价格高于平常时期。

（2）相同的产品在不同的地区销售，其价格可以不同。

（3）对不同的客户采取不同的价格，如同种产品对购买量大和购买量小的采取不同价格，又如航空票价对国内、国外乘客分别定价等。

差别定价的前提条件是：

（1）价格歧视不会引起客户反感。

（2）低价格细分市场的客户没有机会将商品转卖给高价格细分市场客户。

（3）市场可以细分，各细分市场具有不同的需求弹性，或者说企业在不同时期不同市场所面临的需求曲线存在很大不同。

（4）竞争者没有可能在物流服务商以较高价格销售产品的市场上以低价竞争。

（七）拉姆齐定价论

在市场竞争环境下，边际成本定价能够实现社会总福利的最大以及资源配置的最优。可是对于规模经济所导致的天然垄断市场环境下，不受规制的利润最大化的企业将追求垄断利润而偏离边际成本定价原则，故会带来社会总福利的损失。由于边际成本定价所导致的社会总福利最大的“最优”定价规则，盈亏平衡条件下最大化社会总福利的定价规则被称为“次优”定价规则。拉姆齐定价的含义为价格在边际成本上的加成同价格需求弹性的倒数成比例，即：

$$p_i - mc_i = -\frac{\lambda}{1+\lambda} \cdot \frac{1}{\varepsilon_i}$$

式中：p_i ——服务 i 的价格；

mc_i ——边际成本；

ε_i ——价格弹性；

λ ——拉格朗日乘子；

$\frac{\lambda}{1+\lambda}$ ——拉姆齐数（Ramsey Number）。

根据这一规则，价格弹性较低的小客户将被收取较高的价格，因此为固定成本的补偿做出更多的贡献。

拉姆齐定价理论是价格歧视与非线性定价的理论基础，这一理论综合考虑了社会福利和对垄断者的激励效率，在实践中也得到了广泛的应用。

本章小结

本章首先对物流成本的基本概念进行了介绍，包括物流成本的概念、构成；其次介绍了物流成本的控制分析，包括物流成本的控制原理、物流成本控制的方法与物流成本系统的本量利分析三个方面；最后介绍了物流定价理论与定价方法。

通过本章的学习，能够对物流成本理论与物流价格理论有一个初步的了解和总体的把握。

案例分析：顺丰2018年上半年的营业成本增速高于营业收入增速

顺丰2018年上半年营业收入425.04亿元，同比增长32.16%，其中速运物流收入421.60亿元，同比增长31.74%。2018年上半年，公司利润持续稳定增长。其中，归属于上市公司股东的净利润为22.34亿元，同比增长18.59%。

顺丰2018年上半年营业收入的增速远高于国家邮政局公布的2018年上半年快递收入整体增长速度，其净利润也在行业内首屈一指。重要的是，肩负向综合物流服务商转型重担的新业务也得到快速增长，这为顺丰的发展注入更多活力。

身为民营快递的领头羊，顺丰的发展总是备受瞩目，它的业绩的好坏不仅仅代表着一家企业的荣辱成败，更是整个快递行业的现实写照。顺丰各项业务的高速增长无疑为整个快递行业带来更多信心。然而，业绩的高速增长也带动了成本的快速增长。2018年上半年顺丰营业成本的增速超过了营业收入的增速。其实，成本上升不仅仅是顺丰一家企业所面临的风险，更是整个快递行业所面临的风险。

一、新业务快速增长

顺丰除了传统的快递业务外，还拓展了物流服务相关的业务，并且这些新业务做得也是有声有色。这些新业务的高速增长也促使了顺丰向综合物流服务商的成功转型。新业务的高速增长也是顺丰2018年上半年财报中最大的亮点。

目前顺丰的物流服务主要包含时效快递、经济快递、同城配送、仓储服务、国际快递等多种快递服务，物流普运、重货快运等快运服务，以及为生鲜、食品和医药领域的客户提供冷链运输服务。此外，顺丰还提供保价、代收货款等增值服务。在这些业务中，重货快运业务、冷快运业务、同城配送业务以及国际快递业务算是顺丰的新业务，它们正处于高速成长阶段。

顺丰2015年起正式推出重货快运业务，随后便以重货快运业务为切入点，大力发展物流快运业务。2018年3月，顺丰更是建立了“顺心捷达”快运业务独立品牌，此举为公司快速扩展快运业务布局奠定了网络基础。财报显示，顺丰2018年上半年重货快运业务实现不含税营业收入净额34.51亿元，同比增长95.82%，重货快运业务整体市场占有率持续提升。

冷链运输业务也是顺丰近几年的发展重点。随着社会的不断进步，冷链运输的市场需求越来越多，而这一领域却留有很大的空白，顺丰抓住这一机遇，率先拓展冷链运输业务。经过几年发展，顺丰冷链运输业务在行业内也有了一定的知名度。

财报给出的数据完全可以看出冷链运输业务的高速发展。财报显示，2018年上半年，食品冷链运输业务和医药冷链运输业务实现不含税营业收入达15.28亿元，同比增长47.71%，业务保持快速增长。

相较重货快运业务和冷链运输业务，顺丰的同城配送业务起步相对较晚，2007年顺丰才推出“即刻送”业务，随后便快速抢占同城配送物流市场。在客户结构上，顺丰已基本形成多元健康的业务组合，为服装行业、餐饮外卖行业、商超行业、饮品行业、消费电子行业、鲜花蛋糕行业等的主要品牌客户提供快速、优质、安全送达服务。同城配送业务的增长速度自然也很高。2018 年上半年，同城配送业务实现不含税营业收入 3.43 亿元，同比增长 158.79%。

另一个新业务就是国际快递业务，顺丰的国际快递业务也高速发展。2018 年上半年，国际快递业务实现不含税营业收入 12.21 亿元，同比增长 40.78%。

这些新业务不仅收入增速很快，在顺丰整个业务板块中的比重也在逐渐增加。顺丰重货快运业务 2018 年上半年收入占总营业收入比重为 8.12%，去年同期比重为 5.48%，增长了 2.64 个百分点；冷链运输业务上半年占比是 3.60%，去年同期占比 3.22%，增长了 0.38 个百分点；同城配送业务上半年占比是 0.81%，去年同期占比 0.41%，增长了 0.4 个百分点；国际快递业务上半年占比 2.87%，去年同期占比 2.70%，增长了 0.17 个百分点。

尽管目前这些新业务所占的比重还不是很高，但是它们的发展速度很快，这使顺丰在今后的成长中更有生命力。顺丰的 2018 年半年报中也提到，公司上半年传统业务保持良好增长，得益于新业务快速增长，综合物流服务能力进一步提升。

二、运营成本增速超过收入增速

“增长”一直贯穿着顺丰 2018 年上半年的整个财务报告，除了收入的增长，利润的增长，还有一个板块也是增长的，那就是营业成本。当然，营业成本的增长并不是好事，却又是业务增长的必然。但是，对于顺丰而言，成本的增速却高于了收入的增速，这多少有些让人担忧。

2018 年上半年顺丰主营业务营业成本为 344.67 亿元，上年同期为 253.47 亿元，营业成本同比增长 35.98%。对此，财报也做出了解释：营业成本较上年同期增加 91.20 亿元，主要是随本期营业收入增加，营业成本同步上升。

除此之外，顺丰的营业费用也在增加。2018 年上半年销售费用 9.60 亿元，比上年同期增长了 50.94%。财报中解释称，销售费用较上年同期增加 3.24 亿元，主要是随业务增长的市场营销费用增加及新业务的市场开拓费用增加所致。

上半年管理费用 38.16 亿元，比上年同期增长了 18.98%。上半年研发费用 4 亿元，比上年同期增长了 93.23%。财报解释称，研发费用增加 1.93 亿元，主要是随研发活动增加，相关费用支出同步增加。

顺丰 2018 年上半年营业收入同比增长 32.16%，营业成本的增速是 35.98%，可见，营业成本的增速高于营业收入的增速。

不仅如此，顺丰的主营业务速运物流的毛利率也在下降。财报显示，2018 年上半年，速运物流业务营业收入 421.60 亿元，营业成本 342.14 亿元，毛利率为 18.85%。营业收入比上年同期增加 31.74%，营业成本比上年同期增加 35.53%，毛利率比上年同期降低 2.27%。

对于成本增加带来的风险，顺丰也早有认识，财报中也明确提到了这个风险因素。财报显示，传统快递行业属于劳动密集型行业，在揽件、分拣、转运、投递等各个操作环节均有较大的人工需求。随着我国人口红利的下降，人力成本存在一定的上升压力。

同时，物流基础设施等方面的投入也在增长，如果未来公司不能获得足够的业务量或无法有效地管控成本投入，将可能对未来的业绩增长带来一定的压力。

其实，不仅顺丰面临成本增长的巨大压力，整个快递行业都陷入成本上升带来的困境中。因此，在行业高速发展的过程中，与规模和速度同样重要的就是控制运营成本。

思考：

1. 顺丰2018年上半年营业成本增速高于营业收入增速的原因。
2. 降低营业成本的建议有哪些？

复习思考题

1. 什么是物流成本，按物流成本的性态物流成本可以分为哪几类？
2. 为什么说通过供应链管理能够削减物流成本？
3. 企业怎样进行物流成本控制？
4. 什么是本量利分析，其原理是什么？
5. 请简述负担能力定价论和边际成本定价论。

第六章　物流系统的经济评价理论

进入21世纪，中国的物流业进入了高速发展的时期，特别是中国加入世界贸易组织（WTO）以后，中国经济将进一步融入国际社会。在竞争加剧的市场经济背景下，如何获得更多的经济价值是让企业家们挠头的重要问题之一。长期以来，许多厂商把经营重点都放在生产和销售环节上，对物流管理比较粗放。为了寻求更高的经济价值，不仅需要重视降低生产成本和销售成本，同时对物流中潜在的利润更需要给予足够重视。实践表明，加强物流管理是企业从内部寻找利润的有效途径，也是企业增强外部竞争力的迫切要求。自20世纪90年代物流业在我国开始发展以来，对物流系统进行的科学评价仍处于局部操作和借鉴其他已有方法阶段，缺乏系统、科学的评价理论和方法的支持。

第一节　概　述

一、物流系统的概念及基本框架

（一）物流系统的概念

物流系统在一般意义上指的是在一定的时间和空间里，由为所需位移和服务的货物提供服务的设备（含包装设备、装卸搬运机械、运输工具以及仓储设施）、组织服务的人与信息等若干相互制约的动态要素所构成的具有特定功能的有机整体。它由运输、储存、包装、搬运、配送、流通加工及信息处理等子系统组成。运输、储存、搬运、装卸、包装、信息处理、流通加工等环节所消耗的设备、劳务、材料等资源，作为系统的输入经过处理转化，变成系统的输出，即物流服务。

物流系统是社会经济大系统的一个子系统或者组成部分，涵盖了全部社会产品在社会上与企业中的运动过程，涵盖了第一、第二、第三产业以及全部社会再生产过程。因此，物流系统涉及的是一个非常庞大而复杂的领域。而正是由于物流系统本身的复杂性，才使得对其的研究显得更加困难。

（二）物流系统的特点及一般模式

1. 物流系统的特点

（1）物流系统的对象异常复杂。物流系统的对象是物质产品，不但包括生产资料、消费资料，还包括废旧、废弃物品等。所以，物流系统将全部国民经济产品的复杂性集于一身。

（2）物流系统稳定性较差而动态性较强。物流系统与生产系统的一个重大区别在于：生产系统按照固定的产品、固定的生产方式，连续或者不连续地生产，少有变化，系统稳定的时间较长。而通常的物流系统总是连接多个生产企业和用户，随需求、渠道、供应、价格的变化，系统内要素及系统的运行经济发生变化，难以长期稳定。

（3）物流系统属于中间层次系统范畴，本身具有可分性，可以分解成若干个子系统。同时，物流系统在整个社会再生产中又主要处于流通环节中，所以，它必然受更大的系统（如流通系统、社会经济系统）的制约。

（4）物流系统信息情报种类繁多，数据处理工作量大，且信息流量的产生不均匀。

2. 物流系统的一般模式

物流系统包括输入、输出、处理、限制、反馈等功能。物流系统的一般模式如图 6-1 所示。

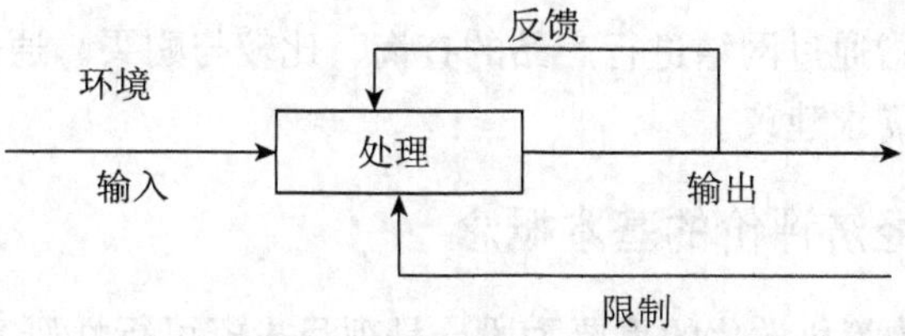

图 6-1　物流系统的一般模式

（三）物流系统的基本框架

从总体上看物流系统应该是实现国内统一的大市场、大贸易、大流通的系统，且它还应与国际市场进行很好的连接，从而为国内、国际贸易及正确引导商品生产与消费服务。物流系统的总体框架如图 6-2 所示。

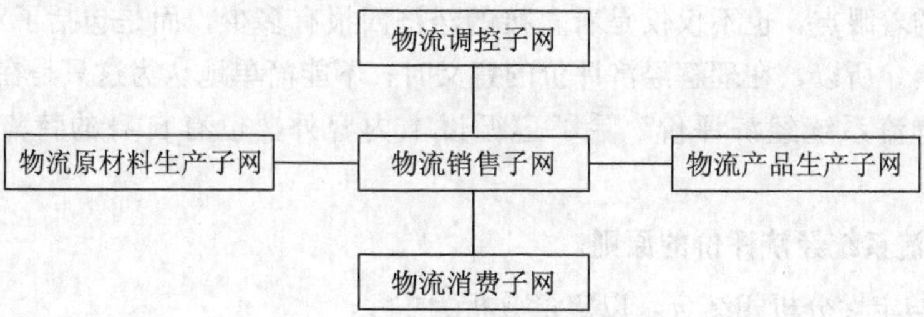

图 6-2　物流系统的总体框架

1. 物流销售子网

物流销售子网应是整个物流系统的核心。这是由于我国社会再生产的主动权已从生产行业转向流通行业而决定的，因此，销售活动成了商品经济的中心。物流销售子网将现货信息、库存信息、未来需求信息集于一身，组织其产品的合理采购、运输、储存以及销售。

物流销售子网中的生产企业是通过网络化信息进行连接的，高效率地传递生产的信息（生产合同、协议和取向）给生产企业，正确引导生产，向生产企业进行网上采购与电子付款。物流销售子网通过网络与物流消费子网相连，主动（定期或不定期）给消费者发布产品信息，协助消费者选择产品，进行网上销售及售后服务。

2. 物流调控子网

物流调控子网通过对物流销售子网的直接作用，再传递给物流消费子网，能对物流消费子网起到保证作用。在这里，调控对消费的作用是指通过销售实施监测、控制以及调节，最终使消费物流保持畅通。

3. 物流产品生产子网

物流产品生产子网是通过网络实现来对现货市场进行了解的，以销定产，签订电子合同，制订生产的计划。通过网络了解原材料市场，“货比三家”，权衡利弊，制订原材料、能源以及技术等的采购方案。产品生产出以后，通知物流销售子网进行提货，电子付款与结算。

4. 物流消费子网

物流消费子网是指通过网络进行产品的查询、比较与购买。通过网络获得售后服务，并提出对未来产品的需求建议。

二、物流系统经济评价的基本概念

经济评价是项目决策科学化的重要手段，是项目投资可行性研究的重要内容之一，是项目投资决策的基本依据。经济评价的核心是考察分析投资项目的经济效益和社会效益。

（一）物流系统经济评价的含义

经济评价内容基本可分为财务评价、国民经济评价以及社会评价。因为有条件的限制，目前仅进行财务评价与国民经济评价，而在通常情况下，技术评价应包括在经济评价范围内。经济评价前应先做财务评价。但需要我们明确的是，根据现代经济评价理论，经济评价的内容并不单是财务评价，而是包括了国民经济评价与社会评价的综合评价。所以，评价的着眼点，也不仅仅是看直接的经济回报有多少，而是包括了对各种社会效果的综合考察。所以，在理解经济评价的意义时，不能简单地认为这只是在算经济账。

而对于物流系统经济评价，除了遵循以上内容外，也有自身的特点，如图 6 - 3 所示。

（二）物流系统经济评价的原则

1. 定量与定性分析相结合，以定量分析为主

定量分析具有明确的综合数学概念，易于进行经济分析比较，但是也有一些经济因素不能量化，只能用定性方法对其作出正确表述，因此，须采用定性及定量分析相结合的方法进行评价。

2. 动态分析与静态分析相结合，以动态分析为主

利用复利计算法将不同时间内的资金流入和流出换算成同时间的价值，使不同项目及不同方案具有可比性，并能反映未来时期发展的情况，这对树立资金合理利用和提高效益的观念具有很重要的意义。静态指标具有简单、直观以及方便等优点，评价时可作为辅助分析之用。

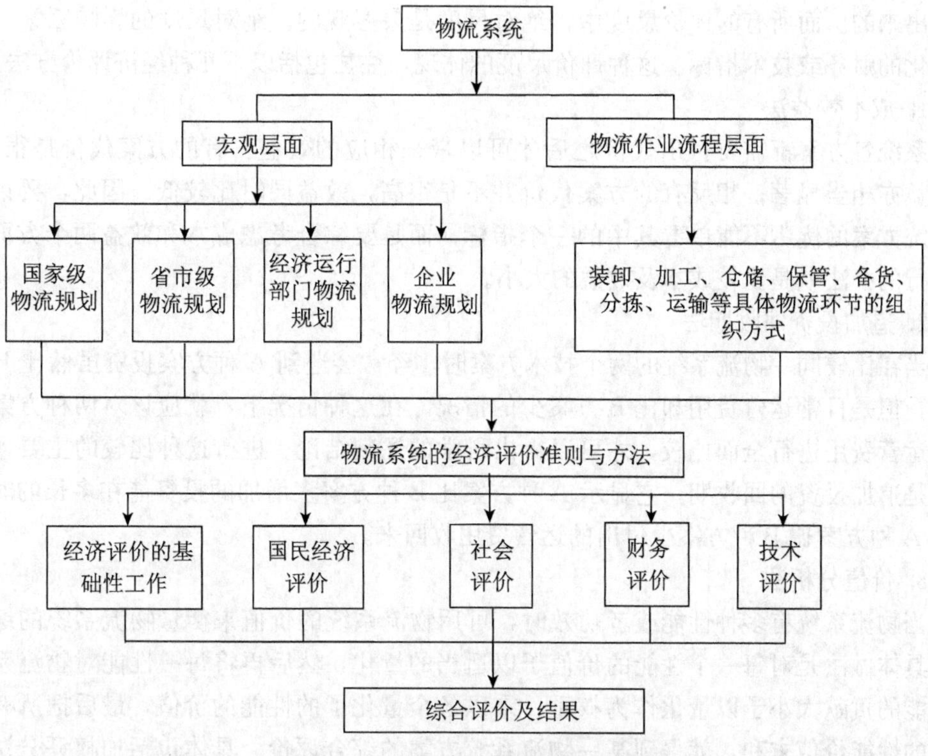

图 6-3　物流系统经济评价的内容

3. 预测分析与统计分析相结合，以预测分析为主

国民经济评价时所需的数据，不仅要以统计数据实际达到的水平作依据，还要做有根据的预测分析。现金流量的时间、数额主要是在预测的基础上，对某些不确定因素及风险做出分析及估计。

4. 宏观与微观效益分析相结合，以宏观效益分析为主

项目经济评价时，应从微观角度进行盈利测算，且应从宏观角度考察项目需要国民经济付出的代价和项目对国家做出的贡献。对财务评价和国民经济评价结论均可行的项目，应予以通过。对国民经济评价结论不可行的项目，通常应予以否定。

（三）物流系统经济评价尺度

评价系统是由评价主体、评价对象、评价时期、评价目的、评价地点等要素构成的一个综合性系统。因此，对评价主体来说，首先是引进和确定评价的标准（尺度），然后通过评价尺度，对评价对象进行测定，并且确定它的价值。

常用的评价尺度大致可分为以下四种。第一种称为绝对的尺度，即规定原点尺度不变。有些场合要求测得数值差才有意义，此时采用第二种评价尺度——间隔的尺度最合适。第三种是顺序的尺度，它可以用顺序或反映顺序的字符来表示，这时需要的只是它的顺序的关系。第四种是名义的尺度，这只是为了识别或分类需要而用数字与对象相对应。在评价中，要根据评价目的及评价对象的性质来选择确定评价尺度。

评价尺度，作为对系统各方案做出评价结论的依据及标准，是通过一定的评价方法

体现出来的。而所有的评价尺度中，绝对尺度是最客观的。绝对尺度的影响因素一般是可量化的财务或技术指标。这种评价尺度的体现，往往包括以下几种经济评价方法。

1. 成本效益法

系统各方案都需要付出代价之后才可以带来相应的效益。有的方案代价是很高的，但效益亦相当显著；相反有的方案代价并不是很高，效益同时比较低。因此，要评价物流系统方案的优劣不能单看其中的一个指标，而是要综合考虑成本和效益两个方面。比较通行的办法就是比较成本及效益的大小。

2. 追加投资回收期法

当在比较同一物流系统的两个技术方案时，经常会遇到 A 种方案投资虽然比 B 种方案大，但是日常运营费用却比 B 方案少的情况。在这种情况下，就应该对两种方案的投资和运营费用进行全面比较，才可以得出科学的评判结论。进行这种比较的主要评价指标就是追加投资的回收期，它显示 A 种方案比 B 种方案多增加的投资能在多长的时间内通过 A 种方案比 B 种方案少付出的运营费用收回来。

3. 价值分析法

当物流系统有多种性能或者功效时，可用物流系统的价值来衡量物流系统的综合功能。具体做法是对每一个性能的价值予以适当的量化，然后再将每一性能对物流系统综合功能的贡献大小予以量化作为权重，乘以各个量化了的性能的价值，最后把所有的加了权的性能价值求和，就得到某一物流系统方案的综合评价。具体包括加权评分法、交叉影响评分法以及价值评估法等。

三、物流系统经济评价的构成及步骤

对物流系统进行经济评价，首先要做的就是要明确物流系统的构成要素与其结构，在此基础之上，就要按照一定的步骤与方法进行物流系统的经济评价。只有明确了物流系统的组成要素，才能建立科学的评价指标体系。只有有条理的评价步骤和科学的方法，评价工作才能顺利完成。

（一）物流系统的构成要素

1. 物流系统的一般要素

物流系统通常是由资金、物以及任务目标等要素组成的有机整体。物流系统的一般要素具体可分成以下三个方面。

（1）资金。资金是物流活动中不可缺少的。货币作为交换的媒介，实现交换的物流过程，实际也是资金运动的过程。同时物流服务本身也是需要以货币作为媒介。离开资金这一要素，物流不可能实现。

（2）物。它是指物流作业中的原材料、半成品、成品、能源、动力等物质条件，包括物流系统的劳动对象，即各种实物，以及劳动工具和劳动手段，比如各种物流设施、工具、各种消耗材料（保护材料、燃料）等。没有物，物流系统便成了无本之木。

（3）任务目标。任务目标是指物流活动预期安排与设计的物资储存计划、运输计划及与其他单位签订的各项物流合同等。

2. 物流系统的功能要素

物流系统的功能要素指的是物流系统所具有的基本能力，这些基本能力有效地组合在一起，便构成了物流系统的总功能，便能合理及有效地实现物流系统的目标。它包括运输、储存、装卸、搬运、包装、配送、流通加工以及信息处理。

如果从物流活动的实际工作环节来考察，物流就是由上述八项不同的工作构成的。换句话说，物流可以实现以上八项功能。

3. 物流系统的支撑要素

物流系统的建立需要有众多不同的条件，要确定物流系统的地位，要协调其和其他系统的关系，这些要素必不可少。它主要包括以下四个方面。

(1) 体制与制度。物流系统的体制与制度决定了物流系统的结构、组织、领导和管理方式。物流系统的地位、范畴是物流系统的重要保障。只有具备这个支撑条件，物流系统在国民经济中的地位才能得到确立。

(2) 行政与命令。物流系统与一般系统不同之处在于物流系统关系到国家军事、经济命脉，因此，行政、命令等手段也常常是物流系统正常运转的重要支撑因素。

(3) 法律与规章。物流系统的运行，不可避免会涉及企业或者个人的权益问题。法律与规章一方面限制及规范物流系统的活动，使之与更大系统相互协调，另一方面是给予了保障。合同的执行、权益的划分以及责任的确定都需要法律、规章维系。

(4) 标准化系统。标准化可以保证物流环节协调运行，这是物流系统和其他系统在技术上实现联结的重要支撑条件。

4. 物流系统的物质基础要素

物流系统的建立与运行，需要有大量的与之相配套的设施。而这些设施的有机联系对物流系统的运行的实现有决定意义。这些要素对实现物流系统的功能也是必不可少的。物流系统的物质基础要素主要包括以下四个方面。

(1) 物流设施。物流设施是组织物流系统运行的基础物质条件，包括物流站、货场、仓库、物流中心、物流线路、建筑、铁路、公路、港口等。

(2) 物流装备。物流装备是保证物流系统运行的条件，包括仓库货架、加工设备、进出库设备、运输设备以及装卸机械等。

(3) 物流工具。物流工具是物流系统运行的物质条件，是由包装工具、维护保养工具以及办公设备等构成。

(4) 信息技术与网络。信息技术与网络是掌握及传递物流信息的手段，包括通信设备以及线路、传真设备、计算机和网络设备等。

(二) 物流系统经济评价的步骤

评价是根据明确的目标来测定对象系统不同的属性，并且将这种属性变为客观定量的计算值或者主观效用的行为过程。这一过程一般包括三个步骤：一是明确评价的目的；二是建立评价指标体系；三是选择评价方法并且建立评价模型。物流系统经济评价也要遵循这样的评价过程，其具体的步骤如下。

1. 确定评价的目的

对物流系统进行综合的评价，是为了从总体上把握物流系统的现状，寻找物流系统的薄弱环节，明确物流系统的改善方向。为此，应将物流系统的各项评价指标的实际值和基准值进行比较。如果以目标值作为基准值，可评价物流系统对预期目标的实现程度，寻找实际与目标的差距所在；如果用物流系统运行的历史值为基准值，则可评价物流系统的发展趋势，从中发现薄弱环节，以便寻找出物流系统的改善潜力。

2. 建立评价指标体系

物流系统评价指标体系影响因素很多，应该从中选择有代表性的评价指标，以便从总体上准确地反映物流系统运行的状况。可将物流系统按水平结构加以划分，选取典型的物流生产率指标与物流质量指标，从而形成具有递阶层次结构的评价指标体系。

3. 选择评价方法并且建立评价模型

从物流系统的综合评价指标体系中可以看出，在对物流系统进行评价时，要注意以下两个方面的问题。

(1) 评价指标多，但是可以划分为不同层次。所以，可通过逐级综合得出对各部分的评价，然后再对系统做出总体的评价。

(2) 由于管理基础工作等方面的原因，有时指标无法精确量化，同时，由于物流系统是多属性的复杂系统，评价结果用一个数值来表示不够全面和准确，因而对各指标进行等级评价具有一定的模糊性。

对物流系统的评价通常采取综合评价方法、静态评价方法与动态评价方法。为了方便说明，根据指标体系建立指标评价表，评价指标的值采用征询专家意见的方法来确定。

第二节　物流系统经济评价的数据包络分析（DEA）方法

一、数据包络分析（DEA）法概述

数据包络分析（Data Envelopment Analysis，DEA）是著名的运筹学家查恩斯及库珀等人以相对效率概念为基础发展起来的一种崭新的效率评价方法。继 1978 年第一个 DEA 模型——C^2R 模型发表后，新的模型以及其他重要理论不断出现，模型的实际应用也日益广泛。DEA 已成为运筹学的一个新的研究领域。

DEA 模型的理论基础是数学规划，比如线性规划及其对偶理论。同时，DEA 又可看作是处理多输入与多输出问题的多目标决策方法，所以，它特别适用于具有多输入与多输出的复杂系统。这主要体现在下面两点。第一，DEA 以决策单元各输入与输出的权重为变量，从最有利于决策单元的角度进行评价，从而避免了主观确定各指标权重的问题。第二，假若每个输出都关联到一个或者多个输入，且输入与输出之间确实存在某种关系，使用 DEA 方法则不必确定这种关系的显式表达式。DEA 方法排除了很多主观的因素，因而具有很强的客观性。成功运用 DEA 的关键在于输入与输出指标的正确选择。

（一）基本概念

1. 决策单元

一个生产过程可以看作是某一个单位在某一个可能的范围内，通过投入一定数量的生产要素并且产出一定数量的“产品”或者“服务”的活动。虽然这种活动的具体内容

各不相同，但是其目的都是尽可能地使这一活动取得最大的“效益”。因为从“投入”到“产出”需要经过一系列决策才能实现，或者说，由于“产出”是决策的结果，因此，这样的单位被称作为决策单元（Decision Making Unit，DMU）。由此可认为，每个DMU都代表或表现出一定的经济意义，它的基本特点是具有一定的投入与产出，并在将投入转化成产出的过程中，努力实现其自身决策目标。

需要指出的是，因研究目的的不同，即使对于同一个DMU，它的“投入”与“产出”指标也会有所不同。所以，为了满足不同研究目的的需要，DMU的投入与产出指标体系的建立要根据实际需要来确定。

2. 生产可能集

设某个决策单元在一项经济活动中的投入向量为 $x=(x_1, x_2, \cdots, x_m)$，产出向量为 $y=(y_1, y_2, \cdots, y_s)$，于是，我们可简单地用 (x, y) 来表示这个决策单元的整个经济活动。

定义1 称集合 $T=\{(x, y) \mid$ 产出 y 能用 x 生产出来$\}$ 为所有可能的生产活动构成的生产可能集。根据实际情况和所研究的问题，通常都假设生产可能集 T 满足以下四条性质：

(1) 凸性。对任意的 $(x, y) \in T$ 与 $(x', y') \in T$，及 $\mu \in [0, 1]$，有 $\mu(x, y)+(1-\mu)(x', y') \in T$，即如果分别以 x 与 x' 的 μ 和 $(1-\mu)$ 倍之和作为新的输入，则可以得到原产出相同比例之和的新的产出。凸性表明集合 T 是一个凸集。

(2) 锥性。若 $(x, y) \in T$ 且 $k \geqslant 0$，则后 $k(x, y)=(kx, ky) \in T$。这表明以 k 倍原投入作为新的投入，则得到 k 倍原产出是可能的。

(3) 无效性。设 $(x, y) \in T$，若 $x' \geqslant x$，则 $(x', y) \in T$；若 $y' \leqslant y$，则 $(x, y') \in T$，这表明在原来的生产活动基础上增加投入或减少产出进行生产总是可能的。

(4) 最小性。生产可能集 T 是满足以上三个条件的所有可能集合的交集。

在满足四个条件的基础上，对于已有的观测值 (x_j, y_j) $(j=1, \cdots, n)$，可以得如下经验生产可能集：

$$T=\{(x, y) \mid \sum_{j=1}^{n}\lambda_j x_j \leqslant x,\ \sum_{j=1}^{n}\lambda_j y_j \geqslant y,\ \sum_{j=1}^{n}\lambda_j=1,\ \forall \lambda_j \geqslant 0,\ j=1, 2, \cdots, n\}$$

3. 有效生产活动

定义2 设 $(x, y) \in T$，若不存在 $(x', y') \in T$，且 $y \leqslant y'$，则称 (x, y) 为有效生产活动。

4. 生产函数

定义3 对于生产可能集 T，所有的有效生产活动（点）(x, y) 构成的 R^{m+s} 空间中的超曲面 $y=f(x)$ 称为生产函数。因生产可能集具有无效性，即允许生产中存在着浪费的现象，所以生产函数 y 是关于 x 的增函数。

5. 区间数

区间数是一种常见的模糊数，在实际的企业绩效评价的问题中，我们研究的区间DEA模型暂时不考虑输入与输出有负数的情况。所以，这里只须讨论正区间数的性质及其排序。

定义 4 设 $\boldsymbol{R}$ 为实数域，称区间 $[a, b]$ 为区间数。其中，$a\in\boldsymbol{R}$，$b\in\boldsymbol{R}$，$n\leqslant 6$，$\boldsymbol{R}$ 上的全体区间数记为 $\boldsymbol{R}'$。

定义 5 若 $0<a<b$，则称 $[a, b]$ 为正区间数；若 $0<a<b<\infty$，称 $[a, b]$ 为正的有界区间数。假设 $k>0$，$[a, b]$ 与 $[c, d]$ 为正区间数，于是：

① $[a, b] + [c, d] = [(a+c), (b+d)]$

② $[a, b] \times [c, d] = [(a\times c), (b\times d)]$

③ $[a, b] \div [c, d] = [(a\div d), (b\div c)]$

④ $k\times [a, b] = [(k\times a), (k\times b)]$

⑤ $1\div [a, b] = [(1\div b), (1\div a)]$

定义 6 设 $a = [a^-, a^+]$，$b=[b^-, b^+]$，a 与 b 均是正区间数。若 $a^-\leqslant b^-$，且 $a^+\leqslant b^+$，则 $a\leqslant b$。

（二）DEA 特点

1. 适用范围广

DEA 可以用来处理具有多个投入，特别是具有多个产出的决策单元相对效率测算与评价问题。DEA 在对文化、经济以及科技等不同社会领域评价时都具有很强的应用价值。

2. 科学性强

DEA 方法在构造“有效生产前沿面”时剔除了非 DEA 有效的决策单元，从而排除了由于统计误差等因素对于有效生产前沿面的影响。因此，该有效生产前沿面是真正的生产前沿面。且 DEA 在测算若干决策单元的相对效率时注重的是对每一个 DMU 进行优化，通过 n 次优化运算得到每个 DMU 的优化解。这样所得出的相对效率是最优值，所得出的权重也是最优的，是最有利于该决策单元的相对效率，而不是对 DMU 集合的整体进行的单一优化，因而得到更切实际的评价值。然而，统计分析方法注重对整体（所有决策单元）的优化，这是一种“平均优化”，难免会掩盖某些决策单元的个性特征。

3. 计算客观且方便

DEA 以决策单元的各个投入指标与产出指标的权重为变量进行评价运算，而不是预先借助于主观判定或者其他方法确定指标的权重。从而避免了确定权重的误差，使得评价结果更具客观性。

另外，DEA 方法可直接采用统计数据进行运算，而不像一般统计评价模型那样，需要对指标体系重新定义或者需要预先对指标进行相关分析，从而避免了建立评价指标体系及确定某一投入指标对若干产出指标的贡献率等烦琐的智力劳动，使评价方法更具简明性与易操作性。

4. 更多的评价信息

DEA 通过“最佳”DMU 子集的选择，可为决策者提供众多有效决策的管理信息。对于非 DEA 有效的决策单元，DEA 不但能够指出有关指标的调整方向是增加还是减少，而且能够给出具体的数量，以确保它们在调整之后能够达到 DEA 的相对有效。

5. 灵活性好

在运用 DEA 评价系统效率时，评价模型与评价指标是分离的，不同的模型或者不同的指标体系能达到不同的评价效果。为了实现评价的目的，在对具体问题评价时可以结合统计学、会计学以及模糊数学等学科知识和运筹学的其他方法，根据实际情况建立合适的模型。

二、物流企业应用 DEA 方法的步骤及模型选择

（一）DEA 方法应用的一般步骤

虽然实际应用所涉及的领域不同，目的也不同，但从总体上讲，DEA 方法在应用步骤上有若干的共同点。了解并掌握这些共同点对我们较准确地应用 DEA 方法有很大的帮助。

1. 确定评价目的

DEA 方法的基本功能是“评价”，尤其是进行多个同类样本间的“相对优劣性”的评价。这样，就有一系列的问题需要明确。比如哪些 DMU 能够在一起进行评价，通过什么样的输入及输出指标体系进行评价，选择什么样的 DEA 模型进行评价等。孤立地看，这些问题都有一定随意性，但是实践证明，为了能使 DEA 方法提供的信息具有较强的科学性，上述这些问题的确定不是随意的，它们应服从于我们应用 DEA 方法的具体目的。

例如，我们的目的是评价学校的办学效益，则“教师人数”可当作系统的输入，若为了评价学校的发展情况，则“教师人数”应作为系统输出，其他如模型的选择、参考集的确定等也有类似的情况。所以，应用 DEA 方法的首要问题是明确评价的目的。

不难看出，这里的关键问题是要求我们能够把系统分析所必需的信息及 DEA 的基本概念比如“相对有效性”“有效生产前沿面”以及“DMU 在前沿面上的投影”等有机地联系在一起。或者说，能够把这些概念“翻译”或者“变换”成我们所进行的系统分析所必需的信息。要做到这一点，除了要对 DEA 的基本概念的背景、实际意义有比较深入与准确的了解，还要求我们能将评价目的 DEA 模型化，即通过适当的 DEA 模型来描述我们的分析目的，这是成功应用 DEA 方法的关键。

2. 选择 DMU

确定参考集就是选择 DMU。因 DEA 方法是在同类型的 DMU 之间进行相对的有效性的评价，所以选择 DMU 的一个基本要求是 DMU 同类型。关于同类型的三个基本的特征，在前面已经有所说明。另外，实际工作中也常通过以下两点帮助我们选择 DMU。

第一，用 DMU 的物理背景来判别，即 DMU 具有相同的环境、相同的输入与相同的任务（相同的产品与服务内容）等。

第二，用 DMU 活动的时间间隔来构造，比如有一个生产过程的时间间隔为 $[0, T]$，现将 $[0, T]$ q 等分，因为每个等分中的生产过程都是原过程的一部分，所以如果将每个等分视为一个，DMU 则可以认为我们一共得到 q 个同类型的 DMU。也有这样的情况，原有 p 个 DMU，具有相同的活动时间的间隔，现将整个间隔 q 等分，并假设依次把 r 个等分归为一组，称为一个“窗口”（“窗口”长 r），再把每个“窗口”内的 $p\times r$

个 DMU 组成一个参考集，如图 6－4 所示。

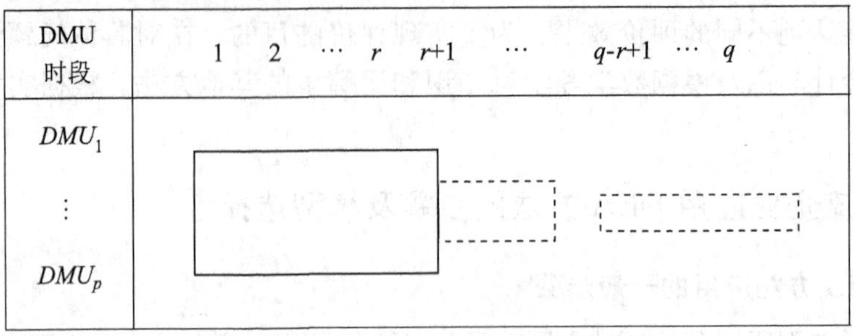

图 6－4 DMU 的时间窗口

通过向前移动“窗口”，一共可得 $q-r+1$ 个各包含 $p\times r$ 个 DMU 的参考集，在此基础上，可根据需要对一部分或者全体参考集进行 DEA 分析。

不难看出，确定“窗口”的长度要适宜，若长度过长，会由于 DMU 物理背景的变化过大影响 $p\times r$ 个 DMU 之间的同类性；若长度过短，则又可使 DMU 之间显示不出差异。具体操作时，应向有关方面的专家咨询，在他们的帮助下加以判定。

人们希望参考集包含的 DMU 的个数越多越好，但是过多的要求难以做到会使 DMU 的同类性受到影响，一般认为参考集元素的个数不少于输入与输出指标总数的两倍为好。

此外，下面的做法值得注意，就是若将较多的 DMU 放在一起组成一个参考集时，“同类型”反映得不够充分。但是若将它们按一定特性分成几个子集，则每个子集内的 DMU 较好地体现出“同类型”，这样，我们可以分别对这几个子集进行 DMU 的分析，再将分析结果或独立地或综合地进行再分析，这样做通常能够得到一些新的有用的信息。

3．建立输入与输出指标体系

建立输入与输出指标体系是应用 DEA 方法的一项基础性前提工作，在这方面，有下面几点值得注意。

第一，要考虑到能够实现评价目的，也就是说输入向量及输出向量的选择要服务、服从于我们确定的评价目的。为了做到这一点，需要我们把评价目的从输入与输出两个不同的侧面分解成若干个指标，且该评价目的的确能够通过以这些输入向量与输出向量构成的生产过程在“黑箱”意义下加以描述。如图 6－5 所示。

比如，评价目的是“企业的经营与管理方面的综合效率”，下面是一组能较充分地实现这一目的的输入与输出指标。

输入指标：

(1) 固定资产净值年平均余额（百万元）。

(2) 流动资金年平均余额（百万元）。

(3) 全部职工年平均人数（百人）。

(4) 工业生产消费能源（千吨）。

(5) 生产用固定资产原值（百万元）。

(6) 产品销售成本（百万元）。

输出指标：

（1）人均利税额（百元）。
（2）净产值占总产值百分比（%）。
（3）资金利税率（%）。
（4）全员劳动生产率（千元/人）。
（5）现价总产值销售收入率（%）。
（6）资金净产值率（%）。
（7）成本利润率（%）。

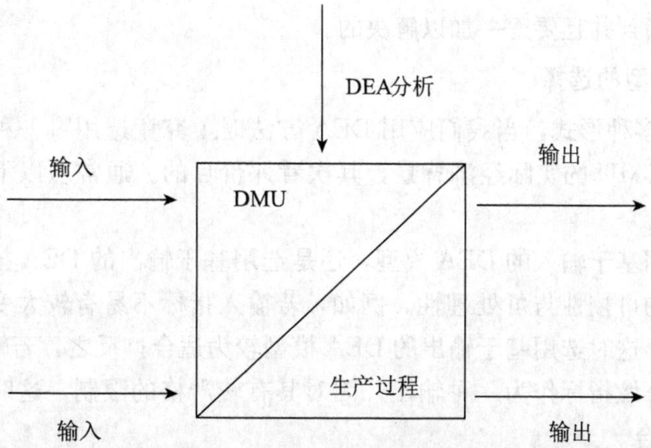

图 6-5 评价指标分解

相比之下，在这里诸如企业的产品产量指标、质量指标、安全指标等均未被选入，主要就是这些指标难以表现评价目的。

第二，要能全面反映评价目的。通常地说，一个评价目的需要多个输入与多个输出才能较为全面地描述，缺少某个或者某些指标常会使评价目的不能完整地得以实现。

第三，要考虑到输入向量与输出向量之间的联系。由于在生产过程中，DMU 各输入和各输出之间往往不是孤立的，所以某些指标被确定为输入或输出后，会对其他指标的认定产生影响。

在实际中，通过向专家咨询或者进行统计分析可以帮助我们做到以上这些，也可在初步确定了输入与输出指标体系后，进行试探性的 DEA 分析。若在用了几组样本数据进行分析后，个别指标对应的权重总是很小，这说明这样的指标对 DMU 有效性的影响不大，所以可以考虑删除这些指标。

第四，要考虑输入与输出指标体系的多样性。因 DEA 方法的核心工作是“评价”，因此很难讲对某个评价目的，指标体系的确定是唯一的，尤其是我们一般希望各 DMU 在 DEA 分析中有效性有显著差别，或希望能观察到哪些指标对 DMU 有效性有显著影响。为了能做到这些，一个常用的方法就是我们可在实现评价目的的大前提下，设计多个输入与输出指标体系，在对各体系进行 DEA 分析后，将分析结果放在一起进行比较分析。比如，在前面所举的企业的经营与管理方面的综合效率评价中，若我们把原来的 7 项输出指标改为如下的 4 项指标：①销售收入（百万元）；②工业总产值（百万元）；

③利税总额（百万元）；④工业净产值（百万元）。并且在工业净产值的计算中，排除因产品销售价与原材料、燃料购进价的变动对收支的影响，分析结果表明，这一改动使有效的大型企业的数量有显著的增加，从中自然也可看出哪些因素对大型企业的经营与管理方面的综合效率有较大的影响。

当然，如果指标的经济意义比较的直观、明显，与评价目的挂钩也较紧，也就很容易地被认定为输入（出）指标。

此外，在输入与输出指标体系的建立过程中，相对性指标与绝对性指标的搭配、定性指标的可度量性、指标数据的可获取性、指标总量究竟多少较为适宜等问题也是我们在实际工作中会遇到并且要逐一加以解决的。

（二）DEA 模型的选择

DEA 模型有多种形式，当我们应用 DEA 方法时，究竟选用哪一种模型呢？回答这个问题，首先看 DMU 的实际经济背景，其次看评价目的。通常从以下五个方面考虑问题是有帮助的。

第一，是选用基于输入的 DEA 模型，还是选用基于输出的 DEA 模型，这主要看对输入（出）指标的可控性与可处理性。例如，若输入指标不易有较大变动或者须基本维持在一定水平上，这时选用基于输出的 DEA 模型较为适合；反之，若输出指标不宜有较大的变动，如把环境指标作为一种输出，因对其有较严格的限制，这时选用基于输入的 DEA 模型较为适合。

第二，因具有非阿基米德无穷小的 DEA 模型在判定 DMU 是否为（弱）DEA 有效及将原来无效的 DMU“投影”到相对有效面上均有方便之处，因此在实际中这一模型常被应用。若对某些有特定要求的生产过程进行 DEA 分析，需根据这些要求选择适当的 DEA 模型。

第三，就有效性本身而言，C^2R 模型是同时针对规模有效性与技术有效性而言的“总体”有效性，而 C^2GS^2 模型只能评价技术有效性。因此，C^2R 模型的生产可能集为闭凸锥，且是建立在规模收益不变的假设下，而 C^2GS^2 模型则反映了规模收益可变情况，对应的生产可能集仅仅为凸集。注意这些不同之处，并结合我们的评价目的与实际背景，也可帮助我们选择较适合的模型。

第四，特别地，如果生产可能集为凸锥、输入以及输出指标数目较多，尤其是由于决策者对输入及输出指标之间的相对重要性有所规定（限制、契约、偏好），并要在评价中对此规定（限制、契约、偏好）有所体现，选用具有锥结构的 C^2WH 模型就比较适合了。

第五，为了得到不同侧面的评价信息，在可能情况下，尽量选用不同类型 DEA 模型同时进行分析，再把分析结果相互地比较，无疑会使评价工作更深刻、更全面、更准确。

第三节　物流系统整体效益的最优批量模型评价

物流系统是围绕核心企业，通过信息流、物流、资金流将供应商、分销商、零售商直到最终用户连成一个整体的功能网链结构有机集合体。更加确切地说，物流系统是描述商品产供销过程中各实体和活动及其相互关系动态变化的网络。

物流中的每个节点既是后一节点的供应商，又是前一节点的客户，供需关系始终贯穿着整个物流环节。在传统的经济批量模型中，订货商只是从自身利益出发，追求的是自身成本最低，而这种订货批量对于供应商来说并非最优的。对于订货商来说，订货批量过大会增加其库存费用，而对于供应商来说，增大订货批量将会减少其设备调整费用进而达到降低生产成本的目的。即供应商和订货商处于矛盾的地位。现代企业之间供应链的竞争，关键在于物流系统各成员能否紧密合作，共享信息，实现物流系统效益的最大化。因此，供需模型研究将是物流管理的一个最重要，也是最基本的内容。

一、物流系统的结构模型

通过系统量化的过程，根据决策者可控制的环境因素，将整个物流系统的行为特征以不同的类别或者方案加以表示，归纳出与决策者有关的各个不同方案的性能指标，展示出各类方案对系统目标产生的效果，建立物流系统结构模型，反映出系统中各组成部分或者各因素之间的关系。整个物流的单一结构模型如图 6-6 所示；整个供应链的并行结构模型如图 6-7 所示。

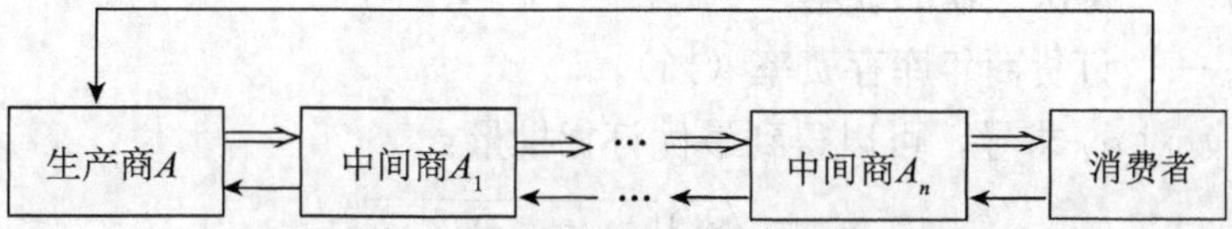

图 6-6 整个物流的单一结构模型

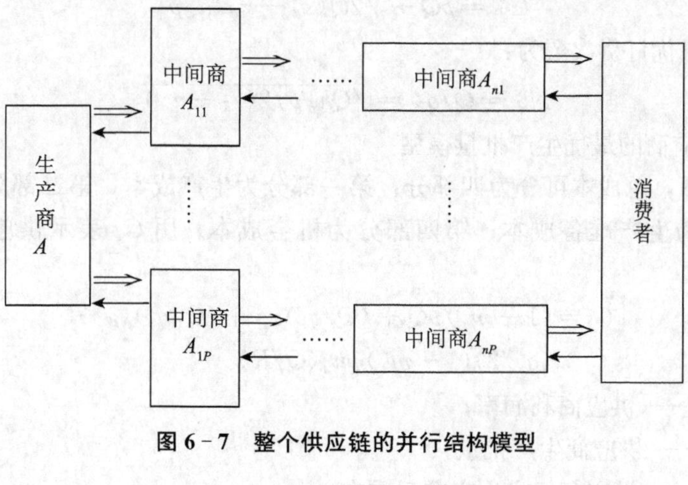

图 6-7 整个供应链的并行结构模型

在图 6-6、图 6-7 中，"⇒"表示"物流"；"→"表示"信息流"。

图 6-6 为单一结构模型，它展现了单一物流系统中生产商和消费者之间的关系，也可清楚地看到各个中间商（节点）上下级次的关系，各个节点可以是制造商、供应商或者消费者，其本身既是客户又是供应商，这是一个最简单的物流系统模型。

图 6-7 为并行结构模型，是实际物流系统的总体的描述，其中包括 P 个层次和多个

级次，与单一物流系统相比此模型似乎更容易达到最优。其原因是：每个中间商（节点）都可寻找多个合适的下一级次的客户，从而使其储存成本达到最小，收益则最高。实际上并非如此，物流系统并行结构模型可细分为多条单一的物流模型，每一条单一模型的最优是总体模型最优的重要保证。同时，消费者面对的价格是否能接受也是总体模型最优关键。由此可见，我们只研究单一物流模型的最优即可。

二、物流系统的数量模型

1．关于订货商的经济批量模型

对于订货商来说年订货总成本可分为以下三部分：第一部分为采购成本；第二部分为订单处理和运输成本；第三部分则为年库存费用。用 C_d 表示年订货的总成本，则：

$$C_d = pQ + (Q/q_d)(s_d + z_d) + (q_d/2)h_d p \tag{6-1}$$

式中：p——商品价格；

Q——订货商年需求量；

q_d——订货商订货批量；

s_d——订货商每次订单处理成本；

z_d——每次运输的成本；

h_d——订货商年库存费率（%）。

式（6-1）对 q_d 求导，可以得到最优订货批量：

$$q_d^* = \sqrt{2Q(s_d + z_d)/h_d p} \tag{6-2}$$

把式（6-2）代入式（6-1）得到订货商的最低订货总成本：

$$C_d^* = pQ + \sqrt{2Q(s_d + z_d)h_d p} \tag{6-3}$$

订货商的最优订货次数为：

$$N_d^* = Q/q_d^* = \sqrt{Qh_d p/2(s_d + z_d)} \tag{6-4}$$

2. 关于供应商的最优生产批量模型

对于供应商，总成本可分为四部分：第一部分为生产成本；第二部分为订单处理成本；第三部分为生产准备成本；第四部分为机会成本。用 C_s 表示供应商的供应总成本，则：

$$C_s = (1 - m_s)pQ + (Q/q_s)s_{s1} + (Q/q_s)s_{s2} + (q_s/2)(1 - m_s)ph_s(Q/R) \tag{6-5}$$

式中：m_s——供应商利润率；

q_s——供应商生产批量；

s_{s1}——供应商每次生产准备成本；

s_{s2}——供应商每一订单处理成本；

h_s——供应商的机会成本；

R——供应商的生产能力。

式（6-5）对 q_s 求导，可得供应商的最优生产批量：

$$q_s^* = \sqrt{2R(s_{s1} + s_{s2})/(1 - m_s)ph_s} \tag{6-6}$$

把式（6-6）代入式（6-5）可得供应商的最低供应的总成本：

$$C_s^* = (1-m_s)pQ + (Q/R)\sqrt{2R(s_{s1}+s_{s2})/(1-m_s)ph_s} \tag{6-7}$$

供应商最优生产次数为：

$$N_s^* = Q/q_s^* = Q\sqrt{(1-m)ph_s/2R(s_{s1}+s_{s2})} \tag{6-8}$$

3. 供需双方独立决策后果分析

因供需双方独立确定其最优订货批量的信息处于不对等的状态，所以，最终的结果将导致缺货或者库存积压，这必将使整个物流系统的成本上升。假若供应商不能及时满足订货商的需求，那么订货商将会马上转向其他供应商，使原供应商失去获利机会；假若供应商库存积压，必然使供应商的成本上升，这将使供应商在激烈的市场竞争中失去优势。所以，供应商在独立的非合作关系中，处于被动的地位。整个物流管理系统要达到最优，就要求供应商主动出击，达到优化的物流系统。

三、物流系统的供需双方合作最优模型

由以上的模型可见，物流系统中的供应商处于被动地位，只有在订货商已做出决策的条件下才可以进行决策。此时供应商的成本相对较高，而订货商则处于最优的决策中，显然整个物流系统未达到最优。从图 6-6 和图 6-7 可知整个物流系统中各节点都可以作为物流系统的子系统，各自都可以达到最优。但从整个物流系统最优化角度讨论，实际中是很难实现的。由于在物流整个系统中的子系统之间的关系是非对称的。为此提出一个价格的折扣模型，使之提高供应商利润的同时也保证订货商成本下降，从而最终达到整个物流系统的最优。

假设供应商要求订货商的订货量增大到原来的最优订货批量的 x 倍，即 xq_d^*，由式（6-1）、式（6-2）得到订货商的总成本：

$$\begin{aligned} C_d(xq_d^*) &= pQ + \frac{Q(s_d+z_d)}{x\sqrt{2Q(s_d+z_d)/h_dp}} + \frac{x\sqrt{2Q(s_d+z_d)/h_dp}}{2}h_dp \\ &= pQ + \sqrt{2Q(s_d+z_d)h_dp}\left(1+(x-1)^2/2x\right) \end{aligned} \tag{6-9}$$

由于 $x \geqslant 1$，则 $C_d(xq_d^*) \geqslant C_d(q_d^*)$，订货商订货成本就增加为：

$$C_d(xq_d^*) - C_d(q_d^*) = \sqrt{2Q(s_d+z_d)h_dp}\,(x-1)^2/2x \tag{6-10}$$

假设供应商给订货商一个价格折扣 a，使订货商采购成本的节约额与由于折扣使库存费用节约额之和大于订货商订货总成本的增加额，则：

$$apQ + \frac{axq_d^*}{2}ph_d > \sqrt{2Q(s_d+z_d)h_dp}\,(x-1)^2/2x \tag{6-11}$$

化简式（6-11）为：

$$a > \sqrt{2Q(s_d+z_d)h_dp}\,(x-1)^2/(2xpQ + x^2q_d^*h_dp) \tag{6-12}$$

从供应商的角度来分析，在打折扣之前的利润 Y_s 为：

$$Y_s = Qm_sp - \frac{Q}{nq_d^*}s_{s1} - \frac{Q}{q_d^*}s_{s2} - \frac{q_d^*}{2}[(n-1)-(n-2)Q/R]h_s(1-m_s)p \tag{6-13}$$

其中，n 为供应商根据订货商最优批量 q_d^* 而确定生产总量 nq_d^* 的单位产品（$n \geqslant 1$），利润最大化时：

$$n=\sqrt{[s_{s1}/(s_d+z_d)](h_d/h_s)[1/(1-m_s)][R/(R-Q)]} \quad (6-14)$$

打折扣后供应商利润为：

$$Y_s'=Q(m_s-a)p-\frac{Q}{n'xq_d^*}s_{s1}-\frac{Q}{xq_d^*}s_{s2}-\frac{xq_d^*}{2}[(n'-1)-(n'-2)Q/R]h_s(1-m_s)p \quad (6-15)$$

利润最大化时：

$$n'=(1/x)\sqrt{[s_{s1}/(s_d+z_d)](h_d/h_s)[1/(1-m_s)][R/(R-Q)]}=n/x \quad (6-16)$$

供应商打折扣的利润应高于打折扣前的利润，即 $Y_s'>Y_s$，得：

$$a<\frac{s_{s2}(x-1)}{q_d^*px}+\frac{q_d^*}{2Q}h_s(1-m_s)(x-1)\frac{R-2Q}{R} \quad (6-17)$$

当订货商的订货成本增加值小于供应商利润的增加值时，下式成立：

$$\sqrt{2Q(s_d+z_d)h_dp}(x-1)^2/(2xpQ+x^2q_d^*h_dp)<\frac{s_{s2}(x-1)}{q_d^*px}+q_d^*h_s(1-m_s)(x-1)\frac{R-2Q}{2QR}$$

则：

$$a\in\left(\sqrt{2Q(s_d+z_d)h_dp}\frac{(x-1)^2}{2xpQ+x^2q_d^*h_dp},\ \frac{s_{s2}(x-1)}{q_d^*px}+q_d^*h_s(1-m_s)(x-1)\frac{R-2Q}{2QR}\right) \quad (6-18)$$

本章小结

本章主要从物流系统的经济评价理论概述开始，介绍了物流系统经济评价的 DEA 方法，最后论述了物流系统整体效益的最优批量模型评价。

本章注重可操作性、实用性和科学性等。

案例分析：物流系统模型应用案例

结合我们调查的实际数据，以某物流企业（具体单位在此略去）对物流系统的两个节点之间折扣模型使用前后进行分析。经调整后的数据如表 6-1 所示。

表 6-1　调整后的数据

X	Q	s_d	z_d	h_d	p	s_{s2}	q_d^*	h_s	m_s	R
5	20000	0.03	0.05	1%	0.1	0.04	50	2%	10%	100000

由（6-10）式，令：

$$\Delta C_d = C_d(xq_d^*) - C_d(q_d^*) \tag{6-19}$$

此式为供应商将原订货商订货批量增加 x 倍（$x \geqslant 1$）后，订货商成本的增加量。

由式（6－13）、式（6－15）、式（6－16）为供应商增加供应量并打折扣后的利润增加额，见式（6－20）：

$$\begin{aligned}\Delta Y_s &= Y_s' - Y_s \\ &= -Qap + \frac{Qs_{s2}}{xq_d^*}(x-1) + \frac{q_d^* h_s(1-m_s)p(x-1)(1+2Q/R)}{2}\end{aligned} \tag{6-20}$$

由式（6－18）可计算折扣系数 a 范围：

$$a \in (0.00143, 0.00647)$$

由式（6－19）可计算订货商的成本增加量：

$$\Delta C_d = 2.9\ (\text{单位})$$

由式（6－20）可计算供应商的利润增加额：

$$\Delta Y_s = Y_s' - Y_s = 13.052 - 2000a\ (\text{单位}) \tag{6-21}$$

由式（6－21）可见供应商利润增加额与折扣系数 a 的取值范围有关，利润增加额为 $\Delta Y_s \in (0.112, 10.192)$。即在物流系统供需双方合作最优模型的应用中，当取得合适折扣系数值时，供应商利润的增加额大于订货商成本增加额。在本例中供应商的平均利润增加额是订货商成本增加额的 $1.776(\frac{\Delta Y_s}{\Delta C_d})$ 倍，即增长了 77.6%，进而达到提高物流整体最大利润的目的。

以上成功地找到了物流系统中供应商给订货商折扣系数的取值范围，按此折扣系数 a 的选择能保证总体模型达到最优。至于取以上区间中的哪一个值，则取决于供需双方各自的综合能力以及各自对整个物流系统业绩提高的贡献，此问题可以用权值大小来解决。

复习思考题

1. 什么是物流系统，物流系统的基本框架是什么？
2. 什么是物流系统经济评价的 DEA 方法？

第七章 物流产业理论

现代物流产业是传统和新兴产业形态的结合体，是社会分工深化的结果。物流产业与国民经济其他各产业有着密切的产业关联，是有效实现社会再生产、提高国民经济运行质量和效率、提高国民经济综合实力和竞争力的重要基础性产业。

第一节 物流产业概述

一、物流产业的内涵

1. 物流产业的定义

产业（Industry）原是指生成一组密切替代的同类商品或服务的企业集合。这一企业集合面对着相同的买者与卖者集合。物流产业部门从事的有关商品或服务的高效率与高效益流动工作，其职能活动日趋社会化、市场化及组织化，因此越来越成为一个独立的产业门类。

物流产业虽然已成为重要的产业之一，但国内外对物流产业的概念却还没有一个公认的定义。一些学者和机构对物流产业给出了各自的观点。如物流产业即后勤服务产业，是指从事生产和营销服务保障的所有服务单位的总称；又如，专门为市场提供物流管理服务的企业，这类企业的集成就是物流产业或物流行业。

《中国现代物流大全》则指出，物流产业是指工业生产企业、商业批发零售企业、第三方仓储运输企业和综合物流企业通过铁路、公路、水路、航空等基础设施，实现商品的实体位移所形成的产业。

根据以上分析，这里将物流产业定义为：专门从事商品或服务由起始地到消费地的高效率与高效益流动、储存及增值服务活动的营利性事业组织的集群。显然它是流通产业的子集，是从流通产业中商品所有权的转移和商品实体的移动的传统部门中分离出来。这就是所谓的商流与物流的分离，也就隶属于国民经济产业分类中第三产业中的第一门类——流通部门。它包括交通运输业、邮政业、国内贸易业、对外贸易业、饮食业、物资供销和仓储业等。

所以物流产业是集交通运输、邮政、物资供销和仓储等产业的部分职能于一身的新兴产业，且绝非各职能的简单汇总，而是将上述产业社会职能依照社会分工日趋专业化的发展规律，并以现代科学技术尤其是网络信息技术的支撑为前提，浓缩形成一个崭新的致力于提高社会总体效率和效益的产业部门。

从产业形成的规律来看，专业化分工不断深化的结果导致许多非核心的业务从企业生产经营活动中分离出来，物流产业是其中之一。生产企业为增强市场的竞争力，将企业的资金、人力与物力投入到其核心业务上，寻求社会化分工协作带来的效率最大化。若将物流产业务委托给第三方专业物流企业能降低企业物流成本的话，物流产业独立的可能性就产生了。所以，物流业作为一个产业而独立发展起来是必然的趋势。近年来新型的第四方物流企业也逐渐发展壮大。

2. 物流产业涉及的领域

根据物流产业功能不同，可以分为六大板块：货物运输、仓储、货运代理、物流配送、物流包装以及物流管理。

物流产业是流通产业的子集。归纳起来说就是：一是商业，主要指批发与零售业；二是专门为商业服务的行业，包括流通加工业、流通信息业、流通配送业、流通仓储运输业、流通技术业；三是和商业关联的资源、产品供应以及终端消费的行为、企业与客户。

3. 物流产业的定位

物流产业虽然是服务业中的一个新兴产业，但是在国民经济发展中的宏观定位是国民经济的重要产业和新的经济增长点，中观定位是流通业的基础，微观定位是企业的重要的利润来源。

4. 物流产业的基本特征

现代物流产业是在传统物流的基础上，通过对现代科学技术的广泛应用和对物流实践的不断总结以及对社会物流资源的全方位整合，且随着物流管理与物流科技的日臻完善，与国民经济发展的客观需要相吻合的条件下产生的。

作为一个对国民经济相关产业发展联动性极强的一产业，物流产业不但成为各产业部门中经济增长方式转变的主要途径与手段，同时也是国民经济实现从粗放型向集约型转变的一个重要标志。具体来说，物流产业主要有如下三个特征。

(1) 与国民经济各产业部门的高耦合性。

物流产业和其他产业部门之间的高度耦合主要表现在：物流产业的产生和发展是随着社会对物流活动的大量需求而形成的；社会呼唤专业化的物流服务，企业物流职能的外部化，需要国民经济发展的各个产业部门以及组织提供标准化、规范化以及个性化的物流服务；物流服务供给和需求的矛盾对立面，以及物流产业的职能得以发挥与物流服务需求得以满足，使社会经济发展趋于平衡，以达到货畅其流。从社会分工和交易的理论角度出发，在其他投入要素日臻完善的今天，物流方面的短缺始终成为制约着社会总体经济效益提高的重要因素。按照社会技术进步的一般历史规律，生产领域的技术创新往往先于并且较多地运用于流通领域，重大的技术创新以及其扩散也在生产过程中迅速得以实现，然后逐渐地影响流通领域。不可否认，是随着国民经济各产业部门的技术进步以及其现代化步伐的加快，客观上需要一个发达的物流产业部门与其相适应。

(2) 对相关产业部门物流资源的整合性。

从国民经济发展的经验可以看出，物流产业是从流通产业中游离出的一个新兴的产业，是社会分工专业化的结果。国民经济各产业部门由以往的物流活动的内部化，逐步转变为物流活动的外部化与社会化。这一切均是从社会总效益、总成本以及总流通费用的角度出发，力求降低流通成本、交易成本和减少流通环节。就产业组织而言，企业物流是物流产业发展的基础，客观环境迫切需要有一个专业化的物流产业群体。其发展水平必须达到一定的阶段，并建立起一个无形的物流平台，为社会以及企业提供“中间服务”，满足企业不断增长的专业化“物流服务需求”。所以，物流产业的产生及发展是建立在与国民经济各产业部门资源整合的基础之上，通过将社会较为零散的物流资源进行重新组合，向社会各产业部门提供具有个性化、差异化以及标准化的物流服务。

(3) 物流产业的社会化和市场化属性。

根据社会经济发展的普遍规律，衡量产业发展是否具有社会化以及市场化特征，很大程度上取决于该产业市场竞争的激烈程度与状况、产业部门内部组织化程度的高低、能否产生规模经济效益。从全球来看，特别是西方发达国家，物流产业的社会化与市场化程度较高，不仅成为国民经济发展的支柱产业，而且在国民经济各产业部门的地位日渐重要。物流产值在GDP中所占的比重逐年上升，社会产品的流通速度也大大加快。所以，一个国家的物流产业的社会化与市场化程度越来越高，其发展程度也就越高。

5. 对物流产业的理解

(1) 与传统物流活动的区别。

在现代经济中，物流产业及其所提供的物流服务，与传统的物流活动以及流通部门从事的物流活动已经有了本质上的区别。具体表现为：

①现代物流产业通过对各种物流要素的优化组合与合理配置，实现物流活动效率的提高以及社会物流总成本的降低。

②现代物流产业是国民经济的动脉系统，连接社会经济的各个部分，并使之成为一个有机整体。

③现代物流产业不但可以为全社会提供更为全面与多样化的物流服务，并且在物流全过程及其各个环节中实现价值的增值。

(2) 物流业是一个产业。

物流是一个深入到国民经济方方面面的巨大的开放系统，涉及几乎所有的经济领域。物流本身不但是一个庞大的纵向经济领域，还是一个为其他所有经济领域服务的横向经济领域，是一个跨地区、跨行业及跨部门的综合性与基础性产业。

物流企业生产的产品是物流服务，也就是指为物品在空间上的移动而提供的一种专业性服务。这种服务是运输、储存、搬运、装卸、包装、流通加工、配送以及信息处理等服务的综合。这种服务同样具有价值与使用价值。其价值是为促使某一物品在空间上的移动所付出的人类劳动成果的凝结。其使用价值是把某一物品在空间上进行了移动。这种服务用于市场交换则具有价值。所以，物流业也同样有投入与产出，在现实中确实是一个产业。

二、物流产业经济学内容

产业经济学是人类经济和社会发展到一定历史阶段的产物，是现代经济学中用来分析现实的经济问题以及以产业为研究对象的新兴应用经济理论。而物流产业经济学，以宏观经济学以及微观经济学为基础，以物流产业为研究的对象，应用产业经济学的分析方法来研究物流产业的经济学问题。它是产业经济学向深入化与细分化方向发展过程中的新兴学科。

（一）研究目的及对象

1. 物流产业经济学的研究目的

物流产业经济学的研究，从宏观层面上看，为国家相关部委制定物流的产业政策提供科学依据；从微观层面上看，为制定物流企业长期的发展策略提供决策咨询；从中观层面上看，可以对未来的物流产业发展趋势进行预测及报告。更具体的目的有以下四个方面。

（1）为物流企业开拓国际市场提供相关的产业政策、进入准则以及贸易壁垒等方面的理论依据。

（2）研究物流消费者对于物流市场的需求，探求物流消费的规律，为国家相关部委制定物流产业发展战略提供充分的理论依据。

（3）通过对物流市场需求的预测与分析，帮助物流企业规划战略重点以至合理配置企业的资源。

（4）分析地区与城市物流的需求差异，为物流企业进入物流市场提供信息。

2. 物流产业经济学的研究对象

物流产业经济学是研究物流产业的结构、组织及其发展规律的学科。它以物流产业为研究的主要对象，具体包括物流的产业结构、物流产业组织以及物流产业发展规律与物流产业政策制定等，不仅研究不同的市场结构下物流企业的生产活动，并且探讨物流市场结构的差异性和不完全性、物流企业产业政策对物流企业行为以及经济目标的影响等方面的内容。

（二）物流产业经济学的研究任务、方法和工具

1. 研究任务

物流产业经济学研究的主要任务是：

（1）全面系统地分析国内外物流产业经济理论研究的成果，对物流产业经济活动的一般规律进行揭示。

（2）对物流产业经济活动的一般性及特殊性作出理论的概括。

（3）基于以上研究，探索物流产业政策的形成及其作用的一般条件，为制定物流产业发展战略、优化物流产业结构、建立商品经济新秩序及制定物流产业政策提供充分的依据。

2. 研究方法和工具

物流产业经济学的基本研究工具包括投入产出分析法、计量经济方法、博弈论以及案例研究方法等。

（1）投入产出分析法。投入产出分析法是研究经济系统各个部分之间表现出的投入与产出之间相互依存的关系的经济数量分析的方法。投入产出分析从一般的均衡理论中吸收了有关经济活动的相互依存性的观点，并用代数联立方程来描述这种相互的依存关系。其特点主要是：在考察部门间错综复杂的投入与产出关系时，能够发现任何局部的最初的变化对经济体系中各个部分的影响。投入产出表的编制是进行投入产出分析的前提。目前，投入产出分析已经拓展到经济研究领域的各个方面。

（2）计量经济方法。计量经济学作为应用经济学的一个分支学科，以一定的经济理论与实际统计资料为依据，运用数学、统计学方法和计算机技术理论，通过建立计量经济模型，定量分析经济变量之间的随机因果关系。20世纪60年代以来，计量经济方法都是产业经济学的主要研究方法，目前仍是一种主要的实证研究方法。

（3）博弈论。博弈论作为应用经济学的一个分支，是以企业或个体这类主体之间的相互影响与对抗、依赖以及制约作为前提和出发点来研究主体之间的行为和策略，以科学决策作为依据，指导主体合理地组织生产、配置资源以及开展竞争等微观经济的活动。它将现代经济学原理与数学分析工具相结合，应用于现代物流企业的经营决策中。同时，它也是一门决策管理学与现代经济学的交叉学科，在物流产业经济理论研究中有广泛的应用。20世纪70年代以后的博弈论是研究产业经济学的理论分析的主要方法。

（4）案例研究方法。案例研究方法在20世纪50年代产业经济学的研究中较为流行，现在仍然是一种很有用的研究方法。

（三）物流产业经济学的理论体系

物流产业经济学包括物流产业结构理论、物流产业组织理论、物流产业发展理论与物流产业政策理论。其中，物流产业结构理论包括物流产业关联理论，物流产业集群、融合、整合理论以及物流产业布局理论；物流产业组织理论包括物流市场结构理论、物流市场行为理论与物流市场绩效理论；物流产业发展理论包括物流产业的形成规律。它们共同构成了物流产业经济学理论体系的主要内容，而物流产业政策理论是物流产业经济学理论的综合应用。

1. 物流产业结构理论

物流产业结构理论是以物流产业和其他产业间的比例关系以及物流产业内部企业间的比例关系为研究对象进行分析的。该理论主要研究物流产业结构的演变规律、物流产业结构的优化和调控机制、物流主导部门或方向的选择、物流产业的区域分布及空间结构的演变等。

物流产业关联理论是物流产业结构很好的分析方法。通过对物流产业以及其他产业间存在的生产技术上的直接和间接的投入产出关系进行研究，就形成了物流产业的关联理论。物流产业关联理论通过投入产出表，揭示物流产业生产过程中的各种比例关系及其特征，从而为制订经济计划和进行经济预测服务。投入产出表最大的长处是，能够正确地反映产业（或者企业内部）的中间投入及中间的需求，即中间产品的运动，这是微观经济学与宏观经济学所做不到的。

2. 物流产业组织理论

物流产业组织理论研究的是物流产业内物流企业间的关系。物流产业内物流企业间的关系对物流产业的经济效益有巨大的影响。首先，物流产业的组织状况保持了物流产业内的物流企业有足够的改善经营、提高技术水平以及降低成本的竞争压力；其次，充分利用了规模经济，使物流产业的产品单位成本处于最低的水平。物流产业组织理论为物流产业组织趋向提出了合理的方向以及途径，它通过价格理论（特别是垄断价格理论）来研究物流产业的合理组织。

3. 物流产业发展理论

物流产业发展理论是研究物流产业发展的客观的历史过程，并揭示它的规律性，是产业经济学的重要内容之一。

4. 物流产业政策理论

物流产业政策就是研究如何制定为实现物流产业结构的合理化、促进经济发展所采取的宏观管理政策与措施。物流产业政策具体包括物流产业组织政策、物流产业结构政策以及物流产业分布政策等，它们相互联系、交叉，形成一个有机的政策体系。

第二节　物流产业结构理论

一、物流产业结构分析

（一）物流产业与三次产业分类法

1. 物流产业结构及内容

社会分工的不断深化促进了物流产业结构的形成和发展。随着生产力不断提高和社会分工的细化，物流产业各个部门之间形成了相互依存和相互制约的物质与经济联系。社会再生产要想顺利进行并取得好的经济效益，就要求这种联系保持质的适合性、量的比例性以及合理的序列。这种具有一定质量、一定数量与一定序列的物流产业部门的组合，就是物流产业结构。

物流产业结构是指一个国家或者一个地区物流产业与其他各种产业以及物流产业内部各部门之间的比重与相互关系，即物流产业和其他产业之间的以及物流产业内部的有机联系、比重和相互关系，还包括物流产业的空间布局结构。因此，物流产业结构的研究主要包括以下四个方面内容：

（1）物流产业内部各部门之间的比重与相互关系。

（2）物流产业和其他各种产业之间的比重与相互关系。

（3）物流产业就业人数分析。

（4）物流产业的空间布局分析。

2. 物流产业与三次产业分类法

英国经济学家费希尔在 1935 年首先提出三次产业分类，费希尔把国民经济的产业结构划分为相应的三次产业部门。英国经济学家克拉克继承并且发展了费希尔的理论，在 1940 年建立了克拉克产业分类以及统计体系：第一产业，包括农业；第二产业，包括建筑业、工业；第三产业，包括除上述第一、第二产业以外的其他产业。

概括地说，第一产业是广义的农业；第二产业则是广义的工业；而第三产业就是广义的服务业，包括交通运输、仓储以及邮政业等。因此，物流产业属于第三产业。

（二）物流产业和就业人数分析

1. 配第—克拉克定理

配第—克拉克定理是揭示经济发展过程中产业结构变化的经验性学说。在 17 世纪，西方经济学家威廉·配第就已经发现，随着经济的不断发展，产业中心将逐渐由有形财物的生产转向无形的服务性生产。1691 年，威廉·配第通过研究当时英国的实际情况明确指出：工业通常比农业、商业通常比工业的利润多得多，所以，劳动力必然由农转工，而后再由工转商。而英国经济学家克拉克在威廉·配第的研究成果之上，计量并且比较了不同收入水平下，就业人口在三次产业中分布结构的变动趋势，从而证明了威廉·配第在 1691 年提出的观点。故后人把克拉克的发现称为配第—克拉克定理。

该定理把人类全部经济活动分为三个产业。第一产业是农业，第二产业是制造业与建筑业，第三产业是广义的服务业。经过经济大样本的观察，威廉·配第和克拉克两位经济学家先后发现，随着人均国民收入水平的不断提高，劳动力首先将从第一产业向第二产业转移，当人均国民收入水平进一步提高时，劳动力便向第三产业转移。

2. 物流产业就业人数分析

按国家统计局公布的统计数据，就业人员最多的是制造业；第二是批发业、零售业、对外贸易与餐饮业；第三是建筑业；第四是交通运输、仓储以及邮政业。2019 年年末，全国共有物流相关法人单位 40 万家左右，我国物流岗位（既包括物流相关行业法人单位和从事物流活动的个体工商户从业人员，也包括工业、批发和零售业等行业法人单位的物流岗位从业人员）从业人员为 5191 万人，比 2016 年增长 3.6%，年均增长 0.9%。从结构来看，我国物流相关行业从业人员数超过 1200 万人，比 2016 年增长 16%，年均增长 4%。运输物流企业是吸纳就业的主体，快递、多式联运等新型行业成为新增就业的主要动力。“十三五”时期，快递物流行业新增吸纳就业超过 100 万人，年均增长 10%；多式联运及运输代理行业新增吸纳就业超过 15 万人，年均增长 8%，增速均快于行业平均水平。

（三）物流产业成本与 GDP 分析

随着现代专业物流的发展，创造单位产值的 GDP 所需要的物流服务（或说是单位产值的物流成本）有降低的趋势。

从微观上讲，这是由于现代物流能够降低企业的运转成本及提高企业的效率，也就是单位物流服务创造的产品的增加值在不断地提高。物流产业越发展，物流成本就会越低，物流总成本占 GDP 的比重也就越低。所以，物流成本水平的高低成了一个国家综合国力的重要标志。通常情况下，用单位 GDP 的物流成本来综合度量物流的发展水平。

自 2016 年到 2020 年，我国的物流总成本与 GDP 的比重维持在 14.7%左右，但这一比重仍然高于世界平均水平。发达国家这一比重为 8%～9%，其中美国物流总成本约为当年 GDP 的 8%，日本物流总成本约为当年 GDP 的 11%。业内专家表示，1 个百分比的下降意味着节省了数千亿元的成本，这显示了我国物流业巨大的发展潜力。经济越发达的国家或地区，其物流总成本所占 GDP 的比重就越低，物流产业发达程度也就越高；与之相反，经济发达水平越低，物流总成本所占 GDP 的比重就会越高，物流产业的发达程度也就越低。但是，我国物流成本的节约空间也将是巨大的。

表 7-1 是我国 1991—2019 年物流总成本占 GDP 的比重，从表中可以看出，随着我国经济的快速发展，物流总成本占 GDP 的比重在不断下降。这也说明了经济越发达，其物流总成本占 GDP 的比重就越低。

表 7-1　　我国 1991—2019 年物流总成本占 GDP 的比重　　单位：%

年份	占 GDP 的比重	年份	占 GDP 的比重	年份	占 GDP 的比重
1991	24.0	2001	18.8	2011	17.8
1992	23.0	2002	18.9	2012	18.0
1993	22.8	2003	18.9	2013	18.0
1994	22.1	2004	18.8	2014	17.8
1995	22.0	2005	18.5	2015	16.0
1996	22.0	2006	18.4	2016	14.9
1997	21.1	2007	17.2	2017	14.7
1998	20.2	2008	18.1	2018	14.8
1999	19.9	2009	18.1	2019	14.7
2000	19.4	2010	17.8	—	—

从发达国家的发展经验来看，物流成本由高到低一般需要经历四个历史阶段。

第一阶段，当国家处于短缺经济时期，物流成本就处于上升期。由于短缺经济要不断扩大产成品规模、批量式生产，需要快捷的物流方式把产成品销售出去，对物流需求非常迫切，甚至是不计成本的物流投入，成本自然会快速上升。

第二阶段，当短缺经济发展为过剩经济时，由于产成品过剩，难以继续扩张，物流成本由“快速上升期”逐渐过渡到“高位平台期”。

第三阶段，当经济转型时，经济发展由速度型转变为质量型，其核心问题是提高效率、降低成本。由于物流业渗透到国民经济各领域，在各方面降低成本的压力下，物流将成为降本增效最有效的方法，此时物流成本会快速下降。

第四阶段，经济转型期过后，会进入供应链管理模式期，此时的核心问题是把物流成本控制在合理水平，物流成本会进入一个较合理的新的平台期。

经济的发展需要社会提供更多的物流服务，因此，伴随 GDP 的增长，物流业的产值也会增加，但增加的速度会逐渐变慢。随着电子商务与第三方、第四方物流的发展，物流业的增加值占 GDP 的比重应该呈现上升的趋势。随着国家整体实力的不断提升，物流业的增加值在 GDP 中所占的比重会越来越大。物流业越发展，物流成本就越低，物流总成本在 GDP 的比重就会越低。物流业水平的高低成了一个国家综合国力的重要标志。

物流业增加值由交通运输业物流增加值、仓储物流业增加值、批发物流业增加值、配送加工物流业增加值和邮政业物流增加值构成。自 2008 年到 2020 年，反映物流需求总规模的全国社会物流总额从 89.9 万亿元增加到 300.1 万亿元。2020 年全国社会物流总额 300.1 万亿元，按可比价格计算，同比增长 3.5%。从构成来看，工业品物流总额 269.9 万亿元，按可比价格计算，同比增长 2.8%；农产品物流总额 4.6 万亿元，按可比价格计算，同比增长 3.0%；单位与居民物品物流总额 9.8 万亿元，按可比价格计算，同比增长 13.2%；进口货物物流总额 14.2 万亿元，按可比价格计算，同比增长 8.9%；再生资源物流总额 1.6 万亿元，按可比价格计算，同比增长 16.9%。近五年来我国社会物流总额年均增长率超 6.5%，物流业总收入超 10 万亿元。近几年，我国物流业增加值占 GDP 的比重一直保持在 6.8%左右。国务院发布的《物流业发展中长期规划（2014—

2020年）》中指出，到2020年，物流业增加值占GDP的比重要达到7.5%左右。

现代物流产业是拉动经济增长的力量源泉，将对我国国民经济增长产生新的拉动和支持作用，对我国相关产业的发展起到促进与协调作用，对于解决我国经济发展中的难点问题起到非常关键性的作用。目前，我国巨大的经济总量已经产生了巨大的货物流量，同时也带来了一个巨大的潜在的物流市场。

对于各类城市物流流量与其国民经济发展的内在关系，有研究表明：沿海、沿江港口城市或者交通枢纽城市，如天津市、上海市等。其货运量很大，该类城市货运量与其GDP之间的线性相关关系更加显著。资源城市，即钢铁、煤炭、石油等城市，如徐州市、大庆市等。该类城市货运量较大，其货运量与其GDP有线性相关关系，且其线性回归是显著的。一般的工业城市，即机械、纺织、轻工、食品等加工城市，如成都市等。该类城市货运量与其GDP有线性相关关系，且其线性回归是显著的。政治及综合性城市，如北京市、南京市等。该类城市货运量和其GDP没有显著的线性相关关系。

二、物流产业结构优化

产业结构优化是指通过产业的调整，使各产业能够协调发展，产业总体发展水平不断提高的过程。从定义看，产业结构优化包括两个层次的内容：一是要求各产业之间由不协调不断走向协调的过程，我们可称为产业结构的合理化；二是产业结构由低层次不断向高层次演进的过程，我们可称为高度化。

因此，产业结构优化主要包括两个方面的内容：产业结构合理化及产业结构高度化。其中合理化是高度化的基础，若是没有合理化，产业结构的高度化就失去了其基本的条件，不仅达不到升级的目的，反而有可能发生结构上的逆转；高度化是合理化进一步发展的目的，合理化本身就是为了使产业结构向更高层次进行转化，假若失去了这一目的，合理化就没有其存在的价值及意义了。

物流产业结构优化是指通过物流产业的不断调整，使物流产业实现协调发展，并满足社会上不断增长的需求的过程。物流产业结构优化是一个相对的概念，它并不是指物流产业结构水平的绝对高低，而是在国民经济效益最优化目标下，根据本国的资源条件、地理环境、人口规模、经济发展阶段、科学技术水平以及国际经济关系等特点，通过对物流产业结构的调整，使物流产业和其他产业以及物流产业内部各个部门之间协调发展。物流产业结构优化是一个动态的概念，它在不同的发展阶段与时点上有不同的优化内容与衡量的标准。

1. 物流产业结构合理化

所谓物流产业结构合理化是指物流产业结构由不合理向合理发展的动态过程，即要求在一定经济发展的阶段上，根据消费需求与资源条件，对初始不理想的物流产业结构进行有关变量的调整，理顺结构，使资源在物流产业内部合理配置、有效利用。物流产业结构是否合理的关键在于物流产业内部各部门之间的相互作用而产生的一种各部门能力之和的整体能力。若物流产业内部各部门之间的相互作用关系越是协调，物流产业结构的整体能力就越高，那么物流产业结构就是合理的；相反，物流产业内部各部门之间的相互作用关系不协调，物流产业结构的整体能力就低，那么物流产业结构就是不合理的。

合理的物流产业结构应符合以下几条判断标准：

(1) 充分有效地利用本国的人力、物力、财力、自然资源与国际分工的优势。

(2) 使国民经济各部门和物流产业内部各个部门的物流能力得到协调发展，社会的生产、分配、交换以及消费顺畅进行，社会扩大再生产顺利发展。

(3) 国民经济持续稳定地增长，社会需求得以实现。

(4) 实现人口、资源以及环境的良性循环。

物流产业结构合理化分析方法。

(1) 影子价格分析法。根据西方经济学的理论，当各种物流产品的边际产出相等时，就表明物流资源得到合理的配置。各种物流产品的供需达到平衡，物流产业部门结构就达到最佳组合。这可用物流产业各部门的影子价格和其整体影子价格平均值偏离程度来衡量。其偏离程度越小，物流产业结构就越趋于合理。

(2) 国际比较法。根据发达国家的历史资料与一定时期人均国民生产总值的不同，和发展中国家进行相应的对比，得出结论。

2. 物流产业结构高度化

物流产业结构高度化实际上是指物流产业的知识集约化以及经济服务化，使得物流产业具有更高的附加价值。物流产业结构高度化是一个相对的概念，它是物流产业结构在科技推动、需求拉动、竞争促发等动因作用下的演进过程，是在一定的经济发展阶段，针对现有的社会生产力水平，特别是科学技术发展水平而言的。显然，物流产业结构高度化的实质就是：随着科技发展与分工的不断深化，物流产业结构不断向深加工度与高附加价值方向发展，从而更充分及更有效地利用资源，更好地满足社会发展需求。

产业结构高度化的标志。

(1) 高附加值化。这是附加价值更大的产业在产业结构中越来越占优势地位、比重也越来越大的发展趋势。

(2) 高加工度化。这是工业结构由以加工程度比较低的轻纺工业以及原材料工业为重心向以加工程度较高的制造业为重心的发展趋势。

(3) 技术集约化。这是产业结构的技术水平越来越高、技术基础也越来越先进、技术密集型产业越来越成为主导产业的发展趋势。

(4) 服务化。这是主要为服务行业的第三产业在国民经济中所占的比重越来越大，在产业结构中越来越成为主导产业的发展趋势。

(5) 知识化。这是知识越来越成为产业发展的最重要的决定性因素，生产与传播知识的产业在产业结构中越来越成为主导产业的发展趋势。

物流产业结构高度化的关键因素是物流产业结构转换能力。一个国家要获得较快的经济增长与较好的经济发展，具有适宜的物流产业结构转换能力是使物流产业结构高度化的关键。通常而言，一个国家的物流产业结构转换能力，一方面取决于经济资源富裕程度与现有的经济条件适宜与否；而另一方面取决于适宜的物流产业政策，该政策包括物流产业结构政策、物流产业关系政策、物流产业规模政策、物流产业技术政策、物流产业结构高级化政策等。另外，也取决于采用何种推动物流产业结构高度化的模式。

物流产业结构合理化及高度化有密切的联系。物流产业结构的合理化为物流产业结构的高度化提供了基础，而高度化则推动物流产业结构在更高层次上实现合理化。结构的合理化首先着眼于经济发展的近期利益，而高度化则更多地关注结构成长的未来，着眼于经济发展的长远利益。所以，在物流产业结构优化的全过程中，应把合理化和高度化问题有机结合起来，以物流产业结构合理化促进物流产业结构高度化，以物流产业结构高度化带动物流产业结构的合理化，在物流产业结构合理化过程中实现物流产业结构高度化的发展，在物流产业结构高度化进程中实现物流产业结构合理化。只有这样，才能使物流产业结构得到优化。

3. 物流产业结构均衡化

在物流产业结构的演进过程中，自觉均衡的思想和以均衡观念为主的经济政策对物流产业结构的成长产生了重要的协调作用。结构的均衡至少包含两重意义。一方面，它是指物流产业各部门在发展的速度和进程上保持相对平衡的比例关系。当然，这并非意味着它们在发展上保持均衡运动的状态。另一方面，它是指物流产业各部门的发展是相互协调的，均衡发展本身带有在结构上纵向（前后）关联和横向（左右）关联并相互协调的含义。

第三节　物流产业关联理论

一、物流产业关联概述

本节论述的产业关联理论，是从产业的内部关联的角度，考察国民经济各产业部门技术经济联系及联系方式，即产业间的“投入”和“产出”的量化比例关系，并讨论其对产业结构以至产业发展与升级的影响，主要介绍产业关联的分析方法、基本工具及主要内容。

物流产业关联是物流产业结构最主要的表现特征之一。从纵向上理解，物流产业关联是指最终的物流产品和生产这些最终物流产品所投入的中间物流产品产业之间的技术经济与数量结构联系；从横向上理解，物流产业关联是指物流产业内部之间存在的相互依存和制约关系，即投入产出关系。具体表现为直接关联以及间接关联。

物流产业关联的过程是判断物流产业结构与宏观经济结构均衡与否的主要观察对象。比较常用的物流产业结构分析方法是物流产业关联的分析。

（一）物流产业关联

1. 物流产业关联的含义

（1）产业关联的含义。产业关联是指产业间以各种投入品与产出品为联结纽带的技术经济联系。各种投入品和产出品可以是有形产品或无形产品，也可以是实物形态或价值形态的投入品或产出品；技术经济联系与联系方式可以是实物形态的联系和联系方式，也可以是价值形态的联系和联系方式。

（2）物流产业关联。现代物流产业和其他产业不同，它是为其他产业的生产经营提供增值管理服务的，它的发展及完善取决于其所服务的对象的发展水平。物流几乎涉及国民经济的所有产业部门，尤其是对制造业、商贸流通业等影响较大。现代物流产业具有很强的产业关联度与带动效应，它不仅涉及水路、铁路、公路、航空、管道五大运输方式经营企业，还涉及交通、运输以及包装、通信等设备的制造和经营业；不仅涉及货代、仓储、包装、堆场、电子商务、邮政、银行、通信、保险等生产经营及物流服务企业以及用户，还涉及政府、税收、海关、检验检疫等管理部门。所以，现代物流产业几乎涵盖了第一、第二、第三产业的所有领域及部门，无论在广度还是深度上都具有很好的发展前景，是国民经济的支柱性产业之一，对区域经济发展具有非常重要的促进作用。

因此，从与相关产业协同发展的角度，一是要在流通领域中强调物流与信息流、商流、资金流的融合，强调现代物流与电子商务、连锁经营及代理制等现代流通方式相结合，实现高效互动发展；二是物流企业要注重为关联度高、物流需求量大的行业（如家电、汽车、烟草、建材、农产品流通、对外贸易等）服务，加强和非物流企业的联盟合作，实现双赢。

2. 物流产业关联的方式

产业关联方式是指产业部门间发生联系的依托或基础，以及产业间相互依存的不同类型。根据产业之间在产业链中的位置，可将关联方式分为以下几类：

（1）单向联系和多向联系。单向联系指的是A、B、C、D等产业部门间，先行产业部门为后续产业部门提供产品，以供其生产时直接消耗，但是后续产业部门的产品不再返回先行产业部门的生产过程。

多向联系是指A、B、C、D等产业部门间，先行产业部门为后续产业部门提供产品，作为后续产业部门的生产性直接消耗，同时后续部门的产品也返回相关的先行产业部门的生产过程。

（2）顺向联系与逆向联系。顺向联系指的是前一产业部门的产品为后一产业部门的生产要素，这样一直延续到最后一个产业部门的产品，即为最终产品为止。从顺向联系的定义看，顺向联系也即是艾伯特·赫希曼在《经济发展战略》中提到的前向联系，即供给部门和其他部门之间的联系。

逆向联系指的是后续产业部门为先行产业部门提供产品，作为先行产业部门的生产消耗。相应地，逆向联系也可以称为后向联系，即需求部门和其他部门之间的联系。

（3）直接联系和间接联系。直接联系是指两个产业部门之间有着直接的提供产品以及提供技术的联系。间接联系是指两个产业部门本身不发生直接的生产以及技术的联系，而是以其他产业部门为中介，产生联系。例如，电力既直接为汽车产业提供动力，也通过中间产业，如钢铁、橡胶、机械产业为汽车产业服务。

物流产业直接关联是指物流产业间在生产和技术上存在的直接的投入产出关系；间接关联是指物流产业内部部门通过其他产业存在的间接的投入产出关系。

（4）前向联系和后向联系。如果物流产业的产品可作为某一产业的中间产品，那么，物流产业就是该产业的后向关联产业，而该产业是物流产业的前向关联产业。根据产业关联程度的方向和大小选择区域主导产业，也就是产业关联分析的具体应用。

3. 物流产业的关联程度

物流产业的关联程度是指物流产业对整个国民经济的影响程度。通过研究发现，主导产业和其他产业具有广泛且密切的联系。通过这种关联，带动或者推动周围一系列产业部门的进一步发展，并使这些产业部门派生出对其他产业部门的促进作用，由此产生广泛而深远的影响，一层一层地推动经济的发展。如果区域主导产业部门的关联度不大，其发展便难以带动其他产业部门的发展，也就不可能发挥主导的作用。

(1) 物流产业的影响力。物流产业的影响力反映物流产业的最终产品变动对整个国民经济总产出变动的影响能力。这种影响能力主要表现为物流产业对国民经济发展的直接及间接推动能力的总和。

如果物流产业的影响力与影响力系数高，对国民经济发展的推动力就会很大，则发展物流产业对经济增长可以起到“事半功倍”的效果，物流产业就可成为国民经济发展的主导产业。

(2) 物流产业的感应度。物流产业感应度反映国民经济中各个产业变动后，物流产业的感应能力。这种感应能力主要表现为物流产业受到国民经济发展的直接及间接的拉动能力。

物流产业的感应度与感应度系数越高，国民经济发展对物流产业的拉动作用越大；从另一个角度来看，物流产业对国民经济发展不可或缺的程度越高，越具有基础产业和瓶颈产业的属性。因此，物流产业应该得到优先发展。

（二）投入产出模型

1. 投入产出的含义

投入产出法是研究国民经济体系中或者区域经济体系中各个产业部门间投入和产出的相互依存关系的数量分析方法，然而它不仅局限于分析产业间联系，还可利用产业间投入和产出的有关数量比例去研究国民经济中的其他方面的问题。

投入产出的“产出”指的是产品生产出来后所分配的流向、去向，即使用方向与数量，又叫流量，比如用于生活消费、生产消费与积累；而“投入”是指产品生产所消耗的原材料、燃料动力、固定资产以及劳动力等。

投入产出法指的是投入产出理论的具体应用，是把一个复杂经济体系中各部门之间的相互依存的关系系统地数量化的方法。它借助投入产出表，对各产业间在生产、交换以及分配上的关联关系进行分析，然后利用产业间关联关系的特点，为经济预测及经济计划服务。运用投入产出法，是通过投入产出表、投入产出模型来对产业间“投入”与“产出”的数量比例关系进行分析。

2. 实物型投入产出表

实物型投入产出表是把各种产品作为对象，以不同的实物计量单位编制出来的。表7-2是一个简化的实物型投入产出表，共有 n 类产品。表的横行反映了各类产品的生产与分配使用情况，它的一部分作为中间产品供其他产品在生产过程中使用，另一部分作为最终产品供消费、积累和出口，两部分之和就是一定时间内各类产品的最终生产总量 q_i 。表的纵列反映了各类产品生产过程中消耗其他产品的情况。因为各类产品的计量单位不一致，所以无法相加。

表的第二栏表示中间产品的流量，q_{ij} 表示第 i 类产品流向第 j 类产品的数量，或者说是第 j 类产品生产过程中消耗的第 i 类产品的数量，q_{ii} 表示各类产品的自身消耗量。

表 7-2　　简化的实物型投入产出表

投入产出	中间产品 1　2　…　n	最终产品	总产量
1	q_{11}　q_{12}　…　q_{1n}	y_1	q_1
2	q_{21}　q_{22}　…　q_{2n}	y_2	q_2
⋮	⋮　⋮　⋮	⋮	⋮
n	q_{n1}　q_{n2}　…　q_{nn}	y_n	q_n
劳动	q_{o1}　q_{o2}　…　q_{on}	y_o	L

由表 7-2 我们可以有 $n+1$ 个方程：

$$\begin{cases} q_{11}+q_{12}+\cdots+q_{1n}+y_1=q_1 \\ q_{21}+q_{22}+\cdots+q_{2n}+y_2=q_2 \\ \qquad\vdots \\ q_{n1}+q_{n2}+\cdots+q_{nn}+y_n=q_n \\ q_{o1}+q_{o2}+\cdots+q_{on}+y_o=L \end{cases}$$

以上方程式可以写成：

$$\sum_{j=1}^{n} q_{ij}+y_i=q_i \ (i=1,\ 2,\ \cdots,\ n) \tag{7-1}$$

$$\sum_{j=1}^{n} q_{oj}+y_o=L \tag{7-2}$$

令

$$a_{ij}=\frac{q_{ij}}{q_j} \ (i,\ j=1,\ 2,\ \cdots,\ n) \tag{7-3}$$

其中，a_{ij} 表示每生产单位 j 类产品所需要消耗的 i 类产品的数量，称之为产品的直接消耗系数。同理，劳动的直接消耗系数为：

$$a_{oj}=\frac{q_{oj}}{q_j} \ (j=1,\ 2,\ \cdots,\ n) \tag{7-4}$$

将式（7-3）和式（7-4）分别代入式（7-1）和式（7-2），可以得到：

$$\sum_{j=1}^{n} a_{ij}q_j+y_i=q_i \ (i=1,\ 2,\ \cdots,\ n) \tag{7-5}$$

$$\sum_{j=1}^{n} a_{oj}q_j+y_o=L \tag{7-6}$$

若令 $\boldsymbol{A}=\begin{bmatrix} a_{11} & a_{12} & \cdots & a_{1n} \\ a_{21} & a_{22} & \cdots & a_{2n} \\ \vdots & \vdots & & \vdots \\ a_{n1} & a_{n2} & \cdots & a_{nn} \end{bmatrix}$，$\boldsymbol{Q}=[q_1,\ q_2,\ \cdots,\ q_n]$，$\boldsymbol{Y}=[y_1,\ y_2,\ \cdots,\ y_n]$，则关于 i 类产品的分配使用的式（7-5），就可以写成矩阵形式。

即：

$$AQ+Y=Q \tag{7-7}$$

$$(E-A)\ Q=Y \tag{7-8}$$

式（7-8）中，E 为 n 阶单位矩阵。矩阵（$E-A$）称为列昂捷夫矩阵，其具体形式为：

$$(E-A)=\begin{bmatrix} 1-a_{11} & -a_{12} & \cdots & -a_{1n} \\ -a_{21} & 1-a_{22} & \cdots & -a_{2n} \\ \vdots & \vdots & & \vdots \\ -a_{n1} & -a_{n2} & \cdots & 1-a_{nn} \end{bmatrix}$$

式（7-8）表明了总产量和最终产品之间的关系。若已知各类产品的总产量，则可以通过该式求出各类产品的最终产品需求量；若已知各类产品的最终产品需求量，则可以通过求解该式得到各类产品的总产量，若假设 $|E-A|\neq 0$，即：

$$Q=(E-A)^{-1}Y \tag{7-9}$$

式（7-9）中，$(E-A)^{-1}$ 称为列昂捷夫逆矩阵，它反映了最终产品与总产量之间的关系。

实物型投入产出模型建立了经济系统中各类主要产品的生产及分配之间的平衡关系。在模型中，直接消耗系数矩阵 A 反映了生产过程的技术结构。模型通过列昂捷夫矩阵（$E-A$）建立了总产量和最终产品之间的联系，通过列昂捷夫逆矩阵 $(E-A)^{-1}$ 建立了最终产品及总产量之间的联系。

3. 价值型投入产出模型

价值型投入产出模型是根据价值型投入产出表而建立的，它将整个国民经济系统划分为若干的子系统——生产部门，并以货币作为计量单位。因它不仅能反映各部门产品的实物运动过程，且能够精确地描述各部门产品的价值流动过程，所以它的实用性与适用范围比实物型投入产出模型更广。表 7-3 为简化的价值型投入产出表。

表 7-3　简化的价值型投入产出表

投入产出		中间使用					最终产品	总产品
		部门 1	部门 2	…	部门 n	小计		
物质消耗	部门 1	x_{11}	x_{12}	…	x_{1n}	E_1	y_1	x_1
	部门 2	x_{21}	x_{22}	…	x_{2n}	E_2	y_2	x_2
	⋮	⋮	⋮		⋮	⋮	⋮	⋮
	部门 n	x_{n1}	x_{n2}	…	x_{nn}	E_n	y_n	x_n
	小计	c_1	c_2	…	c_n	c	y	x
新创造价值		v_1	v_2	…	v_n	v	—	—
	劳动报酬	m_1	m_2	…	m_n	m		
	支出小计	N_1	N_2	…	N_n	N_0		
总产值		x_1	x_2	…	x_n	x	—	—

因价值型投入产出表是以货币（通常用不变的价格）作为计量单位的，因此我们可以按行或列来建立数学模型。

根据表 7-3，按横行建立的数学模型和实物型投入产出模型是类似的，它也反映了各部门产品的生产及分配使用情况，描述了最终产品和总产品之间的平衡关系。对于 n 个部门，有 n 个方程：

$$\begin{cases} x_{11}+x_{12}+\cdots+x_{1n}+y_1=x_1 \\ x_{21}+x_{22}+\cdots+x_{2n}+y_2=x_2 \\ \qquad\qquad\vdots \\ x_{n1}+x_{n2}+\cdots+x_{nn}+y_n=x_n \end{cases}$$

以上方程可以简写成：

$$\sum_{j=1}^{n} x_{ij}+y_i=x_i \ (i=1,\ 2,\ \cdots,\ n) \tag{7-10}$$

各部门的直接消耗系数记为：

$$a_{ij}=\frac{x_{ij}}{x_j} \ (i,\ j=1,\ 2,\ \cdots,\ n) \tag{7-11}$$

将式（7-11）代入式（7-10），得：

$$\sum_{j=1}^{n} a_{ij}x_j+y_i=x_i \ (i=1,\ 2,\ \cdots,\ n) \tag{7-12}$$

式（7-12）是产品分配方程组，它表明某一部门的总产品等于从该部门流向其他部门的产品与最终产品之和。

若令 $\boldsymbol{X}=[x_1,\ x_2,\ \cdots,\ x_n]$，$\boldsymbol{Y}=[y_1,\ y_2,\ \cdots,\ y_n]$，$\boldsymbol{A}=\begin{bmatrix} a_{11} & a_{12} & \cdots & a_{1n} \\ a_{21} & a_{22} & \cdots & a_{2n} \\ \vdots & \vdots & & \vdots \\ a_{n1} & a_{n2} & \cdots & a_{nn} \end{bmatrix}$，则方程组式（7-12）可以换写成矩阵形式。

即：

$$\boldsymbol{AX}+\boldsymbol{Y}=\boldsymbol{X}$$

$$(\boldsymbol{E}-\boldsymbol{A})\ \boldsymbol{X}=\boldsymbol{Y} \tag{7-13}$$

若假设 $|\boldsymbol{E}-\boldsymbol{A}|\neq 0$，则有：

$$\boldsymbol{X}=(\boldsymbol{E}-\boldsymbol{A})^{-1}\boldsymbol{Y} \tag{7-14}$$

对于价值型的投入产出表，亦可按纵列建立模型，以反映各部门产品价值形成的过程，反映生产和消耗之间的平衡关系。对于 n 个部门，按纵列同样可以建立 n 个方程：

$$\begin{cases} x_{11}+x_{21}+\cdots+x_{n1}+v_1+m_1=x_1 \\ x_{12}+x_{22}+\cdots+x_{n2}+v_2+m_2=x_2 \\ \qquad\qquad\cdots \\ x_{1n}+x_{2n}+\cdots+x_{nn}+v_n+m_n=x_n \end{cases}$$

以上方程也可以写成：

$$\sum_{i=1}^{n} x_{ij}+v_j+m_j=x_j \ (j=1,\ 2,\ \cdots,\ n) \tag{7-15}$$

式（7-15）被称为费用平衡方程组，它反映出物质消耗费用、新创造价值以及产品总价值之间的关系。将式（7-11）代入式（7-15），并且 $N_j=v_j+m_j$，则式（7-15）

可以写成：

$$\sum_{i=1}^{n} a_{ij}x_j + N_j = x_j \ (j=1, 2, \cdots, n) \tag{7-16}$$

其中，$\sum_{i=1}^{n} a_{ij}$ 为生产单位 j 部门产品的全部物质消耗系数，用 a_{cj} 表示。

若物质消耗系数矩阵记为：

$$\boldsymbol{C}=\begin{bmatrix} \sum_{i=1}^{n} a_{i1} & 0 & \cdots & 0 \\ & \sum_{i=1}^{n} a_{i2} & \cdots & 0 \\ \vdots & \vdots & & \vdots \\ 0 & 0 & \cdots & \sum_{i=1}^{n} a_{in} \end{bmatrix}=\begin{bmatrix} a_{c1} & 0 & \cdots & 0 \\ 0 & a_{c2} & \cdots & 0 \\ \vdots & \vdots & & \vdots \\ 0 & 0 & \cdots & a_{cn} \end{bmatrix}$$

并记 $\boldsymbol{N}=[\boldsymbol{N}_1 \quad \boldsymbol{N}_2 \quad \cdots \quad \boldsymbol{N}_n]^{\mathrm{T}}$，则式（7-16）就可写成矩阵形式：

$$\boldsymbol{CX}+\boldsymbol{N}=\boldsymbol{X}$$

即：

$$(\boldsymbol{E}-\boldsymbol{C})\ \boldsymbol{X}=\boldsymbol{N} \tag{7-17}$$

式（7-17）建立了总产值及新创造价值的联系。若 $|\boldsymbol{E}-\boldsymbol{C}|\neq 0$，则可建立新创造价值及总产值之间的联系：

$$\boldsymbol{X}=(\boldsymbol{E}-\boldsymbol{C})^{-1}\boldsymbol{N} \tag{7-18}$$

利用式（7-17），可以在已知物质消耗系数及各部门总产值的情况下，求出各部门的新创造价值；利用式（7-18），则可通过各部门的新创造价值来计算各部门的总产值。

二、物流产业关联分析

（一）物流产业对其他产业的依赖

直接消耗系数指的是某一产业生产的单位产品所直接消耗其他产业产品的数量。物流产业对第一产业的依赖关系主要体现在，物流产业需要的一些传统运输工具（牲畜）对农产品的消耗，及仓储中的一些辅助设施对稻草、垫木等的消耗；对第二产业的依赖关系主要体现在，物流产业的发展直接需要第二产业提供交通运输工具、装卸工具、包装设备、仓储设备以及相应的通信设施、仓库、电脑设备等；对第三产业的依赖关系主要体现在，物流产业需要第三产业提供的商业饮食服务、邮政服务、金融保险服务及一些社会服务等。

从另一角度来看，物流产业对各产业的直接消耗关系反映了物流产业发展对其上游产业的拉动关系。物流产业的发展对第二产业的直接拉动能力最大，其次是第三产业（不含物流业），最低的是第一产业。可以预计，随着中国物流业朝着机械化和现代化方向发展，特别是依托于互联网的 B2B、B2C、C2C 电子商务及新型模式 O2O 的发展，现代物流产业对第三产业的依赖程度会有更大程度的提高。因此，中国发展物流业会极大地带动第二产业、第三产业的发展。物流业对第一产业的直接依赖程度还会进一步下降。

(二) 各产业对物流产业的依赖

各产业对物流产业的直接消耗关系，不仅反映了各产业对物流产业的依赖关系，而且反映了物流费用在各产业中间投入的比重。

从全国的情况来看，第一产业、第二产业、物流产业、第三产业（不含物流业）每生产1万元的产品，需要直接消耗物流服务的数量比例为5：9：22：5。可见，各产业对物流产业的直接依赖程度最高的是物流业本身，其次是第二产业、第一产业和第三产业。

而对于全国物流最发达的广东省，我们发现广东省各产业对物流产业的直接依赖程度均高于全国的平均水平。广东省的经济发展一向走在全国的前列，由此可以判断，随着中国经济的进一步发展，各产业对物流产业的依赖程度会进一步提高。

另外，各产业对物流产业的直接消耗关系，实际上反映了物流费用在各产业中投入的比例。从全国的情况来看，物流费用在第二产业中投入的比重最高（约为21%），其次是第一产业（约为12%），最低的是第三产业（约为11%）。而广东省则有所不同，物流费用在第一产业中投入的比重最高（19%），其次是第二产业（16%），最低的是第三产业（6%）。虽然广东省第一、第三产业对物流产业的直接消耗大于全国的平均水平，但物流费用在第二、第三产业中投入的比重则低于全国的平均水平。这说明，广东省物流产业的发展，虽然使得第二、第三产业对物流产业直接消耗的绝对量有所提高，却没有增加物流费用在第二、第三产业中的投入比重，反而促进了广东省第二、第三产业整体经济效益的提高，也就是说物流产业的发展促进了国民经济的总体运行。

第四节 物流产业发展及政策

一、物流对经济社会发展的影响

物流对经济社会发展的影响是重大而且深远的，以下三个方面（宏观、中观和微观）的影响尤其突出。

第一，物流费用占据了国民经济的很大比重，即国民经济运转需要消耗大量的物流资源。国际上，通常将社会物流总费用和GDP的比值作为衡量一个国家物流发展水平的标志。

第二，物流具有很强的产业的联系效应，是国民经济运行的重要纽带。

物流不仅是国民经济的重要组成部分，而且是国民经济运行的纽带，它连接社会经济的各个部门并使之成为一个有机整体。在现代经济中，因为社会分工的日益深化与经济结构的日趋复杂，各个产业、部门以及企业之间的交换关系及相互依赖程度也越来越错综复杂，物流是维系这些复杂交换关系的重要纽带。同时，物流产业的形成与发展，既需要相关产业的支持，也会带动一系列相关产业的发展，具有非常强的产业联系效应。物流产业与相关产业之间的关系，如图7－1所示。

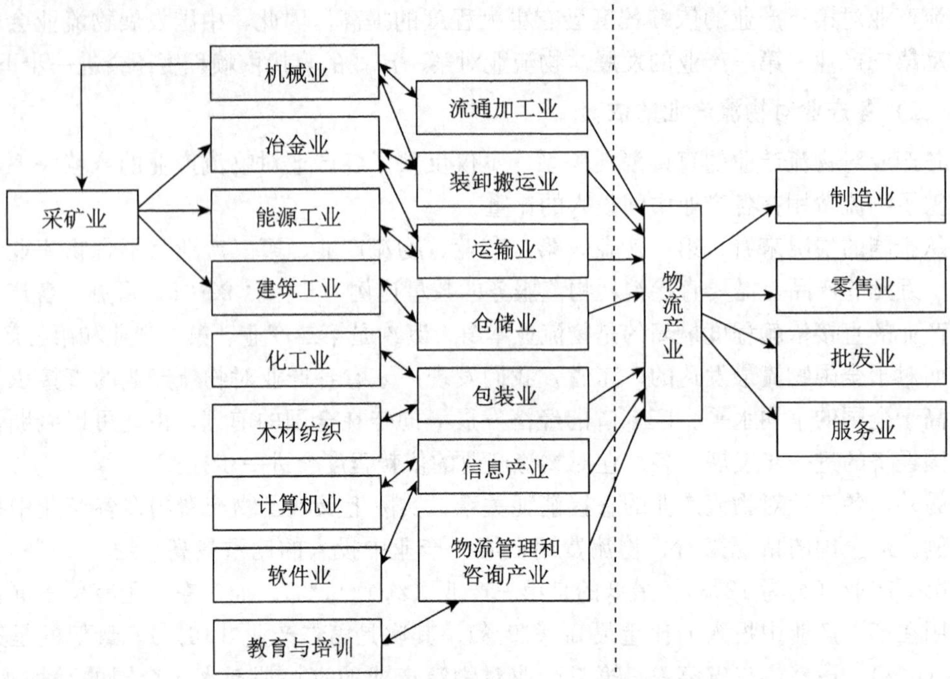

图 7-1　物流产业与相关产业之间的关系

图 7-1 表明，物流产业和相关产业之间具有十分密切的相互作用关系。理论上，物流产业既能够带动又能够推动一系列相关产业的发展，形成艾伯特·赫希曼所说的"前向联系"与"后向联系"效应。图 7-1 表明，物流产业形成与发展既需要运输业、仓储业等相关产业的支持，而这些产业同时又需要建筑工业、能源工业等的支持。同时，物流产业为制造业、零售业等创造更好的生产和销售条件，从而促进它们的发展。应该说，物流的这种产业联系分析是相当重要的，它对政府部门制定产业政策具有非常重要的意义。假设一个国家或者地区想发展物流产业，它就必须考虑与物流相关产业的前向及后向联系强度，考虑它们彼此间的需求与供给能力。

第三，物流促进企业竞争优势的形成。

企业竞争优势，就是企业和其他竞争者相比，具备差异化，或者能够以低成本经营而获得较高利润的能力。企业竞争优势的形成需要整合企业价值链中的各种活动，迈克尔·波特把企业的各项活动归纳为如图 7-2 中所示的基本活动（生产、进货物流、营销、出货物流及售后服务）和辅助活动（技术开发、采购、人力资源管理和支持其他生产管理活动的基础功能）两大类，并构造出一个价值链模型。其中，企业的价值链是一个由许多相互依赖的活动连接成的活动网络，这些活动彼此间相互联系又相互影响，共同决定企业活动的成本高低或效益大小。要使价值链富有竞争力，就需要价值链中的各种活动相互配合。价值链中的进货物流与出货物流的有效合作，很大程度上决定了整条价值链的运作成本、对市场的反应能力及获利能力。

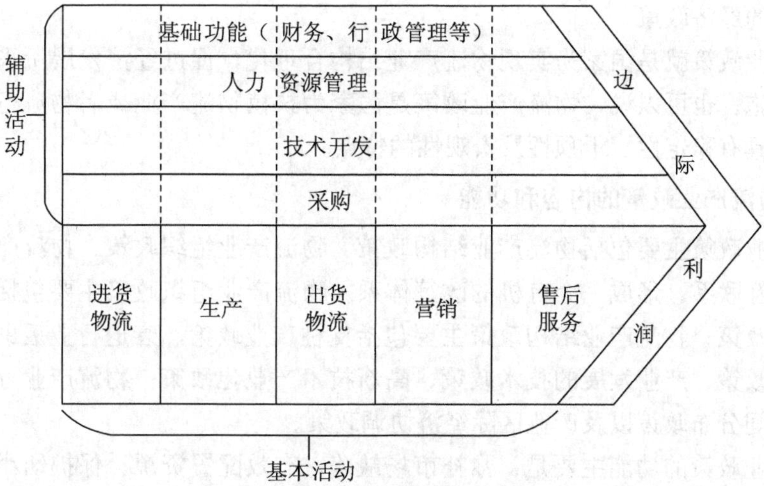

图7-2 价值链模型

在现代经济社会中，面对复杂多变的经济环境，企业的经济活动也变得越来越复杂。企业在决策时，一方面要从更大范围内的总成本考虑自身的行为。另一方面，企业要对不断变化的市场环境、日益缩短的产品生命周期以及越来越挑剔的消费者需求做出灵敏的反应。重要的是，由于生产及消费之间的空间越来越分离，上下游企业之间的分工越来越深化，迫使企业努力克服空间与时间带来的挑战和束缚，并形成产品的成本领先或者差异化的优势。为此，很多行业（如电子、汽车、服装等）的生产都不同程度地出现一些新的变化，即从福特制（以大批量、标准化生产为特征）向后福特制转变，采用了一些极具挑战性和竞争性的新生产方式，如敏捷生产、柔性生产、JIT生产、精益生产、大批量定制等，目的是能够对日益变化及细分的市场做出最迅速以及最精确的反应。而要实现上述目标，整合企业内外的物流活动已经成为必不可少的环节。企业必须评估自身物流业务的重要程度与物流管理能力，从而决定物流是自营还是外包以及多大程度的外包。正如马丁·克里斯托弗指出的那样，企业的物流目标是分销网络、连接市场、制造流程和采购活动，使客户得到高水平和低成本的服务。

二、物流产业政策内容及制定

随着我国改革开放的不断深入与社会主义市场经济体制的完善，物流在促进生产、引导消费、推动经济结构调整及经济增长方式转变方面的作用日益突出。我国作为一个人口大国，一个制造大国，相应地也成为一个物流大国。如何从“物流大国”转向“物流强国”，为“中国制造”建立一个“中国物流”的支撑体系，是提高我国国际竞争力必须面对的紧迫课题，也是走新型工业化道路的重要内容。为了加快我国物流发展的步伐，建立一个有利于促进物流良好发展的政策环境是相当必要的。

（一）物流产业政策的概念及特点

产业政策是国家为了促进市场机制的发育，纠正市场机制的缺陷与失败，对特定产业活动以干预及引导的方式施加影响，进而促进国民经济快速协调增长的、带有宏观性与中长期性的经济政策。

物流产业政策就是国家为实现物流产业结构合理化，促进经济发展所采取的宏观管理政策和措施。也可以说，物流产业政策是国家为扶植物流产业或者物流行业而实施的倾斜政策，具有稳定性、干预性及宏观性的特点。

（二）物流产业政策的内容和功能

物流产业政策主要包括物流产业结构政策、物流产业组织政策、物流产业分布政策等，它们相互联系，形成一个有机的政策体系。物流产业组织政策主要包括反垄断政策与公共管制政策；物流产业结构政策主要包括支柱产业政策、衰退行业援助政策、幼稚产业的保护政策、产业发展的技术政策、高新技术产业化政策；物流产业分布政策主要包括产业空间分布政策以及产业区际经济协调政策。

物流产业政策的功能主要是：弥补市场缺陷，有效配置资源；保护幼小民族产业的成长；熨平经济震荡；发挥后发优势，增强适应能力。具体而言，国家和地区通过实施物流产业政策，确定我国物流产业发展的宏观战略和阶段目标，协调物流产业与其他产业之间的架构，扶持弱小的物流企业，改造传统的运输和仓储企业，优化物流产业结构，并推动其向高级化的方向发展，建立正常的市场秩序，提高物流市场绩效，加快物流产业硬件设施和软件设施的建设，支持物流产业的高速高效发展。

（三）物流产业政策的制定

当前，现代物流产业已经引起了中国各级领导、政府的高度重视。中央及地方政府也相继出台了相关的物流发展政策。2004 年，国家发展改革委等九部委下发了《关于促进我国现代物流业发展的意见》，对于物流产业政策的制定起到了指导性的作用。

通常而言，产业政策主要由产业组织政策、产业结构政策、产业分布政策三大方面构成。在本书中，我们则根据产业政策的功能将物流产业政策体系划分为支持性、引导性及发展性政策三个模块。

1. 支持性政策体系

物流是一个复合型产业，同时也是一个新兴的产业。物流产业的发展与基础设施的建设以及相关的配套环境息息相关。支持性政策体系旨在为物流产业提供一个发展的基础平台，主要包括以下六个方面。

（1）物流产业政策。建议在现行的物流产业政策体系的基础上，将阻碍物流畅通的各类不符合市场竞争原则，违反国家法律法规规定的地方保护、行业垄断、区域封锁、市场分割政策逐步废除，努力建设统一开放、公平竞争及规范有序的现代物流市场体系。规范物流产业市场行为，建立物流服务质量标准以及行业规范。

（2）政府投资政策。对于建设投资规模较大的物流基础设施以及配套设施、公共信息平台等公共建设项目，政府可通过投资与补贴等方式参与建设。

（3）企业融资政策。充分发挥金融机构在扶持现代物流企业发展中的杠杆调节作用，降低物流企业融资成本。支持物流企业利用境内外资本市场融资或者募集资金加强自身社会化和专业化。对资产质量好、经营管理好及具有成长潜力的物流企业要支持鼓励上市。各类金融机构应对效益好、有市场的物流企业给予重点支持。

(4) 土地政策。政府可以通过出台优惠的土地政策，整合存量资源，优化物流产业空间布局，鼓励物流企业入驻相关的物流园区，充分发挥政府在物流产业发展中的宏观调控作用，避免物流企业的重复建设以至提高资源利用率。

(5) 税收政策。现代物流产业包括不同服务业态和经营类别，如流通加工、多式联运及物流代理、物流信息及咨询。建议税务部门积极开展研究，针对物流产业不同的服务业态提出合理的利于物流产业持续、稳定发展的税目及税率。

(6) 运输管理政策。开辟物流绿色通道，提供市区通行和停靠的便利。进一步提高货物运输、配送效率，优化各物流节点之间的转运环节，支持物流企业提供“一体化及门到门”的先进物流服务，实现“货畅其流”。

2. 引导性政策体系

物流产业在我国仍处于“导入期”，各地方在物流基础设施的建设过程中仍具有一定的盲目性。引导性政策体系旨在为物流产业提供一个理性发展的平台。其主要体现在：引导不同区域物流产业的合理分工；引导物流节点的合理规划；解决工商企业“大而全、小而全”这种商业运作体制所带来的问题，提高企业物流的运作水平；引导传统的运输仓储企业向现代物流企业转轨；指导物流企业在政府宏观规划的指引下有序发展。引导性政策体系主要包括以下三个方面。

(1) 空间布局引导政策。从国家宏观环境来分析，我国经济的发展呈现出明显的区域特征，中央政府可以根据东、中、西部不同的物流需求制定相关的区域物流业发展引导政策。从各区域的环境来分析，地方政府也应该根据自身的经济发展模式，构建科学合理的现代物流体系，制定相关的土地、服务等优惠政策，引导不同类型的物流企业入驻相应的物流园区，避免重复建设，达到规模经济效益，促进物流企业发挥协同发展优势。

(2) 工商企业剥离物流业务引导政策。通过政策实施，引导工商企业剥离物流业务，提高物流活动社会化及专业化水平，促进工商企业提高其核心竞争能力；支持工商企业进行内部产权改造与制度建设，以提升企业管理能力；鼓励工商企业进行资产重组，整合各种物流资源，成立独立核算、自负盈亏的物流企业，充分降低物流成本，提高物流运作的效率。

(3) 优化物流产业结构引导政策。通过各种支持性政策，引导不同类型的物流企业合理分布及共同发展，优化物流产业结构。在未来的几年内，构建以航空、公路、铁路、水运、货运企业为基础的立体高效的物流产业结构，大力发展多式联运型物流企业。

3. 发展性政策体系

物流企业是物流产业的市场主体，物流产业的成熟和相关物流企业的发展壮大是同步的。发展性政策旨在为物流产业提供一个产业升级平台，主要包括以下两个方面。

(1) 引入国外一流物流企业的政策。创造公平、公正的物流企业竞争环境，积极引进国外一流物流企业，扩大物流领域的对外开放，鼓励国外大型物流企业根据我国法律、法规的有关规定设立分公司或者办事处。

(2) 鼓励重点物流企业做大做强政策。在对物流企业进行考评的基础上，通过资金支持、土地等优惠政策，扶持重点物流企业的发展，鼓励物流企业走整合、兼并的道路，做大做强，促进物流产业结构升级。

此外，物流产业政策体系的制定和实施也需要一定的保障措施，如资金保障、体制保障等。我们相信，随着我国物流政策体系的完善，物流将日益发挥其国民经济“支柱型”的产业优势。

（四）我国现行物流政策存在的主要问题

由上述内容可知，我国现行的物流政策基本上可分为两大体系及两个层次。所谓两大体系即法律类政策与行政类政策；所谓两个层次即全国性政策与地方性政策。从总体上看，我国现行的物流政策，特别是法律类政策应该说是比较全面的，基本上可以维护当前我国物流产业的基本经济秩序，但是还存在以下若干问题。

1. 难以适应市场经济环境且缺乏国际化视野

我国目前实施的有关物流产业方面的法律及法规，有很多内容还是从传统计划经济体制环境下延续下来的，对市场经济原则体现或者贯彻得不够充分，特别是缺乏对国际化背景的考虑，因此，现行的一些法律类物流政策，不仅难以适应市场经济环境下我国物流产业发展的需要，更难以适应物流产业国际化发展的需要。同时法律体系本身从技术上也缺乏对实践的具体指导和调整作用，宏观调控能力与微观约束能力尚显不足。

2. 缺乏对物流领域的专门而系统的法律类政策

我国现行的法律类物流政策，大多是“借用”或者“共用”型的，即多数不是针对物流领域而制定的，这样就难免对物流系统的各个要素进行“肢解”，而无法对物流系统进行“系统”性规范。因物流是一个包括多个构成要素的系统，而且这些构成要素之间往往存在复杂的相互制约、相互影响的“效益背反”关系，所以，单独对某个构成要素进行规范，不一定能达到对物流产业进行系统规范的效果。而且物流产业本身还和整个经济社会系统存在着各种“效益背反”关系，所以，对物流产业进行规范时，还要考虑其对整个经济及社会系统的影响。

从现行的法律类物流政策来看，其重点是对物流基础设施中的公路、铁路、航空、管道、车站、港口、机场的规划、建设及布局，及各种物流工具（车辆和船舶等）的交通运输及其所产生的污染等进行规范，主要是对运输进行规范，而对其他物流构成要素的规范很少，甚至没有涉及。比如，有关物流信息化、物流标准化、物流效率化方面的立法就是空白。同时，现行的法律类物流政策的制定与执行主体涉及交通运输、铁道、航空、海关、商务、工业和信息化、国家发展改革委、环保等多个政府部门，在客观上为制定系统性的法律类物流政策设置了障碍，难以整合物流各环节与各功能之间的关系，从而不利于整个物流行业的健康发展。

3. 个别具有直接操作性的法律类政策层次较低

我国对物流领域具有直接操作性的法律类政策，多由各部委、地方政府以“办法”“条例”“规定”“通知”“规则”等形式制定并颁布，规范性不强，缺乏法律责任的制约作用，在具体运用中缺乏操作性，难以产生法律效力，多数只适合作为法庭审判的参照依据，不利于调整各物流主体之间的相互关系，缺乏对物流主体行为的制约作用。

三、物流产业发展趋势

（一）我国物流产业发展趋势

物流产业作为国民经济中一个新兴产业，正在全球范围内迅速发展。在国际上，物流产业被认为是国民经济发展的动脉及基础产业，其发展程度成为衡量一国现代化程度与综合国力的重要标志之一。相对于发达国家的物流产业而言，我国的物流产业尚处于起步发展阶段，企业物流仍是全社会物流的重点。尽管如此，近年来我国物流产业仍取得了长足的发展。据统计，入世以来，我国物流产业的发展速度快于经济发展速度，全社会物流货物总值大幅度增长，社会物流增加值与经济同步增长，稳定在 9%～10%。在国内物流产业还未成熟的情况下，预计物流产业未来的发展趋势，以最快的速度适应国际物流发展的需要，对于我国发展先进物流产业具有重要的意义。

1. 我国物流产业将呈快速发展之势

（1）全球经济一体化和区域经济合作的加强。全球经济一体化和区域经济合作的加强，将拉动我国物流产业的快速发展。目前，我国经济发展步入新常态。就物流业面临的形势来看，物流产业正处于产业地位的提升期、现代物流服务体系的形成期和物流强国的建设期。全球经济一体化和区域经济合作也在不断加强，我国已建立中国—东盟自由贸易区、中国—南部非洲关税同盟自由贸易区、中国—新西兰自由贸易区、中国—澳大利亚自由贸易区、中国—印度自由贸易区 、中日韩自由贸易区 、中国—韩国自由贸易区等区域合作组织，并提出“一带一路”倡议，这些都为我国物流产业的发展提供了良好的外部环境和市场需求空间，并将拉动我国物流产业的快速发展。

（2）世界著名物流企业的大量进入。世界著名物流企业的大量进入为我国物流产业的快速发展提供了良好的机遇。加入 WTO 后，我国物流领域加快了对外开放的节奏，并在 2005 年允许外商独资在国内经营物流企业。而国外物流企业也纷纷看好中国物流市场的发展空间，面对庞大的物流市场需求和弱小的供应能力，国外物流企业早已跃跃欲试。其中已有部分世界著名的物流企业先期进入了中国市场，参与国内物流市场的竞争。如快递业巨头 UPS、FedEx、DHL 和 TNT，运输物流企业马士基、美国总统班轮等。众多已经进入国内市场的国际物流企业或与国内物流企业结成联盟，或并购股权，组成专业化的物流企业，为客户提供涉及全国配送、国际物流服务、多式联运和邮件快递等方面的专业化服务。随着时间的推移，这一趋势不仅还将继续，而且可能会向深度领域发展，包括产业的研发、营销以及物流的增值服务领域。

（3）工商企业物流外包需求逐渐释放，客户需求更趋丰富。当前，随着社会生产的扩大、专业化分工的深化和竞争压力的增强，企业越来越趋向于将部分或全部物流业务外包出去。从宏观经济层面上看，中国市场经济导向的转变对计划体制下大而全的企业模式形成巨大冲击，生产和服务的专业化、个性化趋势被广泛认可。从企业经营层面看，生产企业在竞争的压力下，已开始注重挖掘“第三利润源”，通过加强供应链管理来降低成本。这些变化促进了物流需求的快速增长，表明中国物流业正驶入快车道，未来的发展空间巨大。

2. 我国本土物流企业发展的重点将是培育自主创新能力、形成核心竞争力

由于我国市场的进一步开放，国内现有物流企业将面临国际大型物流企业的全面竞争。与国际大型物流企业相比，我国本土物流企业起步较晚，规模较小。除民营企业外，我国大多数本土物流企业都是计划经济时期商业、物资、粮食、运输、邮政等部门的储运企业转型而来，条块分割、地方保护主义严重，企业缺乏整合，企业品牌、运输网络等没有真正建立起来，集约化经营优势不明显，很难形成规模效应。在管理方面呈粗放状态，基础管理工作没有落实。一旦与国际大型物流企业进行全面竞争，必将受到严重冲击。虽然国际大型物流企业具有较强的竞争力，但“本土化”是跨国企业经营中不可回避的现实。中国市场有自己的特点，政治、经济、文化等方面的诸多因素使外资企业在中国拓展业务需要一个适应的过程。当前就是我国本土企业争取时间、弥补差距的关键时期。在这个阶段，我国本土的物流企业必须在实践中探索、学习，特别是要积极借鉴发达国家物流企业管理和运作经验，在此基础上培育自主创新能力，以自主创新提升产业技术水平，形成核心竞争力，以应对国际竞争，加速发展步伐。

新一轮技术革命已成为行业发展的新动力。“互联网+”高效物流引导物流业与互联网深度融合，催生了大量新的业态和模式。随着人工智能时代的临近，物联网、云计算、大数据、区块链在物流领域的应用逐步加强，应用效果十分显著。特别是智能仓库、无人分拣、机器人、无人驾驶、无人机配送等已进入实质探索阶段，自动化、智能化发展成为物流业重要特征。

3. 我国物流产业发展趋势应是政府和行业协会相结合

目前，我国有一种把物流产业作为逐利性的产业来发展的倾向，功利性地看待物流产业。许多地方政府把物流产业作为支柱产业来大力发展，盲目的地方建设造成区域布局不合理和重复建设。

从我国现实的情况来看，第三方物流企业在我国的效益并不是很好，物流企业甚至达不到平均利润，一些物流企业举步维艰，这也就说明了第三方物流服务的有效需求严重不足。据测算，目前我国企业的自有物流占整个市场规模的60%～70%，物流需求的匮乏使得我国物流产业的发展受到制约。此外，由于物流产业的特殊性，物流产业中资金、技术等进入壁垒相对较低。大型物流企业的成本优势也不十分明显，从而在一定程度上造成了我国物流产业的过度竞争。

当前是我国物流产业发展的关键时期，如果这种过度竞争持续下去，对我国的物流产业发展极为不利。因此，实行政府管制迫在眉睫。

借鉴发达国家经验，在市场经济体制下，管理和协调某一经济领域内的活动主要应当发挥行业协会的作用，不宜由政府直接操作。据此，我国应当积极创造条件组建和完善全国性的物流协会及其办事机构，还必须从结构上保证该组织有一定的权威性和代表性，以便能在组织同业交流、传播先进技术、发展横向联合、冲破条块分割、规划业态发展、调整行业结构等方面发挥重要的作用，从而使我国物流企业在起点较低的情况下能够快速健康发展。

（二）全球物流产业发展趋势

1. 物流全球化

伴随着贸易自由化，全球资本市场的成长和以计算机、网络技术为依托的电子商务的兴起，以金融、信息的全球化为主导的第三次经济全球化浪潮正在席卷全球市场的每一个角落。与此相对应，一个统一的、开放的全球市场正在形成。中国的入世加快了这一进程。一个企业要获得竞争优势就必须在全球范围内配置资源。这样，企业经营的全球化也使得物流活动变得更加复杂。物流全球化与过去的贸易全球化带来的全球货物运输有所不同，后者只是一种单一的货物运输方式，现在兴起的企业内或企业间的物流全球化，要求全球化的网络体系与之相适应。因此，构筑全球化的物流网络体系是摆在全球化经营企业面前的一道难题。这些企业应当充分利用“网络理论”，选择有力的事业伙伴，构建机动性强、反应速度快的企业网络体系，实现网络合作。

2. 物流信息化

电子数据交换技术、物联网技术与国际互联网的应用，使物流效率的提高更多地取决于信息管理技术。物流的信息化包括物流信息的商品化、物流信息的数据库化和代码化、物流信息处理的电子化和计算机化、物流信息传递的标准化和实时化、物流信息储存数字化等。条码技术、数据库技术、电子订货系统、电子数据交换等技术应得到广泛应用。

3. 物流自动化

物流自动化的基础是物流信息化；核心是机电一体化；外在表现是无人化。其效果是扩大物流作业能力、提高劳动生产率、减少物流作业的差错。物流自动化的设施，如条码/语音/射频自动识别系统、自动分拣系统、自动存取系统、自动导向车、货物自动跟踪系统等，都是必要的。

4. 物流网络化

物流网络化有两层含义：一是物流配送系统的计算机网络，包括物流配送中心与上游供应商、制造商和下游客户之间的计算机网络；二是建立在计算机网络基础上的组织化的市场网络。

5. 物流社会化

在市场经济条件下随着专业化分工越来越细，生产企业为实现零库存，其所需的原材料和零部件等大部分由物流中心或配送中心提供，因此，物流中心必须实行集约化经营，以节约物流时间和费用。

6. 仓储、运输的现代化与综合体系化

仓储现代化要求物流设备高度机械化、自动化和标准化；运输现代化则要求建立起铁路、公路、水路、空运与管道相结合的综合运输体系。二者匹配是现代物流的必备条件。所以，发达国家都致力于港口、机场、铁路、高速公路、仓库等建设。为了减少运输费用，还大力改进运输方式与包装方式，比如发展集装箱运输，提高粮食与水泥的散装率，研制新型的装卸机械等。

7. 物流柔性化

物流柔性化是适应生产、流通与消费的需求而表现出来的一种发展趋势。它要求物流配送中心要根据消费需求“多品种、小批量、多批次、短周期”的特色，灵活组织和实施物流作业，没有配套的柔性化的物流系统是不可能成功的。因而，现代物流的管理要求科学、高效。服务化物流和绿色物流的发展将是现代物流发展的主题。服务化物流源于人们收入的提高和消费的多样化、全方位化。绿色物流是当今经济可持续发展的一个重要组成部分。其宗旨是注重生态环境，减少物流活动对环境造成的危害，促进经济和消费生活的健康发展。为此，在抑制传统直线型的物流对环境造成危害的同时，要采取与环境和谐相处的态度和全新理念，去设计和建立一个循环的物流系统，使其达到传统物流末段的废旧物质能回流到正常的物流过程中来的目的。一般称这种废旧物质的回流为逆向物流。现代绿色物流强调全局和长远利益，是一种全新的物流形态。服务化物流和绿色物流共同代表了现代物流发展的主题。

本章小结

本章首先介绍了物流产业经济学的概念、研究对象、研究内容、研究任务以及物流产业经济学的理论体系，分析了物流产业的结构并对其进行了优化；其次介绍了物流产业的关联理论并对其进行了详细的分析；最后论述了物流产业的政策及发展趋势。

通过本章的学习，能够对物流产业有一个初步的了解，并对物流产业理论有一个总体的把握。

案例分析：制造业与物流业“两业联动”，激发新活力

近年来，制造业和物流业的相互融合、联动发展得到了相关政府部门和社会各界的高度关注，也越来越被物流业和制造业普遍重视。《国务院关于印发物流业调整和振兴规划》及《国务院办公厅关于促进物流业健康发展政策措施的意见》等相关文件，都明确指出了“两业联动”的重要性和紧迫性。

开展“两业联动”后，制造企业订单完成周期平均降幅达47.5%，存货周期平均下降6.8%，所有企业的物流成本下降比率都在10%以上。第四届制造业与物流业联动发展大会上，王慧敏援引一系列数据，对近年来制造业与物流业联动发展的成就进行佐证。她对“两业联动”的发展前景十分看好，2014年全国发展改革工作会议上，就明确提出要推动服务业与制造业的融合发展，而制造业与物流业联动发展则是其中的重要内容。

现代物流是提升制造企业核心竞争力的重要手段，制造业是物流业发展的需求基础。发达国家的经验表明，在工业化步入中后期发展阶段，必须借助于服务经济的力量，通过服务业特别是生产性服务业与制造业的融合发展，来推动制造业的转型升级和产业结构的优化。另外，整个社会物流业的增加值已占到服务业增加值的17%左右，其发展的速度和质量对于服务业发展具有举足轻重的作用。因此，推动制造业与物流业的联动发展，不仅可以促进制造业的转型升级，而且可以推动服务业快速发展，是一举两得的双赢举措，对于转方式、调结构，打造中国经济的升级版具有十分重要的意义。

“两业联动”在我国发展，已经带动企业逐渐呈现出可喜的变化。北京交通大学交通运输学院张晓东教授的一项跟踪研究表明，开展“两业联动”后，制造企业订单完成周期的平均水平由联动前的11.8天下降至6.2天。联动前订单完成周期最长的轻工行业从40天降到24.5天，电子行业平均订单周期仅为1.5天。货物收转时间平均由联动前的26.6天降至16.2天，装备制造业降低49.6%，大大提高了货物周转率，物流运作效率显著提升。存货周期平均由联动前的14.8天降到12.3天，明显减少库存积压和资金占用，降低了运营成本。从物流服务质量来看，订单完成率由联动前的89.4%提高至99.1%，准时交货率由联动前的89.1%，提高至97.7%，货物破损率由联动前的1.12%下降至0.33%。

而在中国物流与采购联合会副会长贺登才的眼中，2007年以来我国“两业联动”发展发生了深刻的变化。他将这种变化归结为以下四个方面。一是市场变动。根据物流企业座谈会反映的实际情况，市场变动主要体现在如下几个方面：品种结构“黑冷白热”，钢材、木材、水泥等“黑货”相对受冷落，生活消费品市场增长幅度较高；销售对象外缩内扩，外贸对GDP的拉动在减弱，扩大内需政策的效果在逐步显现；销售地点网涨店消，网络购物量达90亿件，实体店销售额逐步下降；产业发展点弱链强，工业企业对供应链的需求在逐步增强。二是区域产能变动。工业企业各类产品基本处于产能过剩状态。三是技术驱动。网上购物、移动互联等技术实现了快速发展，有企业甚至已经提出“要么电子商务，要么无商可务”。四是政策推动。行业协会及企业提出的部分意见正逐步被政府采纳吸收。对于这些变化，贺登才认为，物流企业和制造企业应适时应变，携手共赢，使“两业联动”工作不断引向深入。

数据显示，我国社会物流总费用占GDP的比例近年来一直保持在18%左右，欧美、日本等发达国家或经济体的比例一般在9%左右。这里的差距，也在客观上要求我们继续深化“两业联动”，在创新联动模式、丰富联动内涵、提升联动质量、营造外部环境上多下功夫，不断提升供应链管理和服务的能力与水平。

对此王慧敏指出，要从五个方面进一步推动“两业联动”发展：一是加强引导示范，政府相关部门要继续搭建企业对接平台，组织实施示范工程，发挥典型案例的示范引领作用；二是推动建立统一开放、竞争有序的市场体系；三是破解政策约束；四是大力促进供应链管理和服务发展；五是进一步加强对物流发展综合协调。随着企业物流效率和效益的持续改进和宏观产业结构和产业布局的不断调整和优化，相信我国社会物流成本也会逐步下降，这也是“两业联动”对于提高社会经济运行质量的贡献和拉动。

思考：

1. 我国制造业与物流业“两业联动”的现状及发展趋势如何？

2. 国外产业联动的经验对中国的物流产业联动发展有什么借鉴？

复习思考题

1. 简要说明物流业和物流产业之间的关系。

2. 物流产业经济学的定义及其研究的任务与方法。

3. 物流产业与其他产业之间的关系。

4. 什么是物流产业政策，包括哪些内容及其所起的作用。

5. 讨论我国物流产业发展的特点。

第八章 现代物流与经济增长的理论

经济的快速增长对物流业产生了巨大的需求，促使物流业以及与物流相关的交通运输、仓储和邮政业等都有较快的发展。同时，作为经济增长“加速器”的物流业快速发展将会改变国民经济增长方式，降低国民经济的运行成本，促进经济的可持续发展。物流对于经济增长的影响以及物流业与经济增长之间的关系已经成为物流领域的一个研究重点。

第一节 现代物流与经济增长

对于经济增长的定义经济学家有着不同的观点，最主要的是两种相互联系的定义。一种认为，经济增长是指一个国家或者地区所生产的物质产品和劳务在一个相当长的时期内的持续增长，即实际总产出的持续增长。另一种则认为，经济增长是指人口平均的实际产出的持续增长，即人均实际产出的持续增长。

从上述关于经济增长的含义中可以看出，经济增长的集中体现与结果是商品供给总量的不断增加，即实际总产出的持续增加。如果考虑到人口的增加与价格的波动，经济增长就是人均实际产出的持续增加。实际上，一国或地区实际总产出的增长率与该国人均实际产出的增长率是密切相关的。人均实际产出的增长率等于实际总产出的增长率减去人口的增长率。

如果一国或地区的人口增长率保持不变，那么人均实际产出的增长率将随着实际总产出的增长率的提高（或下降）而按照相同的比率提高（或下降）；如果一国或地区的实际总产出的增长率保持不变，那么人均实际产出的增长率将随着人口增长率的提高（或下降）而按照相同的比率下降（或提高）。

国内外关于现代物流与经济增长的相关作用的研究，主要集中在以下三个方面：现代物流在经济增长中的作用分析；经济增长对现代物流发展的影响作用研究；现代物流与社会经济的相互作用机制分析。

一、现代物流与宏观经济增长理论

（一）宏观经济增长的相关理论

经济增长理论试图回答经济学中最难以回答而又最重要的问题：经济增长的源泉是什么，如何才能保持经济的持续稳定发展？这是经济学家们从经济学一产生就提出并不断探索的问题。

在现代经济增长理论诞生以前，古典经济学家甚至更早的一些思想家就对经济增长问题提出了精辟的见解。事实上，现代经济增长理论的核心思想基本都来源于早期的经济增长思想。

1. 早期经济增长思想

早在古典经济学产生以前，人们就已经开始了对经济增长问题的认识和讨论。重商主义者认为经济增长的本质是贸易财富的积累，要增加财富就要加大对外贸易中的出口份额，依靠贸易的出口不断提高贵金属的存量，这成为重商主义者经济政策的理论基础。

亚当·斯密在其经典著作《国富论》中提出许多认识经济增长的基本概念，他认为经济增长的动力是劳动分工、资本积累和技术进步。

卡尔·马克思在其《资本论》中提出了简单再生产和扩大再生产理论，他不仅描述了扩大再生产的基本途径——增加积累和提高生产要素产出率，以及与此相对应的外延和内涵两种扩大再生产方式，而且强调指出扩大再生产的顺利进行必须保持各部门之间的动态平衡。

19 世纪后半叶，以边际分析为中心的新古典主义学派的兴起，标志着经济学进入了另一个时代。新古典主义经济学家（瓦尔拉斯、卡塞尔、马歇尔等）抛弃了古典学派的动态分析方法，将经济学引入静态时代。他们认为经济增长是资本家延续当前消费，把一部分收入储蓄起来进行积累，以及资本家对企业的组织管理活动，导致生产率的提高和财富的增长。

熊彼特在 20 世纪 20 年代提出了“创新”理论，为研究经济增长独辟蹊径。他认为企业家可以通过引进新产品、采用新方法、开辟新市场或改进生产组织等创新的办法来提高生产率，促进经济增长。

2. 现代经济增长理论

1926 年拉姆齐发表了《储蓄的数学理论》一文，这篇文章奠定了研究最优积累和最优增长问题的方法论基础。哈罗德最早建立数学模型来研究经济增长同各种经济要素之间的关系，从而将经济增长理论引入“现代”时期。

1962 年肯尼斯·约瑟夫·阿罗在《经济研究评论》上发表了题为《干中学的经济意义》的文章，这篇文章现在被广泛认为是众多内生经济增长理论和技术进步模型的思想源头。1965 年宇泽在《世界经济评论》上发表了《经济增长总量模型中的最优技术变化》一文，最早将人力资本用于研究技术进步和经济增长问题，并引入了教育部门。宇泽提出了研究内生经济增长的新思路，即以人力资本为中心。这一思想对新经济增长理论也产生了很大的影响。

3. 新经济增长理论

20 世纪 80 年代中后期开始发展起来的以研究内生技术进步为主要特征的增长理论被称为新经济增长理论。

各种新经济增长模型包含的共同观点是，经济增长不是外生因素作用的结果，而是由经济系统的内生变量决定的，政府实施的某些经济政策对经济增长具有重要的作用。经济可以实现内生增长的观点是新经济增长理论的核心思想。

综上所述，经济增长理论仍处于不断发展和完善的过程，各国学者都正在进行着不懈的努力和探索，以求找到更为合理的经济增长理论来解释经济增长的源泉、各国与地区经济增长差异性的原因，以及据此获得保持经济持续、快速、稳定增长的政策建议。

（二）现代物流与宏观经济增长的相互关系

现代物流通过影响社会资源的配置来影响宏观经济的政策与发展。因此，现代物流与宏观经济之间具有紧密的关系，二者表现为相互适应、相互促进。

1. 现代物流对宏观经济增长的作用

当前对现代物流与宏观经济增长关系的研究中，关注于现代物流对经济增长的作用的文献相对比较多，一般通过经济增长的相关理论，对现代物流的发展与经济增长之间的关系进行理论分析，进而得出现代物流在经济增长中发挥的作用。

根据相关文献的研究结论，一般认为现代物流对宏观经济增长的作用表现在以下两个方面：一方面是如果物流能够适应经济发展的需要，物流对经济发展的作用主要体现在支持经济的增长和发展上，如果物流不能适应经济发展的需要，物流将对经济发展起着阻碍作用，也就是说，以阻碍经济发展的消极方式，来显示其在经济发展中的作用；另一方面物流在经济增长中的作用不仅表现在支持经济的增长和发展上，还体现在刺激经济的增长和发展上，推动着经济的增长和发展。

（1）现代物流在宏观经济增长中的基础保障作用。物流发展对经济增长的基础性作用表现在：物流的发展为经济的增长提供保障，是经济增长的前提条件，经济的增长与发展是以物流的发展为基础的，物流对经济增长起着支撑的作用。现代物流对经济增长的基础作用可以通过经济增长理论对其进行解释。

根据经济增长理论，社会专业分工是经济增长的基本动力之一，而物流的发展是社会专业分工得以实现的前提，能够保证社会专业化分工的正常运行。

物流对经济增长的基础性作用，用一句比较恰当的话来描述，可以认为物流是社会经济的主要纽带。社会化大生产是一个复杂的过程，由于社会专业化分工的出现，使得生产、分配、交换和消费在一个极其广大的空间进行，并且同样可能存在时间的差异性，只有依靠物流这一纽带，才能将整个复杂过程的各个环节连接起来，使社会化大生产得以实现。

在社会化大生产中，生产过程完成有形产品的物质实体，然后通过分配、交换，将这些物质实体送达消费者手中，并通过消费使得价值得以实现。因此，一方面，物流系统将各物质资料生产部门的企业联系起来，在它们之间转移原材料和半成品，使实体产品的生产能够实际进行。另一方面，将物质资料生产部门生产的最终消费品通过各种渠道与方式送到消费者手中，使其价值得以实现。从经济社会的空间来看，只有通过物流这一纽带，才能把原料产地和工厂、油田和工厂、工厂和市场、城市和乡村、沿海和内陆、国内和国外等连接起来。从功能上看，只有通过物流这一纽带，才能把生产、分配、交换和消费几个环节有机地结合起来。因此，完善的物流网络体系是保证社会专业化分工得以实现的前提，物流的发展对经济增长的快速发展起到前提保障的基础性作用。

（2）现代物流对宏观经济增长的促进作用。物流除了对经济增长起支撑作用以外，物流的快速发展即从传统物流向现代物流快速转化过程中，还可以刺激经济进一步增长和发展。现代物流对经济增长的促进作用，同样可以利用相应的经济增长理论对其可能原因进行解释，主要表现在以下六个方面。

①现代物流的本质是社会分工发展的产物，同时现代物流的发展又促进了社会分工

的进一步深化，从而进一步促进经济的增长。在经济增长理论中，亚当·斯密在论述分工受到市场范围限制时指出：分工起因于交换能力，分工的程度要受交换能力大小的限制，而交换能力要受市场广狭的限制。市场过小，就不能鼓励人们终生专务一业，也就是不能维持这种劳动分工，因为在这种状态下，不能用自己消费不了的自己劳动生产物的剩余部分，随意换得自己需要的别人劳动生产物的剩余部分。从这个意义上讲，物流的发展，扩大了市场的范围，促进了进一步的劳动分工。按照亚当·斯密的分工理论，分工越深化，生产率就越高，经济就越发达，因此，现代物流的发展可以促进经济增长和发展。

②现代物流的发展促进了现代化大工业的发展。现代物流的发展对现代化大工业的促进作用，实际上是现代物流使社会分工不断深化的结果。现代化大工业的出现以大量耗用矿物能源的制造业为主体，以分工、集中生产和规模化生产为特征。它依赖物流远距离运入大量原材料，又依赖物流远距离运出大量半成品、成品。从历史上看，现代化大工业的出现，是由当地物流体系的性能改进和完善到一定程度所带动的。如果没有相对于当时历史阶段而言是便捷的、网络化的、高效的和其费用能为经济社会所承受的物流体系的建立，集中生产所能覆盖的空间就要受到限制，社会分工的程度也要受到限制，规模生产就无法实现，那么，就不能带动现代化大工业的出现。现代化大工业出现后，其以后每个阶段上的进一步发展，相对于每一特定阶段而言是便捷的、网络化的、高效的和其费用能为经济社会所承受的物流体系在发挥着非常重要的作用。所以说，现代化大工业的出现，是由物流体系的改进和完善所带动的，而现代化大工业的进一步发展，又离不开物流体系的不断改进和完善。

③现代物流的发展加快了全球经济一体化的进程。现代物流对经济一体化的促进作用，是在全球经济一体化过程中，现代物流对宏观经济增长的促进作用的重要体现，也是现代物流促进社会专业化分工在全球范围内不断发展、不断深化的结果。经济一体化是当今世界经济发展的重要特征，跨国生产、跨国销售是经济一体化的主要特点，同时谁也不能否认物流体系对于跨国生产和跨国销售以及国际经济一体化所做出的突出贡献。正是由于现代物流体系的不断完善，才使得社会分工可以在全球范围内得以实现，同时现代物流的发展可以促进社会分工在全球范围内不断深化，使得一个国家和地区的经济与其他国家和地区的经济密切相连，进一步促进了经济一体化的进程。

现代物流的发展一方面可以保证全球采购的实现，另一方面也可以使得商品在全球范围内销售成为可能。一般认为物流成本的 2/3 与运输有关，从这个意义上也可以说，最重要的物流活动之一就是运输。现阶段运输领域的大型化、散装化运输和成品、半成品运输领域的国际集装箱多式联运，极大地提高了运输能力，改进了国际货物运输的快速性、便捷性、多样性、安全性、合理性、高效性，跨国生产和跨国销售才能得以蓬勃发展。因此，现代物流的发展可以促进社会分工在全球范围内深化，使得一个国家和地区的经济和全球经济的发展密切相关，促进了全球经济的一体化进程。

④现代物流的发展可以改善投资环境，促进地区招商引资和外资的流入。现代物流对投资也存在重大的影响。一方面，在社会总投资过程中，用于完善现代物流网络体系的投资占整个社会总投资的比重相对较大，这是因为要完善社会物流网络体系，就必须

加大对交通运输、仓储和邮政业的投资，而这方面的投资往往是表现出投资回收期长、投资数额巨大的特点；另一方面，现代物流网络体系是否完善已经被人们当作投资环境状况的反映。目前，经济发达国家和地区，特别是美国、日本、新加坡及欧洲一些国家和地区的投资者在选择投资区域时，把综合物流发展状况作为一个十分重要的考察条件。例如，上海浦东刚建成就吸引了世界500强中的不少企业登陆，而当不少企业发现那里居然没有一个物流中心时，便断然离去。这说明一个地区的物流网络体系的健全对外资的流入起到了多么大的作用，这也进一步说明了现代物流是如何通过影响投资进而对经济增长产生影响作用的。

⑤现代物流的发展对社会人力资本投资产生重大影响。投资对经济增长的影响，一方面表现为实物投资对经济增长的影响，另一方面表现为人力投资对经济增长的影响。现代物流不仅是一个技术密集的产业，还是劳动密集的产业，大量的劳动特别是"最后一公里"的"末端服务"，都要靠人力来完成。在荷兰，鹿特丹港的直接雇员有13万人，间接雇员达到60万人，该港年产值占荷兰GDP的12%。美国联邦快递全球网络雇员有14.5万人，与全球上百万客户保持着密切的联系，处理和配送货物能力达330万件。我国也不乏这样的例子，北京青年报小红帽发行股份有限公司，开发出送报、送奶等一系列物流业务，为下岗职工创造了就业机会。在经济转轨时期，一方面，大量下岗职工需要再就业；另一方面，许多的物流业务急需开发，特别是结合社区建设，发展社区内的配送服务，潜力很大。因此，现代物流的发展影响社会人力资本的投入，通过充分利用社会上的人力资本，对经济增长产生一定的促进作用。

⑥现代物流对经济增长还存在其他方面的影响。除了以上分析的现代物流对经济增长的促进作用外，现代物流对经济增长的作用还包括一些其他的内容。例如，现代物流的发展往往伴随技术进步的出现，而技术进步也是经济增长的一个重要动力。新经济增长理论对内生的技术进步是实现经济增长的决定因素的理论概述，同样说明技术进步在经济增长中的作用。

现代物流的发展除了对经济增长产生促进作用外，还对经济增长的方式产生重要影响，这主要体现在现代物流的发展可以通过降低交易成本带来经济增长方式的转变。比如，现代物流之所以能够显著降低交易成本，主要是因为，现代物流服务提供者通过由诸多节点和线路组成的网络体系提供物流服务。以点状松散存在的要素组成物流网络后，原来点和点、要素和要素之间偶然的、随机的关系随之变成网络成员之间的稳定的、紧密的联系。一个结构稳定、高效运作的物流网络体系，不仅可以减少组成要素之间的磨损和交易成本，减少用户使用网络资源的成本，还可以放大各要素的功能，提高要素和整个网络的收益，实现"1＋1＞2"的作用。

2.宏观经济增长对现代物流发展的影响作用

现代物流被认为是经济发展到一定阶段的产物，经济发展对现代物流的影响一方面体现在经济的大幅度增长将带来对物流需求的增加，而物流需求的增加可以推动现代物流的发展；另一方面体现在经济的发展水平决定了现代物流的发展水平。经济的大幅度增长，必然导致巨大的物资的流动，也就必然导致物流量的增加，这是经济发展的必然规律，也是物流发展的必然规律。

(1) 经济的快速增长带来物流需求的增加。在经济增长的过程中，经济发展处于不同阶段，对物流有不同的要求。经济增长对物流需求增长的促进作用，在经济增长理论中可以找到其可能解释。

在狩猎与采集的时代，经济增长的程度比较低，社会专业化程度同样非常低，人们只需要把狩猎获得的野兽和采集的果实运至自己的聚居地（运输），其中的一部分要储存起来，以便在更长的时间内享用（仓储）。因此，简单的社会分工对物流的要求也是一些简单物流活动的实现。

在商品经济时代，随着工业文明的崛起，社会生产和消费（再生产）规模越来越大，大生产方式、专业化分工方式的采用使生产和消费分离的趋势不断扩大，因此带来对物流的要求越来越高，对物流的要求必然带来物流的不断发展。

自 20 世纪 70 年代以来，经济与技术的发展更多地要求物流服务方式以及它们与社会物流系统的各环节之间更有效、更合理地衔接配合。

总之，在市场经济条件下，经济迅速增长，专业化分工进一步深化，带来对物流的更高要求，物流需求不断增加。而在市场经济条件下，物流需求的增加是刺激物流供给、促进物流发展的重要市场信号。因此，经济的快速增长，带来专业化程度的进一步深化，产生更多的物流需求，最后刺激物流不断发展，物流体系不断完善。

(2) 经济的发展状况决定了物流的现代化程度。物流是经济总体架构中的一个组成部分，因此经济对其发展具有决定性作用，并从政策，人、财、物、力支撑，发展空间等诸方面显现。在经济发展的不同阶段，对物流的需求不同，相应的产业政策、对物流的重视程度也不同，因此，物流的发展状况也不同。

在经济起飞阶段，国家面临着投资短缺的问题，需要对优先发展哪种产业做出选择。这个阶段，针对不同的情况可能存在不同的结果，但普遍认为物流业是一种基础产业，投资规模大、建设周期长、收益慢、投资效率低，因此，物流业不宜优先发展。故有些物流专家认为，“物流”概念传入我国以后的很长一段时间内，并没有得到人们的重视，其主要原因就是当时我国的经济发展基础还不够。

在经济相对发展时期，投资不再短缺，同时经济的快速发展带来巨大的物流需求，产生发展现代物流的动力，刺激着物流的不断发展。此时，各级政府和各界人士认识到了“物流”的重要性，加大对物流的投资，从而促进了物流的发展。我国现阶段的经济，就符合这个情况。我国经济最近几年快速发展，产生了巨大的物流需求，人们对物流的认识逐渐深入，所以，最近几年产生了“物流热”的情况。而“物流热”的出现，并不完全是大家所说的炒作现象，而是经济快速增长的必然结果。

3. 现代物流与宏观经济增长的相互作用机制

现代物流与宏观经济增长是相互依存的统一体。现代物流是宏观经济增长的主要构成要素，是经济系统形成与发展的一种主导力量。现代物流在宏观经济发展中具有双重功能，即从属功能和引导功能（基础作用与促进作用）。而同时，宏观经济增长越迅速，对物流的需求就越高，经济对物流的依存度越大，物流在宏观经济增长中就越重要，进而经济对物流发展的推动作用也就越大。

对现代物流和经济增长关系研究的很多文献也表明，现代物流与宏观经济增长的关系并不是简单的单向促进作用，它们之间是相互促进的双向作用关系。

系统动力学在物流研究中应用比较广泛。在物流系统优化的研究中常用的系统动力学模拟模型有库存模型、复杂的排队等待问题模拟模型、物流费用分析模拟模型。系统动力学模拟技术在物流管理的应用有如下方面：物流大系统的优化、物流设施的平面布置、库存控制系统、仓库规划、装卸搬运系统的分析、装配流水线作业计划等。

同系统动力学在其他物流研究领域的应用一样，系统动力学在研究现代物流与经济增长的相互作用关系时同样取得了较好的效果。现代物流与经济增长的相互作用关系，可以用以下的相互作用关系图进行描述，如图 8-1 所示。

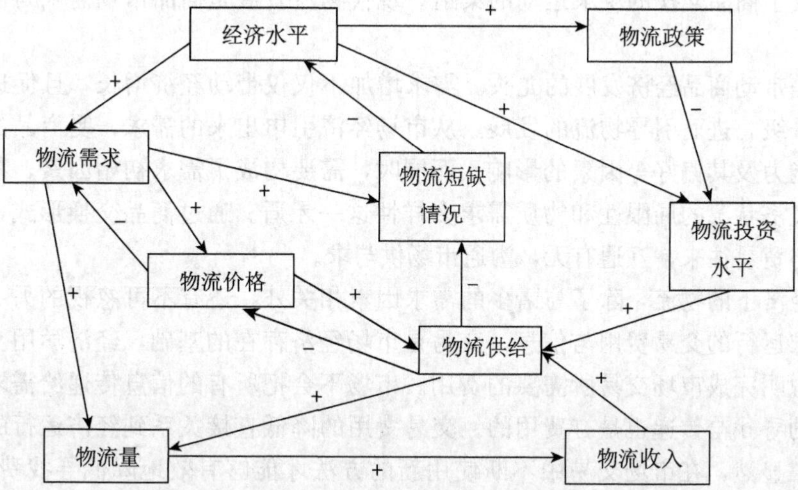

图 8-1 现代物流与经济增长相互作用关系

由图 8-1 可以看出，现代物流与经济增长之间的相互作用关系。一方面，物流发展带来物流网络体系的完善，从而对经济增长产生作用；另一方面，经济增长通过对物流需求的增加促进物流的发展。结合两个方面，可以通过“物流短缺情况”，即物流供给和物流需求之间的差距来对现代物流发展和经济增长之间的关系进行解释。

二、现代物流与微观经济理论

（一）微观经济相关理论

市场经济是实现资源最佳配置这一经济活动最终目的的最优经济形式。物质的运动是凭借市场，通过物质与价值的对立统一运动来实现的。所以，市场经济中的社会经济运动首先表现为一系列的物质运动形式，从生产过程中原材料的开采、运输及加工，到半成品、产成品的交换及消费，这些环节包括物质空间的转移和状态的变化，同时也体现了经济关系的改变，即产品所属关系的变化。

商品是使用价值与价值的统一体，所以，商品的市场供求活动实际是物质流与价值流运动，即商品流通过程包括了“实体流通”的“物流”，即商品的实体运动过程是通过运输、储存以及其他机构的配合来完成的。商品物流的内容包括了商品的包装、运输、装卸、储存以及养护等活动，反映商品在时间与空间上的变换。商品流通的另一过程是

“交易流程”，或称之为“所有权流程”，简称“商流”，即商品的所有权的转移过程。它是通过一次或者多次交易活动，使商品价值形式发生变化，将商品的所有权逐次转移，最后到达消费者或者使用者手中。

（二）现代物流与微观经济的相互关系

物流的基本特征是实体的流通，即使用价值的流转。而商流的本质特征则是商品价值的流转，即商品所有权的转移。在商品经济条件下，物流及商流一般是统一的，即商流是物流的前提，物流实现商流。正是物流和商流的辩证统一运动，推动所有商品的交易行为，促成了各行各业、不同种类、各个层次与大小不一的市场，并由这种市场交易的网络形成了商品交换的供求运动的渠道。现代物流发展是商品市场需求与供给运行的结果。

需求是带动商品经济发展的龙头。需求增加不仅仅带动经济增长，且促进产业结构的调整、升级，进而引导物流的发展。从市场经济引申出来的需求，受商品的价格、人们的支付能力及其偏好等因素的影响。而同时，需要构成了需求初始因素。物流能缓解不同地区经济状况的局限性和物质需求多样性这一矛盾。通过商品交换形式，广泛开展经济交流与贸易往来，互通有无，沟通市场供与求。

市场经济下的物流，除了与诸多的需求因素相关外，还有不可忽视的另一方面，就是市场供求运行的交易费用与信息。交易是市场经济存在的基础，经济学用交易费用这一概念来说明完成市场交易所需要的费用。市场不会把所有的信息传递给需求者和供给者，信息的寻找与传递也是有费用的。交易费用的降低直接关系到经济运行的效率及物流的效率。显然，在市场交易中不断使用新的方法才能够有效地降低寻找费用和次数。实践表明，降低交易费用和寻找费用、提高交易“透明度”、显示可信的市场信息、提高物流效率，是物流发展的基石。当前商品经济的蓬勃发展，使得交易费用更低的物流形式将具有更强竞争力，更容易被经济社会所选择，那些具有能更好地降低交易成本，更快捷地产生及传递经济信息的现代物流形式将会更为迅速地发展。

从物流节点的层面而言，目前物流节点主要表现为两种基本类型，交通基础设施性质的物流节点和物流集散交易中心性质的物流节点。两者在内涵上都需要具有良好可达性、中心性以及中间性，由大量的点及少数的中心组成，具有枢纽的基本属性。物流节点是物流设施的集结地，也起到干线物流和城市物流转换场所的作用。

物流节点的货运系统设施投资所带来的货运时间的节省与稳定性的增加等方面的改善，使得企业可以提高运输效率，降低运输成本，从而进一步降低运输成本占产品销售价格的比例，实现运输合理化，同时也进一步扩大了经济规模，提高了产品运输服务的质量。单位距离运输成本的降低不仅可扩大企业的市场范围，还使得企业更容易接近供应商与劳动力市场。物流节点的货运系统设施投资对于企业经营的影响如图 8-2 所示。

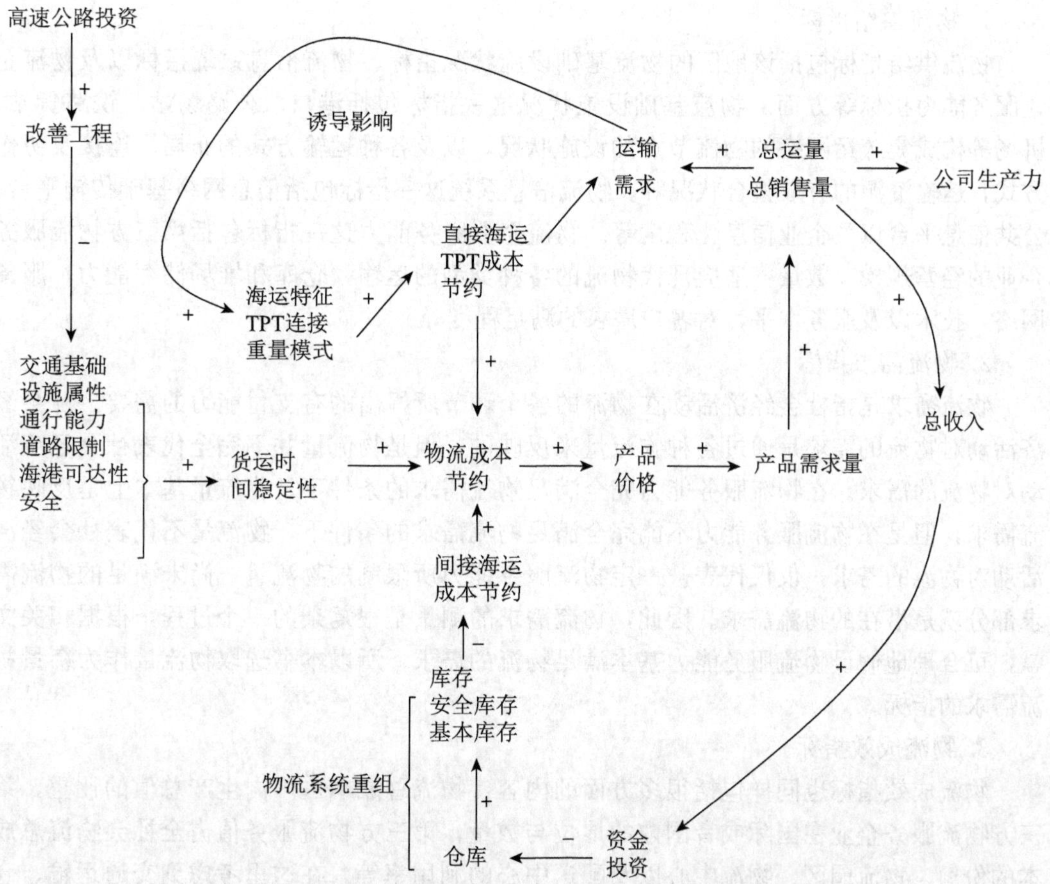

图 8-2 物流节点的货运系统设施投资对于企业经营的影响

此外，物流节点的货运系统设施运营绩效的改善也会对物流外包委托企业及物流承运企业的经营产生影响。企业业务主管应该密切关注产品的运输、存货、仓储和配送等活动，以及供应链中的其他辅助性活动的效率。随着货运系统设施的不断完善，运输系统的可靠性提高了，运输成本降低了。相应地，更多的企业倾向于通过购买更多运输服务降低管理仓库以及维持库存等物流活动的成本。货运系统设施的改善使得管理人员能够通过物流服务外包的形式来降低其他活动的成本以至获得高的经济效益，这也就推动了物流节点和专业物流服务企业的发展。

三、现代物流与经济增长的计量经济模型

（一）指标选取

现代物流发展评价指标体系，从以下三个方面对现代物流的发展水平进行评价：一是物流供给指标，即现代物流的供给能力或“物流能力”，反映现代物流的基础设施状况和物流企业服务能力；二是物流需求指标，反映社会经济产生的现代物流需求状况以及其对现代物流的发展推动力大小，且和经济增长速度密切相关；三是物流成效指标，反映物流供给和需求共同作用所带来的物流实际发展情况。

1. 物流供给指标

物流供给指标包括该地区的物流基础设施状况指标、物流信息系统指标以及物流企业服务能力指标等方面。物流基础设施状况这一指标包括港口、公路场站、铁路货站、机场等构成集疏运网络的物流节点的设施状况，以及各种运输方式的布局、连接及协作方式，运输资源的有效整合状况等。物流信息系统这一指标包括信息网络基础传输平台、公共信息平台以及企业信息化程度等。物流企业服务能力这一指标包括第三方物流服务企业的经营规模、数量，适应现代物流的各种类型的运输，仓库和堆场储存能力，服务网络，技术以及服务水平，对客户需求的满足程度等。

2. 物流需求指标

物流需求是指社会经济活动在物流的各个环节所提出的有支付能力的需要。社会经济活动对物流的需求是通过各种物流量来反映的，但是物流量并不完全代表社会经济活动对物流的需求。在物流服务能力完全满足物流需求的条件下，物流量基本上是反映物流需求，但是在物流服务能力不能完全满足物流需求的条件下，物流量不代表社会经济活动对物流的需求，仅仅代表被一定物流服务能力所限制的物流量，尚未满足的物流需求部分就是潜在的物流需求。因此，物流需求的测量是很复杂的一个过程，根据相关文献，可合理地假设物流服务能力基本满足物流的需求，所以本书选取物流量作为衡量物流需求的指标。

3. 物流成效指标

物流成效指标也同样包括很多方面的内容：物流总成本占国内生产总值的比重，第三方物流服务企业在国际或者国内的地位与数量，第三方物流服务值占全社会物流总成本的份额，物流园区、物流中心以及配送中心的利用率等。在这里考虑到交通运输、仓储和邮政业是现代物流业的主要部分，本书采用了交通运输、仓储和邮政业产值等指标作为衡量物流产值的指标，来衡量物流发展的程度。

（二）协整检验

对于非平稳的时间序列，若一个序列对另一个或者几个序列进行回归，可能会导致假性回归，即拟合的效果很好，但是做深入研究会发现参数估计与常理不符。协整检验被认为是避免假性回归的有效方法。

协整性指的是，尽管就单个时间序列而言是非平稳的，但两个或者两个以上的时间序列的线性组合却是平稳的。最早给出协整性定义的是美国经济学家罗伯特·恩格尔与英国经济学家克莱夫·格兰杰，1987 年他们在二人合作的著名论文中首次提出了协整性的如下定义：设随机向量 X_t 中所含分量均为 d 阶单整，记为 $X_t \sim I\ (d)$。其中单整是指：如果一个时间序列 $\{y_t\}$ 在成为稳定序列之前必须经过 d 次差分，则称该时间序列是 d 阶单整，记为 $y_t \sim I\ (d)$。如果存在一个非零向量 β，使得随机向量 $Y_t = \beta X_t \sim I\ (d-b)$，$b>0$，则称随机向量 X_t 具有 d，b 阶协整关系，记为 $X_t \sim CI\ (d,\ b)$，向量 β 被称为协整向量。特别地，y_t 和 x_t 为随机变量，并且 y_t，$x_t \sim I\ (1)$，当 $y_t = k_0 + k_1 x_t \sim I\ (0)$，则称 y_t 和 x_t 是协整的，$(k_0,\ k_1)$ 称为协整系数。

协整性可用来描述某些经济变量的水平值之间的长期稳定关系，若某些时间序列是协整的，那它们就不能相互分离太远，一次冲击只能使它们短时间内偏离均衡的位置，在长期内会自动回到均衡位置。若它们之间不具有协整性，它们就可以任意分离，相互之间没有任何长期均衡关系。

在检验时间序列的协整性时典型的方法是 Engle－Granger 协整检验法，首先对时间序列进行回归，然后对残差序列进行单位根检验，如果残差序列是平稳的，则可认为这一组时间序列是协整的。若残差序列不是平稳的，则这一组时间序列不是协整的。

更为常见的协整检验方法是约翰森检验，它是一种在风险价值（VAR）系统下用极大似然估计来检验多变量之间协整关系的方法，一般称为 Johansen 检验。这种检验方法，在协整检验中利用广泛，由于此方法较为复杂这里就不做详细介绍。

（三）格兰杰因果关系检验

判断一个变量的变化是否是另一个变量变化的原因，是计量经济学中的问题。比如，是工资的变化引起消费的变化，还是消费的变化引起工资的变化。格兰杰与西蒙斯提出的因果关系检验法是解决这类问题的一种方法。

如果"X 影响 Y"，即 X 是 Y 的格兰杰原因（Granger Causality），那么 X 的变化必然先于 Y 的变化。在判断 X 影响 Y 时，必有两个条件：一是能够根据 X 预测 Y，也就是说，根据 X 的过去值对 Y 进行回归时，若加上 X 的过去值，该自变量能显著增强回归的解释能力；二是不根据 Y 预测 X，因为若能够根据 Y 预测 X，又能根据 X 预测 Y，则很可能 X 与 Y 都是由第三个或者更多的其他变量决定的。

格兰杰因果关系检验法的步骤如下。要研究 X 是否影响 Y，首先，检验零假设：X 不影响 Y，也就是说，X 是 Y 的非格兰杰原因。具体的做法如下。

(1) 根据 X 与 Y 的滞后值对 Y 进行回归，模型如下：

$$Y_t = \alpha_0 + \sum_{i=1}^{m} \alpha_i Y_{t-i} + \sum_{i=1}^{m} \beta_i X_{t-i} + \varepsilon_t \tag{8-1}$$

此模型称为无限制回归模型。其中，m 表示 X 的滞后项的个数，α 与 β 表示系数矩阵，ε 是随机扰动向量。

(2) 用 Y 的滞后值对 Y 进行回归，模型如下：

$$Y_t = \alpha_0 + \sum_{i=1}^{m} \alpha_i Y_{t-i} + \varepsilon_t \tag{8-2}$$

此模型称为限制回归模型。其中，m 表示 X 的滞后项的个数，α 与 β 表示系数矩阵，ε 是随机扰动向量。用 F 检验判断 X 是否增强了第一个回归的解释能力，即检验 β_1，β_2，…，β_m 是否联合显著不为零。检验统计量为：

$$F = \frac{(RSS^* - RSS)/m}{RSS/(T-k)} : F(m,\ T-k) \tag{8-3}$$

其中，RSS^* 表示无限制回归的残差平方和，RSS 表示限制回归的残差平方和，r 表示 X 的滞后项的个数，T 为样本容量，k 为包含可能存在的常数项及其他变量在内的无约束回归模型的待估参数的个数。

如果计算得到的 F 值大于相应的临界值，就拒绝零假设，从而认为 X 影响 Y，否则就接受零假设，认为 X 不影响 Y。

其次，检验"Y 不影响 X"，只要交换 X、Y 的位置，就可以得到如下两个模型：

$$X_t = \lambda_0 + \sum_{j=1}^{n} \delta_j X_{t-j} + \sum_{j=1}^{n} \lambda_j Y_{t-j} + \mu_t \tag{8-4}$$

$$X_t = \lambda_0 + \sum_{j=1}^{n} \delta_j X_{t-j} + \mu_t \tag{8-5}$$

对上述模型，只检验 Y 的滞后项的系数是否联合显著不为零，完成以上两步后，如果知道 β_1，β_2，…，β_m 联合显著不为零，且 λ_1，λ_2，…，λ_n 是联合显著为零，则 X 是 Y 的格兰杰原因。

格兰杰（1988）指出，如果一对时间序列是协整的，至少存在一个方向上的格兰杰原因。在非协整情况下，任何原因推断将是无效的。为使推断更有效，我们需要包括误差修正项，即用误差修正模型可以更好地研究两个经济变量之间的相互关系。具体做法如下。

设 X_t，Y_t 是协整的，即 $Y_t = \beta_t X_t + v_t$，v_t：$N(0, \delta^2)$，则得如下的误差修正模型：

$$\Delta Y_t = \alpha_0 + \alpha_1 X_t + \alpha_2 v_{t-1} + \varepsilon_t$$

零假设是：X 是 Y 的非格兰杰原因，即是 H_0：$\alpha_1 = \alpha_2 = 0$，如果这些参数中有一个或者两个不为零，可以拒绝零假设，只要用通常的 F 检验即可。同时我们还可以利用信息准则确定最后长度，此时上述模型可以写成如下的形式：

$$\Delta Y_t = \alpha_0 + \sum_{i=1}^{p} \alpha_{1i} \Delta X_{t-i} + \alpha_2 v_{t-1} + \varepsilon_t \tag{8-6}$$

同样检验 Y 是 X 的非格兰杰原因所用模型如下：

$$\Delta X_t = \beta_0 + \sum_{i=1}^{p} \beta_{1i} \Delta Y_{t-i} + \beta_2 v_{t-1} + \varepsilon_t \tag{8-7}$$

第二节　区域物流系统的经济分析

一个区域的经济发展需要与之相适应的物流产业的支撑。同时，区域经济的差异，使得区域物流产业的特征、组织、结构、规模及管理都有所不同。因此，对区域物流系统进行深刻的认识和研究，并在此基础上对区域物流进行合理的规范，将有助于区域经济的发展。

一、区域物流的内涵

区域物流是空间范围建立在区域基础之上的一种宏观物流，是在一定的区域地理环境中，以大中型城市为中心，以区域经济规模和范围为基础，结合物流辐射的有效范围，将区域内外的各类物品从供应地向接收地进行有效的实体流动的物流活动。

区域物流是以区域地理位置为前提的。区位条件的差异性形成了区域物流的地理条件。区域物流是以大中型城市为依托的，这突出了大中型城市是处于区域物流经济的中心位置，是实现物流资源空间聚集的主要表现形式，如广州、上海、杭州、宁波、连云港、青岛、烟台、天津、大连、南京、郑州、西安、重庆等大中型城市都建立了与之相适应的物流园区、物流中心等。

区域物流的目标是：服务于本区域的经济发展，提高本区域的经济实力；扩大物流服务的规模和范围，辐射周边区域，增强本区域的物流功能和经济实力。这往往又是许多地区将现代物流业作为支柱产业发展的重要原因。

区域物流的特征表现为以下几点。

1. 区域性

区域物流是以区域为范围，尽管强调中心城市在物流方面的作用，但它不同于城市物流。城市物流的主要功能是以满足该城市的经济活动和居民生活为目的。

2. 适应性

区域物流与区域经济发展的水平、规模密切相关。区域经济的发展是区域物流的基础，没有区域经济，也就没有区域物流；不同区域经济的水平、规模和产业形态，要求与之相适应的区域物流的服务保障。这样才能使得区域经济持续、健康地发展。

3. 距离经济性

运输的距离经济性对区域物流的划分具有重要的影响。不论在哪一个区域，在发达、健康的物流市场环境下，区域内的物流企业必然是区域物流组织的主体。因此，从物流企业运作的角度来看，物流企业必然要遵循距离经济性的原理，这就使得物流企业运作的范围有一个距离的限制，即如何在最佳的距离范围内实施有效的物流运作，使得物流企业既能向客户提供优质、满意的物流服务，又能尽可能地获得更多的利润。

4. 中心性

中心性是指区域的地理位置及区域中心城市对区域物流的形成和发展具有中心作用。区域经济的产生，往往是区域地理位置的差异的结果，因此，地理位置是区域经济的基础，同时也是区域物流的基础。而区域中心城市由于其重要的地理位置和优越的经济条件等有利因素，成为区域物流经济的集聚中心，并成为区域物流业发展的中心，带动区域物流业的发展。

另外，在区域物流中，地理位置是决定区域物流的区域定位的前提条件。这是因为，任何一个地区，不论是世界范围内的各地区或国家，还是同一国家，由于其地理位置的差异，客观上都形成了区域地理的现实状态，如平原与山区，沿海与内陆地区，边疆与内地等。这种地理位置的差异，使得在经济全球化环境下，物品的跨区域、跨国际的流动形成了差异，如国际物流的流动，其主要的方式是通过港口以海洋运输的方式，在各港口之间实现转接。因此，港口地区，无疑成为国际物流的物流节点，自然也成为某一国家或地区形成区域经济差异的主要原因，又是形成区域经济的基础。而区域经济的规模、特点、水平和范围，对区域物流的规模、特点、水平和范围提出要求，因此，区域地理位置是决定区域物流的前提条件。

二、现代物流与区域经济

（一）物流与经济区的关系

物流基础设施的完善，使新的资源开发及已有资源有效分配成为可能。原材料供给范围的扩大、产品销售市场的扩大、直接或间接与交通运输有关的工业的发展等促进经济发展。运输成本与单位运输量可能成反比，而与运输距离成正比。如果商品和运输距离不变，每公里单位运输量的成本按运输方式来分：水运最便宜，其次应该是铁路和公路。但是，决定运输费用的不仅是运输方式，还含有装卸商品所需的成本（终端成本），所以采用何种运输方式不能一概而论。

还有，除上述成本的因素之外，被运输商品的物理特性（容积、重量、强度等）以及单位容积、重量的价格也对运输方式的选择产生很大影响，并且决定经济区内外的运输结构、物流结构。另外，交通运输基础设施发展，具有扩大社会分工范围的效果，以这种社会分工为基础形成了经济区。经济区是指至少拥有一个经济中心（城市），围绕着经济中心而形成的稳定的经济关系。经济区内拥有从事某一种产品或专门行业的生产经营活动，而且与下属经济区之间具有分工或合作关系，与同层次其他经济区直至上层次的经济区有着比较密切的经济关系。经济区的实际规模，是由满足上述条件的具体情况和产业经济决定的，但是一般来说，专业分工关系越复杂及交通运输条件越发达的区域其规模越大。

另外，要形成具备上述条件的经济区，其所属的国民经济应该要达到开发经济学中所讲的"起飞"阶段。之所以这样讲，是因为在"起飞"以前的传统社会中，科学技术水平和生产力水平低下、社会分工关系不明确、商品交换不通畅，进而不存在稳定的区域间的专业分工关系。而"起飞"阶段则是伴随着科学技术的发展，现代工业兴起并且成为经济的主导产业，生产的社会化、专业化达到较高的水平，铁路、海运事业的高速发展开拓了国内外市场，商品贸易及区域间专业分工的范围日渐扩大。另外，随着大规模制造业的加速发展、产业和人口的集中，大城市逐渐产生。这些现象标志着经济区的形成。中国已经达到了这个阶段。

（二）现代物流与区域经济的相关理论

1. 城市圈经济理论

该理论认为，城市在区域经济发展中发挥核心作用。区域经济的发展应以城市为中心，以圈域状的空间分布为特点，逐步向外发展。该理论把城市圈分为三个部分：一是有一个首位度高的城市经济中心；二是有若干腹地或周边城镇；三是中心城市与腹地或周边城镇之间形成的"极化-城镇"效应的内在经济联系。

现代物流的发展也是随着城市经济的发展和城市建设的不断扩张而发展的。随着城市的发展，城市的功能分布日趋成熟，即我们所说的城市圈逐渐形成。现代物流系统中的物流节点作为多种物流设施、物流设备、物流企业的集聚地和多种物流线路的交汇地，也是城市经济配套设施发展的一个必然结果。随着城市圈的发展，原有城市中心区的一些物流企业以及一些大型的物流运输车辆必将受到限制，而这些物流企业一般都会迁到城市郊区的交通发达地区，也就是我们所说的城市圈的外围。物流节点的属性决定了其将发挥为城市服务的功能，这也是城市圈发展的必然要求。

2. 区域经济"涓滴效应"理论

区域经济理论指出，任何一个国家在经济发展的初期阶段，由于经济实力的限制，都会要求优先发展基础好的地区，将有限的人力、物力和财力先投向最有效率的区位。

由于经济的聚集，这些地区将会持续而快速地成长，形成区域经济的"成长极"，但同时也会导致发展的不平衡。美国经济学家艾伯特·赫希曼认为，不均衡发展策略是区域经济发展的最佳方式。他认为，经济进步不会同时在每一个地方出现，其巨大的经济推动力，将会使经济成长围绕着最初的“成长极”而集中。因此，不均衡是经济成长中不可避免的。但是当这种不均衡所产生的“成长极”达到经济高度发展的阶段时，就会产生“涓滴效应”，生产力的分布就会趋于分散或均衡化，导致区域间的经济增长差距逐渐缩小，达到相对平衡发展。

目前，我国的物流节点大都布局在经济基础好、交通条件便利的城市边缘，作为商品集散和加工中心，其以基础设施先进、技术资金力量雄厚和交通信息发达的区位优势，与周边地区存在着不平衡。这种不均衡吸引和拉动着周边地区经济要素和经济活动向物流节点城市聚集，从而形成了城市经济累积性集中成长，形成城市经济“成长极”。

作为“成长极”推进型的物流节点，其运行过程中自发的经济规律属性，使其在推进城市经济出现持续快速增长的同时，也向周边地区辐射直接或间接效应，使周边地区的经济、管理、技术水平得到全面的提升。这就是成长极理论的“涓滴效应”。基于这种思想，在我国的城市，尤其是经济较为发达的城市（深圳、上海等），建立具有推进型产业优势的物流节点，使其充分发挥区位优势，形成城市经济的“成长极”，并向整个区域全面辐射，促进区域经济协调发展和繁荣。

3. 区域经济“辐射”理论

物理学上的辐射是指能量高的物体和能量低的物体通过一定的媒介相互传递能量的过程。而经济发展的空间辐射是指经济发展水平较高的地区与经济发展水平相对较低的地区之间进行资本、人才、技术、市场信息等的流动和思想观念、思维方式、生活习惯等方面的传播。

经济发展水平较高的地区为辐射源，交通条件、信息传播手段和人员的流动等是辐射媒介。区域经济中的辐射包括了三种重要形式：点辐射、线辐射、面辐射。

物流系统网络由点和线这两个基本要素组成。在区域经济一体化的趋势下，区域内一些具备一定条件的城市，尤其是占据交通枢纽地位的中心城市，逐渐承担起地区以至区域物资集散、中转和配送的功能。并且随着优势的增强，物流服务的需求逐渐向这样的城市聚集，并逐渐使其成为以物流服务为产业支柱之一的物流节点城市，同时也是物流系统中的辐射点。而连接物流节点的路线就构成了线，铁路、公路、水路和航空线路都属于物流网络中的辐射线。而依托点、线所形成的物流网络发达区域构成了辐射面。根据其区域经济的辐射能力和范围又形成了大小不一的经济发展带，如长三角、珠三角、环渤海、东北等区域经济带。

（三）区域物流与区域经济竞争力

1. 区域经济竞争力与区域物流体系

区域经济竞争力是指一个特定经济区域相对于其他区域而言所具备的，能在所属的一个更大区域中较好地实现所需资源的优化配置、满足更多市场对产品和服务的需求、获得经济较快发展的综合能力。

区域物流体系，是区域内各个物流环节或分支的有机组合，涉及诸多要素在内的复杂网络体系，如物流基础设施，物流设备，信息通信网络设施，物流运营机制、管理体制、政策法规，物流标准及物流运营企业的数量、质量和规模等。涵盖了诸多物流要素的物流节点将直接决定着区域物流的成本、效率、服务质量和整体能力。

2. 区域物流对区域经济竞争力的作用

区域物流与区域经济竞争力之间存在相互依赖、相互促进的关系。区域物流是区域经济的基础活动，区域物流的效率、成本和服务水平是影响区域经济竞争力的直接因素。区域物流的发展和提升对于区域经济竞争力的作用表现在以下三个方面。

第一，提升区域经济运行效率和效益。区域物流系统的主要功能就是衔接与处理区域内及区域间各产业环节或产业之间的空间与时间差异，使社会生产的原材料、半成品、产成品在整个供给和需求过程中，效率最高而费用最低。物流节点的建设与运营能够大大提高区域内及本区域与周边区域往来商品和资金的流动速度，降低区域工商企业生产和流通成本，提高经济运行效率和效益，从而也使区域优化配置资源和争夺市场的能力提升。

第二，带动关联产业的迅速发展。现代物流的建设将赋予区域物流全新的、全方位的运行和服务概念。现代物流的建设与运营既涉及基础设施行业，又涉及运输、仓储、包装、进出口、信息、通信等服务性行业，还将向保险、金融、餐饮、商务服务、商检等行业辐射，带动整个区域第三产业的发展，也使区域产业结构得到优化，从而开拓区域的“第三利润源”，大大增强区域对于人才、资金和技术等资源的吸纳能力。

第三，增强区域对外部资本的吸引力和竞争力。定位于全国市场或参与全球竞争的公司需要建立跨区域的优化资源配置及生产、销售体系，以提高其竞争力。因此，国家对目标投资地的物流系统十分重视，特别是在我国目前土地、劳动力价格低廉以及各种优惠政策逐步弱化的情况下，区域物流环境对投资环境的影响越来越大。

（四）我国的物流发展与区域经济的有效结合

中国的基本国情是幅员大、人口多、底子薄、经济技术落后、人均资源较少。经过十几年的建设，特别是改革开放以来的发展，综合国力有了很大提高，有些产业的总量指标在世界上已位居前列。落后的农业和农村经济与一部分现代化工业并存，以大量的文化水平较低的群众为基础的落后科学技术与少量的世界先进科学技术并存，广大的经济不发达地区、贫困地区与一部分经济发达地区、比较发达地区并存。东部沿海地区历史上经济比较发达，改革开放以来，成立了深圳、珠海、汕头、厦门、海南五个经济特区和浦东新区，近年又成立了上海自贸区，开放了沿海十几个城市，在长江三角洲、珠江三角洲、闽东南地区、环渤海地区开辟了经济开放区等，现代化进程很快，基本实现物流现代化。至于中部和西部地区，资源丰富，应加大对外开放力度，特别是沿边地区有对外开放的地缘优势，发展潜力都很大，可以加快开发，但完全实现物流现代化的时间要更长一些。

物流现代化不仅需要与全国的现代化建设协调，而且需要在地区间协调。同时，各物流环节之间也需要协调，因此，在充分发挥市场机制功能的同时，必须有国家的指导、扶持和宏观调控。现代物流设施，是物资空间转移和在一定时间内必要停留的载体，时至今日，在数量上仍然不足。

例如，有相当大的地区不通铁路，又如港口泊位不足和有的泊位装卸效率低，仍有压船、压货的现象等。可见，要建立一个综合的高效的现代化物流系统和网络，仍是一个艰巨的任务，须与物流设施现代化紧密相连，使物流技术高度化。需要建高速公路网，建立高效能的机场和港口，发展集装箱运输，建立立体仓库，改造废矿井作为地下仓库等。

信息在当代已经成为最重要的生产要素之一，在建立中国信息高速路的同时要着力建设物流信息系统。物流的宏观调控和微观管理都应采用现代化的管理方法，在实现经济体制转轨和增长方式转型的两个转变过程中，应建立现代财务、成本、质量管理和科学决策制度；继续发展代理、配送连锁经营等新的物流方式和经营方式，发展集约化的配送，推行佣金代理制，推进连锁经营的规模化、规范化；采用价值分析、价值工程、最低库存甚至零库存等新的管理方法。

现代物流对于以城市为中心的区域市场的形成和发展的促进作用表现为：促进以城市为中心的区域经济形成；促进以城市为中心的区域经济结构的合理布局和协调发展；有利于以城市为中心的经济区吸引外资；有利于以城市为中心的网络化的大区域市场体系的建立；有利于解决城市的交通问题；有利于城市的整体规划；有利于减少物流对城市环境的种种不利影响。

本章小结

本章首先介绍了现代物流与宏观经济增长理论及现代物流与微观经济增长理论，并在分析上述理论的基础上介绍了现代物流与经济增长的计量经济模型；其次介绍了区域物流及区域经济的相关理论，并分析了现代物流与区域经济竞争力之间的关系；最后介绍了我国物流的发展与区域经济的有效结合。

通过本章的学习，能够对现代物流及区域经济学的相关理论有一个初步的了解，并对它们之间的关系有一个总体的把握。

案例分析：百年鹿特丹港“启示录”

位于莱茵河与马斯河河口的鹿特丹港，已从全球第一港口的位置上退下。迅猛崛起的新兴经济体的挑战、近年全球金融的风云变幻，均让这座曾与欧洲经济伴生且共辉煌的港口，面临“衰退”之劫。

然而，专家认为，鹿特丹港的兴衰只是区域经济增长重点转移的结果，基于稳定发展的欧洲市场之上的“鹿特丹经验”，仍代表港口经济的成熟发展模式，值得上海港在内的中国港口认真借鉴。

1. 航运业重心向东方转移

2009 年上海港口货物吞吐量达到 5.9 亿吨，继续保持全球第一地位。而同期鹿特丹港口货物吞吐量只有 3.85 亿吨。

实际上，鹿特丹港世界第一大港的称号，早在 2003 年就已经“让出”。

鹿特丹港，16 世纪初崛起于泥沼地，随着欧洲工业的兴起和贸易的繁荣逐渐兴旺。第二次世界大战后，欧洲经济复兴和共同市场的建立，更让有“欧洲门户”之称的鹿特丹港迅速发展。自 1961 年吞吐量首次超过纽约港成为世界第一大港后，鹿特丹港多年稳居世界第一大港地位。

在不断崛起的各个东方大港面前，这个欧洲老港似乎已显疲态。

杜麒栋说，港口的兴衰主要是和区域经济发展相关。中国经济迅猛增长，再加上以洋山深水港为代表的一批新建码头投产，港口吞吐能力大幅增加。恰好对照出欧洲港口的“衰落”，同时也折射出世界航运业的重心正在向东方转移。

目前，自亚洲运往欧洲的集装箱运输量为世界最大。鹿特丹港的集装箱流量中，90%是深海集装箱运输，运的几乎都是中国的出口产品。由于金融危机后中国制造商出口订单锐减，2009年首季吞吐量降幅达到11%。这是鹿特丹港近30年来从未有过的最大降幅。

由于鹿特丹港是环环相扣的产业链的重要一环，经济危机还给各种从事港口贸易配套业务的小公司带来毁灭性灾难。

2.“鹿特丹经验”

对于港口经济来说，“大”之外，“强”也是一个重要标准。鹿特丹港历经百年而累积的“强”，在许多方面都是致力于打造国际航运中心的上海港所需努力看齐的。

鹿特丹港的领先首先体现在港口工业发展上。鹿特丹港的港口工业已经形成集储、运、销一条龙服务的完整物流链，而上海港的发展水平目前还处在货物的运输、加工功能上，只能算作“第二代港口”。

但鹿特丹港已跃升为“第三代港口”，成为国际物流中心的领军者，除了作为海运的必经通道发挥商品集散功能之外，还具有集商品、贸易、技术、资本、信息集散于一体的物流功能。

比如，鹿特丹港还是炼油和化工工业以及食品工业的重要基地，各种精炼厂、石化企业和食品公司都在港口设立总部，将贸易、存储、加工和运输集中在港区范围。港口还带动了总部经济以及相配套的服务业发展。目前，整个鹿特丹市经济中一半的增加值都来自港口工业。

港口的管理方式和技术手段都已经高度自动化。成熟的大型虚拟港口贸易平台，使港口经济附加值得以大幅度提升。

鹿特丹港已经实现了铁路和港口的海铁联运，使得入港货物能够迅速运输至欧洲纵深区域。而在中国很多港口，铁路集装箱和海运集装箱的规格都还没有统一。

此外，鹿特丹市对港口文化的塑造也不遗余力，频繁举办各类活动向世界推广港口城市形象。这样的“软实力”打造意识，同样是包括上海港在内的中国港口较为缺乏的。

中国港口的发展依靠的是经济快速增长。港口发展水平最终还是由运输、贸易、信息、资本等一体化水平决定。

思考：

1. 鹿特丹港的建立是在怎样的市场环境下提出的？

2. 鹿特丹港的建立为荷兰甚至欧洲带来哪些经济回报？

复习思考题

1. 试阐述现代物流与宏观经济增长之间的相互作用。

2. 物流对区域经济竞争力的作用表现在哪些方面?
3. 简单介绍现代物流与经济增长的计量经济模型。
4. 区域物流的特征表现在哪些方面?

第九章　物流的时空效益论

20 世纪初以来，物流作为一种经济活动类型，已经从物料管理的初始形态，发展成为当代经济发展中工业、商业和运输业融合的一种新兴产业组织模式。有关专家预测，物流业将是未来十年内我国最重要的经济增长点。但目前从全国来看，即使在经济发达的东部沿海地区，物流的社会化、市场化程度也还处于较低水平，所以提高物流的时间和空间效益就显得尤为重要。

第一节　物流的时间效益

一、物流时间效益的内涵及基本类型

目前，社会的发展、科技的进步为物流企业的发展提供了越来越广阔的空间，也提供了更为广阔的利润空间。在物流活动的诸多投入中，时间是一项十分珍贵的资源投入。首先，同其他任何物质运动的形式一样，物流活动不管规模大小，都是一个过程，是一个经历长短不一的时间的行程。不需要消耗时间的物流活动是不存在的。

时间在物流活动各环节中是一个非常关键的控制因素，可以直接影响到整个物流价值创造系统运行的效率。唯有提高物流时间效益，才能使物流企业突破物流瓶颈，在现代日益广阔的空间获得预期的、理想的、更快的发展。

（一）物流时间效益的内涵

时间效益可以从广义和狭义两个不同的方面来理解。从广义的角度来看，物流经济学可以把物流的所有投入（人力、物力、财力）都看作是时间投资。由于人力是活劳动，物力是物化劳动，即过去的活劳动，而财力则是活劳动和物化劳动的直接货币表现。由于劳动消耗的多少最终要以劳动时间来衡量，所以，物流活动所消耗的各种投入资源都可以归结为时间资源，各种投入资源的节省都可以归结为时间的节省，各种投入资源的效益都可以归结为时间效益。从狭义的角度来看，物流经济学研究的物流时间效益，仅仅包括物流活动中所耗费的时间，即物流时间，不包括物流活动过程中所耗费的物力、财力中凝聚着的劳动时间。

1. 物流时间

物流时间，是指物品从制造出来开始，到抵达最终消费环节为止的所有时间。一般而言，物流时间由以下几个时间段组成：从生产工厂到产地批发站仓库的运输时间、产地批发站仓库的存储时间、从产地批发站仓库到销地仓库的运输时间、销地仓库的存储时间、从销地仓库到零售企业仓库的运输时间、零售企业仓库的存储时间、从零售企业仓库到消费领域内的运输时间等。每一时间段里一般还都包括待运、装货、卸货、整理、

检验、堆码等一系列作业时间。深入研究物流时间各个组成部分之间的关系，对于压缩物流时间、降低物流费用、节约物流成本、优化物流方案、提高物流效益有着非常重要的意义。

在一个物流活动中，各物流时间段之间具有以下共同特征。

(1) 各时间段的互相制约性。在物流总时间已经确定的情况下，同一条物流线路上各物流时间段之间会存在此消彼长的关系，延长某一段物流时间，另一段物流时间肯定要相应缩短，各物流时间段存在互相制约、互相影响的关系。

(2) 时间的系统性。在一个完整的物流系统中，整体目的是按照商流目标多快好省地完成物流任务。整体目的的唯一性要求整个物流活动讲究整体系统效益，整体系统时间服从整体系统效益，各物流时间段服从整体时间，才能实现整体系统功能。

(3) 时间的弹性。由于运输方式、储存方式、装卸方式等都存在着随机选择的可能性，所以各物流时间段一般都具有一定的弹性。通过适当方式的物流管理，既可以适当延长某一段物流时间，也可以适当压缩某一段物流时间。

(4) 时间的衔接性。同一条物流线路上的物流时间不间断地连接起来，共同完成商品的实体运动。只有上一段作业完成了，下一段作业才能开始。

(5) 与物流成本的相关性。一般来讲，各物流时间段的长短都与物流成本的大小有着紧密联系。延长某一段物流时间的同时可以降低该段物流费用；缩短某一段物流时间的同时须相应增加该时间段的物流费用。按照商流要求或在商流许可的范围内，选择一个物流时间短、费用少的方案，才是物流整体的目的。

2. 物流时间效益

物流效益是由于物流活动所引起的效用增加值与物流成本之间的差额。"物"（物流商品）从供应者到需求者之间存在时间差，由改变这一时间差所创造的价值，称为物流时间效益。

物流时间效益，从形式上看，是把握"物"的流动时机，从而形成的效益；从本质上看，包括提高资金使用效率和把握商机形成增量效益。物流时间效益并不只是单独追求物流过程中某一个单独的变量的变化，如仅仅收入增加或资源消耗减少等，而是在追求变化的同时把握相关收入的增加、资源占用及资源消耗（包括各种不同性质资源的消耗，如人力资源消耗、原材料消耗、固定资产消耗等）成本的减少。

物流时间效益形成的最基本特征是把握最佳的物流时机，实现最佳的整体效益。在虚拟化、自动化、智能化、网络化、专业化、系统化、柔性化、标准化、信息化、社会化等正确的服务理念的支撑下，物流企业比其他企业在把握物流时机方面更具有优势。这也是物流企业挖掘时间效益的基本前提条件。在物流实践中，许多物流服务，如物流作业一体化、物流系统规划、运输管理优化、物品配送管理、物流信息系统的建设等，都是以缩短物流时间、提高物流的整体效率、给客户带来更高的价值为基本目标的。

（二）物流时间效益的基本类型

物流时间效益按照物流获得的方式可以分为以下几种。

1. 缩短物流时间创造效益

缩短物流时间创造效益，就是采取技术的、管理的、系统的方法来尽量缩短物流的宏观时间和有针对性地缩短物流微观时间，从而取得比较高的时间效益。在当今经济一体化和强调速度、效率的经济社会中，加快物流速度，缩短物流时间可得到多方面的好处，如减少物流损失、降低物流消耗、节约物流成本、增加资金与物流工具等物品的周转等，所以要尽量缩小时间间隔来创造价值。

在生产制造领域，物流时间几乎占到整个产品从生产到消费大约95%的时间。这一方面说明在制造领域物流时间的重要性，但另一方面也表明了物流具有巨大的优化空间。通过优化物流时间，可能会给企业带来巨大的经济效益，从而确立企业竞争优势。企业通过大幅度压缩物流时间，甚至实现无滞留时间，减少物品库存，实现无产成品积压，提高操作人员的运作效率，对企业流程从采购、生产到销售、配送全程实现优化，提高资本周转率，提高资金利润率，进而提高企业整体效益，这就是压缩时间创造的经济效益。

2. 改变物流时间差创造价值

改变物流时间差创造价值，即错位时间效益，本来在某个时间应该进行相应的经济活动，但可人为地通过相关的物流活动改变这一经济活动的发生时间，以求取得较高的经济效益，这期间的效益增值即为错位时间效益。

供给与需求之间存在着时间差，这是一种普遍的客观存在，正是有了这个时间差，商品才能取得自身的最高价值，才能获得比较理想的经济效益。但是商品本身是不可能自动弥合这个时间差的，如果没有有效的方法，集中生产出的商品除了当时的少量消耗外，剩余的就会损坏掉，丧失其使用价值。但是在非产出时间，人们又会寻求该商品。物流便是以科学的、系统的方法弥补时间差，有时会改变这种时间差，以实现其“时间价值”。

由于市场供求规律、价格机制的影响，当供大于求时，商品价格下降；供不应求时，则价格上涨。利用供求之间的不平衡，通过相应的物流活动，努力塑造错位时间效益。其基本思路就是在自由市场竞争中采取“人无我有，人有我优”的竞争策略，让自己的产品在市场中总是处于供不应求的状态，以求取得较高的经济效益。

改变物流时间差创造价值可以分为两种：弥补物流时间差创造价值和延长物流时间差创造价值。

(1) 弥补物流时间差创造价值。很多商品的生产都有严格的季节性和周期性，消费者对这些商品的需求却不存在按照商品的季节性而消费。比如粮食，粮食是在秋季集中产出，但人们对粮食的消费却是一整年的时间。这种集中产出所形成的供给和分散的需求必然会出现时间差。商品在从生产部门到消费者的流通过程中必然存在一个停留期，通过储存期间的保管养护，可以克服商品生产与消费在时间上的差异，创造商品的时间效益，以保证流通和生产的顺利进行。这就是弥补物流时间差创造出的时间效益。

(2) 延长物流时间差创造价值。延长物流时间差创造价值是通过延迟物流过程时间，使得商品能在更好的时间点上获得更高的实现价值。这种物流的时间效益对于某些季节性的商品的效益实现十分重要，由于其在不同的时间点上的实现价值相差很大，所以，这种利用时间差来创造时间效益成为物流服务的一个效益创造手段。由于商品生产的技术经济性特征，在先进的科学技术条件下不可能通过即时生产、即时配送来消除，或者通过科学技术的发展实现即时生产、即时配送，却不经济。所以，只能通过延长物流时间差来实现商品的效益，即通过物的储备有意识地延长物流时间，以均衡人们的需求。

3. 准时制（Just-in-Time，JIT）效益

JIT 物流管理于 20 世纪 50 年代由日本丰田汽车公司首创，1972 年后被广泛应用于日本汽车业和电子工业。JIT 管理为日本企业生产高质量、低成本的产品提供了有力保障。JIT 物流是伴随制造业 JIT 生产而产生的，随着 JIT 生产的发展，JIT 物流得到了快速发展和广泛应用。由于时间效益在创造上有了新的突破，形成了一种新的时间效益——JIT 效益，也就是准时制或适时制效益。它是指以物流的准时或适时为准则所创造的效益。它的运作特征是“为生产数量和质量都适当的产品，在适当的时间，将适当种类和数量的原材料送达适当的生产地点”。其中，“适当”的标准是获得较好的效益。

JIT 物流是精益思想的集中体现，是一组活动的有效集合，其目的在于原材料、半成品及产成品保持最小库存的情况下，能保持连续不间断、高节奏的大批量生产。零件从上道工序准时到达下道工序，并在下道工序被迅速加工和转移。现在，随着信息技术的飞速发展，物流业正沿着标准化、集成化、网络化、智能化和准时化的轨道迅猛发展。

JIT 物流的发展使企业竞争力增强，内部资源利用率得到了很大的提高。随着精益生产理论被不断广泛使用，JIT 物流和信息技术的紧密结合将使物的流动更具目的性和经济性。所以，现代 JIT 物流包含的理念将改变人们的生活方式。

JIT 效益就是在物流运作的实践过程中，以系统的观点来审视各活动环节的合理性，使物流各环节之间、各子系统之间能取得一个较好的平衡，从而使得整个物流系统的整体效益最优。在整个物流系统间寻求平衡，强调无缝连接。它的原则是并不严格要求供应原材料时间最短或者运输费用最低，只是强调整个系统的平衡、无缝连接，整个系统最优。在此理念指导下，仓储系统不求完全的无缺货损失，放掉这种负担后，可以大幅度地降低仓储水平，在特定条件下，进行迂回运输、重复运输，显得必要和具有经济性。整个物流系统着眼于系统下的各子系统流畅、平稳地运行，各子系统间实现无缝连接。

4. 利用物流时间生产创造时间效益

利用物流时间生产创造时间效益，是指在物流运作的同时进行生产作业，降低相应的物流设备购置成本、操作人员费用，缩短作业时间而创造效益。

现阶段的物流不断开发出有价值增值作用的新型活动，通过整合物流系统，降低物流费用，提供优质服务，增加客户忠诚度等提升企业利润。但是，物流时间效益不只体现在降低物流成本方面，还表现在物流的顺利运行，促进生产，增加产出而获得收益；企业物流与生产的协同即协调和完善企业生产、流通结构而产生的效益以及为客户提供更高质量的服务从而增加客户忠诚度而带来的效益等。

物流可以创造加工附加价值。加工是生产领域常用的手段，而不是物流的原有职能。但是，现代物流的一个重要特点就是根据自身的优势从事一些补充性的加工活动，这种加工活动不是创造商品主要实体，形成商品主要功能和使用价值，而是带有完善、补充、增加性能的加工活动，这种活动必然会形成劳动对象的附加价值的增加。虽然在创造加工附加价值方面，物流不是主要责任者，它所创造的价值也不能与时间价值和场所价值相比较，但这确实是现代物流有别于传统物流的主要方面。

二、物流时机效益的内涵及基本类型

（一）物流时机效益的内涵

时机效益，又称为商机效益，是指由于商品交换的时机不同所形成的综合交易效益的差异。所谓综合交易效益，是指在实现交易过程中企业获得的综合效益，包括交易价格，交易成本，因交易时机不同所引起的资金、时间价值的差异等。不同的交易时机，大多数情况下，通过影响商品交易价格和交易成本，最终形成不同的综合交易效益。交易时机效益形成的机理主要包括以下两个方面。一是消费行为。不同的消费者有不同的消费偏好。物流企业在商品提供的时间点上，可以采取提前、推迟、准时、错位时间等多种形式，来更好地满足消费者求新、求异的心理，进而满足不同消费者的不同偏好，赢得消费者，提高市场占有率，取得较高的经济利益。二是价值规律。市场上商品供不应求时，价格会升高，供过于求时，价格会降低。物流企业应充分利用本身的灵活、快捷的反应，为相关的工商企业提供捕捉商机的最佳服务，并与之共享商机效益。

（二）物流时机效益的基本类型

从形式上看，时机效益有两个最基本的类型。

1. 单纯的商机因素

单纯的商机因素，是指物流企业在商业活动中因把握最佳的交易时间而获得的时间效益。这就像把握有利的证券交易时机从而形成了利益差。物流企业的主要服务对象是生产企业和销售企业。生产企业和销售企业在不同的交易时机，会产生不同的综合交易效益。最佳的交易时机，就是实现综合交易效益最大的时机。

但在现代社会，网络化经营的物流企业比生产企业和销售企业掌握更多的信息渠道，可以充分利用信息分析商机，将其与物流企业自身的服务结合起来，将信息提供给服务对象，再通过物流服务完成整个交易，最终实现时机效益，合作双方通过分享时机效益获得各自的最大收益。

2. 消费时差效益

消费时差效益是指通过物流储运系统，迅速反应，缩短或延长生产与消费上的时间差异而获得的时间效益。消费时差效益通常由两个主要部分组成，一部分为“先机效益”，即以最快的速度将商品推向市场，抢占商品交易的先机所形成的效益；另一部分为“延时效益”，即将某些商品储放一段时间后待市场时机更好时再上市所形成的效益。物流企业应及时地为鲜活商品、新产品服务，使它们的上市时机越早越好，以实现“先机效益”；对于在淡季产出仍有消费需求的商品，如冬季的水果、蔬菜，通过物流储运部门的服务，延长生产与消费上的时间差异，以获得“延时效益”。

三、物流时间的协调效益

物流就是物料或商品从供应者向需求者的转移，它是会产生时间价值和空间价值的一种经济活动。它消除了供应者和需求者对同一商品在时间和空间上存在的差异，创造了时间和空间上的价值。生产制造过程中物料的流动属于广义的物流，物料流动会影响产品的生产周期，所以产生了物流过程中的时间协调问题。

（一）时间协调效益的内涵

时间协调效益就是指通过协调相关物料的流动时间而获得的效益。从该效益形成机理上看，时间协调效益的本质仍是资金时间价值。而从其获得方式上看，时间协调效益并不是缩短物流过程中某个环节的占用时间，而是通过协调相关物料的流动时间，缩短由这类物料组合而成的产品的生产周期。

生产企业在生产过程中会用到很多种不同的原材料，且使用时间各不相同。协调好各种原材料、配料的流动时间，对于减少资金占用、提高资金周转效率具有很重要的作用，从而实现时间协调效益。

（二）时间协调效益的种类

从时间协调效益的挖掘对象来看，时间协调效益可以大致分为三类。

1. 按照被加工物的流动过程为挖掘对象形成的时间协调效益

很多产品是通过将多种原材料经过不同的工艺流程加工后再组合装配而成，而各个厂商的生产组织方式及工艺流程都是基于一定水平的物流服务支撑建立起来的。虽然可以就某个单独的厂商而改变生产组织方式及工艺流程获取没有太大的优化空间，但得到更高水平、更低消耗的物流服务支撑后，情况很有可能会发生变化，即在现在物流服务的支撑下，将原来的生产组织方式和工艺流程中时序作业尽可能分解为平行作业，这样既可以缩短产品的加工过程，同时又可以缩短原材料占用资金的时间，达到获利的目的。

2. 按照物的纯流动过程为挖掘对象形成的时间协调效益

协调好生产企业各种原材料、配料的流动时间，减少资金占用以提高资金周转效率。

3. 整体协调效益

将上述两个分析对象组合起来，作为一个挖掘对象所形成的协调效益。

（三）物流运作流程再造

20 世纪 90 年代，美国麻省理工学院迈克·哈默教授和 CSC 管理顾问公司的董事长詹姆斯·钱皮提出了管理流程再造（Business Process Reengineering，BPR）的概念，即为了在成本、质量、服务、效率等衡量绩效的关键指标上取得更加显著的改善，对企业内部的工作流程、决策、组织和信息系统同时以集成的方式进行根本的再思考和彻底的改造，来达到企业在品质、反应速度、成本、柔性、客户满意度以及其他重要的过程业绩方面的竞争优势。它以企业内部的工作流程为改造对象，从客户的需求出发，对企业流程进行根本性的思考和分析。它根据企业的战略目标和共同愿景，对流程进行重新设计和改良，以信息技术、面向过程的管理为手段，使得企业的经济指标和效益得到改善。

物流流程再造（Logistics Process Reengineering，LPR）是在管理流程再造的基础上提出来的。从狭义上来说是指综合地应用信息技术和运筹学理论、系统论、管理学的相关知识，对生产企业、销售企业或物流企业的物流运作流程进行基础性的重新设计，实现物流运作流程的集成优化，从而达到降低成本、提高服务水平、实现快速反应的目的，更好地满足客户的需求。广义上的 LPR 是指综合地应用信息技术和运筹学理论、系统论、管理学的相关知识，对企业原来的价值链进行彻底的变革，实现价值链的集成优化，从而达到降低成本、提高效率和生产灵活性，增强产品质量或提高服务水平的目的，更好地满足客户的要求。

第二节 物流的空间效益

一、物流空间效益及其构成

（一）物流空间效益产生的原因

物流空间效益是由现代社会产业结构及其社会分工所产生的，主要原因是供给和需求之间的空间差。商品在不同的地理位置会有不同的价值，通过物流将商品由低价值地区转移到高价值地区，便可因为不同空间的价值差获得利益，即取得了价值。

1. 内在动因

在整个人类经济活动过程中，出于交易便利、降低交易成本和需求分散等方面的考虑，必然要求经济活动在一定区域内高度集中，并且由于资源、需求等的异质性，这种集中趋势进而引起了不同区域间经济活动的异质性。从长远的角度来看，各区域肯定会形成自己的特色产业和优势产业，拥有自己特色的产业结构。这种差异性会驱动经济资源在区域间合理流动。经济资源的流动能够产生一定的效用（满足生产、生活、国防、战备等方面的需要）或者能够带来一定的效益增量。

2. 外在动因

物流的空间效益产生于经济全球化、资源分散化以及生产和需求异地化。21 世纪以来，经济全球化的进程速度加快，市场范围不断扩大，社会分工日益深化和细化，企业的采购、生产与销售日益国际化，市场需求也变得越来越分散，再加上资本逐利性的驱使，客观上要求企业在全球范围内寻求资源的最优化配置。经济全球化的进程，拉大了商品供应地与消费地之间的空间距离和地域差距范围，使得资源在更广阔的地域差距范围内实现流动与重组。

（二）物流空间效益的内涵

物流空间效益是在“物”的流动过程中由于“物”的空间转移而产生的效益。供给者与需求者之间往往处于不同的空间，也就是说，供给者与需求者所处的空间位置不同，商品从供给者到需求者之间有一段空间差，改变位置创造的价值就被称作空间效益。

从不同的角度来看空间效益可以有不同的理解：从供给者的角度来看，空间效益就是“物”实现空间转换前后给供给者带来的收益的差额，比如产品在外地的销售价格高于本地的销售价格所带来的额外收益、外地的原材料价格低于本地原材料价格所带来的额外收益等。

从需求者的角度来看，空间效益则是由于“物”的空间转换所带来的效用满足或消费者剩余的增加。效用满足是指由于“物”的转移使得当地没有但又是消费者需求的产品流到当地，且产生了一定的效用，体现了从无到有的过程。比如海鲜产品的运输满足了内地消费者对生活品质的追求，粮食运输满足了非粮食产区消费者的日常生活所需等；

或者是基于特殊需要或紧急需要而通过物流服务体系使部分产品流入某地所产生的效用，比如国防、战备品的流动，救灾物资的流动等。

（三）物流空间效益的内容

“物”的流动过程使物流的空间效益得以实现。从“物”的流动方向与流动过程来看，可以从以下四个方面对空间效益的具体内容做不同的理解，即基于集中生产所创造的空间效益、基于分散生产所创造的空间效益、基于中间集散所创造的空间效益以及基于弥合生产需求分散所创造的空间效益。

1. 基于集中生产所创造的空间效益

由于资源、社会分工和需求等的差异，各个区域的区域特征日益显现，各区域间在经济系统中的功能分工体现了极大的差异化。综合考虑人力、资源、基础设施等生产要素的差异，其中必然会出现比其他地区更适合生产某种产品、更有比较优势的地区。而要充分利用这种比较优势，生产出特定的产品，就需要相关的原材料、资本、信息、人力等生产要素不断从其他地区流入，以达到集中生产，形成本产品相对于其他地区生产产品的优势。这时，通过运输、搬运装卸、储存、流通加工、信息处理等物流活动使各种生产要素顺利流入，进行集中生产，创造更大的空间效益。

集中生产不仅能通过规模化获得竞争优势，还可以通过产业集群的形式提升市场竞争力。比如在美国硅谷，大约60%的企业是以信息为主的集研究开发和生产销售为一体的实业公司；约40%是为研究开发、生产销售提供各种配套服务的第三产业企业，包括金融、风险投资等企业。这些企业在此聚集，形成了一个互相支撑、彼此紧密联系的产业群，具有巨大的竞争力。

由于集中生产的产品需求市场相对分散，有时可能覆盖国内大面积的需求地区，有时很可能覆盖一个或若干个国家，甚至全球区域。在一个小范围内集中生产的产品可以覆盖大面积的需求地区，通常可以获得很高的利益。此时，物流通过各作业环节将产品从集中生产地转移到分散的需求地，从而创造空间效益。

2. 基于分散生产所创造的空间效益

与集中生产正好相反，由于受到自然条件、产品生产方式、产品技术经济特点以及社会分工等诸多因素的影响，社会上还广泛存在分散生产的情况。这种生产方式需要比较完善的物流体系的支撑，能够使与其相关的“物”实现顺利流动。

分散生产在现实中有很多。比如，粮食是在一亩地一亩地分散生产出来的，而且也必然是在比较适宜的土地上分散进行的。这是由粮食生产的技术经济特点和自然条件的不同所决定的，不会出现将其他的土壤、化肥、种子等集中于某一块地进行集中生产的情况。而一个大城市的需求却是大规模集中的。在此过程中，物流活动通过实现粮食生产所需的各种“物”的顺利流动和粮食向需求地的顺利流动创造空间效益。

3. 基于中间集散所创造的空间效益

社会分工的不断深入和细化，使各个生产环节变得越来越复杂，需要资源、能源、人力等经济要素的频繁流动予以支持。由于消费者对“物美价廉”的追求和生产者对更高利润的追求，再加上信息不对称的影响，大大增加了交易成本，使得商品交易往往要借助中间集散地才可以顺利实现。集中交易能够极大地降低流通成本。若交易双方直接一对一进行交易，那么每种商品都需要交易一次。如果需要的商品种类繁多，那么所产生的流通成本可能会超出交易本身所带来的收益。但是通过中间集散地的方式，在众多供应者和消费者之间加入一个中转环节，可以大大降低物流流通成本，提高流通效率。

中间集散地是指在市场交易的过程中，为了解决信息不对称带来的交易双方交易的困难，而出现的不以最终消费为目的，而主要以中间集散为目的的集中交易市场。中间集散地的功能是为交易双方提供一个中间交易的公开平台，集中交易双方的需求，促使交易信息能够在平台上得到较好的流动与利用，避免交易双方在寻求交易对象的过程中由于信息的不对称而发生额外费用，从而降低商品的交易成本，提高交易效益。

4. 基于弥合生产需求分散所创造的空间效益

在现代社会中生产与需求的空间差巨大，而现在消费者对商品的个性化需求也日益增加。供应分散除了受大生产决定外，自然地理、产业集群和社会发展等因素也造成了产品供应的分散。例如，南方生产的荔枝、桂圆、香蕉等水果在全国都有广泛的市场；农村生产的粮食、蔬菜也被运输到远方的城市消费；东北的大米、木耳、菌类等特产被端上了南方消费者的饭桌上等。现代消费者每天消费的商品几乎都是相隔一定距离甚至在十分远的地方生产的。生产与消费的关系由过去的一对一、一对多或多对一，变成多对多的关系。

每种商品的生产者都面临众多的消费者，每种商品的消费者也面临着对众多商品的选择。这么复杂交错的供给与需求的空间差都是依靠物流来弥合的，因此，物流收益也比较高。

二、物流空间效益的量度

物流空间效益是“物”实现空间转移前后给供给者带来的收益的差额，它直接来源于实现“物”的空间转换所产生的相关收益大于所发生的相关成本的部分。所以，量度空间效益的关键就是对实现“物”的空间转移所产生的相关收益和所发生的相关成本的度量，两者的差额就是空间效益。

（一）与物流空间效益相关的成本

与物流空间效益相关的成本就是在借助物流服务实现产品空间转移、创造空间效益的过程中所发生的一切成本损耗。

1. 机会成本

由于产品实现空间转移，流向异地以较高的价格进行交易，从而丧失了在当地或者原交易地以原有价格进行交易的机会。从经济学意义上来说，这其中包含了产品的机会成本，可以归于空间效益的成本部分，用 $C_{机}$ 表示。

2. 流动成本

为实现产品空间转移所进行的物流活动需要投入人力、物力、财力，这会发生一定的成本消耗。成本的高低与物流服务的品质好坏相对应。物流活动的成本消耗主要是在运输、包装、装卸搬运过程中发生的相关的人、财、物的投入，其成本构成可以表示如下：

$$C_{流}=C_{人}+C_{物}+C_{资} \tag{9-1}$$

式中：$C_{流}$——物流活动的总成本；

$C_{人}$——物流活动发生的人力成本（包括作业人员的工资、福利、奖金等）；

$C_{物}$——物流活动耗费的物料成本（包括燃料的消耗、包装材料的投入等）；

$C_{资}$——物流活动投入的资金成本（包括资金的投入及其占用成本等）。

3. 时间成本

物流活动期间还会发生一定的时间成本。在物流创造“物”的空间效益过程中，用以消除空间差异的活动必然要消耗一定的额外时间，从而相对于本地或原交易地交易而言，由于物流作业环节的存在，会让产品交易延迟，“物”的价值不可能立即实现。而在这段时期内所发生的产品占用资金的机会成本以及包括产品潜在损失在内的其他成本等就是与空间效益创造相关的时间成本，其成本构成可以表示如下：

$$C_{时}=C'_{资}+C_{潜} \tag{9-2}$$

式中：$C_{时}$——时间成本；

$C'_{资}$——产品占用资金的机会成本；

$C_{潜}$——包括产品潜在损失在内的其他相关时间成本。

当物流服务提供商所承担业务为外协物流时，物流的时间成本往往会被忽略，但是对自营物流和具有远见并能与客户共享利益的物流服务提供商来说，时间成本是企业进行物流服务选择决策中一个最主要的因素。

物流企业在对相关收益与成本进行计量的基础上，物流空间效益可以用下面的公式最终加以量度。

$$V_{空}=I_{显}+I_{隐}-C_{机}-C_{流}-C_{时} \tag{9-3}$$

式中：$V_{空}$——物流空间效益；

$I_{显}$——产品在异地销售收入；

$I_{隐}$——无法用量化指标衡量的收益；

$C_{机}$——机会成本。

（二）与物流空间效益相关的收益

与物流空间效益相关的收益可以分为显性部分收益与隐性部分收益。

显性部分收益是产品在异地实现的销售收入，可以用 $I_{显}$ 表示。这部分主要受商品的价值含量、市场的空间位置及相关市场环境等因素的影响。

隐性部分收益是指因产品空间转移而给供给者带来的、无法用量化指标衡量的那部分收益。比如借助物流服务体系的联结使供给者的销售渠道得到逐步拓展，营销网络进一步完善，市场范围不断扩大，企业声誉得到大大的提升，能够在更大的市场空间内搜寻获利机会或者合作伙伴等。这些都将给供给者带来潜在的收益，有时这一潜在收益还很大。这部分隐性收益虽然不太容易计量，并且可能受诸多因素的共同影响，很难将产品空间转移的因素单独剥离开来，但是这部分收益显然又对供给者十分有诱惑力，物流企业应该给予足够的重视。在计量的过程中，可以通过实践经验或者与供给者的协商来量化隐性收益，也可以通过专家打分确定一个权数把隐性收益加以量化，用 $I_{隐}$ 表示。

三、物流空间效益的实现及方法

物流空间效益是指改变“物”从供给者到需求者存在位置所创造的价值。由于不同区域的商品有不同的价格，集中生产地区通过专业化、规模化生产，提高产品生产率，可以以较低的成本生产较多的产品，然后再通过物流活动将商品由低价值区域转运到布局分散的高价值区域销售，这样就可获得相应的价值差。物流企业就是要为物流服务的需求者创造更大的空间效益，来不断拓展自己的业务空间与获利空间。

物流空间效益的实现是要解决以什么方式、通过什么途径来为物流服务需求者创造更大的空间效益，这是物流企业的主要职能之一。运输、配送等是实现空间效益的最主要活动。通过高效地对这些物流活动进行安排和规划，供给者可以提升空间效益、成功拓展业务，物流企业可以实现持续经营。从物流系统的角度看，单一物流活动的优化离不开对整体物流系统乃至整条供应链的整体考虑。所以在对其进行优化的时候，要综合考虑各方面因素。

（一）采购优化

采购优化主要包括两个方面，即采购批量的优化与采购点的优化。

1. 采购批量的优化

供应商经常采用批发折扣的方式鼓励需求者大批量购买产品，即采购量越大，就可以享受越低的购买价格。这是因为大批量采购可以使供应商获得规模效益，从而降低产品成本。例如法国的家乐福集团公司曾经在过去很长一段时间内都是实行分散采购，由于其每个店规模很大，也同样有效。但分散采购的最大弊端在于不能发挥规模采购的优势，不利于压低产品价格，不利于控制采购，所以家乐福集团公司逐渐向集中采购模式转变。

对于产品购买者来说，大批量采购可以获得较低的价格、降低运输成本和交易成本，但是同时表明增加了仓储成本和库存资金持有成本。所以，就存在一个使采购成本、运输成本、交易成本、仓储成本和库存持有成本五部分总和达到最低的采购批量，确立这个合理的采购批量才可以有效降低企业成本，增加企业的物流空间效益。

2. 采购点的优化

一般情况下，物流空间效益的创造过程直接表现为不同区域间资源的流动以及与之伴随的经济利益的产生，而物的流动的起点就是采购。企业所采购的产品一般地理位置分布较广，所以采购点的布局、规模、数量等将直接影响到企业的成本控制、生产运作以及最终利润。这些是空间优化应该关注的重要方面。

采购点的优化既可以立足于企业自身进行优化，也可以通过与专业物流企业进行合作，然后对采购点进行深入优化。采购点距企业的距离、采购数量及产品运输方式等都是采购点优化的主要考虑因素。除了这些因素外，采购点的选择涉及法律法规、地区发展规划、企业自身物流业务种类、可选采购点的物流设施限制、交通环境因素、自然条件等诸多因素，因此，采购点优化的标准就是采购点的综合经济性。

（二）网络优化

1. 网络优化的意义

（1）企业以较低成本采购较适合的原材料。采购网络体系（即渠道，包括采购、营销、服务网络等）是现代市场竞争中至关重要的因素之一，是企业市场竞争中依赖的重要条件之一。依托广泛可靠的采购网络，企业能以较低的成本，采购较合适的原材料。

通过广泛的营销网络，企业可以最大限度地以合理价位销售产品；而良好的服务网络可以为企业赢得良好的信誉，可以增强客户满意度、产品美誉度等。

（2）网络优化可以帮助企业成长和发展。网络的畅通和运行效率对企业经营具有非常重要的意义。良好的网络体系有利于企业的成长，因此有人提出“网络制胜”的口号。通过物流、资金流和信息流畅通的网络体系，企业可以在最大范围内控制成本，提高经营效益。但并不是网络越广越好、越深越好。一方面，庞大的网络维护、运营需要庞大的费用；另一方面，网络过广、过深，也会给管理与控制带来麻烦，网络的失控将给企业带来灾难性的后果。如果企业对网络的掌控能力不够，就会使得网络中的各环节慢慢分离，最终影响企业的发展。

（3）网络优化有利于抵制竞争者。网络的铺建是一个漫长的过程，行业的新进入者，在人员、管理、资金上都面临着较大压力。随着市场竞争日益激烈，网络渠道的延伸和控制逐渐成了竞争的着眼点。所以，如何进行网络优化，用最低的成本、最优的网络完成对企业运作的支持也成为创造空间效益的一个源泉。

（4）有利于现有网络体系功能提升。网络优化包括对现有网络体系的撤并、扩建。从物流运作的角度看，网络可以理解为一张流动着商品、信息、服务内容的网络，网络的变动“牵一发而动全身”，某个点的改变或变动都会对整个系统的稳定产生影响。所以，对网络的优化应慎重，坚持“平稳、安全、有利”的原则。另外，通过利用合作方现有的网络以附加新的内容来进行合作，是省时、省力的一种比较好的选择，也是众多跨国公司的选择。

2. 网络优化面临的问题

在进行网络优化时，应注意以下三点。

（1）对采购点与销售点取舍的考虑因素。企业在对采购点与销售点的取舍过程中，将考虑更多因素，包括战略因素与市场因素，物流因素在这方面的影响是次要的。在物流的发展过程中，物流需求促进物流的发展，物流面对的发展环境大部分是在既定节点和网络的条件下对物流方式与线路的优化选择。

（2）网络节点取舍的关键决定因素。网络节点取舍的关键决定因素主要是企业发展的战略影响和节点间交易获利空间的大小。物流线路选择的关键决定因素比较单一，就是在保证满足物流需求条件下的物流成本的高低。而物流成本的高低可以决定网络节点的取舍。

（3）物流空间效益可以从各个方面获得。企业物流空间效益的实现一方面可以通过企业采购点与销售点的取舍获得，另一方面也可以通过物流线路的选择获得，但两方面并不冲突。它们分别是从宏观和微观两个角度来分析问题。

（三）物流路径的优化

1. 物流路径优化的含义

物流路径是指在物流作业过程中物的流动所经过的路线。这可以从两个主要方面来理解：一方面是通常运输和配送所经路线；另一方面是指仓库、配送中心内部货物的搬运、车辆行驶的路径。

对于运输和配送来说，不同的物流路径意味着不同的运输方式。所以，物流路径的优化也包含着作业方式（如运输方式）的优化。如果说采购与网络的优化是一种空间选择结果的优化，那么物流路径的优化则是一种作业过程的优化。在物流路径的优化中，可以通过相关的技术、方法，结合实际，寻求最优选择，以获得最佳的空间效益。

对于库内搬运行驶来说，路径设置得合理与否关系着整个物流运作效率的高低。以配送中心为例，配送中心的拣选环节对配送的及时性和准确性具有非常重要的影响。一般情况下是很多项拣选工作同时进行，若搬运路径设计不同，肯定会影响工作效率，进而影响出货、送货等一系列衔接环节。相对于搬运路径来说，运输和配送的路径设定更具代表性，应用也更加广泛。

2. 物流路径优化的原则

（1）各条行车路线相对独立。安排行车路线时各条路线之间应没有交叉。应该注意的是时间窗口和送货之后才能取货的限制可能会造成行车线路交叉。

（2）从距仓库最远的站点开始设计行车路线。要设计出有效的行车路线，第一，要划分出距仓库最远的站点周围的站点群，然后逐步找出仓库附近的站点群。只要确定了最远的站点，就应该选定距该站点最近的站点群，分派载货能力可以满足该站点群需要的卡车。第二，从还没有分派车辆的其他站点中找出距仓库最远的站点，分派另一批车辆。如此往复迭代，直到所有站点都分派有车辆。

（3）采取灵活多样的配送方式应对特殊情况。对具有特殊情况的站点，可以采用其他配送方式。那些孤立于其他站点群的站点，为其提供服务所需的配送时间比较长，配送费用比较高。考虑到这些站点的偏僻程度和货运量，采用小型车单独为其进行服务应该是比较经济。另外，利用外包的物流运输服务也是一个不错的选择。

（4）靠近的站点群安排行车路线。安排部分车辆负责相互距离近的站点的货物运输。卡车的行车路线围绕相互距离近的站点群进行设计，以使站点之间的行车时间最短、效率最高。

（5）混合安排取货和送货。尽可能在送货过程中安排取货以减少线路交叉的次数。如果在完成所有任务之后再取货，就会出现线路交叉的情况。线路交叉的程度取决于车辆的结构、取货数量和货物堆放对车辆装卸出口的影响程度。

（6）用承载能力大的车辆进行货物配送。尽可能使用承载能力大的车辆进行配送，这样设计出的路线基本是最有效的。理想状况是用一辆足够大的卡车配送所有站点的货物，这样将使总的行车距离或时间最小。所以，在车辆可以实现较高的利用率时，应该首先安排车队中承载量最大的车辆。

（四）交易环节的优化

在获取空间效益的过程中，必然会伴随着物的转移。这种转移一般不会完全由一个企业来完成，而是由多个企业分别负责其中某一个或某几个环节。从经济效益的角度看，冗余的交易环节阻碍了流通效率，增加流通成本的同时，也是对资源的浪费。通过对交易环节的精简和优化，可以提高交易效率，提高流通环节的增值度，为企业带来可观的效益。

（五）空间利用的优化

物流运作都是在一定的空间内进行的，比如运输中的装载空间、仓储中的存储空间、场站的停放空间等，所以，合理利用空间就成为挖掘物流空间效益的一个关注点。通过对物流运作环节中的空间利用进行优化，包括运输中的装载空间的合理分配与利用，装卸过程中的搬运、装卸工具空间的利用，以及仓储空间的利用，可以带来物流空间效益的大大增加。空间利用的优化途径包括标准化、一体化和积载等技术方法。

1. 标准化

物流基础设施和设备的标准化是指运输、搬运、仓储、保管以及场站设施等的标准化，例如产品包装和装运工具的标准化等。产品包装的标准化是从物流运输、装卸搬运、仓储的角度出发，设计产品外观包装最优利用空间的尺寸。标准化的物流设施和设备有利于产品在整条供应链内高效快速地流动，使得各物流环节能够无缝化连接，提高流通的时效性和安全性，促进经济运行质量的提升。

2. 一体化

物流一体化是指不同职能部门或企业之间通过物流活动的整合，在管理、运作流程等方面进行充分合作，以实现供应链全过程的高效运作，降低总体成本并获取经济收益。具体到空间效益，可以将一体化理解为将物流作业中的各环节紧密联系起来，采用不拆箱作业、卸货作业等，节省途中时间，节约作业成本。如海洋运输与公路运输方式间的联运，承担集散运输的公路运输直接采用汽车集装箱运输的方式，免除拆箱。同时，一体化还可以将作业过程与物流环节的运输过程进行集成，实现空间上的优化利用。

3. 积载

积载是指对货物在运输工具上的配置与堆装方式做出较合理的安排，通常用积载图来表示。积载多用在海运的集装箱货物堆码安排上，但对于运输和配送而言，其中的一些技术和原理仍能提高配送的效率，提高经济效益。

影响配送车辆积载的因素有很多，例如，货物的性质、货物的包装情况等。提高车辆积载技术，充分利用集装箱容积，有利于节省运输费用。同时，货物装载在配送车辆内，虽然得到充分保护而不致残损，但若积载不当，或无视货物的性质和包装情况也会造成一定的货损。

在物流实践中，实现物流空间效益的各种方式是综合使用的。应用中可以使用某一种措施来进行空间利用优化，也可以同时使用多种措施来进行，如供应链中的物流延迟措施，在对企业工艺流程优化的同时，也获得了对分销区域的库存优化收益和物流网络的优化收益，同时也降低了企业的需求预测风险。

第三节 物流的创新效益

现代物流的发展离不开创新，不论是物流技术创新还是物流服务模式的创新，都能够推动物流企业快速发展，为企业带来商机与利润，而制度创新更是促进物流创新机制形成的重要保证。

中国物流业的发展在经过了概念派的炒作之后，又经过了跨国公司的物流经验主义阶段。现在，物流理论的发展与实践模式的进步已经到了一种瓶颈状态。实践是检验物流理论的唯一标准，中国物流业的发展需要务实奋进的精神。1990 年，国家粮食和物资储备局就提出并施行了所谓“物资银行”的物流创新模式，当时还引起了很多关于行业道德标准的争论。现在，这种物流创新模式被确认为物流创新，上升到创新的理论高度来研究。物流抵押、物流金融服务、物流增值保险服务等都属于物流创新的范畴。

物流本身就是一项影响十分广泛的系统工程，探索工程的存在价值，也就涉及价值工程的范畴。本节将主要介绍物流创新和物流价值工程的一些内容。

一、物流的创新效益

（一）物流创新的概念

创新（Innovation）的概念是由美籍奥地利人约瑟夫·熊彼特（J. A. Schumpeter）于1912年在其著作《经济发展理论》中提出的。熊彼特将创新定义为生产函数的变动，也就是生产要素和生产条件的新的组合。熊彼特认为，创新存在五种基本类型，包括新产品的开发、采用新的生产方法或者新工艺、开辟新市场、取得或者控制原材料或者半成品的一种新的供给来源、形成新的产业组织方式或者企业重组。按照熊彼特的创新理论，创新包括技术创新和组织管理创新，此外还包括制度的创新。

物流创新，是指在实体经济中信息化带动工业化的进程中，凭借先进的理论、思维方法、经营管理方式和科学技术手段，对传统物流格局中的商流、物流、资金流和信息流所进行的全面改造和提升，以便全面、系统、大幅度地提高物流的效能，取得企业最大化的经济效能和社会效果。

（二）物流创新的主要形式

1. 现代物流的主要特征

与传统的物流相比，现代物流的概念有了很大的变化，具体体现在物流平台、物流模式、物流形态、物流方式、物流空间、物流要素等方面。现代物流的主要特征和变化如表 9-1 所示。

表 9-1　　现代物流的主要特征和变化

特征	变 化
物流平台	现代物流基于信息技术。以信息技术为核心的新技术革命改变了整个产业的运作方式和利益模式，打破了时间和空间的限制，实现近乎零时间、零距离、零成本交易，实现生产者和消费者的即时互动，流通渠道趋于扁平化
物流模式	现代物流基于物流配送。目前，物流配送业已成为整个国民经济的战略性产业，是现代大流通中先进生产力的代表，具有将仓储业、交通运输业、批发业等高度整合为一体化的能力。近年来，不仅第三方物流发展迅速，就连第四方物流的地位也在不断提高
物流形态	现代物流基于虚拟运作。传统流通企业是以产权关系为纽带，实行纵向一体化，而现代的物流企业是基于核心能力实现横向一体化或虚拟一体化运营。这种形式以提升核心竞争力为目标，集中经营核心业务、核心环节、核心流程

续　表

特征	变　化
物流方式	现代物流基于网络流通。任何企业必须融入某一供应链中才能生存发展。过去单个企业之间的竞争，现已变成了一个供应链与另一个供应链之间的竞争。而且一个企业所融入的供应链网络越大，运行平台越高，运行效率越快，运行成本越低，企业的竞争力就越强
物流空间	现代物流基于全球的流通。经济全球化的实质是经济一体化，绝大多数流通企业都将成为国际流通链上的一个部分或者环节。为了提高流通的效率，大家必须在各个方面遵守共同的规则
物流要素	现代物流的概念，不仅包含商品物流，还包含资本、货币、技术、劳动力等的流动和流通。随着社会生产力的不断提高，纳入物流流通的范畴越来越广，物流要素日益增多

2. 物流创新的主要内容

从总体上来说，对于物流创新而言，同样也包括技术创新、制度创新、组织管理创新和物流产业组织创新。

物流技术创新涉及经营管理和工具、装备、设施等领域。物流技术创新，无论是对物资包装、装卸、运输、配送、储存、流通加工，还是对物流信息处理、物流计划预测、物流评价，都发挥着十分重要的作用。它最终目的是要减轻人员在物流活动和物流管理中的工作负担，提高物流效率，降低物流费用。所谓物流技术创新是以物流产业内市场需求为动力，以物流企业集群为主导，以创新性物流技术供给为核心，通过物流产业内部及相关产业的生产要素优化组合并引入物流体系，推动物流产业不断创新发展，从而使物流产业竞争力提升。为了适应现代物流的要求，特别是像我国这样的物流费用长期居高不下的情况，必须要求对传统的运输技术、仓储技术、搬运技术、包装技术、集装单元化技术等基础性物流技术和设备不断进行改造创新，促使其不断升级。同时，还要发展条形码、电子数据交换、射频技术、自动化物流系统、地理信息系统、卫星定位系统等现代化物流信息技术，增加物流业务的技术含量。而物流企业作为从事商品实体流通、提供物流服务的专门组织，在技术创新活动中，必须充分利用自身专业和组织优势。

物流制度创新必然会和现行行业管理、行政管理体制产生冲突，但发展是硬道理。现行的交通、运输、税收、用地、建设、金融等政策对物流新产业的发展有许多阻碍之处，一些问题需要国家统一协调、集中解决，有些问题也可以在一定地域范围内尝试解决。当前物流企业存在着税率混乱、重复征税和发票抵扣、跨地区合并纳税等问题，这些问题亟待解决。

物流组织管理创新的目的是提高服务水平、降低成本。物流的发展来源于生产制造、商品流通、生活消费等领域的需要。坚持产业创新，走新型工业化道路，引导企业应用现代物流理念和管理技术，物流才能有更加广阔的市场。所以，第一是要加大用现代物流管理思想与技术方法去改造传统加工制造业，使物流成为其扩大销售网络、调整优化生产、形成跨国和跨地区企业联盟的重要手段；第二是要鼓励生产加工企业，采用供应链管理技术，改造业务流程，使原材料采购和生产组织以及商品销售中的运输、库存、配送一体化运作，提高市场反应速度，降低商品仓储，减少商品滞销；第三是要鼓励企业剥离或外包部分物流业务，这样既可突出和提升企业的核心竞争力，有利于企业参与市场竞争，又促进了物流的专业化和社会化；第四是要鼓励发展商品统一配送，采取有效措施，大力推动连锁经营和大宗商品的电子化交易。

物流产业组织创新包括物流市场主体组织的创新。物流市场主体组织是经济社会各个行业市场主体组织的重要一员，不管是从概念上还是从本质上来说均为物流行业的自律机构。它包括各级物流协会、物流商会、物流行会、物流联合会等物流组织。这种市场主体组织应该在国家相关法律法规和相关制度的约束下，一方面，进行行业自律、维护行业职业道德、联手防治恶性竞争、维护行业的良性发展、制定并维护实施行业标准；另一方面，作为一个行业利益的主题发言人存在于经济社会中，为整个行业的利益履行主人翁职责。物流作为一个行业，需要自己的行业协会等市场主体组织，需要突破传统的思维定式，需要大胆务实的组织与体制创新。

具体来讲，物流创新可以从以下三个方面来实施。

(1) 技术创新包括物流基础设施创新、物流技术手段创新。

①物流基础设施创新，即增加在流通产业中商流、物流、信息流和资金流所必须拥有的硬件支持系统的投入。

②物流技术手段创新，即运用信息技术全面提升与整合商流、物流、信息流和资金流，大幅度增加物流运作过程的科技含量，促进流通业从慢节奏、高成本的传统流程走向快节奏、低成本的现代流程。

(2) 组织管理创新包括物流结构创新、企业制度创新、物流秩序创新等。

①物流结构创新，即物流产业结构从传统业态方式为主向以信息技术和新兴业态为主的转变，从国有企业为主向非国有企业为主的转变，从不平衡发展走向协调发展的转变，同时促使商流、物流、信息流、资金流结构的合理化。

②企业制度创新，即在国有企业产权制度改革的基础上，切实将现代企业制度作为中国流通产业的微观理论基础。

③物流秩序创新，即流通产业在反垄断、反欺诈的过程中，从低水平的无序竞争走向规范化、法制化的有序竞争；从行政化垄断走向规模化、大中小流通企业都可以在健康和平等竞争中发展的新格局。

(3) 制度创新包括物流体制创新、物流管理机构创新、物流中介组织创新等。

①物流体制创新，即中国流通产业要从落后的计划经济体制转变为现代的市场经济体制，切实发挥市场机制在流通产业中的基础性的调节作用。

②物流管理机构创新，即同物流体制转变相适应，物流产业的主管机构切实实行职能转变，从直接管理走向间接管理，从以管理为主走向以服务为主，从政出多门的多头管理走向高效、精干、务实的“一支笔”管理，从内外有别的内外贸流通业隔离管理走向一体化管理。

③物流中介组织创新，即在政府职能转变和国有企业改革的过程中，物流产业形成独立自治的商业、行业协会，建立起自我约束、为企业提供全方位服务的社会经济组织。

3. 物流途径创新

加快物流创新、促进物流现代化必须从以下十四个具体方面着眼。

(1) 要从宏观高度强化物流创新的政策地位，强化对加快发展中国现代物流产业的政策支持。物流业本身理应得到同第一、第二产业同样的政策支持，解决长期以来中国物流业政策混乱的难题。在政策支持当中涉及的具体政策，不应是过去主观随意性很强的“政出多门、自乱其制”之策，而应是相互协调、透明度高、一视同仁的经济政策。

(2) 确立物流产业的先导地位，加快经济节奏，优化产业结构。中国同其他市场经济国家的最大区别在于，传导产业、传导机制的缺失。所以，在依赖传统意义的财政、货币等宏观政策求解中国难题的同时，更应强化物流产业和市场体系的功能，以提高经济运行的整体质量。所以，中国不仅面临经济体制和经济增长方式的“两个转变”，而且在转变的同时迫切需要借助物流创新，塑造传导机制，提高物流效能，优化产业结构，完成以加快经济节奏、加快商品流通和资本周转为核心，促进国民经济从静态化、慢节奏、高成本、低效率向动态化、快节奏、低成本、高效率的“第三个转变”。

(3) 进一步完善讲诚信、守契约、反欺诈、重规范的市场秩序。在促进物流创新、提高物流效能的对策中，要依法严厉打击假冒伪劣产品，严厉制裁商业欺诈，提倡、鼓励“诚信促销”，信守合同，切实保障消费者的“购物安全”和企业的交易安全，树立中国工商界在国内外的良好声誉和形象。

(4) 进一步打破内外贸易分割的局面，具体应当从以下六个方面进行：

①理顺现有管理规章制度的解释权和归属权，防止出现管理真空；

②废除与国际通行惯例相违背的规章制度，建立开放、公平的物流环境；

③强化物流秩序的监管，实现政府职能的转变；

④发挥行业协会在促进内外贸易一体化方面的积极作用，健全信息流通制度；

⑤促进原来体制分治造成的内贸企业和外贸企业之间的合资合作，培育一批内外贸易一体化的集团化公司，形成中国物流产业的龙头，这不仅有利于增强中国物流产业的凝聚力，而且有利于提高中国物流企业对抗外资巨头的竞争能力；

⑥紧追国际动态，引导产业走向，促进国内物流企业走向世界。

(5) 加快建立物流现代化评价指标体系。要把优化物流产业结构、提高物流效能和物流现代化的进程精确化、数量化，以全社会流动资本周转速度、全社会物流费率、全社会产销率和全社会产品库存率等指标为核心，建立“第三个转变”的评价指标体系，定期分析并向社会发布。

(6) 加强对国际市场动态和国际巨头的研究。外资企业进入中国物流市场，受影响最大、最深的并非国内物流业，而是中国的制造业。所以，壮大国内物流业十分迫切，意义深远。中国在对外开放、世界经济一体化的过程中，也应在世界贸易组织框架下就国内物流业和制造业的后续发展，作出独立自主的政策安排。

(7) 加快发展民间物流产业协会组织，提高物流产业的自组织程度。根据中国国情，大力发展民间物流产业协会组织的关键，一是提高民众、企业的自主意识和自我负责精神，培养自我保护能力和自我约束能力，并增强其对经济事务和社会事务的参与意识；二是弱化行政权力对协会组织的过多干预，使之拥有更大的自主活动空间；三是破除依附关系，创造条件提高协会组织的社会地位和社会影响，允许协会组织办更多的事情；四是提高协会组织自身的素质，加强协会组织的组织建设。

(8) 加强农村现代商业网点建设，发展“现代商贸带动型”的新农业、新农村，培育新农民，是市场经济新时期的客观要求。建立开放、公平的物流发达的农业是繁荣农村、富裕农民的必由之路。

(9) 积极将第一、第二产业融入到物流业，在促进物流创新、提高物流效能的过程中，要避免割裂其内在的横向联系，要从更为广阔的宏观范围来考虑问题，应当正确引导第一、第二产业的广泛参与，否则不利于从根本上排除由部门分割造成的物流阻隔，特别是不利于解决第一、第二产业销售困难、库存积压、周转缓慢、结构扭曲的问题。

(10) 积极促进原创性的批发市场的创新，具体体现在以下三个方面：

①批发市场并未走到尽头，需要重点精心培育和长期紧密依靠的市场组织形式，是全面建设小康社会的重要杠杆和有效机制，这个基本判断不能动摇；

②自发性是市场的灵魂，对批发市场存在的诸多问题必须标本兼治、以疏导为主，在思路创新和不断发展中求得妥善解决；

③改造和提升传统的批发市场是新时期中国物流创新所不可缺少的重要组成部分。

(11) 重视利用信息技术改造物流企业信息网络，必须坚决突破条块体制的束缚，建立“大网络”的概念，走综合化、社会化的新路子，对现有“一家一户”封闭运行的所谓“信息中心”，通过联网的方式，进行跨部门、跨行业、跨系统、跨地区的资源重组，按照效能齐全、快捷、低价的原则，真正实现信息资源的共享。

(12) 借助现代化的物流技术，提高物流配送效率。按照现代物流的要求，整合物流组织，通过强化市场机制，促使物流企业改变经营观念和进行制度创新。针对物流业发展滞后、格局散乱情况，要对中国目前的物流资源进行全面的普查摸底。

(13) 加快物流反垄断立法，改变阻碍物流的条块分割体制和政策。反垄断法中要将行政性垄断、行业垄断作为重点调整的对象。这不仅对促进商家成长有利，而且对开放和维权有利。

(14) 加快结构化调整和资本重组，推出重量级的大零售商，同时促进中小企业的创新与繁荣。中国迫切需要国内规模普遍过小的零售商，按照自愿、平等、互利、多赢目标，进行强强联合、资本重组，尽快提高零售商的市场集中度。

二、物流创新效益的主要实现方式

物流创新是物流企业系统变革的过程，涉及理念、文化、服务、技术、制度、人员等诸多相互联系的要素。

(一) 经营理念创新

物流企业的经营理念决定着物流创新的思路、范围、深度和最终成果，积极转变经营理念是进行物流创新首先要解决的问题。理念创新是指物流企业经营时遵循的基本原则、规范以及思路的创新。

物流企业经营应始终坚持两个基本理念：系统整体优化和一体化物流服务。

1. 系统整体优化

(1) 整体优化的含义。整体优化是指导物流产业发展的基本理念。所谓优化就是指创造使各相关利益主体都能接受的利益增量。它涉及两个层面的含义：一是必要的利益增量；二是该利益增量在相关利益主体之间的合理分配。物流产业正是在这样的优化理念指导下发展的。

(2) 优化理念的特征。

①主观性特征。优化理念是行为主体根据自己的主观认识并从自身的得失来评价行为主体优劣。对于物流企业来说，主观认识尽可能全面、系统地反映客观现实。这是维持物流企业健康发展的重要条件。

②预见性特征。优化理念是行为主体根据自己的预见来策划优化方案的。优化首先表现在期望上，只有当优化按期望那样准确实施时，才会取得比较完美的成果。一旦由于主观认识上的偏差出现了未预见到或不可预见的不利因素，结果有可能与初衷完全相反。这是物流企业发展很难彻底规避的风险。

③相对性特征。优化理念是相对于行为主体所处的环境来评价优劣的。正是优化的相对性特征，促使物流企业各自充分考虑自身的优势来拓展发展空间。整个物流系统呈现出多样化、个性化发展的新趋势。

(3) 系统整体优化的实现方式。系统整体优化实现方式有很多，从大的方面来看，包括时间上的优化与空间上的优化。而优化的标准并不在于时间与空间本身，而在于与时间和空间相联系的利益总量。只要整合后实现的利益总量大于整合前的利益总量且涉及的利益主体都能从中获得可接受的经济效益，则表明应进行优化，否则不进行优化。

物流优化的形式和内容可能千差万别，如采购方案的优化（包括采购点的优化、采购方式的优化、采购时间的优化、采购批量的优化等）、物流运输优化（包括线路优化、时间优化、方式优化等）、生产组织方式优化、工艺流程优化、业务组合优化、销售网络优化、销售方式优化、供货组织优化等。

2. 一体化物流服务

(1) 一体化物流服务的特征。根据美国物流管理协会的定义，一体化物流是运用综合、系统的观点将从原材料供应到产成品分发的整个供应链作为单一的流程，对构成供应链的所有功能进行统一管理，而不是分别对各个功能进行管理。

一体化物流服务的出现是企业技能专业化发展的必然结果，也是社会分工进一步深化的重要体现。任何企业物流功能的转移必将导致其他企业物流功能的整合，物流功能的转移和整合带来物流节点的分散与集约，物流资源的优化配置，最终使供应链物流系统取得总体最优。

一体化物流服务企业不仅提供运输、仓储、配送等多个功能性物流服务，而且扮演物流参与者角色。将多个物流功能进行整合，对客户的物流运作进行总体设计和管理，此时，一体化物流服务企业扮演的是物流责任人的角色。

一体化物流服务的客户关系，不是价格博弈关系，而是双赢的合作伙伴关系。既然一体化物流服务是管理的服务，目标是全面提升客户价值，那么一体化物流服务的价值就不应仅仅包括功能性服务收费，还应包括与客户分享物流合理化所产生的效益。

(2) 实施一体化物流服务应注意的问题。

①对于整合物流功能或服务，在范围上提倡以现有主业为基础向两头延伸，即向客户的用户和用户的用户延伸，向客户的供应商和供应商的供应商延伸；在内容上提倡除了整合最基本的运输、仓储、配送等功能外，还要整合多个层面的增值服务，如劳务附加服务、商务附加服务、技术附加服务等。

②一体化物流服务不是简单地组合各个独立的功能或服务，而是从系统的角度出发形成一个完整的价值链。通过对原材料和半成品以及产成品的生产、供应、销售直到最终消费者的整个过程中物流、资金流与信息流的协调，来满足客户的需要。

③提升客户价值的目标强调物流企业不能只关注降低客户的物流成本，更要注重以定制化的物流服务提升客户整体价值。

(二) 服务创新

服务创新是物流创新的核心，因为不管是提升客户价值的目标还是获取增量效益的目标的实现，都归结于物流服务对物流需求的最终满足程度。服务创新主要包括服务内容的创新和服务方式的创新两部分。

1. 服务内容的创新

(1) 由物流基本服务向增值服务拓展。传统物流服务是通过运输、仓储、配送等实现物品空间的转移，许多物流企业都能提供这些基本服务，很难体现不同服务商之间的差异，也不容易提高服务收益。

一体化物流服务企业应根据不同客户的不同需求，在基本服务基础上延伸出增值服务，以个性化服务内容表现出与市场竞争者的差异性。

(2) 由物流功能服务向管理服务延伸。一体化物流服务不是在客户关系的管理下完成多个物流功能，而是通过参与客户的物流管理，将各个物流功能有机地衔接起来，实现高效的物流系统运作，帮助客户提高物流管理水平和物流管理控制能力，为采购、生产和销售提供有效支撑。所以，在开发一体化物流服务项目时，要在物流管理层面的服务内容上多做文章。具体包括客户物流系统优化、物流业务流程再造、订单管理、库存管理、供应商协调等，从而为客户提供一体化物流解决方案，实现对客户的"一站式"服务，提高企业的信誉度。

(3) 由实物流服务向信息流、资金流服务延伸。物流管理的基础对象是物流信息，是用信息流来控制实物流，因而一体化物流服务必须在提供实物流服务的同时，提供必要的信息流服务，否则一体化物流服务企业还是物流功能承担者，而不是物流管理者。物流信息服务包括预先发货通知、送达签收反馈、订单跟踪查询、库存状态查询、货物在途跟踪、运行绩效监测、物流管理报告等方面的服务。一体化物流服务企业要与客户形成战略合作伙伴关系，就要参与客户的供应链管理，实现实物流、信息流与资金流的协同运作，进而为客户提供代收货款、垫付货款等资金流服务。这些是物流市场竞争的最新焦点。

2. 服务方式的创新

服务方式是物流供需双方在物流服务交易过程中共同选择的，其灵活性和科学性在一定程度上影响着双方未来交易与合作的稳定性。物流企业在进行物流服务方式创新时，应考虑以下三个方面。

(1) 从短期交易服务到长期合同服务。功能性物流服务通常采用与客户“一单一结”的交易服务方式，但一体化物流服务一般需要与客户签订一定期限的服务合同，按照合同规定和项目管理模式进行运作。

(2) 从完成客户指令到与客户协同工作。功能性物流服务是作业层面的服务，通常只需要简单地按照客户指令完成服务。而一体化物流服务企业由于需要参与客户的物流管理、运作，与客户共同制定物流解决方案，因此需要从开始就与客户建立有效的沟通渠道，协同完成物流运作。不少物流企业建立与客户双方物流人员联合的办公制度，或成立由双方物流人员联合组成的运作团队，来及时处理日常运作中的问题。

(3) 从提供物流服务到进行物流合作。对于拥有物流系统或具有战略价值的客户，可采取灵活的方式进行物流业务合作。如果物流企业在某地区需要建立物流系统，则可以系统地接管客户在该地区的车辆、仓库等基础设备乃至接受其员工，或与客户签订物流系统管理合同，在为客户提供服务的同时，利用其物流系统为其他客户服务，以提高物流设备利用率并分担管理成本。

(三) 物流技术创新

物流技术创新包括物流硬件技术创新和软技术创新两个方面。物流技术创新已成为现代物流发展的重要动力源。

1. 物流硬件技术创新

物流硬件技术创新主要包括：运输技术创新、存储技术创新、装卸搬运技术创新、包装技术创新等。除了这些最基本的技术创新外，现代物流硬件技术创新还应包括物流设备设施及服务于物流的计算机、通信网络设备等方面的创新。

(1) 运输技术创新。现代运输技术朝着高速化、重载化、节能化、环保化的方向发展，陆上运输领域将重视重载卡车、重载列车、集装箱拖车和节能型汽车的研究和制造，同时也将重视道路交通信息通信系统、无须停车的自动付费系统、先进安全汽车、行驶支援系统、新交通管理系统（UTMS)、电子车牌系统（智能车牌)、智能交通系统(ITS)、探试信息系统的建立。海上运输领域将会开发高速船、新一代的内航船（超级生态船)，同时建立有效利用互联网技术的新一代海上交通系统。航空运输领域将会研究制造超大型、超高速飞机，同时也将建立新一代的航空保安系统等。

(2) 存储技术创新。现代存储技术朝着更加节约土地、节约空间、自动化、智能化和高效率的方向发展。代表性的技术产品有自动化立体仓库、自动分拣系统、驶入式激光导引高密度存储系统等。

自动化立体仓库是一种多层存放货物的高架自动存放货物仓库，由计算机自动控制与管理系统、货架、堆垛机和出入库输送设备等构成，能按指令自动完成货物的存取，并能对库存货物进行自动管理。

自动分拣系统采用流水线自动作业方式，在较短的时间内将物流中心接收的货物卸下并按货物品种、货主、储位或发送地点进行快速准确的分类，然后将这些货物运送到指定地点（如指定的仓库、加工区域、出货站台等)。同时，当供应商或货主通知物流中心按配送指示发货时，自动分拣系统就会在最短的时间内从仓库中准确找到货物所在位置，并按所需数量出库，将从不同储位上取出的不同数量的货物按配送地点的不同运送到不同的理货区域或配送站台，以便装车配送，节省时间。

(3) 装卸搬运技术创新。装卸搬运技术现在正向着更加节省人力、更加智能、更加有效率的方向发展，不断引入现代化的技术和设备，革新装卸技术。其中标志性的创新有以下几种。

①集装。集装是将很多单件货物，通过一定的技术措施组合成尺寸规格相同、重量相近的大型标准化组合体，这种大型组合状态称为"集装"。集装是装卸搬运技术上的一种突破。

②自动引导小车（AGV）、激光导引自动车（LGV）和搬运机器人、更具人性化的叉车等是物流装卸搬运的最新设备。

③托盘与叉车。托盘是最基本的物流器具，有人称其为"可移动的地面"。它是静态货物转变成动态货物的载体，是装卸搬运、仓储保管以及运输过程中都可以使用的工具，与叉车配合使用，可以大幅度提高装卸搬运效率；用托盘堆码货物，可以大幅度增加仓库利用率；托盘一体化运输，可以大幅度降低成本、提高效率。

(4) 包装技术创新。包装是现代物流中一个重要组成部分，在实现基本保护商品的功能外，还必须有利于提高物流效率。同时实现包装成本最小化，还应符合社会效益的要求。物流包装技术创新体现在以下四个方面。

①包装合理化。合理包装就是指能适应和克服流通过程中的各种障碍，适应市场经济的不断发展，取得最优化的社会经济效益，充分发挥包装实体的有用功能。在物流活动中，从物流总体出发，确定包装最优化，防止包装不足和包装过剩，并不断改进包装技术，以实现物流包装合理化。

②包装智能化。物流信息化发展的一个基础条件就是包装的智能化。随着物流信息化程度提高，包装上除了标明内装物的数量、重量、名称、生产厂家、保质期及搬运储存所需条件等信息外，还应粘贴商品条码、流通条码等，以便实现电子数据交换（EDI)。智能化的信息包装，是形成物流信息管理的最有力媒介。

③包装标准化。包装标准化包括包装的规格尺寸标准、包装的商品标准化和包装强度的标准化三个方面内容。通过制定各种包装标志、包装材料规格、包装材料质量、包装的技术规范要求、包装的检验方法等技术规定，并在整个物流供应链中统一考虑和实施，以达到对运输、储存、搬运装卸、包装、流通加工等物流环节的管理和控制及对物流信息管理、物流网络建设、在库管理、物流组织管理、物流成本的管理和控制，以及对商品的防护、物流信息的合理管理、物流网络的控制管理、物流组织的有序管理和物流整体的综合有效运营。

④包装绿色化。从整个物流运作过程看，包装工业要耗费大量的资源，并增加商品成本的投入，同时包装的废弃物又会污染环境等。所以，物流过程中的包装也要实现绿色化。包装绿色化可从两个方面来考虑，一方面资源的索取应尽量降低短缺和贵重资源的消耗；另一方面包装的废弃物应对环境污染最小、可回收或可使之再生成为有用材料。

2. 物流软技术创新

在物流技术发展的过程中，主导物流现代化的技术已由硬件技术转移到软技术。物流软技术创新主要包括以下五个方面。

(1) 条码技术。条码技术是在计算机的应用过程中产生和发展起来的一种自动识别技术。它是为实现对信息的自动扫描而设计的。条码技术是实现快速、准确而可靠地采集数据的有效手段。条码技术的应用解决了数据录入和数据采集的“瓶颈”问题，为供应链的有效管理提供了有力的技术支持。条码技术是实现各行业自动化管理的有力武器，有利于进货、销售、仓储管理的一体化施行，是实现 EDI、节约资源的基础，是及时沟通产、供、销的纽带和桥梁，是提高市场竞争力的有效工具，可以节省消费者的购物时间，扩大商品的销售额。

由于条码技术具有输入速度快、采集信息量大、信息准确度高、成本低、可靠性强等优点，所以发展十分迅速。在仅仅几十年的时间里，它已广泛应用于交通运输、商业贸易、生产制造、仓储等各个生产及流通领域。它不仅在国际范围内为商品提供了一套完整的代码标识体系，而且为供应链管理的各个环节提供了一种通用的语言符号。

(2) EDI 技术。电子数据交换（Electronic Data Interchange，EDI）是指按照统一规定的一套通用标准格式，将标准的信息，通过通信网络进行传输，在贸易伙伴的计算机系统之间进行数据交换和自动处理。由于使用 EDI 能有效地减少到最终消除贸易过程中的纸面单证，因此 EDI 也被称为“无纸化贸易”。以前世界每年制作文件的费用就高达 3000 亿美元，所以“无纸化贸易”被誉为一场“结构性的商业革命”。EDI 是一种信息处理的有效手段，是对供应链上的信息流进行运作的有效方法。EDI 的目的是充分利用计算机及通信网络技术，提高贸易伙伴间通信的效益，降低通信成本。

构成 EDI 系统的主要要素是 EDI 软件和硬件、通信网络以及标准化数据。实现 EDI 需要相匹配的硬件和软件。EDI 软件将用户数据库系统中的信息翻译成 EDI 的标准格式，以供在网络中进行传输和交换。通信网络是实现传输和交换的必要条件。

(3) GPS 技术。GPS（Global Positioning System，全球卫星定位系统）是利用分布在大约 20000 千米高空的多颗卫星对地面目标的状况精确测定，以进行精确定位和导航的系统，它主要用于船舶和飞机导航、对地面目标的精确定时和精密定位、地面及空中交通管制、空间与地面灾害监测等。

GPS 在供应链管理中主要应用于汽车定位、跟踪调度、内河及远洋船队最佳航程和安全航线的测定、航向的实时调度及监测、空中交通管理、铁路运输管理及军事物流管理。

(4) GIS 技术。GIS（地理信息系统）是 20 世纪 60 年代才开始迅速发展的地理学研究新成果，是多种学科交叉的产物。它以地理空间数据为基础，采用地理模型的分析方法，适时地提供多种空间的和动态的地理信息，是一种为地理研究和地理决策提供服务的计算机技术系统。

GIS 的基本功能是将表格型数据转换为地理图形，然后对显示出的地理图形进行浏览、操纵和分析，其显示范围可以从洲际地图到非常精确的街区地图，显示对象包括人口状况、销售情况、运输线路以及其他可以分析的内容。GIS 应用于物流运作过程分析，主要是指利用 GIS 强大的地理数据功能来完善物流分析技术。完整的 GIS 物流分析软件集成了车辆路线模型、最短路径模型、网络物流模型、分配集合模型、设施定位模型等分析模型。

(5) RF 技术。射频（Radio Frequency，RF）技术是无线电技术在自动识别领域中的具体应用，属于非接触式自动识别技术。它通过射频信号自动识别目标对象并获取对象相关数据。射频系统的优点是不局限于视线，识别距离比光学系统远。射频识别卡具有可读写能力，能携带大量的数据，智能性较高。短距离射频产品不怕油渍、灰尘污染等，在特定的条件下可以替代条码，例如，用在工厂的流水线上跟踪物体；长距离射频产品多用于交通运输上，识别距离可达几十米，例如，用在高速路收费站处对车辆进行自动收费或识别车辆身份等。

RF 技术在物流活动中可用于存储管理、货物追踪、货车车号识别、高速公路自动收费等。除了以上软技术创新外，软技术创新还包括决策技术创新、预测技术创新、标准化技术创新、物流的经济评价技术创新等其他方面。

本章小结

本章首先介绍了物流时间效益的内涵及类型、物流时机效益以及物流时间的协调效益；其次介绍了物流空间效益的含义及构成；再次分析了物流空间效益的量度并介绍了其实现的方法；最后论述了物流创新效益及实现的方式。

通过本章的学习，能够对物流时空效益有一个初步的了解，并对物流效益的概念有一个总体的把握。

案例分析：新物流的崛起，一场从主动脉到毛细血管的创新

目前，有一类服务正在快速崛起，那就是“新物流”服务，其最常见的应用就是快速配送服务。崛起表现在哪儿？不仅国内外此类服务的数量开始迅速上升，而且在A、B轮所融到的资金额度也大幅提高。虽然不及互联网金融、互联网教育的投资热度来得疯狂，但作为一种物流服务、作为 O2O 服务中的一个垂直环节，动辄几千万美元的融资额度已经不容小觑。它会是市场的下一个爆发点。

但是，新物流绝不仅是快速配送那么简单，它不是一个用现有概念可以界定的市场。它既包括 O2O 零售服务，又包括外卖服务，还包括半成品生鲜电商，也许还有……所以，在这里暂且用“新物流”的概念来表达。

大家之所以纷纷开始关注配送服务的速度和体验，既是因为新的物流配送技术和模式出现了，也是因为通过物流系统所运送的商品和服务中出现了新的需求和创新空间(比如半成品生鲜)。因此，新物流代表的是一整条供应链上各个环节的相互配合、相互刺激、相互促进。这就犹如在已有的物流干线的基础上，又生长出来了很多新的“毛细血管”。这些毛细血管是新的物流配送方式，而与它相关的还有新的仓储方式以及快速物流所承载的新的服务内容，这是逐级衍生的关系。因此，对于线下零售、电商、餐饮外卖等行业来说，新的物流配送技术将会刺激用户产生新的服务需求，而足够丰富的服务

也是刺激物流配送系统持续创新和完善的动力。

下面，列举几类典型的“新物流”服务。

第一类：即时送达的零售服务。

即时送达的零售服务，就是在传统的线下零售或电商服务的基础上，为用户提供所购商品的快速送达服务，同城通常送达时间为1小时～3小时。这一类服务又被称为“社区O2O”服务，顾名思义，解决的就是商品在社区内的“最后一公里”配送问题。有人认为这是对传统零售商超的颠覆，正因为如此，会有越来越多的线下零售商超或小店选择成为即时送达服务提供商们的合作伙伴，让这类服务快速成长起来。

第二类：熟食配送服务。

很大程度上，熟食配送服务可以理解为外卖服务的一种，它专注的是外卖的配送环节。外卖服务一直都有，对配送时间自然也会有要求。虽然最近做外卖O2O的创业团队多了起来，事实是，为了更快捷、更灵活、更低成本做好配送服务，外卖服务在配送环节生长出来了很多新的“毛细血管”，它们是对传统外卖配送方式的全面革新。

第三类：半成品生鲜电商。

半成品生鲜电商是生鲜电商的进化版，提供更加精细化与个性化的服务。它的价值不仅在于生鲜，还在于帮用户按照一定的食谱把每顿饭、每个菜所要用到的原材料事先制成半成品（切好、洗好、搭配好）。因此，这类服务又可以理解为“食谱化的原材料订购服务”。需要承认的是，半成品生鲜电商虽然强调配送速度，但并没有达到“即时配送”的程度。比起配送速度，它更强调的是食材的新鲜和食谱的创意。它的出现丰富了现有的“大物流”体系，刺激了新的物流配送方式的产生和不断完善，是一个不断被接受的“新需求”。

思考：

1. 快速配送为什么会成为“新物流”形式的主力？

2. 网络高速发展的今天，你认为物流服务创新还可以在哪些方面进行？

复习思考题

1. 简述物流时间效益的内涵及基本类型。
2. 简述物流时机效益的内涵及基本类型。
3. 物流空间效益产生的原因，包括哪些内容？
4. 如何实现物流的空间效益？
5. 简单概括物流创新效益的实现方式。

第十章　物流与国民经济的发展

随着世界经济的全球化，中国经济的持续快速发展是推动亚太地区第三方物流发展的首要因素。《物流业发展中长期规划（2014—2020 年）》确立了我国现代物流的发展目标：到 2020 年，基本建立布局合理、技术先进、便捷高效、绿色环保、安全有序的现代物流服务体系；物流的社会化、专业化水平进一步提升；物流业增加值年均增长 8% 左右，物流业增加值占国内生产总值的比重达到 7.5%左右；第三方物流比重明显提高；新的物流装备、技术广泛应用；物流企业竞争力显著增强；一体化运作、网络化经营能力进一步提高，信息化和供应链管理水平明显提升，形成一批具有国际竞争力的大型综合物流企业集团和物流服务品牌；物流基础设施及运作方式衔接更加顺畅；物流园区网络体系布局更加合理，多式联运、甩挂运输、共同配送等现代物流运作方式保持较快发展，物流集聚发展的效益进一步显现；物流整体运行效率显著提高；全社会物流总费用与国内生产总值的比重由 2013 年的 18%下降到 16%左右，物流业对国民经济的支撑和保障能力进一步增强。

当前，经济全球化趋势深入发展，网络信息技术革命带动新技术、新业态不断涌现，物流业发展面临的机遇与挑战并存。伴随全面深化改革，工业化、信息化、新型城镇化和农业现代化进程持续推进，产业结构调整和居民消费升级步伐不断加快，我国物流业发展空间越来越广阔。近几年来，我国的现代物流产业取得了较快的发展，在国民经济发展中发挥着重要的作用。我国的物流产业由起步阶段，逐渐步入理性、务实、快速发展的新阶段。随着我国物流市场的全面开放，我国逐渐成为全球物流发展中的新热点。在这种形势下，全球物流企业纷纷在中国乃至亚太地区建立基地或“物流分销中心”。我国的物流发展同样面临着严峻的挑战和激烈的竞争。

第一节　物流在国民经济中的作用

一、物流产业对国民经济的贡献

物流产业的贡献率是指物流产业的增长占整个经济增长的比重，是用以衡量物流产业对整个国民经济贡献大小的重要指标。根据上述物流产业的特征和发展趋势，物流产业对其他产业以及整个国民经济发展的贡献主要表现在对市场范围扩大的贡献、对调节市场供求的贡献、对国民生产总值的贡献及对满足社会消费需求的贡献等方面。

（一）物流产业对市场范围扩大的贡献

物流产业的市场贡献表现在推动市场范围扩大、促进市场体系发展和完善等方面。物流产业的发展，尤其是物流活动中出现的技术创新（网络信息技术、JIT、POS、EDI、快速反应、有效客户响应及供应链管理技术）、各环节职能的整合（仓储、保管、流通加工、装卸、包装、运输及信息服务等）、组织形式与运作方式创新（社会化与产业化物流组织的产生），大大降低了商品交易费用。物流产业的触角延伸至国民经济发展的各个产业部门，不仅提高了国民经济发展总体效益和效率，促使商品交换的市场逐步扩大，并且促进国民经济各产业部门间的产业链和价值链的建立并进一步加固。物流活动所表现出来的这种强劲增长势头，有效地满足了经济发展过程中生产领域、流通领域及消费领域迅速增长的物流服务需求。更为重要的是，物流产业的扩张导致交换与贸易活动的地域范围越来越广，规模日趋扩大，加速了地区之间、企业之间在更为广阔的区域中进行分工与协作，同时也促进了全球统一市场的形成和世界经济全球化的进程。

（二）物流产业对调节市场供求的贡献

在市场经济条件下，商品流通将成为国民经济健康正常运行的调节器，物流产业促使经济运行和商品流通的调节与平衡更趋向于合理化和科学化，它不仅对生产及国民经济的运行具有高效率与高效益的自动调节作用，而且还加速了商品流通领域中相关产业如金融业、交通运输业、商品零售和批发业等行业增长方式的转变，同时也是国家赖以进行经济调控的重要领域。物流产业的社会职能正在悄然改变着生产、流通、消费领域的发展格局，市场供需的动态变化因物流产业发展正在完成一场前所未有的革命，即由粗放型发展模式向集约型发展模式转变。国民经济运行过程中政府的宏观调控，一方面通过财政、税收和货币等手段对市场供求进行总量控制；另一方面以流通部门为载体对流通领域市场物价水平进行调控。而作为流通部门的重要组成部分，物流产业对加速商品流通、降低商品流通费用、减少流通环节和调节市场供求的贡献也是显而易见的。

（三）物流产业对国民生产总值的贡献

物流产业对国民生产总值的贡献程度，可通过物流产业所创造的产值占国民生产总值的比例来衡量。从国外物流产业实现的产值来看，这一比例越大，产业的贡献也就越大。一个国家或地区物流产业的产值占国民生产总值的比重的高低，与该国的商品与服务的市场化程度以及中间需求率有关。商品与服务的市场化程度越高、中间需求率越高，那么物流产业的产值对国民生产总值的贡献就越大。

（四）物流产业对满足社会消费需求的贡献

为满足社会的整体需求，一方面生产部门按照消费需求进行生产，具体是以流通领域的引导和消费需求信息的反馈组织生产，另一方面将这种生产转变为社会的实际消费也必须通过生产资料和生活资料流通环节来实现。商品流通中的商流、物流、信息流及资金流四位一体，由传统的商品流通产业（批发或零售业）组织独立完成，而随着现代物流产业的诞生，使商流和物流的职能分离，提高了流通领域的运作效率，突出了物流职能的专业化，并借助于现代应用科学技术（网络信息、通信技术、交通运输技术等），加速了信息流和资金流的流转速度。不仅如此，物流活动还可以作为生产领域和流通领域中的企业组织开展市场营销活动的有效工具与手段，并在很大程度上对消费结构、消费方式及消费倾向产生积极影响，不仅满足社会对商品品种、购买商品的便利及服务等方面的需求，而且进一步引导需求、改变需求理念，甚至创造需求。

上述物流产业的贡献比较直接地表现在其显性的贡献，而作为其隐性的贡献主要表现在对国家财政收入、国民福利、经济结构和产业结构调整与改善、生态环境的保护等方面。限于篇幅，本文在此不再作详细阐述。

二、物流产业对国民经济的促进作用

（一）微观层面

现代物流业的发展可以降低企业的运行成本，提高区域物流资源配置效率，增强市场反应能力，强化企业市场核心竞争力。在传统的企业管理中，一切以生产为中心，企业的各部门按职能设立，物流附属于生产，物流的包装、加工、运输、存储、保管等功能分属于不同的职能部门管理，其各项成本费用并没有单列出来核算，因而无法单独控制物流成本。降低企业运行成本的努力主要集中在生产和销售阶段。市场化的运行机制，各物流功能和物流企业的重新整合，使现代物流成为由众多节点和线路组成的多层、稳定、紧密的网络。企业之间的紧密联系和信任度的提高，减少了交易费用，由此提高了企业和整个网络的效益。现代物流业的发展使企业对市场变化的反应能力加强，有助于提高区域经济核心竞争力。现代物流的信息化使企业和消费者之间的距离拉近，二者之间的直接交流，使企业能随时根据消费者的要求生产产品，及时满足消费者多样化和个性化的需求。现代市场竞争激烈，企业在市场上长期生存和发展，不是靠打价格战，而是靠核心竞争力，一时的市场销售份额和市场占有率并不能保证企业长久生存。核心竞争力是企业在市场竞争中形成的由一系列技能和知识结合而成的核心能力，使其他企业在市场竞争中难以模仿，其产品难以代替。现代物流业的发展使企业可以构建自己独特的供应、生产和营销模式，有更多的资金和精力投入到技术创新和管理创新中，培育独特的企业文化，提高核心竞争力。

（二）中观层面

现代物流业的发展可以促进区域产业的发展。区域产业的发展包括新兴产业的兴起及产业结构的调整、升级和合理布局等。产业是由提供一系列相近商品和服务，在相同或相关价值链上活动的企业共同构成。社会越发展、社会分工越细，则产业的价值链越长、产业结构越复杂。一个社会的经济活动是由众多的产业活动组成，产业之间的关系和比例构成了产业结构。要保持一个产业内部和各产业之间的正常活动，必须通过一定的方式使各产业和各企业紧密联系起来，在各产业和各企业之间进行物资、资金、人员、信息等资源的一系列交流。物流业是第三产业中的流通服务业，具有重要的地位。按照现代物流观念，现有的物流资源已相当丰富，关键在于统一思想，妥善处理存量与增量的关系，加大资源整合力度，协作整合，系统化地将各企业组合起来。通过重新整合物流资源，发挥物流的整体优势和规模效益，向专业化、规模化、市场化和信息化发展，意味着一个新兴产业的兴起和产业结构的演进。产业结构的合理化要求在一定的经济发展阶段上，根据消费需求和资源条件，对不合理的产业结构进行相关变量调整，理顺结构，使资源在产业间合理配置，充分利用。产业结构合理化的核心是协调。现代物流业的发展，使企业能够对市场上供求信息的变化及时把握，迅速做出调整生产经营活动的决策，降低因供给不平衡所造成的过剩的损失和风险。现代物流业的发展，扩大了生产厂商的市场范围，改变了厂商以前的投资决策。传统的生产布局更多的是受到自然条件、区域市场等因素的制约而难以作出其他选择，而现代运输业的快速发展、市场信息的迅速获得、物流业的各项功能的重新组合，使交易费用降低，企业及产业的选址布局将有更大的选择空间，不再仅仅依靠原料产地或者消费市场，一切投资决策将根据经营战略及最经济的物流方案决定。

（三）宏观层面

现代物流业的发展能增加就业机会，促进以城市为中心的区域市场的形成和发展。根据产业的发展规律，产业结构是不断优化和升级的。产业结构由低级逐渐向高级发展，即由一次产业渐次向二、三次产业演进，人口流动也随着产业发展向第二、第三产业转移。物流业是由包装、装卸搬运、运输、配送、储存、流通加工、信息服务等功能集合而成的第三产业中的服务行业，从业人员基数大，有更多的就业机会，可以吸纳大量劳动力，促进区域经济发展目标的实现。整合物流资源促进区域市场的形成和发展。某些主导产业或具有创新能力的企业在特定区域或城市集中，使这一特定区域或城市的经济比周边地区发展更快，从而对周边地区产生强大辐射作用，促进其经济发展。而这一特定区域或城市就成了经济增长中心（在经济生活中更多地表现为城市或城市群），即增长极。经济增长中心有着强大的支配效应、乘数效应、极化效应和扩散效应，物流的发展尤其使极化效应和扩散效应表现得更加明显。极化效应首先使迅速增长的推动型产业吸引和拉动其他经济活动不断向其集中，导致地理上的极化。城市是商品集散地、加工中心和消费中心，通过商流、物流、信息流、资金流向外辐射。而物流是城市系统工程中最重要的子系统，物流系统质量及效率的高低决定着这个城市经济水平、竞争能力的高低。随着物流业的发展，市场范围的扩大，因城市物流设施齐全，将会吸引越来越多的资金、技术和劳动力向城市集中，促进以城市为中心的区域经济的形成。以城市为中心的区域经济结构的合理布局，有利于以城市为中心的网络化大区域市场体系的建立，有利于解决城市的交通问题，有利于城市的整体规划。这在一定程度上可以使城市的极化效应更加凸显。同时，物流业的发展，也会使增长极的扩散效应加大，使商品、技术、信息流动到更远和更偏僻的地区，有助于落后地区经济的发展。

第二节 物流与国民经济产业

一、国民经济产业的形成和分类

产业是社会生产力发展的结果，是社会分工的产物，并随着社会生产力水平与分工专业化程度的提高不断变化与发展。在英文中，“产业”“工业”“行业”都可称“industry”，而我们所研究的产业，是指国民经济中以社会分工为基础，在产品与劳务的生产和经营上具有某些共同特征的企业或者单位及其活动的集合。简单地说，产业是指那些具有某类共同特性的企业集合。某些共同特性是将企业划分为不同产业的基准。然而，同一企业有许多不同特征，用不同的视角审视企业的各类不同的特征，可将同一企业划归为不同的产业。其实不然，产业经济学对产业划分的基准是有选择的，这种选择通常服从于以下两个经济分析需要。

一是服从于企业市场关系的分析需要。将企业划分为不同的产业，是为了便于分析同一产业市场上企业间的垄断及竞争态势。这时，产业划分的基准是“生产同类或者有密切替代关系产品、服务的企业集合”。因为只有生产同类或有密切替代关系的产品、服务的企业群，彼此之间才会发生竞争或者垄断。

二是服从于社会再生产过程中，大类部门之间和制造业各工业行业之间，以及行业内各中间产品之间的均衡状态的分析需要。这时，产业划分的基准是“具有使用相同原材料、相同工艺技术或者生产相同用途产品的企业集合”。因同一产业内的企业，或有相同原材料、相同工艺技术的需求，或者有相同用途的产品产出，这样社会再生产过程中众多企业间错综复杂的中间产品或者最终产品的供给和需求关系，就简化为各产业部门间的供给与需求关系。通过对产业间均衡状态的分析，揭示出社会经济总量失衡的具体的原因，采取相应政策措施，促进社会再生产各环节及各部门的均衡发展，使国民经济总量保持持续、稳定以及均衡增长。

产业既不是微观经济的概念，也不是宏观经济的范畴，而是介于二者之间的中观经济的概念。研究单个企业与消费者的经济行为的是微观经济学的范畴，研究国民经济总体的是宏观经济学的范畴，而研究产业之间的经济关系和产业内部企业之间的经济关系的则是中观经济学的范畴。微观企业的集合构成产业，产业是国民经济的组成部分，产业的集合与消费者和政府的经济活动构成国民经济。

（一）产业的形成

产业的形成是一个历史过程，是随着社会生产力的发展及社会分工而出现的。产业的产生、发展过程实质就是社会分工的产生以及不断细化的过程。

人类社会发展的实践已经表明产业的形成和发展基于以下三点。

1. 社会分工的发展

社会分工是在人类社会发展的不同时期、不同阶段产生的。农业是原始社会初期和畜牧业分工的产物；手工业是原始社会中期与农业及畜牧业分工的产物；商业是原始社会末期从生产活动中分离出来的，专门从事商品交易活动的部门，是第三次社会分工的产物。而后在资本主义机器工业时代，因为物质生产过程中脑力与体力劳动的分工，不但加快了工业与农业的最终分离，且加快了社会分工的进一步发展。然而，尽管社会分工始于原始社会，但是随着资本主义机器工业带来的生产力的变革，不仅使工业内部的行业进一步得到了细分，而且使企业内部分工精密化程度、剥削程度以及劳动生产率都提高了，资本主义生产关系也随之得到了进一步的发展。

2. 市场经济发展的客观要求

从产品经济到商品经济，再从商品经济到市场经济这是社会经济发展不可逾越的历史阶段。社会经济越发达，越要求有能够满足社会多种需求的产业部门的产生与发展，投资人越需要创办与建立社会上还没有的或者刚刚发展的新兴产业与企业。新兴产业的形成使市场经济的交换原则、价格以及竞争环境等市场经济规律的客观要求得到进一步强化。从事新兴产业的企业为了在市场中求生存、求发展，在激烈的市场竞争中不断地进取、不断地创新。这成为新兴产业生存与发展的生命力所在。

3. 科学技术进步的必然结果

科学技术进步为生产与社会分工开辟了新的领域，并成为促进新兴产业发展的重要手段。比如电子工业、原子能工业、合成纤维工业和塑料工业从制造业中分离出来，是源于电子技术、原子能技术以及化学合成技术在工业生产中的运用。比如第四方物流从物流业中分离出来，是源于物流信息技术的高度发展，使以信息流支持物流成本降低成为可能。社会实践已经证明，科学技术越进步、现代化水平越高，新兴产业的出现就会越多。

那么，物流产业的分工应如何定位呢？根据马克思对产业形成理论的观点，物流产业的形成应该属于特殊的分工。它既是从第一、第二、第三产业中分离出来的服务性行业，又是从属于第三产业的服务性行业。

（二）产业的分类

了解产业分类的方法与内容，是分析国民经济相关产业的重要依据。产业划分的种类主要包括以下几种：按照社会再生产两大部类的划分、按照物质的与非物质的生产活动的划分、按照农轻重排序的划分、按照三次产业分工的划分、按照标准产业的划分和按照产业发展程度的划分等。

1. 按照社会再生产两大部类的划分

两大部类分类法是马克思为了揭示与分析资本主义生产的本质和剩余价值的产生而对社会再生产的各个部门进行划分的一种产业分类方法。马克思在分析社会资本简单再生产以及扩大再生产的实现条件时，根据产品的最终用途，把社会物质生产部门分为两大部类，即生产生产资料的第Ⅰ部类与生产消费资料的第Ⅱ部类。在这两个部类中，每个部类拥有的所有不同的生产部门，分别总和起来形成两个大的生产部门：一个是生产资料的生产部门，另一个则是消费资料的生产部门。

2. 按照物质的与非物质的生产活动的划分

物质生产活动是人们在改造自然的过程中，不断创造物质财富的活动，是社会存在及发展的物质基础；非物质生产活动是指为了改善人类本身的政治与文化生活，发展智力与体力以及加强社会组织管理的活动，是影响物质生产活动的重要因素。总而言之，物质的及非物质的生产活动是国民经济发展过程中互为市场的基础。目前，在我国物质生产领域主要包括农业、工业、建筑业、交通邮电业（指货物运输与为生产服务的邮电业）、商业（指物资供应、商品流通、餐饮等）五大部门；非物质生产领域主要包括科学研究、城乡公用服务业、文教卫生（指文化艺术、教育、广播电视、卫生、体育、社会福利）、金融业、机关团体五大部分。

3. 按照农轻重排序的划分

在我国，一般把生产生产资料的工业称为重工业；把生产消费品的工业称为轻工业。按农轻重排序对国民经济相关产业的分类，也是根据马克思关于两大部类的理论进行划分的。其主要基于以下三点理由。

(1) 农轻重代表国民经济发展的顺序。农业代表国民经济的基础；工业代表国民经济的主导；农业是轻工业的基础，农业与轻工业又是重工业的基础。

(2) 农、轻、重三大产业在国民经济中具有不同地位及作用。

(3) 农轻重分类是实现国民经济范围内两大部类比例关系协调发展的需要。

社会经济发展的实践表明两大部类的关系不能取代农、轻、重三大产业之间的关系。

4. 按照三次产业分工的划分

三次产业分类的创始人是英国著名经济学家阿·格·费希尔和科林·克拉克，在20世纪30年代他们就提出了这个概念。在20世纪50年代西方经济学家划分产业时，也开始使用这些术语。在我国，1985年由国务院提出了建立三次产业分类的必要性与我国关于三次产业划分的方法。根据2011年国家标准《国民经济行业分类》（GB/T 4754—2011），对国民经济相关产业进行了重新划分。其划分内容包括以下三个方面。

(1) 第一产业包括农业、牧业、林业、渔业。

(2) 第二产业包括采矿业，制造业，电力、热力、燃气及水生产和供应业，建筑业。

(3) 第三产业包括除第一、第二产业以外的其他行业。其具体包括批发和零售业；交通运输、仓储和邮政业；住宿和餐饮业；信息传输、软件和信息技术服务业；金融业；房地产业；租赁和商务服务业；科学研究和技术服务业；水利、环境和公共设施管理业；居民服务、修理和其他服务业；教育；卫生和社会工作；文化、体育和娱乐业；公共管理、社会保障和社会组织；国际组织等。

5. 按照标准产业的划分

标准产业分类是联合国与西方各国为了统一世界各国及西方各国自己的产业分类，而制定的一种分类方法。联合国1971年出版的《全部经济活动的国际标准产业分类索引》中把全部经济活动分为10个大项，这10大项产业分别是：

(1) 狩猎业、农业、林业和渔业。

(2) 矿业和采石业。

(3) 制造业。

(4) 煤气、电力、供水业。

(5) 建筑业。

(6) 餐馆和旅店业、批发与零售业。

(7) 运输业、仓储业和邮电业。

(8) 金融业、不动产业、保险业以及商业性服务业。

(9) 社会团体、社会和个人的服务业。

(10) 不能分类的其他活动。

标准产业分类在划分产业时主要考虑以下因素：社会产品与服务的种类；生产工艺与技术的相似性；统计上的需要及方便。因为标准产业分类的主要用途在于将全部经济活动不遗漏地予以划分并使之规范化，所以，这种分类法的优点就表现为产业统计具有很高的可比性，能为各种各样的产业结构分析所利用。比如在产业经济学的产业关联理论中，投入产出表的编制一般就是以标准产业分类法为基础的。

联合国颁布的国际标准产业分类（ISIC）的主要特点是：它与三次产业分类法保持着稳定的联系。国际标准产业分类中的大项产业可以很容易地组合成三次产业：第1大项为第一次产业；第2～5大项为第二次产业；第6～10大项为第三次产业。由此可见，国际标准产业分类法就与三次产业分类法是保持一致的，从而有利于对产业结构的分层次深入研究。国际标准产业分类法既便于调整与修订，也为各国各自制定标准产业分类及进行各国产业结构的比较研究提供了十分方便的条件。

我国也有自己的对产业进行科学分类的国家标准，即由中国国家标准化管理委员会编制和颁布的《国民经济行业分类》（GB/T 4754—2017），其中把中国全部的经济活动划分为20个门类、97个大类、300多个中类以及更多的小类。这20个门类依次是：

（1）农、林、牧、渔业（包含5个大类）。

（2）采矿业（包含7个大类）。

（3）制造业（包含31个大类）。

（4）电力、热力、燃气及水生产和供应业（包含3个大类）。

（5）建筑业（包含4个大类）。

（6）批发和零售业（包含2个大类）。

（7）交通运输、仓储和邮政业（包含8个大类）。

（8）住宿和餐饮业（包含2个大类）。

（9）信息传输、软件和信息技术服务业（包含3个大类）。

（10）金融业（包含4个大类）。

（11）房地产业（包含1个大类）。

（12）租赁和商务服务业（包含2个大类）。

（13）科学研究和技术服务业（包含3个大类）。

（14）水利、环境和公共设施管理业（包含4个大类）。

（15）居民服务、修理和其他服务业（包含3个大类）。

（16）教育（包含1个大类）。

（17）卫生和社会工作（包含2个大类）。

（18）文化、体育和娱乐业（包含5个大类）。

（19）公共管理、社会保障和社会组织（包含6个大类）。

（20）国际组织（包含1个大类）。

6. 按照产业发展程度的划分

产业发展的不同程度是以幼小产业、新兴产业、朝阳产业、夕阳产业、衰退产业以及淘汰产业来区分的。幼小产业是指在开发初期，规模小、成本高及技术不成熟、缺乏竞争力的产业。新兴产业是指科技的发展与生产力水平不高，但比原有产业有较大发展前景的产业。朝阳产业是指在产业内技术不断成熟、成本趋于下降、规模也不断扩大、市场需求不断增长的产业。夕阳产业、衰退产业以及淘汰产业是产业发展日趋没落的三部曲，是技术持续老化、市场占有率逐步萎缩、成本不断上升并且亏损不断提高的产业。

7. 生产要素分类法

生产要素分类法就是根据不同产业部门对生产要素的需求种类与对不同生产要素的依赖程度将全部生产部门划分为劳动密集型产业、资本密集型产业以及知识技术密集型产业三个类型。

（1）劳动密集型产业指的是产品的生产对劳动力的依赖程度较高的产业。在劳动密集型产业中，生产过程的有机构成比较低，生产消耗的主要是劳动力，特别是体力劳动。我们认为食品业、纺织业、服装业及餐饮业等就属于劳动密集型产业。

(2) 资本密集型产业指的是产品的生产对资本要素的依赖程度比较高的产业。在资本密集型产业中，资本有机构成比较高，产品价值中物化劳动占较大比重。比如钢铁产业、交通产业、机械产业等。

(3) 知识技术密集型产业指的是产品生产对知识的依赖程度很高的产业。其中主要的表现是脑力劳动消耗是比较大。当前许多新兴产业，比如计算机工业、生物工业、航天工业等都是典型的知识技术密集型产业。

产业分类除了以上的七种主要方法外还有一些其他方法。对产业分类的主要方法有所了解，对于我们分析国民经济相关产业的关系是非常必要的，特别是对于认识物流和国民经济相关产业的关系，以及分析国民经济相关产业内部物流的特征也是非常必要的。

二、物流与国民经济第一产业

在以上对产业分类的分析中，我们已经明确提出按照三次产业划分的理论，国民经济第一产业以农业为主导，同时包括林业、牧业以及渔业。作为国民经济的基础性产业的第一产业，早在人类社会发展的初期就已经存在了。人类社会的第一次大的分工，就出现了农业与牧业的分离。中国作为发展中的农业大国，第一产业在国民经济发展中的基础地位和作用是毋庸置疑的。

(一) 第一产业物流是实现国民经济运营的基础

1. 第一产业是国民经济基础性产业

国民经济第一产业和其他产业一样，是创造社会财富的行业与经济部门。农业、林业、牧业以及渔业的生产力在整个社会生产力中具有基础的地位及作用。

在市场经济条件下，第一产业内部以及外部的经济关系，随着农业生产力发展水平的提高，以及商品经济的发展而变化。第一产业内部和外部的经济关系从简单的、单一的、纵向的或者横向的联系，向立体的、多交的以及多维的复杂关系发展。这种复杂多变的经济关系归根结底是由农业在国民经济中的基础地位与作用决定的。

第一产业在国民经济中的基础地位主要表现在下面几点。

(1) 农业生产活动作为粮食等基本生活资料的基础性的生产活动，是人类生存之本和衣食之源。没有农业生产提供人类生存最基本的必需品，不能想象人类将如何生存。

(2) 农业劳动生产力是我国劳动力的主力军，工业以及其他产业所需要的劳动力，一部分来自城市，另一部分是由农村输送到工业与国民经济各个部门的。

(3) 大量的工业产品，特别是现阶段我国轻工业产品原料的 70%是来自农业，尽管随着现代工业的发展，工业内部提供原料的比重会增加。

(4) 农村市场是工业品最广阔的市场，不管是重工业产品还是轻工业产品，并且农村市场还是我国商品、资金与技术的重要市场。

由于农业在我国国民经济中居于基础的地位，在社会经济中第一产业和其他产业之间有着不可分割的、复杂的经济联系及社会关系，由此决定了第一产业物流在实现国民经济运营中的基础地位与作用。

2. 第一产业物流是实现国民经济运营的基础

物流业和国民经济第一产业存在着密切的产业联系。这种联系主要表现在下面几点。

（1）物流业与第一产业之间存在着以农业产品、农业服务以及农业科技为纽带的广泛的经济联系和产业关系。第一产业中大量的农副产品进城与大量的工业品下乡离不开物流的支持，大量的农业生产资料、农牧业产品以及农副产品的流通构成了第一产业物流的主体，没有第一产业的不断发展，物流业发展就没有了根基；没有物流业的支持，第一产业的发展就失去了动脉。

（2）现代农业发展与新农村建设，使物流在第一产业中的地位得到提高。现代农业发展与新农村建设首先表现为农业生产资料以及商品流通的现代化。农业生产资料的现代化主要是指除了水资源、土地资源的物质技术资源的现代化。物质技术资源的现代化主要是包括动力资源、化学手段、技术设备、生产性建筑和设施、运输工具与道路及运输系统的现代化。可见，农业生产资料现代化的过程就是这些物质技术资源在农业生产中的运用及技术水平不断提高的过程。随着农业生产的发展及农业产品总量的增加，对第一产业流通体系完善的建设，尤其是运输系统的建设以及完善提出了更新、更高的要求。随着生产资料供应总量与产品销售总量的不断增加，物流不但成为第一产业的内部动脉，并且成为实现国民经济运营的关键环节。

（3）现代农业的工厂化发展改变了第一产业内部的传统物流。工厂化农业发展是第一产业现代化发展的趋势之一。工厂化农业有多种模式，比如利用阳光，用栽培床固定的矿物纤维营养液与普通营养液进行栽培的方法；利用阳光种植的植物工厂及人工光照控制型植物工厂进行栽培的方法；利用塑料薄膜建成的农业大棚、玻璃温室等园艺技术进行栽培的方法等。利用能源对人们所需的部分水果、蔬菜、粮食进行生产，不但可以摆脱靠天吃饭的桎梏，而且对传统的、粗放式的商品物流向专业化、个性化、精细化的物流转型提出了要求，尤其是对产品运输过程中的安全性、保鲜性要求更高。在市场经济发展与科技进步的今天，物流业及第一产业之间的产业合作与联系显得越发重要。随着第一产业科技进步与发展，要求加快传统物流向现代物流的社会变革，传统物流向现代物流的社会变革又能促进第一产业的发展。

（二）第一产业内部物流的发展与需求

对第一产业内部物流的发展与需求分析，我们可以从两个不同的角度来说明。

1. 从第一产业内部行业结构的角度来看

第一产业内部主要是由农业、牧业、林业以及渔业相关联的行业构成的。其中，农业、林业、牧业是第一产业生产的基本组成部分，也是有效利用自然资源，形成合理的生态系统的客观物质基础及形成第一产业内部生产良性循环的必要条件。农业和牧业物质互换是两业得以生存与发展的必要条件，而且林木的植物群在生长过程中对环境（温度、空气、湿度、风速、水土）的影响，又成为决定农业和牧业生产能否顺利发展的关键。没有发达的林业不可能有稳定的农牧业，第一产业内部的行业结构也难以得到协调发展。

当今世界上有两种类型的农业生产结构，一种是以农业为主的生产结构，多数是以生产粮食为主，第三世界国家大多属于这种类型；另一种是以牧业为主或者是农牧业兼营的生产结构，经济发达国家大多属于这种类型。在发达国家，牧业产值占农牧业总产值的比重可以达到50%以上，有的高达60%～70%；谷物生产的一半以上作为饲料，食用谷物只占其中一小部分。随着社会经济的不断发展，以及人们食物构成的变化，会引起牧业的逐步增长。从上面分析中可以看出，我国第一产业结构是第一种类型，即农业在第一产业中占据主导地位，所以，以粮食为主的农业产品生产物流需求在第一产业物流中占主导地位。

2. 从第一产业内部部门结构的角度来看

现代农业作为第一产业中的标志性产业，是由为农业生产提供生产资料的部门，农业生产部门，农产品储存、运输、加工以及销售部门构成的。从这三个部门的业务关系上又可把其划分为农业、工业和商业。第一产业中的工业指的是与农业生产直接有关的农业生产资料的制造以及农业产品加工；第一产业中的商业是指农业产品与加工品的储存及销售等。在没有实现农工商一体化的条件下，物流活动是由上述从事生产经营活动的若干独立企业来承担的，企业之间的商品交换关系是分散的，物流活动也是分散的。但随着生产力水平的不断提高，市场经济的高度发展，工业和农业的联系日益密切，农业及商业之间相互制约与相互依赖的作用越来越大，实现农工商一体化成为必然。因为若干独立的企业通过多种途径结合在一起，物流活动在联合企业的内部开展。农工商一体化经营形式作为现代农业发展的趋势，不但是对第一产业物流向专业化方向发展提出了新的需求，并且对第一产业物流集约化、社会化程度的提高提出了新需求。

（三）第一产业物流的基本特征

1. 第一产业物流的划分

第一产业物流是由农业供应物流、农业生产物流以及农业销售物流构成的，是以农业生产资料以及农业生活资料为主体的物品流动的全过程。根据物流每一个阶段的任务与形式不同，物流活动又可分为产前、产中、产后物流，即上游、中游、下游三段过程：上游物流是各类农资物品处于供应阶段的物流活动；中游物流是各类农业产品处于生产阶段的物流活动；下游物流是各类农副产品处于销售阶段的物流活动。第一产业物流的构成如图 10－1 所示。

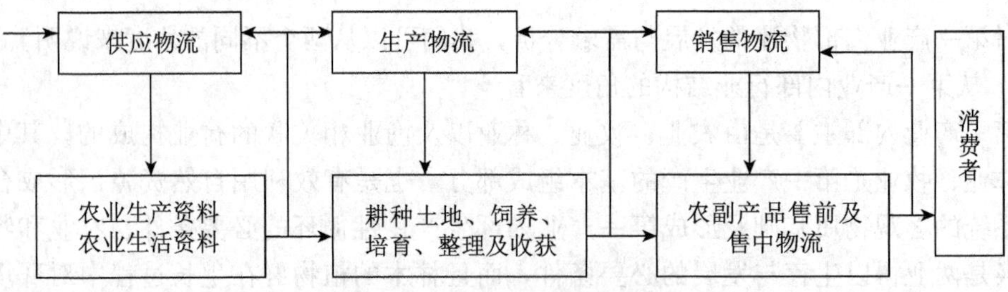

图 10－1 第一产业物流的构成

2. 农业供应物流的特征

农业供应物流是为了保证农业生产的正常运行，提供与补充农业生产所需的生产资料、生活资料以及其他农业产品的物流活动。农业供应物流的特征主要有以下几点。

(1) 物流主体以组织农业生产资料（化肥、农药、种子、农业机具）的物流活动为主。

(2) 物流流向以工业城市或城镇为起点，以农村市场为终点，农民所需的大量工业用品通过干线运输与支线运输，到达指定的货场及货栈后送达到农民手中。

(3) 物流流量从集中流量到分散流量、从大流量到小流量。

(4) 物流渠道以不同的农业产品隶属于不同的主管部门、系统或者机构。比如我国现行的农产品流通格局是：部分农村供销合作社仍保留着在农村市场经营主体的地位，主要负责供应农民所需的小型农用品、生活资料；隶属于原农业部下设的农资的供应站，仍主要负责供应农业生产所需的种子、化肥、农药、农用设备等生产资料；隶属于原农业部下设的农业技术推广站，主要负责农业技术的应用和推广，通过开发试验田把农业新技术应用及推广到田间地头。

随着我国农业经济体制改革以及对外开放，农业采购物流除部分垄断性流通渠道还保留着以外，非垄断性的流通渠道进入了市场。多元化市场竞争的格局正在形成。但是，由于农业供应物流管理中存在的体制不顺、管理滞后等问题，在农资市场经营中存在的伪劣产品充斥着市场，价格混乱、非公平市场竞争等严重损害着农民的利益。这些问题的存在需要通过市场逐步培育与完善才能得到解决。

3. 农业生产物流的特征

农业生产物流是从农作物耕种、微生物培养、动物饲养、管理到收获整个过程所形成的物流活动。这不但是构成农业生产活动的主要内容，也是农业物流的核心，是决定农业生产成本及效率的关键环节。农业生产物流的特征有以下几点。

(1) 物流活动。农业生产物流活动的种类包括：第一类是为了耕种及养殖配置生产要素的活动；第二类是为了培育动植物成长必需的活动；第三类则是为了满足农业产品收获必需的收割与采摘活动。

(2) 物流方式。物流对象在生产过程中不发生移位，不需要反复搬运与装卸，主要运用播种、施肥等劳动手段完成物流活动。

(3) 物流时间。物流对象生产周期长、季节性明显、应季时对农资需求量大且速度快。

(4) 物流成本。产前物种播种时间短、流量大且流向分散，造成我国的农业生产物流成本居高不下。

(5) 在我国现阶段一部分农业生产物流活动是由农业生产企业运作的，但是绝大多数是由个体农户自己运作的。

4. 农业销售物流的特征

农业销售物流是为了保证产品的销售，由经销商对产品进行收购及储存，并由此对产品进行分类、加工、整理与包装等发生的一系列物流活动，其中包括农产品的保鲜、储存、加工、配送、运输以及销售等作业环节。农业销售物流特征有以下几点。

(1) 物流主体。以农业产品与农副产品为主。

(2) 物流流量。由小流量到大流量，由分散流量到集中流量。

(3) 物流流向。由农村到城镇再到大、中城市。

（4）物流功能。收购、储存、加工、运输、信息与销售。

（5）农业产品流通对物流时间的要求较高。农业产品流通的时间限制性很强，即使不是鲜活产品，保质时间也是非常有限的。现阶段农业产品流通通常包括生产者—产地市场—运销批发商—销地市场—零售商—消费者六个环节。

（6）农业产品流通对物流技术要求高。由于农业产品的保鲜及保活性，在运输环节上对温度与密封性要求高；在包装上对真空、防腐、变质的要求及在存储过程中的温度及摆放等各方面的技术含量要求比较高。

（7）农业产品流通对物流标准要求较高。推行和国际接轨的物流管理，不但在农业产品物流设施及工具上要符合要求，且在农业产品质量的理化指标、安全食用指标、感官指标、限制指标等都要符合要求。

三、物流与国民经济第二产业

（一）物流与国民经济第二产业

2011年我国的《国民经济行业分类》认定，国民经济第二产业包括采矿业，制造业，电力、热力、燃气及水生产和供应业，建筑业。物流产业作为国民经济新的增长点，不仅成为第二产业运营的动脉与基础，并且其发展水平成为衡量第二产业现代化程度和综合竞争力的重要标志。第二产业及现代物流业或者说现代物流业和第二产业的关系越来越密切，第二产业内部的物流也越来越引起业界关注。因为第二产业包含的行业非常广泛，不仅涉及国民经济命脉以及基础性行业、领域，而且涉及国民经济主导与支柱性行业、领域。

第二产业物流在实现国民经济的运营中起到主导作用，且该作用的实现是由第二产业在国民经济中的主导地位决定的。第二产业内部不同行业之间及行业内部、企业内部的物流活动不但关系着国民经济第二产业的经济发展得以实现，并且关系着整个国民经济能否得以正常运营。由于国民经济第二产业的物流活动不仅发生在第二产业内部，并且还有相当数量产品的物流是在更大的范围与领域完成的。物流业和国民经济第二产业之间存在着以钢铁、石油、煤炭、汽车、纺织等工业产品为载体的广泛的经济联系及产业关系。

1. 工业是国民经济的主导产业

工业不仅在第二产业中，且在国民经济中起主导作用。该作用主要表现在以下五个方面。

（1）工业是提供现代化劳动资料的唯一源泉。人类社会生产发展的实践表明，生产资料的不断进步是生产力发展水平不断提高的基础。生产制造业是生产资料的唯一的生产者，担负着技术改造及进步的使命，并以先进的技术装备武装并改造着国民经济的各部门，同时也武装及改造着自己。

（2）工业是提供燃料、动力及原材料的主要源泉，不仅为国民经济生产煤炭、电力与石油等燃料，而且生产木材、钢材、水泥、有色金属、塑料、橡胶与其他新兴原材料。

（3）工业是提供生活消费品的重要源泉。人民的吃、穿、用等必需品的一部分是由农业生产提供的；另一部分是由轻工业生产提供的；还有很多耐用的消费品是由重工业生产部门提供的。

(4) 工业为农业提供了广阔的市场。大量的农业产品除了满足农村市场的需求以外，还满足了城市居民与工业生产建设的需求。工业以及农业两大市场是互为有无、互为替换的关系。工业越发达，尤其是与人民生活密切相关的轻工业产品的生产越发达，工业生产建设及城市居民对农业产品的需求量就越大，对农业产品的品种与数量的要求越高。

(5) 工业是国民收入的重要来源。目前，我国城市企业，包括工业、交通业、建筑业、商业与服务业的企业有一百多万个，为国家提供的税收与利润占全国财政收入的90%以上，其中城市工业生产企业所提供的税收及利润就占全国财政收入的80%以上。

由于工业不但在第二产业中居于重要的地位，且在国民经济中也居于主导的地位，由此决定了会议物流成为实现国民经济运行的主导力量，和国民经济发展息息相关。2004年以来，全国各行业企业物流运行的共同特点是：商品销售收入快速增长，物流费用增长较快。但是，由于销售收入增长快于物流费用的增长，销售物流费用率总体呈下降的趋势。但是，在工业中，各行业发展并不平衡，从销售物流费用率来看，煤炭行业最高达到9.9%；石化行业最低则为1.2%。从企业自运货物平均运价来看，化工行业最高达到0.652元/吨千米；纺织行业最低为0.304元/吨千米。从企业运输费用占销售物流费用比例来看，石化行业最高达到77.8%；钢铁行业最低则为38.4%。

2. 民用工业是生产制造业的基础

生产制造业产品按其用途可以划分为民用工业产品和国防工业产品两大类。它们之间的关系如表10-1所示。

表10-1　　生产制造业产品分类

生产制造业产品	国防工业产品	军事设备、基础设施、军队生活消费品
	民用工业产品	重工业——电子、机械、汽车等
		基础工业——石油、钢铁、化工等
		基础设施——铁路、水路、公路、建筑等
		消费品工业——纺织、食品加工、家电等

(1) 民用工业不仅仅是生产制造业的基础，也是国防工业的基础。民用工业作为国防工业的基础，是发展国防工业的潜在能力及现实的物质保证和坚实的经济基础。没有民用工业不断地发展，就没有国防工业的发展。不管是用于军队作战、训练的军事装备或基础设施，还是用于军队生活的消费品等国防工业产品，其产品数量和质量的变化，都是由社会生产力发展水平与科学技术进步的水平决定的，并和社会生产力发展水平同步发展。现代战争与国防工业所需的各项战略物资的储备、资源的开发利用、科技和工艺水平，以及巨额投资与积累完全依赖民用工业的发展。

(2) 国防工业是保障国防建设及战争需要的、国民经济重要与特殊的组成部分。国防工业的建立及发展，对于任何一个独立自主的国家而言，都是必不可少的。但由于国防工业产品具有特殊的使用价值，既不可以当作生产资料投入扩大再生产过程，也不能作为生活资料供人们消费，只是作为国防的消费品，决定了国防工业的经济性质为消耗性经济。同时国防工业产品特殊的经济属性，决定了国防工业产品的物流必须严格按照计划进行，即为买卖双方按照界定的范围进行交易；产品转移过程严格按照物流的数量以及质量、时间性和安全性等要求完成。

为了确保国防工业发展的先进性，国家把最先进的科学技术、最优质的原材料与最优秀的人才用于国防工业部门。国防工业的发展随着战争及和平的环境变化而变化，和平期间国防工业发展就会缓慢甚至萎缩；若战争爆发，军用品需求就会迅速扩大，整个国民经济就会以战争为中心。所以，国防工业的发展要求国防工业产品的物流相应地要具备很强的应变能力。尽管国防工业发展对民用工业发展起着不可否认的作用，但是由于民用工业的发展是国防工业发展的基础，国家仍要把主要力量投入到国民经济的建设上来，大力发展民用工业。

3. 工业化发展正在改变第二产业的传统物流

走工业化发展的道路，是第二产业现代化发展的必然趋势。我国目前工业发展的行业跨度很大，而且发展不平衡，造成物流业发展水平也是极度不平衡。

（1）一些具备条件的大型企业正在积极推进物流的社会化变革。例如我国最大的钢铁企业——宝钢为了保证在未来的全球市场竞争中保持优势，在前端（产品市场）和一汽集团、上汽集团以及东风集团成为联盟伙伴，收到了联动发展、扩张产品线、增强抗御产生冲击的效果。在中端与业内同行组成联盟伙伴，取得了避免相关贸易摩擦及扩大技术领先优势，同时收到了生产成本降低的效果。在后端和巴西的淡水河谷公司及澳大利亚哈默斯利铁矿公司成为联盟伙伴，取得了节省成本、提高生产效益、降低市场风险、稳定原材料供应、保证产能的效果。宝钢的做法体现了现代物流运作的核心，即在一个链条上吸引多家的企业，在发挥低成本优势的前提下企业同步运行，共同发展提高企业的社会化的运营水平。在供应链基础上构建“虚拟企业”。

现实中像宝钢这样的大型企业走的是完善自营的物流体系建设道路，它们在信息共享、战略协作以及同步运行上做到了供应链上的各个企业所接收的信息是对称的；企业及供应商与经销商和用户之间在更广阔的市场范围内建立了“合作与竞争”的战略关系，结成了纵向或者横向一体化的利益共同体。它们有能力自己开发与完善信息系统、销售网络、资源渠道、深加工及物流配送。

（2）一些企业正在逐步将企业内部物流向外部转移，通过合作实施部分的或者全部的物流业务的外包。2013 年，工业、批发和零售业企业对外支付的物流成本占企业物流成本的 62.9%。从不同登记注册类型看，港澳台商投资企业、外商投资企业物流外包比例明显较高；内资企业物流外包比例为 57.2%，在内资企业中，私营企业物流外包比例为 62.4%，高于其他内资企业。从物流运输量看，2013 年工业、批发和零售业企业委托代理货运量占货运量的 79.6%，企业运输外包比例处于较高水平。

（3）一些企业既不属于具备条件的大型企业，也没有实施物流业务的外包，仍在维系着小而全或者大而全的企业物流运行模式。

很显然，在我国现阶段，建立在供应链基础上的社会化物流是一种理想化的物流运作模式，但这种运行模式只有可能在具备条件的特大型企业或者极少数大型企业实施，大多数企业不具备在供应链基础上的发展空间与条件。尤其是目前我国生产制造业领域中存在的生产集中度低、配置不合理、资源短缺、流通体系不健全与流通不畅等问题，制约了现代物流业的发展。

（二）国防工业物流

1. 国防工业物流的内容和特征

国防工业物流指的是为满足日常军事物资供应及战时物资保障而产生的物流活动。其主要包括各种军事物资的采购、运输、储存、包装、加工、供应以及分发直到物资的最终使用各环节发生的活动。国防工业物流的内涵表现在下面几点。

（1）国防工业物流的军事性。国防工业物流和军事活动有着密切的联系，是为军事活动服务的。其主要的活动内容是为军队作战及建设提供可靠的物质支援和保障。所以，国防工业物流主要是围绕军事活动开展的物流活动，反映着军事活动对物流的要求，也是军事物流的集中体现。

（2）军事化发展对国防工业物流的影响。尽管国防工业物流的建设和发展关系着军事物流发展的水平，关系着军队作战与建设，甚至影响到战局的胜败。但由于军事化发展水平随着军事装备的发展，先进的高新技术的投入和使用，部队作战的机动性及快速反应增强，对国防工业物流的手段与方法会产生直接的影响，并对其提出新的更高的要求，从而促进了国防工业物流的变革以及适应新的军事环境。

（3）国防工业物流的载体。军事物资是国防工业物流的载体，但是其中既包括军民通用物资也包括军队专用物资。军事物资不同于其他的物资，这些物资的采购、调拨、运输、入库、出库、装卸搬运以及维护与保养工作都是在非常严密的军事组织指挥下进行的。所以，从社会属性上讲，军事物资完全摆脱了民用物资的商品属性，构成了直接服务于国家及人民整体利益的特殊性质。

（4）国防工业物流的组织编制。国防工业物流作为军事后勤系统的重要组成部分，在组织编制体制上是列入军队编制序列的，所需费用由上级业务主管部门直接拨付。仓库进行物资储备、运输、收发、管理、检验所需的设施设备购置和建设所需的资金由主管部门直接拨付，业务发生的费用不向受供单位进行收取。仓库的干部、战士以及在编人员的津贴、工资、行政经费按规定标准由军队支付。

2. 军事物流

军事物流是指将军事物资准确及时、保质保量地送达指定目的地，以满足军事行动对物资需求。军事物流活动是高质量地解决军事物资的供求矛盾，在物资的质量上、数量上、时间上以及空间上全方位地满足军事需求，实现供给。

（1）军事物流的战略地位。军事物流在我国国民经济发展与建设中具有特殊的战略地位。军事物流体系建设与国家安全、主权密切相关。其主要表现在以下三个具体方面。

①军事物流体系建设是国家安全战略的重要组成部分。从国家与人民的最高利益出发，建设强大的"平战结合、军民一体"的军事物流体系，是为国家提供战略拓展与长治久安物质资源的保证。

②军事物流体系建设是军事战备的重点工程。军事战备是一个庞大的系统工程，除了软件建设以外，所有硬件建设都离不开物流提供的支持及保障。军事物流体系建设不但是军事战备的重点工程，而且也是后勤保障系统以至现代战争的标志性工程。

③军事物流体系建设与发展水平是军队战斗力生成的重要物质保证。现代战争离不开三大基本的流动要素，即人流、物流以及信息流。现代战争的人流是在军事指挥官的统一的指挥下进行合理且有序的流动，完成兵力的集结及攻防转换的过程；现代战争的物流是在各级后勤的调度下进行有序的流动，向参战部队提供物质保障的过程。这两大流动要素在时间上与空间上最有效的汇合，才会产生最大的战斗力。现代战争的信息流是生成最大战斗力必不可少的要素。可以说现代战争是对三大流动要素综合实力的比拼与较量。

(2) 军事物流的特性。军事物流的特性是由军事物资的特性决定的。军事物资特性的变化是随着军事化的发展而变化的。比如现代战争使作战手段日益现代化、作战力量日益联合化、作战行动日益快速化、作战规模日益大型化、作战地域日益全球化，军事物流的特性相应发生巨大的变化。军事物流的特性概括起来主要表现在以下三个方面。

①物流的载体技术含量高。科学技术的进步，部队的武器装备日益趋向现代化，军用物资的结构也相应地发生了变化。库存物资品种多、数量多、性质各异，对收、发、储、运的要求也不尽相同，给物流管理增加很大的难度。特别是高新技术装备的储存管理及检查维护，需要专门的仪器设备、专业的技术人才与严格的技术标准。

②军事物流要求运用自动化、机械化、智能化物流手段。科学技术的发展不但提高了物资本身的科技含量，且提高了军事物流手段的现代化。比如各种大型运输装备、先进的装卸搬运机械、精确的仪器仪表和计量检测器具、仓库多媒体管理信息系统、仓库安全监控系统、条码技术的应用与推广。特别是计算机技术的应用、自动化立体仓库的建立，使军事物流的管理方法与手段具有较高的科技含量。

③军事物流要求高度的组织协调。军事物流的发展无论是在规模上，还是在机械化、自动化与在实现物流业务的功能上都要求物流管理组织体制的高度协调，确保劳动生产率的提高及物流作业的安全可靠。为了实现物流管理组织体制的高度协调，军事物流需要大批物流专业管理人才，特别是具有军事、技术、经济和管理知识结构的复合型人才，同时需要建立健全相应的法律法规与标准制度。

3. 对国防工业物流现状的分析

在我国计划经济体制与军事化体制运行下的国防工业物流存在的弊端主要表现在以下三个方面。

(1) 物流资源布局的不平衡性。资源不平衡的原因主要表现在两个方面。一方面，由于业务管理及行政管理的割裂、地理区域和管理区域的分离、供应关系和管理关系的不同以及信息共享与沟通渠道的不畅等原因，导致不能对全军军事物资资源进行合理的规划和布局，逆向物流、迂回运输、资源浪费等不合理的现象比较严重；另一方面，由于物资资源利用不平衡，很多业内的仓库在机构调整、供应范围以及行政所属关系多次变更中出现了物资严重积压的现象。但是，同时有一些单位物资存储又存在着供不应求的现象。因为信息的不畅及分割的行政体制，资源得不到协调与调配，导致物流资源分布不平衡、物资浪费与物流运营效率低的后果。

(2) 物流运作不协调。国防工业物流的主体是一个协作体，是由军事物资的生产、采购、运输、储存、使用以及管理等单位与部门共同构成的。这个协作体如同一条有机的链条，各个单位与部门在链条上共同协调运作。但由于链条上的各个单位与部门在技术水平、管理制度、组织形式等各方面存在差异，加之行政体制障碍造成的利益冲突、条块分割、信息失真以及延迟等问题，最终导致物流体系在整体上不能协调运作，造成物流运营效率低的现象，并且难以扭转。

（3）军民结合与三军联勤的物流体系尚未建立起来。国防工业物流应该建立在军事物流、民用物流和三军物流之间相互结合以及共同发展基础上。国防工业物流的发展离不开地方物流资源的支持，更离不开三军之间物流资源的共享。但目前对我国地方物流资源的调动处于被动状态。其主要原因在于军地之间缺乏沟通和交流，“战场”远离“市场”，两场相互分离。地方物流市场在规划与建设时对军事物流的需求缺乏考虑。军队在完善内部物资保障系统建设时也缺乏对地方物流发展和建设信息的收集，由此导致军地双方在物流的发展及建设中各自为战，特别是军事物流中出现的资源过剩和能力不足两难的局面得不到较好的改善，物流成本居高不下。军地之间协作存在的障碍在三军之间协作发展中也不同程度地存在。

当今我国国防工业物流中存在的问题，归根结底是体制的障碍及手段的滞后。在体制障碍的强大压力下，手段的优势也得不到发挥。手段滞后主要表现为缺少对军事物资的采购、储存、配送、运输以及服务等环节进行标准化信息采集与交换；缺少对供货方、需求者、配送方、储存方进行适时沟通和联合作业的信息平台等。针对国防工业物流中存在的问题，应尽快从思想上、技术上、体制上、手段上加快调整。

4. 强化现代物流理念

加快国防工业物流建设需要在很多方面努力，但是最重要的是树立现代物流的理念，即强化供应链管理的理念。供应链管理是一种系统化的管理思想，是把构成军事物流的各个单位视为一个有机的整体，通过信息的横向集成或者纵向集成对物流资源进行整合，对军队的、国家的以及地方的保障力量进行整合的。建立军事供应链管理体系的核心理念包括下面几点内容。

（1）系统综合集成理念。军事供应链系统集成的核心是利用现代信息网络与技术平台，准确掌握军事物资需求及军事物流资源状态，整合军事物流资源结构，提高军事供应链管理的综合保障能力。打造军事供应链系统集成平台除了按照平战结合的原则，立足长远的发展，满足部队对物资供应的需求以外，还须打破单一的军事局限，按照联合作战的整体要求，简化保障的层次，优化保障结构，减少供应环节，形成集成化保障运行模式。

（2）信息互联互用的理念。运用现代信息网络及技术平台实现军事物资供求信息的共享，是军事供应链顺畅运行的坚实基础，也是构建军事物资供应部门以及军事物资供应商之间战略伙伴关系的重要条件。信息互联互用一方面用于军事供应部门和各个军事物资供应商之间的战略合作；另一方面则用于军队内部，打通内部供应链上业务、财务、采购以及计划等各部门、各环节的信息孤岛，全面提升信息化战争军事供应链的整体运营能力。

（3）用户至上的理念。军事供应链系统的集成、升级及重组应以部队的需求为基础，因为用户需求是供应链上商流、物流、信息流及资金流运营的信息载体。在确保信息安全保密的前提下，将有关信息提供给军事物资供应商，并且提供相应的增值服务，以达到降低军事物资供应成本及提高供应效益和用户满意度的目的。

（4）一切从实战出发的理念。从实战、实效出发，提高战时物流实时迅捷的效果。现代战争的重要标志之一是物资供应高度的时效性。战时物流要求军事物资供应做到高度快捷、准确。若一旦战争爆发，军事物资供应系统即能以最快的反应速度，调动所有的军事物资供应商，组合适合部队需求的各类物资。若不能按照规定的地点、规定的时间，将规定的物资送到目的地，就会影响到部队作战的战斗力，甚至影响到战局成败。

（5）战略联盟的理念。国防工业物流应是部队内部供应链及外部供应链的有效结合。部队内部供应链中实施集成战略与协调战略，不但可以实现信息共享，最重要的是实现物流资源和军事资源在最大限度和范围内的共享。对于部队外部供应链而言，其战略合作关系主要是指部队需求者和军事物资供应商之间既立足战略发展，又兼顾长期的合作；既共享信息和物资资源，又共担风险。通过供应链管理把部队内部及外部资源进行有机整合时，军事物资的供应部门能根据自己所承担的业务，把核心的业务做好，把握好对核心资源的管控。对于非核心业务的各种资源，根据部队的具体需求进行有效的组合。

建立战略联盟的最终目的是组成由军事物资供应商、第三方物流企业、军事物资供应部门、战略级军事物流中心、战略级军事物流基地及部队共同构成的“联合舰队”，力求在“联合舰队”的旗帜下各部队实现物流服务最优化、物流成本最低化以及物资库存合理化。

（三）民用工业物流

民用工业物流是为满足生产建设和人民生活消费所需的工业品，在商品采购、运输、储存、包装、加工、供应及分发直到销售终端等各环节上发生的活动。民用工业物流包括的内容很多，我们在这里只对一些代表性的行业做一简单说明。

1. 钢铁工业物流

随着我国钢铁工业改革的深入推进，钢铁流通领域发生了巨大的变化，从事钢铁供应业务的物流企业也越来越多，钢铁批发市场发育越来越成熟，随之发展起来的钢铁物流业更是日益兴旺起来。

（1）现代物流在钢铁经营中的地位与作用。

①钢铁物流机构多样化。其中，最具有代表性与普遍性的机构是钢铁经营企业自建的物流中心。在一些大型钢铁经营企业自筹资金建立的物流中心，已经达到了具有现代物流技术设施及管理的水平，成为钢铁流通领域中的佼佼者，并且以其现代物流管理的优势逐步向第三方物流业务转移。同时，也有一些大型钢厂建立加工配送中心，不但满足了客户对生产的需要，并且钢厂减少了流通环节，缩短了和市场的距离，降低了终端销售成本。除此之外，还有由钢厂市场销售部门自建的，专门对小额业务承担保管及周转业务的物流中心；钢铁供应商自建的承担产品加工的物流中心；钢铁批发市场建立的第三方物流配送中心；以加工钢铁为主业、兼顾钢铁经营以及提供物流服务的企业；以运输、储存和配送为主要业务活动的第三方物流企业。目前我国已有的多种物流形式，对促进钢铁的流通、活跃钢铁的流通市场、实现商品的交易、提高物流服务质量等方面都起到了积极的推进作用。

②钢铁流通市场的快速发展。因钢铁流通市场的快速发展，现代物流技术和管理的应用在钢铁物流领域得到推广。先进技术的应用及推广，提高了钢铁物流的经济效益与社会效益；配送的及时性、准确性缩短了供应商及客户之间的市场距离；物流企业不断改善服务的态度、提高服务的质量，使钢铁物流市场不断得到净化，企业信誉度不断提高，钢铁物流的社会成本得到节约。且因为钢铁物流的现代化增强了钢铁市场流通的透明度，供应商对客户需求的信息掌握得更快和更准了。

③钢铁流通的附加值得到了很大提高。由于钢铁流通中那些承担加工职能的物流企业，对钢铁进行的切割、焊接、包装等深加工，不但使客户的个性化需求得到满足，并且通过提供加工职能的服务，使钢铁物流有了新增长点，钢铁营销的利润有了新的来源。这正是现代物流在钢铁行业的地位不断得到提高的原因所在。

(2) 钢铁物流中的问题与相应措施。

作为国民经济支柱性产业的钢铁工业，我国粗钢的产量近年来连续居世界第一，钢铁生产总量居世界领先的优势地位。尽管现代物流随着我国钢铁工业的发展有了长足的发展，但不能掩盖我国钢铁物流中存在的诸多问题，更不能回避我国钢铁工业发展中存在的众多的问题。

①钢铁物流发展不平衡，应加快钢铁企业重组速度。钢铁物流发展的不平衡性，主要原因是钢铁工业发展不平衡。目前，在我国钢铁生产中存在的“先进产能不足及落后产能过剩”“有效供给不足和无效供给过剩”两个并存的不平衡问题比较严重。不容忽视的事实是，在全行业中污染严重、能耗高、工艺装备差的落后产能占总产能的30%左右。从企业规模结构看：2014年，粗钢产量在1000万吨以上的企业有19家，产量超过3000万吨的只有6家，最大的钢铁企业宝钢年产量也只不过为4300多万吨，约占全国总产量的5%；排名前15家的企业粗钢产量仅占我国总产量的45%。但日本排名前5家的钢厂产量却占全日本总产量的75%，欧盟排名前6家的钢厂产量占欧洲总产量的74%。

我国钢铁企业的现状，足以说明目前钢铁工业的规模相对小、生产集中度低，产能相对低、管理水平差。这是阻碍我国钢铁工业发展的硬伤，影响钢铁物流发展。针对两个并存的不平衡现象，国内钢铁工业应加快调整内部的产品结构、生产结构、技术结构的步伐，尽快实现钢铁工业的产业升级，这也是钢铁工业发展的大势所趋。2006年6月25日，排名世界第一和第二的两家钢铁巨头企业米塔尔公司与阿塞洛公司达成280亿欧元的并购协议，名为“阿塞洛-米塔尔”的新公司将成为全球钢铁业的新霸主。新公司年产量高达1.2亿吨，约占世界钢铁行业10%的份额，并以超出两倍多的产量优势领先日本的新日公司。钢铁企业走规模化、联合重组、国际化发展的道路，是中国确立在全世界钢铁市场地位、提高国际市场竞争力的必经之路，否则中国众多的钢铁企业最终会沦为世界钢铁行业巨头们蚕食的对象。

②钢铁物流信息化管理总体水平低，应该加快信息化建设。尽管现代物流信息技术和管理手段在钢铁物流中得到了应用及推广，但大多数钢铁企业物流信息化程度还是比较低，现代营销及经营管理水平不高。除了专业人才短缺以外，更主要的还是多数企业习惯于传统的物流作业方式，对现代物流信息技术及管理手段在企业的运用不够重视，满足于用手工填单、电话联系、人工装卸搬运等传统方法来维持日常的业务运营，而没

有从企业长远发展的战略角度，考虑现代物流信息技术及管理手段的运用给企业带来的益处。当然，现代物流管理手段的运用和企业的经营方式是密切相关的。可以想象一个小型的、传统的、产能或者物流服务功能单一的企业，对现代物流信息技术与管理手段的运用根本就不想问津。但对于有条件的企业则应从长计议。

现代物流信息技术及管理手段的运用，从钢铁物资采购管理的角度看，可改变传统采购，实施准时化 JIT 采购，即通过订单式运作，不仅可以提高供应商对订货变化做出及时迅速的反应，而且可以提高用户对优秀供应商的选择，以谋求共同发展；从钢铁物资营销管理的角度看，可改变传统营销模式，即通过以用户为中心营销模式的运作，准确把握用户对产品质量、功能、规格、包装等方面的信息需求，提高企业的市场占有率。总之，现代物流信息技术及管理手段的运用，可以把从供应链的起点（对供应商的理性合理地选择）到供应链的终端（提供让客户满意和高效的服务）有效地连接起来，若没有了信息的支持，现代物流就成了无稽之谈。

2. 煤炭工业物流

煤炭工业作为我国国民经济基础性产业，其发展规模及水平对我国能源供应的程度有着很直接的影响。在一次能源的生产与消费结构中，煤炭占有量约为 70%，在化石能源中煤炭约占 94.3%，石油天然气仅仅占了 5.7%，这种资源条件决定了我国将在以煤炭为主要能源的基础上实现国民经济与社会的可持续发展。我国煤炭工业物流主要呈现以下主要特征。

(1) 煤炭运输的远程化。

由于我国煤炭资源主要集中在陕西、山西、内蒙古等地区，然而煤炭消费市场却遍及全国各个地区，尤其是我国经济发达的东部沿海地区，煤炭生产布局及消费分布布局不平衡的矛盾非常突出。这些也是造成我国煤炭资源“西煤东调、北煤南运”，生产及消费格局分散且不均衡的一个明显的特征。随着我国东部地区经济的快速发展，“西煤东调、北煤南运”的问题只会更加严重，这不但使东西部地区之间以煤炭为载体的经济联系会越来越密切，且由于往返于东西部地区之间的远途运输，增加了我国煤炭运输的压力及难度。

(2) 煤炭运输的集中化。

2004 年以来，我国沿海地区煤炭运输呈现集中化的趋势。大秦线与侯月线两条铁路运输线的煤炭运输量分别达到了 2.03 亿吨和 1.01 亿吨，占全国煤炭运输总量的 28.4%，占全国运输增运总量的 86.1%。与此同时，港口煤炭运输也表现出集中化的趋势。其中天津港、秦皇岛港和黄骅港的煤炭转运能力对市场的影响作用越来越强。

(3) 煤炭运输集中化与资源多元化矛盾突出。

近两年在煤炭运输呈现出集中化趋势的同时，原煤产量增长方式也呈现出多元化发展趋势，这种发展趋势要求煤炭运输的多元化渠道与之相应。但煤炭运输集中化趋势及运输的多渠道流通是相悖的，两者之间的矛盾是不可避免的。

(4) 煤炭运输集中化对煤炭生产的影响。

煤炭运输集中化趋势必然对煤炭资源供应状况带来影响。首先，运输集中化要求产地资源相对集中，并且导致资源供应对少数地区的依赖程度更高；其次，运输集中化还会造成资源供求状况的分化，越是靠近大秦线或运输方便的地区，煤炭资源就越紧张；再次，由于靠近大秦线或者运输方便的地区煤炭资源相对紧张，由此甚至会引发对煤炭出矿价格的“高估”，反之发生被“低估”的现象；最后，还有可能造成个别产地对整个煤炭市场的影响力提高。如山西省作为全国的产煤大省，一直对全国煤炭资源供求影响程度比较高，随着运输的集中化发展，山西省煤炭生产及资源的供应状况对全国的影响力更大。少数煤炭中转港口的影响力也同样会不断地加大。

（5）中国煤炭物流产业化趋势势在必行。

煤炭企业联合重组发展趋势，要求煤炭物流加快产业化建设进程。为此，煤炭物流业一要加快对物流资源的重组和整合，即对煤炭物流资产，客户资源，供应商资源，人才资本、资源、信息的重组与整合，使存量资本得到更有效的利用，增量资本发挥更大的作用。二要对业务流程进行再造，即依托现代信息网络技术完成网上订货及采购、网上调剂余缺、外部信息发布及收集，为快捷、便捷、准确、高效的配送直达服务提供强大的支持。三要实现物流的多功能目标，即依托电子商务信息平台，实现即时供应及网上交易；建立由运输、加工、储存、配送、服务等多功能构成的运作体系；以多式联运为手段，建立路、港、空衔接配套的网络；建立标准化服务体系，提高物流企业服务水平与信誉度。

3. 石油化工物流

石油化工业是与农业、市场、轻工、人民生活、出口贸易息息相关的工业部门。石油化工中的三大合成材料生产，具有能源利用率高、产品附加值大的优势，而且能带动一大批加工工业与传统化工部门的发展。

（1）石油化工业发展的基本情况。当前我国石油化工业已经具有了相当的规模，基本上形成了经营门类齐全，品种大体配套，能够满足国民经济与人民生活需要的工业体系，成为国民经济重要的支柱性产业。20 世纪末，我国石油一次加工能力为 2.7 亿吨，加工原油为 1.76 亿吨，生产煤、汽、柴三类油品达到了 1.05 亿吨，基本上满足了国内市场的需要；乙烯生产能力达到 442 万吨，乙烯产量为 435 万吨。中国石油一次加工能力居世界的第三位，乙烯生产能力及合成树脂生产能力都在世界的第五位，合成橡胶生产能力占据世界的第四位，合成纤维生产能力居世界第一位。现阶段我国石油化工行业的发展对促进现代物流的发展提供了较为充足的条件。石油化工物流是在从原油到客户供应的供应链和规范的业务流程基础上建立起来的。其业务流程是原油—运输—接卸—油库—配送—加油站—客户。但是就目前我国石油生产的物耗、能耗、轻油收率、加工成本及劳动生产率与先进国家水平相比有很大差距。其中，物流成本在总成本中所占的比重是很大的。面对我国原油和成品油市场的开放，国外先进石油公司的进入及它们带来的先进的管理理念与技术，我国石油化工业应尽快建立现代物流体系，提高产品营销能力与水平。

（2）石油化工物流存在的主要问题。

①行业物流分布及企业组织结构不合理的现象比较严重。其主要的原因：一是因为历史上成品油消费市场偏重华东及华南经济发达地区，炼油厂在东北与西北地区相对集中，由此造成我国成品油物流费用居高不下；二是中国石油天然气集团公司和中国石油

化工集团公司两大集团都在自建大规模的炼油厂，使东北与西北两地油量增大，产销结构性矛盾更加突出；三是从成品油出厂到销售终端全过程，没有一个全局性的与合理的物流规划方案支持，还是依靠传统的、经验式的管理进行物流业务运行；四是成品油消费市场被行政体制分隔成条块割裂的市场，造成物流资源分布不平衡，资源闲置、运输设备空驶和运力不足等现象。

②行业内提供的物流服务还不能满足客户对物流服务的需要。其主要的原因：一是我国现有的石油化工行业物流节点布局不合理，物流业务流程的某些环节有断层，因此在提供物流服务时，无论是服务质量还是服务效果都不能给客户一个圆满的结果；二是在物流的技术装备及管理技术上比较传统，信息系统与服务网络不先进，现代物流服务的即时性与准确性得不到体现；三是物流服务功能单一，大多数物流企业的业务活动只是局限在运输、仓储或者配送一个功能上，不能为客户提供全方位的、多功能的以及一站式的服务。

③销售终端费用较高。其主要的原因：一方面，加油站作为成品油销售的终端渠道，数量多。当前全国成品油加油量基本保持在6000万吨左右。这6000万吨的加油量要由9万多个大大小小的加油站来经营，平均一个加油站的加油量仅在600吨左右（按目前国内经营水平，一个加油站的加油量应在1000吨左右）。如此之小的市场份额必然会导致企业经营效益低且成本较高。另一方面，现代企业经营的组织形式（连锁经营）尚未在石油零售业中得到普遍推广，连锁经营带来的规模效益还没有完全显现出来。

（3）石油化工物流现代化建设势在必行。坚持面向国际及国内两个市场，建立起适应市场经济体制要求的经营机制与现代企业制度。我国石油化工业基本上是由大型国有企业垄断及控制，要强化大型或者特大型国有企业在国民经济中的地位及作用，必须建立与培育起企业内部的供应链管理体系，将物流的各个环节的业务活动统一在一个有机的运作整体中；通过建立高效的物流配送体系，将运力及配送节点进行有机整合，以达到减少排污、确保安全、降低成本的运营目的；积极推行连锁经营的方式，按照连锁经营的本质特征做到统一配送、统一价格、统一财务、统一管理、统一服务。因石油产品自身的特点，对物流服务过程中产品管理有着特殊的要求。比如，从产品的安全性出发，要求从物流设备设施的管理，到经营过程的管理都非常严格；从产品的生产特性出发，石油产品不提倡零库存或者低库存，相反因停产节约的费用要低于生产消耗的费用。因此，库存管理或依据订单以销定产的概念在物流中得不到体现。

4. 汽车工业物流

汽车是交通运输的主导力量之一，在当今世界的交通运输结构中，最显著的变化是汽车客运逐渐占据主导地位。汽车工业作为科技进步的结晶及推动力，是计算机、集成电路等高技术含量产品的主要应用部门。汽车工业还具有创汇多、产值大、成效高等行业特征。

（1）汽车工业发展的基本情况。汽车工业发展水平与国民生产总产值、工农业总产值、国民收入与消费水平成正比例关系。现阶段，汽车工业已成为我国国民经济大工业发展的标志性行业。据我国的测算，工农业总产值每递增1%，公路运输量就要递增1.37%。根据发达国家的经验，当人均国民收入超过500美元时，居民对汽车的需求就开始迅速增长；达到1000美元时，汽车就将进入大众消费的时代。2002年是我国加入WTO的第一年，汽车生产呈现了快速启动的局面。全年汽车生产总量达325.1万辆，其中小轿车为109.2万辆。汽车工业的快速发展，形成了比较完整的汽车产品系列及生产布局，以东风汽车集团、第一汽车集团、上海汽车工业集团公司为代表的大型汽车生产企业相应建立，国产汽车市场占有率超过了95%，载货汽车品种及产量基本上满足国内市场需求，小轿车市场供求矛盾迅速得到解决。同时，我国也成了摩托车生产的大国。几家具有国际竞争规模的摩托车生产企业，品种及数量在基本满足国内市场需求的情况下，还有部分出口。当然汽车工业发展中也存在一些问题，如汽车市场培育滞后限制了汽车消费的增长；如新产品开发能力薄弱制约了新产品的发展；如在100多家整车制造厂和近3000多家零部件生产厂中，年产量超过10万辆的厂家仅有几家，零部件生产厂家规模更小、更加分散，生产的总体水平在国际上没有竞争力；如由于高关税及严格的市场准入保护形成的利益驱动，一些地方或者部门从局部和眼前的利益出发，盲目建立新项目，造成严重的重复建设问题。

(2) 汽车工业物流特点和发展趋势。“十二五”期间我国汽车工业得到进一步的发展，不断增长的市场需求与我国日益增强的综合科技能力及国际化发展给中国汽车工业带来的先进技术与管理经验足以支持汽车工业的发展。汽车工业的发展也必然带来汽车工业物流市场的发展，使汽车工业物流成为衡量汽车工业产业综合实力的标志。

①汽车工业现代物流及传统物流活动的重点不同。汽车工业现代物流是以运输设备、仓储设施、增值服务、方案设计、信息技术、管理经营在物流活动中的重要程度，构成物流业务金字塔的排序，其中方案设计与管理经营作为塔底是支持其他物流活动的重点。而后者是以相反的顺序形成倒金字塔排序，运输设备与仓储设施在物流活动中是重中之重。不难看出现代物流注重的是物流方案的设计及信息技术的应用，以及科学的管理经营给企业物流带来的更多效益。

②物流业务外包成为汽车工业现代物流的特点及趋势。汽车生产的专业化、全球化特征，决定了物流业务外包的生产模式在供应链所有环节上的运用。物流外包有利于汽车生产厂家把竞争优势投入到核心的业务上去，并通过充分发挥第三方物流企业的优势来提高汽车生产供应链整体上的物流效率。

③加快物流园区与现代化港口等基础设施建设，以适应汽车全球化的生产、采购以及营销的需求。物流园区与现代化港口是打开汽车开发、物流配送、采购、销售、售后服务等业务活动通向全球的窗口，与轨迹接轨的载体；同时运用现代的信息技术手段，实现不同的作业流程之间的信息共享与不同业务系统的信息交换，提高流程的作业效率，降低每个业务环节的作业成本。汽车生产的规模化与复杂性，决定了实施供应链管理系统的难度。特别是对于那些涉及数百家公司、数千名作业人员的系统的实施，需要龙头企业强有力地引导千军万马协调作战，使整个信息系统达到提高工作效率与节约成本的目的。

四、物流与国民经济第三产业

按照2011年国家标准《国民经济行业分类》，第三产业的划分主要包括交通运输、仓储和邮政业，信息传输、软件和信息技术服务业，批发和零售业，住宿和餐饮业，金融业，租赁和商务服务业，房地产业，科学研究和技术服务业，水利、环境和公共设施管理业，教育，居民服务、修理和其他服务业，卫生和社会工作，文化、体育和娱乐业，公共管理、社会保障和社会组织，国际组织等。第三产业是国民经济与社会再生产过程不可缺少的组成部分，是实现国民经济运营的重要保障。第三产业物流对国民经济的发展及实现现代化有着直接的影响和制约作用。第三产业内部众多行业具有的一个共性是：基本上都是服务性的行业，这些行业既服务于国民经济的物质生产活动，实现国民经济的价值，又服务于满足人民消费的需求，实现国民收入的再次分配。

(一) 第三产业物流是实现国民经济运营的重要保障

1. 第三产业在国民经济中的保障地位

(1) 为社会再生产提供服务。第三产业为物质生产部门提供的现代技术、信息和知识方面的服务，不仅仅满足了物质生产对现代技术的需要，且促进了物质生产部门改进、扩大以及更新生产工具和劳动对象，提高了劳动者素质。同时，为保证物质生产正常进行所必需的物资供应、原材料储存、物资配送、交通运输、产品运输、产品库存、产品分拣、产品加工、商品交易和融资；以及为维持劳动力再生产，开发劳动者智力与体力所必需的体育、卫生、文化娱乐等，都是由第三产业提供与之相应的服务。

(2) 为城市建设提供服务。市场经济条件下城市经济的地位与作用发生了很大的变化。现代城市不仅仅是工业产品的生产与加工基地，更应该是贸易、交通、金融、信息、科技、文化与教育的中心。尤其是现代大都市所具有的政治、文化、经济、科技交流以及对外交往的功能，都是由第三产业中的交通、商业、金融、旅游、保险、邮政、广告、邮电、租赁、咨询、法律及会计事务等部门来提供服务的。第三产业在提高城市功能、促进城市对外开放等方面发挥了极其重要的保障作用。

(3) 为满足与改善人民生活提供服务。随着我国人民生活消费结构从温饱型向小康型的转变，人们对于精神生活的需求更加丰富多彩，享受型与娱乐性消费具有更大的市场空间。随之而发展起来的教育、文化、娱乐、旅游、卫生、体育等第三产业中的相关行业，在满足及改善人民物质文化生活需要方面，会发挥越来越大的作用。

(4) 为社会就业提供条件。第三产业中的众多行业都是劳动密集度高的行业。第三产业可容纳较多的劳动力，是我国劳动力就业的重要途径。我国劳动力就业压力一方面来自人口众多且耕地少，第一、第二产业所能容纳的劳动力不足以稀释庞大的劳动力大军；另一方面来自科学技术在第一、第二产业中的运用，使原有的劳动力出现了相对过剩，大量沉淀的相对过剩的劳动力也需不断地向第三产业转移。而第三产业中的众多行业，比如餐饮、商业以及其他服务业具有的投资少、上马快的就业特点，可以安排较多的劳动力就业，依次缓解就业的压力。

2. 物流业和国民经济第三产业

(1) 物流业是从属于国民经济第三产业的服务性行业。随着世界经济的快速发展及现代科学技术的进步，物流业作为国民经济的新兴服务行业，无疑是与其他服务性行业一样并列在第三产业中。第三产业中的物流活动是由铁路、水路、公路、航空、货代、仓储等行业为主体的物流活动和由粮食、外贸等行业为主体的物流活动共同构成的。只是在传统的国民经济运行体制中，除了运输物流具有第三方性质，其他物流活动基本上都是分散在不同的企业、不同的经济部门，由企业内部的职能部门来完成。

随着我国生产经济的发展，特别是科技进步带来的工业化进程的加快，大规模生产及大批量销售、集约化流通和个性化消费，不但使物流总量增加、物流半径放大，而且使物流活动变得日益复杂。传统的分散在企业内部进行的物流活动已经很难适应迅速变换的市场，物流活动的低效益且高成本，已经严重削弱了企业在市场上的竞争实力。从20世纪50年代开始，一些发达国家就开始注重对企业生产经营活动中的物资管理及产品分销进行科学管理，在降低物流成本方面取得了显著的成效。直至20世纪80年代，在一些市场经济发达的国家，开始出现为工商企业与消费者提供专业化物流服务的企业，即第三方物流企业。各种专业化物流企业的大量涌现，专业化物流服务作为一个新的领域逐步发展成为新兴的产业部门与国民经济的一个重要组成部分。可见，物流业不仅是从国民经济第一、第二产业中分离出来的，而且又是服务于第一、第二产业的服务业，同时也是从第三产业中分离出来，并且从属于第三产业的服务性行业。

(2) 物流服务创造的价值。物流作为一种社会经济活动，既服务于国民经济各个行业与各个部门，也为社会生产和人民生活创造着价值。一是为社会创造时间价值。任何物品从生产者到消费者以及从供应者到需求者都存在着时间差。由于改变了时间差而创造的价值称为时间价值。可通过缩短时间差、弥补时间差或延长时间差的方式获得时间价值。二是为社会创造空间价值。物品在从生产领域进入流通领域再到消费领域都是从一个场所到另一个场所，改变了物品在不同场所存在的位置而创造的价值为空间价值。可通过物品从分散地到集中地、从集中地到分散地、从产地到销地、从积压地到脱销地的流动方式获得空间价值。三是为企业创造价值。为企业创造价值可以通过降低物流成本、为企业提高良好的物流服务、支持企业实现经营及管理重点的战略转移，从而间接地帮助企业增强企业在市场上的竞争力，提高企业的经济效益。

(二) 第三产业物流的内容

1. 运输行业物流

运输行业是第三产业中的重要行业。运输是现代物流业的核心环节。运输行业物流是由航空、公路、铁路、水路四大运输部门的业务活动构成的。

(1) 航空运输业物流。

①航空运输业物流的主体。航空运输业物流的主体是由托运人、承运人以及接货人共同构成的。三个主体的权利、责任与义务的合同及法律关系集中体现在空运单里。空运单是航空货运合同订立与运输条件以及承运人接收货物的初步证据。空运单上关于货物的尺寸、重量、包装及件数的说明具有初步证据的效力。除了经过承运人与托运人当面查对并在航空货运单上注明经过查对或书写关于货物的外表情况的说明外，空运单上关于货物的体积、数量及情况的说明不能构成不利于承运人的证据。

②航空运输业物流的客体。航空运输业物流的客体包括航空器、航空港站、货物进出港站、航线、航班，以及按照预定的时间、到达地、行程要求作出的飞行编排。这是确保航空运输最基本的设施及条件。

③航空运输业物流业务运营。在航空运输业物流业务运营的过程中，为了区分运送

货物的特征及为了适应航空运输市场竞争的需要，把航空货物运输业务划分为以下三类：航空货运，往往是对普通货物运输的业务而言；航空邮件，在电子通信网络市场发展的冲击下，这部分运输周转量仅占业务总量的7%左右；航空快递，特指对快递快送有需求的业务活动。随着航空运输市场的发展及竞争的加剧，航空邮件和航空快递、航空快递和航空货运的差距越来越小。同时为了能够更好地满足不同托运人的各种要求，航空货物运输业务的运输方式可以具体划分为六种：第一，普通运输，即托运人没有特殊要求，直接通过空运将货物送达目的地；第二，特种运输，即需要特殊处理的空运货物，如贵重物品、危险品、鲜活物品等；第三，急件运输，即托运人要求以最早的航班或在限定的期限内将货物运达目的地；第四，包舱运输，即托运人包用机内部分货舱运送货物；第五，包机运输，即托运人包用整机运送货物；第六，货主押运，即托运方派专人随机监护运送货物。

(2) 铁路运输业物流。

①铁路货物运输管理。铁路货物运输是依托铁路资源，通过铁路运输将货物的储存、装卸、搬运、包装、流通加工、配送以及信息处理等环节有机地结合起来，实现货物在时间上与空间上的转移。铁路货物运输作业主要有进货装车、卸车出货、出车以及取送车等作业，涉及运转、货运、装卸和搬运等多个部门以及收发货单位。铁路货物运输具有涉及面广、作业复杂等特点，所以，只有高度统一协调、组织计划才可以准时、安全地完成运输任务。

铁路货物运输作业的主要内容有：出车组织，即按照每一条列车运行线以及规定编挂的车流来确定出车的时间和数量；进货装车组织，即按照编组计划组织进货装车，装车车站按照本站与前方技术站编组列车的种类和组号的要求，从安排货位、组织货源到进货装车进行组织；取送车组织，即合理布置取送车的时间和数量，使人员、车辆、货位等在时间、数量、空间上实现均衡运作，提高车载使用效率和运输工作的整体效率；卸车出货组织，即按照以卸促装与货场通畅的原则，实现进出货、装卸车作业的有序化及合理化。

除此之外，对货场管理也是铁路货物运输管理的重要内容。因货场不但是火车站办理货物承运、保管、装卸、交付作业并和其他运输方式进行业务衔接的场所，而且还是对场库、配线、道路及相应货运作业进行处理的场所。所以，对货场的货区、货位、设备设施及货场作业的管理，其实质是对全部货物运输工作进行计划、组织、指挥、协调以及控制的过程，是保证货物运输工作能够在安全、整洁、文明、畅通的环境下，有秩序及有节奏地进行的管理。

②铁路货物运输信息管理。铁路运输信息化是铁路运输现代化的重要标志，是实现高度统一协调及组织计划的保障。铁路货物运输信息管理系统是铁路车站信息管理系统的一部分，铁路车站信息管理系统又是TMIS（铁路运输管理信息系统）的重要组成部分。铁路货物运输信息管理系统的任务是向TMIS报告货车、货票以及装卸作业等信息，并同时完成车站货运作业的管理。铁路货物运输信息管理系统的运行环境为采用TCP/IP协议的网络环境，货运站内建成100兆快速以太网，对于零散的作业点，采用专线或者拨号方式与主机房局域网经路由器相连，通过铁路与总公司相连，实现与TMIS进行数

据交换。网络的地址按照 TMIS 的地址分配方案进行分配。

③铁路物流服务功能。根据托运人的需求与铁路物流市场的发展，为了更好地发挥铁路物流作为第三方物流的作用，铁路物流功能逐渐向多样化的方向发展。当前几种主要的功能包括：

第一，铁路物流企业发挥其网点广的优势，利用网络资源帮助生产商联络供应商，具备条件的企业还可以建立采购供应中心，在为生产商与供应商提供运输服务的同时，还可以为其提供合理储存的服务；

第二，一些靠近铁路车站的生产企业，有大量需要外运的货物，铁路车站利用自己在站前的货场或者运输条件，为这些客户开展“前库后站”式服务；

第三，铁路物流企业还可作为生产企业的代理商，帮助生产企业简化生产企业的物流环节，为生产企业提供到达、发送及仓储的服务；

第四，利用物流管理信息系统中对货物到达信息、市场信息、交通运输信息、政策信息及物流企业有关信息的查询及筛选，为客户提供有效的物流解决方案。

（3）公路运输业物流。

①公路运输业物流的特点。公路运输是配送货物的主要形式，是以生产企业、流通企业及其他企业物流服务需求者为服务对象。因公路运输是将货物直接送达到客户指定的地点，不需要在途中进行中转，因此可以给客户提供极大的方便。其特点主要有以下四个方面。

第一，提供门到门的个性化服务。公路运输是把汽车作为主要工具，而汽车也是对道路适应程度最高的运输工具。它不受车站、港口的限制，可以深入到矿山、工厂、城镇等，尤其在近距离运输条件下，与客户接触最广泛、最密切。

第二，公路运输基本上是直线运行。由于中途没有中转作业，货物没有二次装卸和搬运，通常情况下对货物包装没有特殊的要求，货物破损率低。由于包装以及装卸费用相对较低，因而公路运输的总成本较低。

第三，业务灵活、方便服务。公路运输可以随时根据客户的需要，安排运输的时间，不像铁路运输对时间的安排要求那么高。特别是汽车运输对道路状况、交通线路及气候环境的适应度也比较高。

第四，不太适合远距离与大批量运输。因为远距离运输一定会带来较高的运输费用，大批量运输必然带来多运次，导致运输总成本较高。

汽车运输具有较强的衔接功能。汽车运输既连接铁路与公路，又连接铁路与水路，还连接公路和航空等，完成物流节点的短途运输，起到了对运输物流衔接的作用。

②公路运输业物流运作的模式。公路运输业物流运作的模式相对于其他运输业的物流运作模式来说复杂得多。

第一，零担运输。零担运输就是满足一个托运人一次托运货物重量在 3 吨以下的业务模式。零担运输是在适应货源广泛、不确定、批次多、包装复杂、品种繁多、流向分散的业务条件形成的一种业务模式。

第二，整车运输。整车运输是指托运人一次托运的货物必须使用 3 吨以上的车辆来运输。整车运输不完全是以货物的重量为标志的，因体积或者外形必须选用 3 吨以上的车辆来运输的，也视为整车运输。

③公路运输业的物流管理。公路运输业物流管理包含许多内容。其中最主要的包括以下几点：

第一，货运合同的管理，即合同的订立与履约、合同的变更及解除；

第二，货物运输计划的管理，即关系货运成本高低的运输频率计划、运输路径与调度计划、承运人选择计划、合并运输计划以及装载计划的管理；

第三，货物运输运营管理，即发运管理、在运管理、接运管理、中转管理、到达管理、安全管理、设施管理与信息管理等。

(4) 水路运输业物流。

①水路运输是以船舶为工具，以航道及港口为运输节点，沿江河湖海而行的客货运输。水路运输的特点是：

第一，充分发挥水道与沿水资源，利用四通八达的天然航道，可节约运输成本；

第二，船舶运载不但承载能力大，而且可完成远程运输，比如已出现50万吨～70万吨的巨型油轮进行石油运输，最大的散装船也能达到16万吨～17万吨的装载量；

第三，水路运输价格比较低，与其他运价相比，水路运价只是航空运价的1/30、公路运价的1/10、铁路运价的1/5；

第四，水路运输更适合对大型、特大型以及超重等货物的运输，发挥了其他运输形式运输工具不具备的优势；水路运输风险相对其他运输形式更高一些，比如气候恶劣、意外风险、航期不确定等可能性比较高。

②水路运输物流管理。港口管理是水路运输物流管理的重点。港口管理是指在水路运输物流中对货物进行换装作业，即把货物从一种运输方式转换为另一种运输方式，并在转换过程中对货物进行收发与保管，除此还要对港口设施设备及港口生产进行管理。船舶管理，即水运现场作业管理，其中包括船务调度及驻船业务、计划业务、装卸准备业务等。集装箱管理，即水运箱务管理，其中包括对进口集装箱管理、出口集装箱管理以及其他集装箱管理业务。水上危险品货运管理，即为了保障危险品在运输过程中的安全性与可靠性，对其包装、保管条件等必须采取的相应管理措施。

2. 仓储行业物流

仓储行业物流的业务活动是由物资或者商品的接运、入库、在库保管、出库发运以及配送运输等环节的活动组成的。仓储行业物流具有以下特点。

(1) 作为物资或者商品转移过程中的一个环节，储存是物资或者商品在运动过程中处于静态的一个特定阶段。这个特定阶段是完成物资或者商品从储存向运输转移的必要环节。如在机械化生产过程中，产品只有5%的时间是停留在机器或者加工环节上，其余95%的时间都是处于储存、装卸、检测、包装与待运输的状态。

(2) 通常储存过程是由入库、在库保管以及出库发运三个阶段组成的，但是三个阶段以及每一个阶段的业务活动并不像生产流水线那样按照程序连续不断地进行下去。储存过程不是连续进行的，这是由于每一个作业环节在时间上没有衔接关系。如整车接运的物资或者商品，卸车后不一定能马上就被验收，也许要在停卸处等待验货；如入库保管的物资或者商品，并不是一入库就马上进行保管，而是经过一段时间再进行保管；如物资或者商品分拣及包装完毕后，也同样需要一段时间等待出库。储存过程的这一特性说明，储存时间管理具有一定的难度和弹性。

（3）仓储行业物流作业中的存货量是不均衡的。因为仓库每一天的库存量不同，物资或者商品入库及出库时间不同、批次不同、数量不同，因此仓储行业物流作业的变化很大，时忙时闲、时松时紧的现象比较明显。

（4）仓储行业物流作业是劳动密集度比较大，人员相对比较集中的岗位群。仓库内大量的装卸、搬运、堆码与计量等作业都是由人工来完成的。仓库不但劳动条件差、劳动强度高，而且要求工作人员的责任心要特别强。目前我国仓库工作环境的现状，对我国仓储业的发展是很不利的。

3. 商业物流

商业作为服务性的行业，与国民经济的其他服务性行业一样，是隶属于国民经济的第三产业中的行业。但与其他服务性行业相比，商业更加贴近人民生活，与人民生活息息相关。商业的发展水平是我国社会主义市场经济发育及成熟的主要标志。在市场经济条件下，商业不仅在引导与调节生产与消费中起着桥梁及纽带作用，且在稳定社会经济发展及有效配置社会资源方面所起的作用也越来越大。因为商业在国民经济中所具有的特殊地位，决定了商业物流在实现国民经济良性循环中具有举足轻重的地位。商业物流活动包括的内容主要有以下五个方面。

（1）商品采购。商品采购不但是商业物流系统的起点，也是工业与商业之间、生产及消费之间的连接点。商品采购的质量、规格、数量、品种是否适销对路直接关系着企业的经营成果。所以，对商品采购物流的管理是商业物流管理的关键环节。提高对商品采购物流管理的水平，关键在于对采购活动全过程的每一个环节及步骤进行计划、组织、协调及控制。但是更重要的是对采购数量及降低采购成本的管理。

提高商品采购数量是采购物流管理的重要前提。因为商品采购数量的大小直接决定了获取商品价格的优势程度。商品采购数量越大，越是有利于获取价格优势，所以，提高商品采购数量成为采购物流管理的第一要素。但在满足消费者个性化需求方面，不可能“求大同、存小异”。商家为了取得价格上的优势，只能通过集中采购获取数量优势，即通过连锁经营以及采取联购分销等形式实现经营规模以获取采购数量优势以及进货价格优势。

降低采购成本是采购物流管理的核心内容。采购成本是由运输费用、进货价格、包装费用、手续费用以及采购人员劳务费用等构成的。降低采购成本涉及对市场采购信息的收集、分析及整理；涉及对供应商的调查与筛选；涉及对库存量的合理控制；涉及对采购数量的预测。

（2）商品储存。商品储存是商业物流活动的重要环节。储存的作用在于调节商品供应和需求之间存在的质量、数量、时间与结构的矛盾。对于季节生产、常年消费的商品，通过储存可调节商品的时间需求，消除商品的价格波动；对于小批量、分散的商品，通过储存可调节商品的运输，降低运输的成本；对于异地消费、异地生产，批量生产个性化消费的商品，通过储存可调节商品的供求矛盾，做到即时购买、即时消费，满足个性化消费需求。

供应商管理库存（VMI）可以提高物流过程中商品储存的运营效果。VMI 运营的关键，一方面，使供应商提供能够随时跟踪与检查到批发商或者零售商的库存状况的信息，及时快速地响应市场需求变化；另一方面，当零售商或者批发商没有 IT 系统或者基础设施来有效管理自己的库存的时候，采取 VMI 也有利于零售商与批发商对商品库存进行有效的管理。联合库存也是提高商品物流运营效果的一种好的形式。联合库存是由商家自愿，在对仓储设施资源共享的基础上共同实现商品的储存及配送。联合库存有利于商家在不减少经营场地的情况下，减少库存的面积，把商品库存压缩到最低的限度用以节约库存的费用；有利于商家在商品销售不缺货断档的情况下，减少商品库存的储备，加快商品周转来提高库存周转率；可以在不影响对商品库存管理质量的情况下，减少库存保管人员。

(3) 商品加工。商品加工是商业物流活动的中间环节，是为了促进商品销售、维护商品质量和提高物流效率而发生的活动。商品加工是通过对商品进行再包装、细加工、深加工改变商品的自然形态或者完善商品的使用价值，使商品进一步适应消费者的需求。所以，商品加工一方面可以使物流系统的服务功能进一步得到强化，增强消费者对商品的需求；另一方面可成为物流系统的“利润中心”，提高物流对象的附加价值。可以说商品加工是衡量商业物流服务水平的重要标志。

商品加工的种类有很多，可以从不同的角度体现物流的服务功能。商品加工的种类具体可划分为以下五种：为满足消费者多样化需求进行的服务性加工；为弥补生产领域加工不足进行的精细化加工；为维护商品质量进行的整理再加工；为方便商品销售进行的分拣、分装、组合等再加工；为提高物流效率，对商品进行的分类与包装等。

(4) 商品配送。商品配送是商业物流活动的末梢，与商品销售环节对接。不同的零售业态或者同一业态下不同属性的商品经营，对商品的配送有着互不相同的要求。为了适应商品经营第一线的需求，商品配送可以采取以下四种形式。

①供应商直接把商品配送到销售现场。这种商品配送方式虽然在商业企业经营中不占主导地位，但是因为它适合于零星商品或者鲜活、日配商品的配送，不少商业企业也把它作为一种备选的配送方式。供应商直接配送不适合商家对商品经营的需求，一是供应商的运输系统难以支持庞大的、地域分散的零售商对商品的需求；二是商家也难以应对大量的供应商每天送货、到货的验收和检验工作；三是无形中消耗了大量的时间、人力、物力，加大了商品配送的成本。

②社会化配送。社会化配送是指商业企业将商品的物流配送活动委托给第三方专业的物流公司来承担。这种配送方式的最大优势是专业的物流公司以其商品配送的规模优势，降低配送成本；同时以其专业化管理优势，降低经营风险，提高配送效率。

③商家自营配送。商家自营配送是指由企业内部组建的配送中心，满足企业内部对商品经营的需求。这种配送方式是目前企业普遍采取的方式。商家自营配送有利于企业对配送中心的组织管理，以及根据企业的要求随时对作业流程进行调整，企业的控制力度大。

④共同配送。这是由那些经营配送服务的物流公司之间，为了实现配送的合理化，在互利的基础上开展业务活动的一种方式。共同配送的优势是，客户的资源、物流配送

资源利用率高，有利于降低配送成本、提高运输服务质量。

(5) 商品销售物流的技术革命。

销售物流不仅仅是商品物流的终端，而且是商业企业经营活动的终点。商业物流活动指的是伴随着商品从采购进货到卖场销售全过程的活动，销售物流作为上一个过程的终点与下一个过程的起点相衔接，循环往复地运行。销售物流的技术革命缩短了商业物流活动在时间上及空间上的差距，是采、销一体化的流通模式基于电子商务技术的供应链管理。供应链管理不但使商品生产和商品需求有机地结合在一起，并且使商品的采购和销售有机地结合在一起，提高企业的市场竞争力。具体体现在：其一，缩短了销售物流及采购物流的距离，便于企业在存货地点、库存数量、订货计划及配送运输上实现最佳选择；其二，按照消费者的实际需求组织采购与进货，净化了商品的库存，提高了商品库存的透明度；其三，便于企业确定适当的销售价格并且提供便捷的服务，强化了企业的服务功能；其四，将信息技术从消费者一直延伸到生产与销售的全过程，将各环节物流活动连接起来，建立多极化的进销联通体系，将“延时”的销售变为“实时”的销售。

本章小结

本章首先分析了物流产业对国民生产总值的贡献、对调节和平衡市场供需方面的贡献以及对满足社会消费需求的贡献；其次分别从微观、中观以及宏观的层面分析了物流产业对国民经济的促进作用；最后论述了物流对国民经济的第一、第二以及第三产业的巨大作用及重大意义。

通过本章的学习，能够对物流在国民经济中的作用及地位有一个深刻的了解。

案例分析：安徽省物流业对地区经济增长及三大产业的贡献分析

2011 年，安徽省物流业产值高达 1175 亿元，比上年增长 14.7%。物流业产值占服务业总产值（第三产业）的比重为 24%，占地区生产总值的比重为 7.78%。物流业已成为安徽省经济发展的重要增长点。

(一) 安徽省物流业对经济增长贡献分析

根据安徽省 2010 年和 2011 年统计年鉴和安徽省 2011 年国民经济和社会发展统计公报，选取了 2002—2011 年安徽地区生产总值（GDP）与物流业生产总值（即交通运输、仓储、邮政和电信业产值）有关数据，计算出物流业对安徽地区生产总值增长的贡献率和拉动力两个指标，以此来分析物流业对经济增长的贡献和拉动程度。计算结果表明：物流业是安徽省经济发展的重要组成部分，物流业产值占安徽省生产总值的比重都在 6% 以上，10 年间的物流业平均产值占到安徽省生产总值的 8.83%，2006 年更是高达 11.38%。从贡献率上看，除了 2005 年和 2010 年，安徽省物流业对经济增长的贡献率基本都在 9%以上，10 年间的平均贡献率在 9.87%。值得注意的是，2006 年物流业对安徽生产总值的贡献率高达47.14%，拉动力也高达6.72个百分点。10年间物流业平均拉动安徽省经济增长达1.48个百分点，2011年达到3.05个百分点，物流业已经成为拉动安徽省经济增长的主要引擎之一。

（二）安徽省物流业对安徽省经济增长贡献的回归分析

在2002—2011年，安徽地区生产总值与物流业生产总值总体都呈现不断增长的态势。这说明两者之间具有一定的时间趋势，而且总体方向一致。2011年，安徽省物流业生产总值已达到1175亿元规模，同时安徽省GDP高达15110.3亿元。用一元线性回归进行拟合，表明安徽省物流业生产总值对安徽省GDP有显著性影响。变量的系数值为1.0203，代表安徽省物流业发展对安徽省经济增长的弹性为1.0203，即安徽省物流业生产总值每增加1%，安徽省GDP就会增长1.0203%。

（三）安徽省物流业对安徽省三大产业的贡献回归分析

采用安徽省2002—2011年统计年鉴三大产业的数据，运用最小二乘法，将物流业与三大产业的关系进行回归分析。安徽省物流业对安徽省三大产业都有显著性影响。对于第一产业而言，物流业发展对第一产业增长的弹性系数为0.55，即物流业生产总值每增加1%，第一产业产值增长0.55%。同理，物流业生产总值每增加1%，第二产业产值增长1.05%。物流业生产总值每增加1%，第三产业产值增长0.60%。

安徽省物流业对第一产业、第三产业弹性系数分别为0.55和0.60，均小于1但大于0.5，表明物流业对农业和服务业的贡献相对不足。农业是基础性产业，安徽又是个农业大省，是重要的商品粮、商品棉、蔬菜、水果、药材生产基地和农副产品深加工基地。要实现安徽省中部崛起战略，就要充分发挥物流业对安徽省第一产业的推动作用，实现农业与物流业相结合，深化改革传统粮食、棉花、果品、药材流通体制，发展现代农业物流业，实现农产品种植专业化、区域化以及绿色化，建设商贸、物流产业集聚的商贸物流产业集聚区，促使农业流通效率提高及农产品竞争力的增强。

安徽省物流业是第三产业的重要组成部分，但由于物流业对第三产业的推动不足，安徽省第三产业发展相对滞后。为了促进安徽省经济的持续增长，必须大力发展和振兴物流业，促进安徽省现代服务业快速发展。物流业的发展可以推动扩大内需，可以带动安徽省百货、餐饮娱乐、商超、旅游、农产品、食品批发市场等核心商业圈繁荣发展。

安徽省物流业对第二产业弹性系数为1.05，说明安徽省物流业正高速发展，并与第二产业实现了较强的联动发展。安徽省第二产业尤其是制造业与物流业联动发展，有利于安徽省制造业产业升级，增强产业竞争力，有利于安徽省物流业的整体服务能力提升和物流需求释放与聚集，整合社会物流资源。这对于调整优化产业结构、转变经济发展方式都具有重要意义。加上目前安徽省正在加速推进皖江城市带承接产业转移示范区建设，产业承接发展的重点是制造业，这就客观上要求现代物流业适度超前发展。通过发展现代化物流业，可降低社会经济成本，进一步推动安徽省经济健康快速发展。

思考：

1. 安徽省物流业是在怎样的经济环境下得到发展的？

2. 安徽省物流的发展给经济增长带来哪些优势？

复习思考题

1. 物流产业对国民经济的贡献主要表现在哪些方面?
2. 分别从微观、中观及宏观方面简单概括物流产业对国民经济的促进作用。
3. 简单概括物流与国民经济第三产业之间的关系。

第十一章　物流经济的可持续发展

近年来，随着我国市场经济的建立和发展，各地兴起了发展现代物流业热潮。然而，在这股物流热潮中，人们更多关注的是经济利益。事实上，物流过程存在着巨大的“外部负效应”。随着经济的发展，物流活动对生态环境的破坏越来越严重，如废气污染、噪声污染、资源浪费、交通堵塞、废弃物增加等，这些后果在一定程度上违背了全球可持续发展原则，为我们探讨可持续发展背景下现代物流的发展策略提供了依据。但是，我国目前的物流研究还没有照亮这块“黑暗大陆”，对它进行系统而深入地研究是本文的出发点。本章主要围绕可持续发展这一主题，介绍绿色物流经济及物流经济的可持续发展的相关理论知识。

第一节　绿色物流经济

一、绿色物流的概念

绿色物流是指以减少资源消耗、降低对环境的污染为目标，利用先进物流技术，合理规划和实施运输、储存、包装、装卸以及流通加工等物流活动。绿色物流是为了实现客户满意，连接绿色需求主体与绿色供给主体，克服空间以及时间限制的高效、快速的绿色商品与服务的绿色经济管理活动过程。

绿色物流以按照绿色制造的理念进行产品的设计制造为本质，重复使用已使用过期的产品与部件，回收已使用过期的产品与部件。绿色物流也是一种在整个供应链中综合考虑资源效率和环境影响的现代管理模式。它以绿色制造理论与供应链管理技术为基础，涉及供应商、生产商、销售商以及客户，其目的是使得产品从物料获取、加工、包装、仓储、运输以及使用到报废处理的整个过程中，对环境的影响降到最小，资源效率最高。

二、发展绿色物流的意义

（一）发展绿色物流是社会环保的需要

随着可持续发展观念不断地深入人心，消费者对保护环境的意识越来越强烈，对企业是否危害了公众环境利益越来越敏感，对企业是否节约利用资源、注重环境保护越来越关注。发展绿色物流，是人们渴望保护环境的诉求，是整个社会在保护环境活动中的一项举措。随着物流业的快速发展，物流业带来的环境问题不再被忽视。实施绿色物流管理是一项有利于社会经济长远发展的策略。发展绿色物流，有助于提高企业的美誉度，增加其品牌的价值和延长产品的生命周期，从而间接地增强企业的竞争力。

（二）绿色物流有利于促进物流企业的发展

绿色物流的核心思想在于实现企业物流活动与社会以及生态效益的协调，进而实现企业的可持续发展。哈佛大学纳兹利教授深刻阐述了对这一问题的认识：若一个企业想要在竞争激烈的全球市场中有效发展，它就不能忽视日益明显的环境信号，继续像过去那样的经营。对各个企业来说，接受这一责任并不意味着经济上的损失，因符合并超过政府与环境组织对某一工业的要求，能使企业减少物料和操作成本，从而增强其竞争力。事实上，良好的环境行为恰是企业发展的马达而不是障碍。若一个企业不刻意着意眼前的既得利益而是具有较为远大的发展远景，为了持续发展，就必须在绿色的观念上做文章，也只有抛弃高消耗和高污染的运行方式，企业才能在生存与发展中抢得先机，拥有高于竞争对手的发展优势。

（三）绿色物流有利于物流企业参与国际市场竞争

随着全球经济一体化的发展，一些传统的关税壁垒逐渐淡化，环境壁垒却逐渐兴起，ISO 14000 成为企业进入国际市场的新的通行证。该标准要求企业建立环境管理体系，使其经营活动、产品与服务的每一个环节对环境的影响达到最小化。西方一些国家强制执行绿色标准，使我国一些行业受到较大排挤。提高物流经营管理水平，积极发展绿色物流，是我国物流企业立足国内以及在国际市场上有所作为的必然选择。

三、绿色物流发展中存在的问题

在我国，绿色物流已经开始逐渐引起业界的注意，并被认为是我国未来物流业发展的趋势之一。从认识到具体操作，还有一段很长的路要走。当前，绿色物流的发展存在诸多问题以及制约因素。

（一）绿色物流的理念不明

生产经营者有推广绿色产品、绿色服务的认识，消费者有追求绿色消费、获得绿色保障的需求，人们关注生产源头与终端产品，但是对过程并未引起足够的重视。物流环节，成为绿色的盲点，绿色物流的理念尚未普及。经营者与消费者对绿色物流的必要性认识非常淡薄，政府对物流的规划也缺乏预见性，在环境保护方面力度薄弱，瞻前顾后和畏首畏尾，对物流发展的引导不力，放任自流，缺失监管职能。当环境问题困扰人们生活，阻碍社会经济发展之后，在重视物流发展的同时，将绿色物流上升到经济可持续发展的重要组成部分的战略高度，才能推动绿色物流的快速健康发展。

（二）绿色物流政策不完善

绿色物流的实施不仅是企业的事情，还涉及政府与消费者。我国制定和颁布了许多保护环境方面的政策和法规，但针对物流业的还不是很多。我国对物流业的管理方面，各部门之间还缺少有效的协调，缺乏整体的统筹与规划，物流社会化、集约化、电子商务化进程缓慢，导致物流资源浪费，效率不高。绿色物流的发展离不开政府的引导及支持，在绿色物流产业政策方面出台相应的扶持政策、建立健全各种法律法规成为绿色物流发展的迫切需要。

（三）物流设备、物流技术落后

绿色物流的实施，不仅仅依赖于绿色物流观念的普及与政策的制定，还离不开物流基础设施、物流设备以及物流技术等的支撑。当前，我们的总体物流水平与绿色物流要求有较大的差距，大型综合货运枢纽、物流基地、物流中心等现代化物流基础设施有待进一步发展壮大，订单管理、货物跟踪和库存查询等物流信息化较弱，物流运行效率与服务质量有待进一步提高。物流设备水平较低，物流技术手段落后，在包装、运输和装卸等一些流通环节缺乏强制标准。物流包装标准与物流设备标准之间缺乏有效的衔接，在某种程度上造成了资源浪费，降低了资源的利用率。机械化、自动化水平低下，没有先进的物流技术，自然缺乏发展绿色物流的基础。

（四）物流人才短缺

物流人才的严重匮乏制约着我国现代绿色物流业的发展。物流专业人才被列为我国12类紧缺人才之一。物流人才短缺主要表现在高素质的专业物流人才较少，物流研究经费不足。现阶段，尤其经济发展较为落后的中西部地区，大部分物流企业都有起点低、底子薄的特点，企业的物流管理人员缺乏一定的专业知识，属于摸着石头过河的阶段。大力推进物流人才培养，是发展物流、推进绿色物流的必然途径。

四、绿色物流的特性

与一般物流相比，绿色物流具有其独特的性质。

1. 环保性

一般物流只注重实现物流的高效化与利益最大化，而往往造成了对环境与生态平衡的破坏。绿色物流更注重从环境保护和可持续发展的角度，求得环境与经济发展共存，通过物流革新以及技术进步，减少或者消除物流对环境的负面影响。绿色物流并不是消极地抑制物流规模来减少物流对环境的负面影响，而是采取积极且有效的措施，实现物流和环境的共同进步。

2. 低熵性

熵是指在一个封闭的系统中，总呈现出有效能量减少而无效能量增加的一个不可逆过程。所谓低熵性，就是指在绿色物流系统中，能源消耗很小，产出却很高。当然绿色物流的低熵性并不局限于低耗能，也包括诸如库存有序与低库存等特征。据《哈佛商业评论》报道，全部物流中，大约只有1%的物料真正地用在最终的产品上，并在出售后6个月仍在使用。绿色物流恰恰在这方面进行了加强，在实施物流过程中强调了对资源的节约，体现出系统低熵的特性。

3. 可循环性

绿色物流在传统正向物流的基础上进一步完善，在发展正向物流的同时，发展由废旧物品回收、再生资源循环使用等所形成的逆向物流，形成从“原材料采集—产品生产—消费—回收—再生产”的循环物流系统。这一过程包括原材料副产品再循环、包装物再循环、废品回收、资源垃圾的收集以及再资源化等。

五、发展绿色物流对企业产生的效益

从长远的发展角度看，企业采用绿色物流模式已经是大势所趋。但是长期以来，企业存在着一种错误的观点，认为解决环境问题会增加企业的经营成本，增加企业巨大负担，影响企业实现利润最大化。实际上，解决环境问题和企业自身的发展之间并不存在本质矛盾，在适当的条件下，二者会产生相互促进的作用。在绿色物流模式下，企业的“绿色”投入将会从多方面得到回报。

（一）绿色物流对企业的社会价值

1. 树立良好的企业形象

实施绿色物流管理将对环境的改善产生巨大的促进作用，使企业走上可持续发展的道路。与此同时，企业注重发展绿色物流有助于企业树立良好的企业形象以及增加企业信誉，有利于赢得客户的信任。

2. 提供更多的经济机遇

ISO 14000 是由 ISO/TC 207 的环境管理技术委员会制定。我国 1998 年导入 ISO 14000 环境管理系列标准的认证制度。物流企业经营者应创造条件积极申请 ISO 14000 环境管理系列标准认证，用国际标准来规范自身的物流行为，塑造绿色物流的形象。这将为企业的发展提供更多的机遇与空间，同时增强其在国际市场的竞争能力。

（二）绿色物流对企业的经济价值

发展绿色物流，有利于物流企业降低成本，拓展利润空间。物流企业在发展建设中都要投入大量的成本，然而其中很大一部分成本都可以通过发展绿色物流得到降低。例如，企业采用环保型的运输工具，不仅对环境有利，也节约了企业投入到运输工具所需能源的成本；使用具有“少耗材、可再用、可回收、可再循环”性质的绿色包装，通过回收处理进行循环使用，能节约包装成本。

六、企业绿色物流发展策略

在当今的绿色浪潮下，物流企业选择绿色物流的发展模式是必然的趋势。那么在当前的条件下，物流企业该如何从一般物流转向发展绿色物流呢？针对国内企业的现实情况，物流企业应该从以下三个方面进行改革转型。

1. 各物流环节“绿色”化

物流企业实施绿色物流管理应从物流的全过程和物流作业环节入手，实现物流功能的绿色化。企业可以从下面几方面抓绿色物流建设：引进低公害运输工具，降低运输工具的能源消耗，减少排污量；采用无公害、可循环或者可再生的包装材料，节约成本，降低环境污染；简化流通环节，制订合理的运输配送的计划，减少运输工具空驶率以及交错迂回运输；加强仓储管理，尽量减少库存以及库存损失；选择与本企业绿色能力与企业信誉相当的中间商，全面实现绿色物流。

2. 发展逆向物流

21 世纪的物流运作必须有利于资源利用与维护生态环境。而物流企业在运作过程中必然会产生大量的废弃物，这就需要企业建立废弃物的回收再利用系统，对其所形成的废弃物进行有效回收处理，减少废弃物对环境产生的压力。这种回收再利用过程的物流和正向物流相对应，二者结合即形成了物流系统的循环运作。当然，从整个物流系统来看，仅仅靠企业自身物流的效率化是远远不够的，企业间应形成有效的组织协调，从现代物流管理与整个供应链的角度来组织物流，构筑整个供应链上的绿色物流。

3. 树立企业绿色形象

物流企业应充分利用发展绿色物流的优势，把“绿色”服务作为品牌，广泛树立企业的绿色形象，提高企业的社会地位，形成良好的公众舆论效应，借以增强企业竞争力。如企业可以在产品包装上加注相关的绿色标志，或申请 ISO 14000 环境管理系列标准认证，以吸引更多客户，为企业创收。

第二节　物流经济的可持续发展

可持续发展是各行各业在 21 世纪需要加以解决的一个重要课题，当然物流业也不例外。在世界经济全面发展的现在，人们所面对的则是资源短缺、环境恶化以及人口膨胀等严重问题，作为大量耗用资源与能源，同时产生废水、废物及噪声的物流业，在发展上将面临很强的制约。因此，物流业必须把“可持续发展”作为自己的最大发展原则加以对待，找准自己的发展方向，选择“科教兴业”的发展战略，走与市场经济相适应的“集约化与产业化”发展道路，在市场竞争中立于不败之地，以保证物流业能健康、稳定和快速持续发展。

一、可持续发展观的产生

通常认为，“可持续发展”概念是多方面学者经过 20 多年的探讨与酝酿而形成的。20 世纪 60 年代以来，全球性的环境污染和生态危机，促使人们开始检讨以及反思传统发展观，寻求新的发展模式。1962 年，美国海洋生物学家雷切尔·卡逊在《寂静的春天》一书中列举了工业革命以来所发生的重大的公害事件。这本书的出版标志着人类生态意识的觉醒与“生态学时代”的开端。1966 年，美国经济学家肯尼斯·鲍尔丁把全球经济比喻为“飞船经济”，指出地球是一艘在太空漫游的靠不断消耗自身资源而生存的飞船，人类生存的世界绝对不是无边无际的。为了不使这艘飞船遭到破坏与沉没，必须正确处理好人口、资源、环境以及经济发展的关系。1972 年 3 月，罗马俱乐部出版《增长的极限》，指出了地球资源的有限性，得出了“零增长”的悲观结论。该报告在世界上产生了极大的反响，并由此引发了对全球未来趋势的广泛大论战。这些论述在反思传统发展观的过程中产生了重大的影响。1981 年，美国农业经济学家莱斯特·布朗出版了《建立一个可持续发展的社会》，他认为：要使文明持续下去，就必须走可持续发展的道路。对可持续发展理论和实践产生巨大推动作用的是布伦特兰委员于 1987 年发表的篇名为《我们共同的未来》的报告。该报告把可持续发展作为一个关键性的概念提了出来，并对其内涵作了界定与详尽的理论阐述。该报告指出，人类生活在地球上，我们只有一个地球。人们可以期待一个经济发展的新时代的到来，这一新时代必须建立在使资源环境条件得以持续和发展的基础上，不仅满足当代人的需要，又不对后代人满足其需要的能力构成危害。

1992年6月，在巴西里约热内卢召开的联合国环境与发展大会，通过了以可持续发展为主题的《21世纪议程》等多个纲领性的文件，标志着可持续发展观已得到世界上大多数国家的认可。此后，在哥本哈根召开的联合国社会发展问题世界首脑会议，又继续对可持续发展问题进行了深入的讨论。最近10多年里还召开了一系列专题国际会议，签署了一系列旨在改善全球生态环境状况的国际公约、协定与呼吁书，比如减少氟利昂排放量的《蒙特利尔议定书》(1987年)、控制危险废弃物跨境运输以及处理的《控制危险废物越境转移及其处置巴塞尔公约》(1989年)、减少温室气体排放量的《京都议定书》(1997年) 等。这些国际会议的召开和国际协议的签署，大大加快了可持续发展观在全世界的传播。

二、可持续发展的概念

简单地讲，可持续发展就是“可持续加上发展”。但可持续发展绝非仅指经济持续不断地增长及发展，而是说在经济发展的同时能控制人口增长、提高人口素质、合理利用资源、保护与改善环境，使社会与经济能够持续、快速以及健康发展的多元目标互相协调的一种新型战略。由于可持续发展包括的内容涉及了人口、资源、环境、经济及社会等各个领域，所以对它的理解和解释一时很难一致。经济学家、社会学家与自然科学家等分别从各自学科的角度对可持续发展进行了阐述，给出了各自的定义。

1. 从自然属性定义

可持续发展是寻求一种最佳的生态系统，以支持生态的完整性和人类愿望的实现，使人类的生存环境得以持续。

2. 从社会属性定义

美国农业经济学家莱斯特·布朗认为可持续发展是指人口增长趋于平稳、经济稳定、政治安定、社会秩序井然的一种社会发展。

3. 从经济属性定义

可持续发展能够保证当代人的福利增加时，也不应使后代人的福利减少。

4. 从科技属性定义

可持续发展就是建立极少产生废料和污染物的工艺或技术系统。

尽管对可持续发展的定义见仁见智，各不相同，但就当前来看，1987年布伦特兰委员提交联合国的《我们共同的未来》的报告中所给出的可持续发展定义仍然是最为大家所接受的。可持续发展战略的基本内容包括：

(1) 改变单纯的经济增长、忽视生态环境保护的传统发展模式；

(2) 由资源型经济过渡到技术型经济，综合考虑社会、经济、资源以及环境效益；

(3) 通过产业结构调整和合理布局，开发应用高新技术，实行清洁生产与文明消费，提高资源的使用效率，减少废物排放等措施，协调环境以及发展之间的关系，使社会经济的发展既能满足当代人的需求，又不致对后代人的需求构成危害，最终达到社会、经济、资源和环境的持续稳定发展。

总之，可持续发展的内涵是极其丰富的。

三、可持续发展思想与传统发展观的关系

可持续发展思想的产生是对传统发展观的挑战。传统发展观以追求 GDP 的增长为国家经济发展的唯一目标与动力，造成了危害当代人以及后代人利益的生态环境问题。而可持续发展思想则是对传统发展观的一种扬弃，是人类发展思想史上的一场革命。因为可持续发展的模式不是只顾发展不顾环境，而是尽力使发展和环境协调，防止、减少并治理人类活动对环境的破坏，使维持生命所必需的自然生态系统处于良好的状态。正像世界著名生态经济学家赫尔曼·戴利所说，增长是一种物理上的数量性扩展，发展则是一种质量上、功能上的改善，而可持续发展就是一种超越增长的发展。

四、可持续发展背景下的现代物流

物流是社会再生产中的重要一环，物流过程中不但有物质循环利用、能源转化，而且有价值的转移以及价值的实现，所以，物流涉及了经济与自然生态环境两大系统。随着经济的快速发展，物流活动对生态环境的破坏越来越严重，比如废气污染、噪声污染、资源浪费、交通堵塞、废弃物增加等，这些后果在一定程度上违背了全球可持续发展战略的原则。

可持续发展是人类社会的一种全新的发展观。它是人类在漫长的社会经济实践中不断总结经验教训，对发展概念的内涵不断修正、升华而产生的。特别是在人口、资源与环境日趋沉重的压力下，人们真正认识到可持续发展是人类摆脱危机、真正达到健康发展的唯一的出路。因为可持续发展观强调环境的保护、资源的永续利用、经济的持续协调发展与人民生活质量的全面提高，所以，人类可持续发展道路的确立是一次世界范围的绿色革命。

物流活动的诸多环节不可避免地会对环境造成危害。这种危害主要表现在以下两个方面：一是物流系统正常运行时所产生的废弃物对环境造成的损害，这些废弃物包括物流设备（如运输工具、仓储器具等）在工作过程中排放的废水、废气、噪声及物流过程产生的废弃包装材料以及物流设备报废等；二是物流系统在异常情况下产生的物质泄漏而造成的环境污染，特别是一些化学危险品的物流活动所产生的物质泄漏造成严重的环境污染。在这种情况下，寻求可持续发展的物流模式就成为当今世界各个国家的重任。按照现代生态学的观点，生态系统是由相互作用的物质世界与生物世界构成的在特定空间的组合，生态系统各组成部分之间的相互作用主要是指物质以及能量的传递。自然生态系统由植物、动物与微生物构成，它们可分别被看作是自然生态系统中的生产者、消费者与分解者，三者之间是一种协作与共生的关系。三者通过相互协调配合实现自然生态系统的动态平衡。

产业生态系统和自然生态系统之间有许多的类比性，它同样是由生产者、消费者以及分解者三种行为主体组成。生产者主要由初级生产者和高级生产者构成。消费者是指不直接生产物化产品，但是利用生产者提供的产品供自身运行、发展，并产生生产力和

服务功能的行业和部门。分解者是指将生产过程产生的副产品和废弃物进行处置、转化、再利用的企业或者机构，如废品回收处理公司、资源再生公司等。

产业系统是经济系统中的一个子系统，而经济系统又是自然生态系统的一个子系统。现代物流不单是经济系统中的一个子系统，也是经济系统与产业系统与自然生态系统的"桥"。产业系统中各成员的相互作用实质上是一个将物料与能量转化为产品和废物的流动过程，它的运行必须依赖自然生态系统提供的物质和能量。而在这一转化过程中，产业系统内的各成员除了为争夺资源和竞争外，成员之间的相互联系和相互作用较小。其结果就是，由原材料制成的产品被使用一次后，大部分被作为废物丢弃而没有参与再循环，因此，严重干扰了自然生态系统，破坏了自然生态系统的稳定状态。

五、可持续发展对物流业的要求

为了保证物流业的"可持续发展"，必须努力从以下七个方面做起。

（一）物流业必须要十分重视资源与能源的生产消费性节约

在世界范围内，生产消费性浪费是造成加速资源快速耗尽的一个主要的原因。物流业是个资源消费大户。发达国家的经验表明，经济越发达，交通运输业能耗在全国总能耗中所占的比重越大。我国经济正在经历高速增长期，经济的增长、城市化进程的加快以及机动车保有量的迅猛增加，导致了交通运输需求和服务的迅速增加，使交通运输部门的能源消耗量（特别是石油产品消耗）逐年上升。交通运输业成为我国能源消耗增长最快的行业之一。交通运输领域的能源消费主要是通过各种运输工具或设施消耗能源。2008年我国交通运输部门能源消费总量达到21261.26万吨标煤，与2000年的10150.13万吨标煤的消费量相比，2000—2008年我国交通运输部门能源消费年均增长速度为9.68%，约比全国同期终端能源消费的增长速度高出0.68个百分点。交通运输能源消耗增长过快的现象不仅中国如此，其他国家也是这样。目前欧洲道路交通所消耗的能源比工业所消耗的能源还要多，而且这一数字还在不断上升。

从能耗结构看，交通运输部门能耗主要集中在油耗上，而在油耗中又主要以消耗汽油、煤油、柴油3种成品油为主，燃料油消耗相对较少，原油消耗极少。2008年，汽油、煤油、柴油和燃料油消耗占全社会4种油料消费的比重分别是50.3%、90.8%、57.3%和41.4%，占交通运输业能源消耗总量的比例分别是21.4%、8.13%、52.4%和7.68%。交通运输行业汽油、煤油、柴油和燃料油4种油耗叠加在一起，占全社会油耗比重已接近40%。在这样大的资源消费占有量中，消费性浪费比重是很大的。如蒸汽机车热能的利用率仅在5%～15%，内燃机车是39%～49%，电力机车达到80%左右。资料表明，在世界范围内资源的消费性浪费平均是30%～60%，有的国家还要更高。由此可见，物流系统提倡节约、反对浪费、降低生产性消费水平（降低消耗定额）是多么必要。因此，物流业必须走"科教兴业"的道路。

保证物流业的可持续发展，重点要发展科技，重视人才培养，提高企业素质；利用高科技及现代管理方法，改变粗放型的生产经营与管理方式，实行规模化经营与专业化生产；更新旧设备，利用新技术，提高生产效率及经营管理水平。只有这样，才能提高资源的利用效率，降低物流系统对资源的消费水平和数量。提倡节约，反对浪费，增加有限资源的寿命，为21世纪物流业的可持续发展创造条件。

（二）物流业要开发利用新资源，改变传统的资源消费形式

开发利用新资源，扩展资源的利用面以及改变资源的消费形式是解决世界性资源短缺的根本措施。既然20世纪人们可以从人力、畜力等原始物流动力形式转变为以油、煤、电为动力的机械物流方式，那么基于21世纪的高科技的物流发展，人们定会有能力与办法改变只向自然界索取不可再生资源与能源的内容和途径，扩大资源量以及节省资源和能源的消耗，发展新型的物流产业。现在很多领域已经开始利用太阳能、风能、水能与原子能，在21世纪将会更重视将太阳能、风能、水能与原子能作为物流动力；新材料代替传统的材料，并从废旧物中提取和制造材料；更重视从空中、大地、海洋、山川中开发新资源。未来的物流业将是富有高科技水平，更节约、更干净，优质、高效的产业。通过对新资源的开发利用，定会扩大物流资源的积蓄量，从而为物流业的可持续发展打下雄厚的物质基础。

（三）物流业的发展必须要有计划、按步骤、分阶段进行，讲求系统整体效益，防止造成不可逆转的资源浪费

物流业的发展是个系统工程，是由多个系统相互协调共同完成的，所以，物流业的发展需要重视物流系统内部的整体结构和各要素之间的比例发展关系。由于只是某一个环节或部分功能的优化，并不一定能提高物流系统的整体效益，假如处理不当，还可能产生新技术设备条件下的新瓶颈现象，并成为物流业发展中的新的制约因素，造成不必要的资源浪费。所以，发展物流业必须要结合国情，遵循市场经济的发展规律，强化在市场条件下的计划比例关系，注重系统整体效益的提高。发展物流的一体化、发展网络技术、实行供应链管理、实行共用配送等都是实现物流系统化的好办法，也是保证物流业可持续发展的重要方面。

（四）物流业要重视保护环境

保护环境、防止污染，是人类生存发展的大计，也是保护资源的重要措施。物流业大量耗用资源与能源，同时产生大量废水、废气、废物和噪声，更应重视保护环境，这是物流从业者肩负的社会责任。物流企业应利用管理措施和新技术手段，减少废弃物的排放量，提高回收技术，变废为宝及变害为利。这样不仅能保护人类生存环境，同时可以防止对资源的破坏，保证物流业的可持续发展。

（五）重视信息资源的开发利用

信息是物流业可持续发展的重要资源。通过市场信息调查能准确地掌握市场对物流的需求和资源状态；经济发展趋势信息能确定物流业的发展方向，减少盲目性以及避免浪费。所以，物流企业要重视物流信息资源的开发利用，以保证物流业的可持续发展。

（六）开发利用人才和科学技术是物流业“可持续发展”的根本保证

物流业只要有了一支掌握现代科学技术和现代管理方法的人才队伍，就可以借他们的智力与能力创造出物流业“可持续发展”的一切条件。凡是人才比较多和科技水平比较高的国家，物流发展速度就快，物流水平就高，物流业就能获得较高的经济效益。因而，人才和科学技术才是物流业可持续发展的根本保证和重要资源。然而，从世界范围看，物流业总体水平还是处在人才素质偏低、技术发展落后的状态，特别是发展中国家更为突出。发展中国家急需加大物流业的科学技术投入与人才培养力度，迅速造就一支和物流业发展相适应的科技人才队伍，以解决物流业人才资源短缺问题。

（七）物流业要提高管理水平，加大管理力度，创造更大的资源效益

管理也是物流业可持续发展的重要手段。通过物流管理可以利用经济、政治、技术、组织和信息等手段，调动各方面的积极性，根据市场经济发展不断变化的需求，不断改革物流管理体制，改善企业经营方式与方法，建立和完善规章制度和标准，组织好各生产经营管理要素的有机配合，提高物流业的经营管理水平以及对市场的应变和适应性，不断创造出更大的社会经济效益，从而保证物流业的可持续发展。

综上所述，物流业在20世纪发展的基础上，在21世纪通过对自身与环境资源的不断开发，一定可以创造出“可持续发展”的充分条件。

本章小结

本章首先介绍了绿色物流的概念、意义以及特性；其次分析了绿色物流中存在的问题及发展绿色物流对企业产生的效益；再次介绍了可持续发展理论、可持续发展思想与传统发展观之间的关系，可持续发展与现在物流之间的关系等；最后论述了可持续发展对物流业的要求。

通过本章的学习，能够对绿色物流及可持续发展有一个初步的了解，并对其在现代物流发展中的作用有一个总体的把握。

案例分析：夏普（SHARP）公司的绿色包装行动

设计易于再循环的包装容器和包装材料是SHARP绿色物流的行动计划之一。具体内容如下。

1. 包装材料的再生设计

SHARP公司观察发现，对于家用电器类商品，大多数的垃圾一般都来自包装箱里的减震物。公司最初使用的也是普通的塑料减震材料，这类塑料降解过程需要很长的时间，因而对环境的影响较大。现在，公司已经开发出用纸板制作的缓冲材料，取代了普通塑料。纸板更容易再生，废弃后对环境的影响较低。SHARP生产的液晶电视，除了型号特别大的之外，几乎全部都是使用纸板减震材料。

2. 包装材料的重复使用

SHARP公司投入了大量精力改进进口和出口商品的包装物。公司将可反复使用的安全气袋作为包装袋的减震衬垫，这一做法取得很好的效果，使聚苯乙烯消耗量每月降低216立方米。另外，公司还积极采取措施，降低运输包装废弃物的产生，比如，在海运一些体积较小的产品时，采用可以反复使用的包装材料；对于那些木制的包装物，一般是经修复后重复使用。

3. 易于重复使用的包装箱结构设计

当家庭成员希望收藏包装箱以便下次重新使用时，一般将包装物分割成更小的部分，或者折叠起来。基于此点，SHARP 公司设计了一种特殊结构的纸箱，这种纸箱用来包装音频产品，它可以轻松地折叠成体积较小、便于处理的形状。而且，在收藏的过程中，纸箱不需要用绳子和带子捆绑，而是靠自身结构实现固定，所以下次再使用时就非常容易。

思考：

1. SHARP 公司的绿色包装行动是在怎样的市场环境下提出的？

2. 这些新思想能给 SHARP 公司带来哪些市场竞争优势？

复习思考题

1. 简述发展绿色物流的意义及发展中所存在的问题。

2. 发展绿色物流会给企业带来哪些影响？

3. 什么是可持续发展，你是如何理解的？

4. 试比较可持续发展思想与传统发展观的区别及联系。

参考文献

[1] 纪红任，游战清，田贵平，等．物流经济学［M］．北京：机械工业出版社，2007.

[2] 秦四平，刘子玲．物流经济学［M］．北京：北京交通大学出版社，2014.

[3] 钱智．物流管理经典案例剖析［M］．北京：中国经济出版社，2007.

[4] 冯佺光，李林．物流市场经纪人［M］．北京：东方出版社，2008.

[5] 姜波克．国际金融新编［M］．5 版．上海：复旦大学出版社，2012.

[6] 王智利．物流经济地理［M］．2 版．北京：电子工业出版社，2011.

[7] 崔晓文．物流经济学［M］．北京：清华大学出版社，2008.

[8] 高洪深．区域经济学［M］．4 版．北京：中国人民大学出版社，2014.

[9] 刘北林．供应链与第三方物流策划［M］．北京：中国物资出版社，2006.

[10] 王长琼．物流系统工程［M］．北京：高等教育出版社，2007.

[11] 杜云．现代金融学［M］．北京：知识产权出版社，2014.

[12] 贾顺平．交通运输经济学［M］．2 版．北京：人民交通出版社，2015.

[13] 曹龙骐．金融学［M］．4 版．北京：高等教育出版社，2013.

[14] 宋华．现代物流与供应链管理案例［M］．北京：经济管理出版社，2003.

[15] 杨瑞龙．社会主义经济理论［M］．2 版．北京：中国人民大学出版社，2008.

[16] 陈立新．物流市场营销［M］．北京：人民交通出版社，2005.

[17] 斯蒂芬·P. 罗宾斯，玛丽·库尔特．管理学［M］．11 版．北京：中国人民大学出版社，2012.

[18] 吴晓辉．物流经济学［M］．北京：国防工业出版社，2007.

[19] 苏东水．产业经济学［M］．4 版．北京：高等教育出版社，2015.

[20] 周三多．管理学［M］．3 版．北京：高等教育出版社，2010.

[21] 黄亚钧．微观经济学［M］．2 版．北京：高等教育出版社，2005.

[22] 保罗·萨缪尔森，威廉·诺德豪斯．经济学［M］．19 版．北京：商务印书馆，2013.

[23] 高鸿业．西方经济学（微观部分）［M］．6 版．北京：中国人民大学出版社，2014.

[24] 游战清，李苏剑，等．企业信息化理论与案例［M］．北京：机械工业出版社，2004.

[25] 聂永有．物流管理学［M］．成都：四川人民出版社，2011.

[26] 刘晓君．技术经济学［M］．2 版．北京：科学出版社，2013.

[27] 霍红，马常红．物流管理学［M］．北京：中国物资出版社，2008.

[28] 顾永才，陈幼端．国际物流与货运代理［M］．2 版．北京：首都经济贸易大学出版社，2010.

[29] 孙军．物流经济学［M］．北京：清华大学出版社，2012.

[30] 冯晖．现代物流学［M］．北京：科学出版社，2011.

[31] 黄福华．现代物流基础［M］．北京：电子工业出版社，2007.

[32] 谢如鹤，罗荣武，张得志，等. 物流系统规划原理与方法［M］. 北京：中国物资出版社，2004.